从精准扶贫到乡村振兴的理论与实践

乡村振兴规划的肇庆探索

主编　吴清

WUHAN UNIVERSITY PRESS
武汉大学出版社

图书在版编目(CIP)数据

从精准扶贫到乡村振兴的理论与实践:乡村振兴规划的肇庆探索/吴清主编.—武汉:武汉大学出版社,2022.12

ISBN 978-7-307-23480-2

Ⅰ.从…　Ⅱ.吴…　Ⅲ.①扶贫—研究—肇庆　②乡村规划—研究—肇庆　Ⅳ.①F127.653　②TU982.296.53

中国版本图书馆 CIP 数据核字(2022)第 227859 号

责任编辑:陈　帆　　　责任校对:李孟潇　　　版式设计:韩闻锦

出版发行:**武汉大学出版社**　(430072　武昌　珞珈山)

(电子邮箱:cbs22@ whu.edu.cn 网址:www.wdp.com.cn)

印刷:武汉中科兴业印务有限公司

开本:787×1092　1/16　印张:21.75　字数:448 千字　插页:2

版次:2022 年 12 月第 1 版　　2022 年 12 月第 1 次印刷

ISBN 978-7-307-23480-2　　定价:97.00 元

本书为以下项目和团队的系列研究成果：

1. 中国博士后科学基金面上项目（2021M691621）

2. 广东省普通高校重点领域专项（2022ZDZX4057）

3. 广东省教育科学规划项目（2022GXJK355）

4. 肇庆学院学术著作出版基金资助出版

5. 肇庆学院“西江流域乡村地理与乡村振兴”科研创新团队

编委会

主　编　吴　清

副主编　陈　刚　邵　娜　马会丽　周长锋　童晓宁

编　委（按姓氏笔画排序）

马会丽　卢佳莉　冯嘉晓　朱佩恩　陈　刚　陈佳玲

陈嘉琳　邵　娜　张玉婷　吴　清　张莹莹　李喜喜

周长锋　郑满茵　侯　佩　柯月嫦　钟国庆　焦义彬

谢佐永　童晓宁　廖静萍　潘文康　魏泽文

前　言

党的十九大作出中国特色社会主义进入新时代的科学论断，提出实施乡村振兴战略的重大历史任务。《中华人民共和国国民经济和社会发展第十四个五年规划和2035年远景目标纲要》提出要实现巩固拓展脱贫攻坚成果同乡村振兴有效衔接，标志着我国精准扶贫工作进入新阶段，乡村发展进入全面振兴阶段。

乡村要振兴，规划要先行。中国乡村发展已进入全面转型新阶段，农业农村现代化是实施乡村振兴战略的总目标。强化新时期农业农村发展规律探究、深化乡村振兴规划技术方法研究，是加快推进新时代乡村振兴战略和服务农业农村现代化的重要举措。2018年中共中央、国务院印发了《国家乡村振兴战略规划(2018—2022)》，为我国乡村振兴战略的实施绘制了蓝图，指明了方向。乡村振兴涉及乡村产业振兴、人才振兴、文化振兴、生态振兴、组织振兴五个方面，明确了乡村振兴规划的内容。中共广东省委、广东省人民政府印发了《关于全面推进乡村振兴加快农业农村现代化的实施意见》，在"五大振兴"的基础上提出了"九大攻坚"，更加聚焦广东乡村振兴的实际需要，实现巩固拓展脱贫攻坚成果同乡村振兴有效衔接，建立乡村振兴驻镇帮镇扶村工作机制，为乡村振兴规划和驻镇帮镇扶村规划提供了具体指南。各地结合地方发展实际，积极开展了乡村振兴战略规划以及相关规划的编制工作，包括乡村旅游规划、村庄国土空间规划、美丽乡村建设规划等。

在新的形势下，乡村振兴规划要树立城乡融合、一体设计、多规合一的理念，紧抓编制乡村振兴地方规划和专项规划。针对不同类型的地区采取不同办法，做到顺应村情民意、科学规划、注重质量、稳步推进。但从已编制完成的部分乡村振兴规划来看，普遍存在不同程度的拼凑、复制、模仿、拿来等现实问题，规划编制理论框架的缺失在一定程度上影响了乡村振兴规划的编制效果。乡村地区迫切需要解决规划质量不高的问题，创新乡村规划理论框架。

本书编写成员扎根肇庆，面向西江流域，积极响应国家精准扶贫和乡村振兴战略。近年来，聚焦乡村地理和乡村振兴研究，在核心期刊发表多篇关于贫困地理和乡村地理的文章。秉承经世致用的原则和服务地方经济社会发展的需要，团队成员扎根农村，对接乡镇，围绕乡村振兴、乡村人居环境整治、乡村旅游、乡村文化遗产等方面开展了长时段的调研，形成了一系列的调研报告。深度参与了“百名博士教授上山下乡助推德庆县乡村振兴”工作，完成了多项试点村的乡村振兴规划，作为核心成员参与云浮市云城区建设局组织的村庄规划全覆盖工作，完成了肇庆市高要区水南镇、四会市罗源镇的镇域乡村振兴规划以及高要区水南镇、禄步镇驻镇帮镇扶村规划，围绕乡村产业振兴编制完成了高要区农民专业合作社“十四五”发展规划等，实现了良好的社会经济效应。本书就是乡村振兴理论研究和实践服务相结合的成果。

以理论指导规划实践，以规划案例支撑理论研究。本书基于乡村贫困地理理论、乡村地域系统、乡村多目标发展等理论认知，结合中央和地方精准扶贫和乡村振兴的相关政策，构建了适应新时代的乡村振兴规划理论框架和技术体系，并以肇庆市关于乡村振兴的调研报告、镇域乡村振兴规划、重点村乡村振兴规划、驻镇帮镇扶村规划等为案例，进行实践探索。

全书分为上、中、下篇三个部分。上篇为理论研究部分，解决从精准扶贫到乡村振兴规划的理论基础、规划框架和具体技术方法，是本书的基础和重点，其中第一章由邵娜博士撰写，第二章由马会丽和童晓宁博士撰写，第三章由陈刚博士撰写，第四章由周长锋博士撰写。中篇为精准扶贫调查研究，主要围绕精准扶贫地开展的系列实地调研报告，属于典型案例地的调查分析，由吴清和陈刚两位博士带领学生完成。下篇是乡村振兴规划研究，包括不同尺度、不同区域、不同维度的乡村振兴规划，是全书规划理论的实践探索，主要由吴清、陈刚、邵娜、马会丽、周长峰、童晓宁等共同执笔完成。全书最后由吴清博士统稿、校对与整理。通过本书的编写，以期为创新中国乡村振兴规划体系、制定县级乡村振兴规划与科学决策提供参考依据。

目　　录

上篇　理论研究

第一章　从精准扶贫到乡村振兴政策回顾 …… 3
　一、精准扶贫的政策回顾 …… 3
　二、乡村振兴的政策回顾 …… 7
　三、精准扶贫与乡村振兴的有效衔接 …… 9

第二章　精准扶贫与乡村振兴研究综述 …… 11
　一、精准扶贫研究现状 …… 12
　二、乡村振兴研究现状 …… 20
　三、乡村振兴规划现状 …… 34

第三章　乡村振兴规划的理论基础 …… 37
　一、乡村振兴规划的性质与任务 …… 38
　二、乡村振兴规划的基础理论 …… 39
　三、乡村振兴规划的理论框架 …… 45
　四、乡村振兴规划的技术体系 …… 50

第四章　乡村振兴规划的策略 …… 55
　一、乡村振兴规划的策略框架 …… 55
　二、乡村产业振兴规划的策略 …… 60
　三、乡村生态振兴规划的策略 …… 65
　四、乡村人才振兴规划的策略 …… 68

五、乡村文化振兴规划的策略 …… 71
六、乡村组织振兴规划的策略 …… 74
七、乡村民生振兴规划的策略 …… 77

中篇　精准扶贫调查研究

第五章　肇庆浪美村与清远下迳村的旅游扶贫调查研究 …… 83
一、研究区域概况 …… 83
二、调查目的与意义 …… 85
三、研究设计与调查说明 …… 86
四、村民感知与村庄旅游发展效率对比分析 …… 87
五、村民对旅游业的态度及参与意愿对比分析 …… 95
六、旅游发展存在的问题及对策 …… 96
七、结论与展望 …… 101

第六章　怀集仁尚里村、上亭村、花石村居民旅游扶贫影响和效应 …… 103
一、研究区域概况 …… 103
二、研究设计 …… 104
三、贫困村旅游扶贫影响和效应评估 …… 106
四、居民旅游扶贫影响分析 …… 111
五、旅游扶贫效应持续性评价 …… 111
六、旅游扶贫存在的问题及对策 …… 112
七、结论与展望 …… 115

第七章　德庆官圩镇红中村“美丽乡村”建设路径探析 …… 116
一、研究区域概况 …… 116
二、调查意义 …… 118
三、调查方法 …… 119
四、调查数据分析 …… 119
五、美丽乡村建设存在的问题及建议 …… 125
六、结论 …… 129

第八章 高要区回龙镇古村落研学旅行资源评价与基地策划 …… 130
一、绪论 …… 130
二、回龙镇古村落研学旅行基本情况 …… 131
三、回龙镇研学旅行开发 SWOT 分析 …… 139
四、研学旅行基地开发与设计 …… 143
五、结语 …… 148

下篇 乡村振兴规划研究

第九章 肇庆市高要区水南镇乡村振兴规划案例 …… 151
一、项目基础 …… 151
二、目标与定位 …… 158
三、总体空间布局 …… 161
四、构建现代优势产业体系 …… 166
五、建设绿色美丽宜居乡村 …… 172
六、打造现代乡村文化体系 …… 174
七、加快提升乡村治理水平 …… 176
八、开展乡村育才引智行动 …… 178
九、补齐乡村振兴民生短板 …… 179
十、保障措施 …… 181

第十章 肇庆市四会市罗源镇乡村振兴规划案例 …… 183
一、规划框架 …… 183
二、目标与定位 …… 189
三、总体空间布局 …… 191
四、构建现代优势产业体系 …… 194
五、建设绿色美丽宜居乡村 …… 201
六、打造现代乡村文化体系 …… 203
七、加快提升乡村治理水平 …… 204
八、开展乡村育才引智行动 …… 206

九、补齐乡村振兴民生短板 …… 207
十、保障措施 …… 209

第十一章　肇庆市德庆县官圩镇谢村村乡村振兴规划案例 …… 211
一、综合分析与借鉴 …… 211
二、总体定位与规划 …… 217
三、产业定位与发展 …… 217
四、功能定位与规划 …… 220
五、推进现代乡风文化建设 …… 226
六、加快乡村治理体系建设 …… 227
七、促进物质生活富裕富足 …… 229
八、荔枝生态文化主题旅游区专项规划 …… 231
九、加强保障体系建设 …… 235

第十二章　肇庆市德庆县播植镇文定村乡村振兴规划案例 …… 238
一、项目基础 …… 238
二、发展背景 …… 242
三、目标与定位 …… 243
四、构建现代优势产业体系 …… 244
五、打造生态宜居美丽乡村 …… 247
六、塑造现代乡村文化体系 …… 252
七、构筑现代乡村治理体系 …… 254
八、构造生活富裕幸福乡村 …… 255
九、“稻—鸽”生态循环农业示范点专项规划 …… 256
十、实施与保障 …… 260

第十三章　肇庆市高要区禄步镇驻镇帮镇扶村规划案例 …… 263
一、发展基础与面临形势 …… 263
二、帮扶目标 …… 266
三、空间布局 …… 267
四、重点任务 …… 270

五、重点项目 …… 278
六、保障措施 …… 282

第十四章　肇庆市高要区水南镇驻镇帮镇扶村规划案例 …… 284
一、发展基础与面临形势 …… 284
二、帮扶目标 …… 286
三、空间布局 …… 287
四、重点任务 …… 290
五、重点项目 …… 300
六、保障措施 …… 305

第十五章　肇庆市高要区农民合作社建设规划案例 …… 308
一、基础条件 …… 308
二、发展环境 …… 310
三、目标原则 …… 314
四、发展措施 …… 314
五、保障措施 …… 323

参考文献 …… 325

后记 …… 338

上篇　理论研究

第一章　从精准扶贫到乡村振兴政策回顾

内容提要：党的十八大以来，我国始终把解决好“三农”问题作为全党工作的重中之重，把脱贫攻坚作为全面建成小康社会的标志性工程，组织推进了人类历史上规模空前、力度最大、惠及人口最多的脱贫攻坚战，启动实施了乡村振兴战略，在农业农村农民的政策制定与发展实践等方面均取得了重大成效。本章在搜集和分析相关政策资料的基础上，从小规模救济式扶贫、个案型发展式扶贫、社区型开发式扶贫到大规模综合式扶贫，再到最后的精准扶贫阶段，系统梳理了我国扶贫政策的历史变迁，从扶贫开发“双到”到全面精准脱贫攻坚，全面回顾了广东省以及肇庆市精准扶贫和乡村振兴政策发展历程。同时，对我国、广东省以及肇庆市精准扶贫与乡村振兴有效衔接的政策实践过程进行归纳，通过厘清从精准扶贫到乡村振兴再到两者有效衔接的政策发展脉络，为促进乡村全面振兴提供理论参考与实践参照。

一、精准扶贫的政策回顾

(一)我国扶贫政策的历史变迁

扶贫是保障贫困户的合法权益、减轻其贫困负担的一种方式。政府帮助贫困地区加大人才开发力度，完善农民工人才市场，建立发展工农业企业，促进生产摆脱贫困，对贫困农村实施规划，旨在帮扶改善贫困户生活生存条件和扶助贫困地区发展生产，改变穷困面貌。自中华人民共和国成立以来，我国的扶贫政策共经历了五个阶段，如图 1.1 所示。

1. 小规模救济式扶贫阶段

中华人民共和国成立之初，工农业基础十分薄弱，人民生活普遍贫困。为了保障贫困群众的基本生存需求，我国建立了以社会救济为主要特征的全国性民政救济系统，以国家行政计划为主，对贫困群众调拨最低物质生活需要的粮食和蔬菜等，即对贫困人口的临界

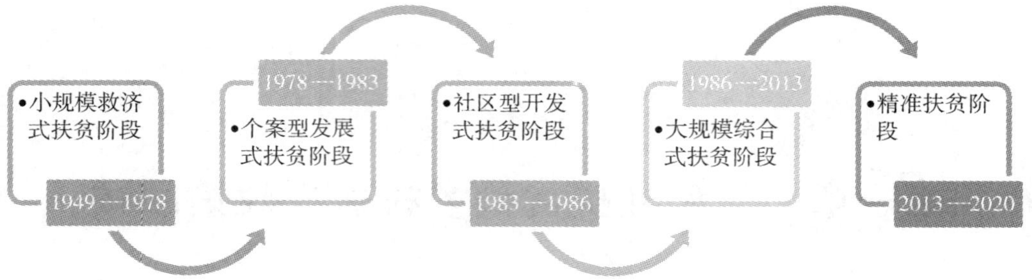

图 1.1　中国扶贫政策变迁的五个阶段

图片来源：作者自绘

生存需求问题施以政策性和物质性外部扶持。该政策取得了显著成效，对改变农村面貌，保障贫困户生活起到了一定的作用。

2. 个案型发展式扶贫阶段

1978 年以后，为适应农村经济体制改革的形势，国家有组织、有计划地扶持贫困户从发展生产和商品经济入手，依靠政府部门、集体力量和群众互助，采取干部分工负责、富裕户扶助贫困户、逐户落实等办法，帮助贫困户发挥自身潜能，达到摆脱贫困的目的。

3. 社区型开发式扶贫阶段

1983 年起，国家在继续扶持贫困户发展生产的同时，投入更大力量对贫困地区实行经济开发。在政府的领导和帮助下，各有关部门、机关、团体积极配合支持，帮助贫困地区发挥当地优势，挖掘资源潜力，开辟生产门路，实行多种经营，增强自我发展能力，从根本上摆脱贫困，逐步走上致富道路。这是社会主义初级阶段扶贫的一项重要战略措施。

4. 大规模综合式扶贫阶段

我国第一次大规模扶贫开发政策的调整始于 1986 年，从上到下正式成立了专门扶贫机构，确定了开发式扶贫方针和贫困县的划分标准，并划定了 273 个国家级贫困县，随后将牧区县、“三西”项目县并入，到 1988 年增加到 328 个国家级贫困县。第二次调整是在 1994 年，国家启动“八七”扶贫攻坚计划，经过重新调整，国家级贫困县增至 592 个。第三次调整是在 2001 年，《中国农村扶贫开发纲要(2001—2010)》出台，纲要取消了沿海发达地区的所有国家级贫困县，增加了中西部地区的贫困县数量，但总数不变，同时将国家级贫困县改为扶贫开发重点县。以此为标志，我国扶贫开发工作进入新的阶段。

5. 精准扶贫阶段

精准扶贫，主要是指针对不同贫困区域环境、不同贫困农户状况，运用科学有效程序对扶贫对象实施精确识别、精确帮扶、精确管理的治贫方式。一般来说，精准扶贫主要是就贫困居民而言的，谁贫困就扶持谁。

“精准扶贫”的重要思想最早产生于2013年11月，习近平总书记到湖南湘西考察时首次作出“实事求是、因地制宜、分类指导、精准扶贫”重要指示。2014年1月，中国共产党中央委员会办公厅详细规制了精准扶贫工作模式的顶层设计，推动了“精准扶贫”思想的落地。2014年3月，习近平总书记参加两会代表团审议时强调，要实施精准扶贫，瞄准扶贫对象进行重点施策，并进一步阐释了精准扶贫理念。2015年1月，习近平总书记新年首个调研地点选择了云南，他强调坚决打好扶贫开发攻坚战，加快民族地区经济社会发展。5个月后，总书记来到与云南毗邻的贵州省，强调要科学谋划好“十三五”时期扶贫开发工作，确保贫困人口到2020年如期脱贫，并提出扶贫开发“贵在精准，重在精准，成败之举在于精准”，“精准扶贫”成为各界热议的关键词。

2015年10月，习近平总书记在减贫与发展高层论坛上强调，中国扶贫攻坚工作实施精准扶贫方略，增加扶贫投入，出台优惠政策措施，坚持中国制度优势，注重六个精准，坚持分类施策，因人因地施策，因贫困原因施策，因贫困类型施策。通过扶持生产和就业发展一批，通过易地搬迁安置一批，通过生态保护脱贫一批，通过教育扶贫脱贫一批，通过低保政策兜底一批，广泛动员全社会力量参与扶贫。11月，为确保到2020年农村贫困人口实现脱贫，中共中央、国务院印发《关于打赢脱贫攻坚战的决定》，就打赢脱贫攻坚战提出工作要求。

2016年11月，国务院印发《“十三五”脱贫攻坚规划》，按照精准扶贫、精准脱贫基本方略要求，因地制宜，分类施策，从八个方面细化了相关路径和措施：一是产业发展脱贫，主要包括农林产业扶贫、旅游扶贫、电商扶贫、科技扶贫等方面，提出了13项产业扶贫工程或具体措施；二是转移就业脱贫，主要从组织开展职业培训和促进转移就业等方面提出了6项就业扶贫行动；三是易地搬迁脱贫，对“一方水土养不起一方人”地区建档立卡贫困人口实施易地扶贫搬迁，实现搬得出、稳得住、能脱贫；四是教育扶贫，主要从基础教育、职业教育和减轻贫困家庭就学负担等方面，提出了一系列行动计划和措施，不断提升贫困人口综合素质和就业技能，逐步消除因学致贫问题，阻断贫困代际传递；五是健康扶贫，主要从医疗卫生服务、医疗保障、疾病防控和公共卫生等方面，提出了6大健康扶贫工程，加快推进基本公共卫生服务均等化，有效缓解因病致贫返贫问题；六是生态保护扶贫，主要从生态保护修复、生态保护补偿机制两个方面，提出了11项重大生态扶贫工程和4项生态保护补偿方式，使贫困群众通过参与生态保护实现脱贫；七是兜底保障，主要从社会救助、基本养老保障、农村“三留守”人员和残疾人等方面，提出社会保障兜底措施，通过筑牢社会保障安全网，解决好特殊困难群体和弱势群体的脱贫问题；八是社会扶贫，主要从东西部扶贫协作、定点帮扶、企业帮扶、军队帮扶、社会组织和志愿者帮扶，以及国际交流合作等方面，提出相关措施和要求。

2017年10月，习近平总书记在党的十九大报告中指出，要动员全党、全国、全社会力量，坚持精准扶贫、精准脱贫，坚持中央统筹、省负总责、市县抓落实的工作机制，强化党政一把手负总责的责任制，坚持大扶贫格局，注重扶贫同扶志、扶智相结合，深入实施东西部扶贫协作，重点攻克深度贫困地区脱贫任务，确保到2020年我国现行标准下农村贫困人口实现脱贫，贫困县全部摘帽，解决区域性整体贫困，做到脱真贫、真脱贫。

2020年11月，贵州省宣布该省最后9个贫困县摘帽出列。至此，我国832个国家级贫困县全部脱贫摘帽。

(二)广东省扶贫政策回顾

1. 扶贫开发“双到”阶段

广东省委、省政府十分重视扶贫开发工作，在加快珠三角经济发展的同时，采取地区结对帮扶等一系列措施，使欠发达地区和农村的贫困面貌发生了很大变化。但全省区域和城乡发展不平衡、不充分问题仍相当突出，扶贫工作可谓任重道远。为了完成脱贫的艰巨任务，广东在当时创造性地提出“规划到户、责任到人”的扶贫“双到”实施意见。其基本思想是：靶向疗法，定村定户，定责定人，驻村帮扶，一村一策，一户一法，一定三年，限期脱贫，分轮分批解决农村贫困问题。2010—2015年，广东实施两轮“双到”的扶贫开发模式，是国内较早契合“精准扶贫”理念的改革先行地。在“双到”扶贫政策下，累计减贫247.6万人，率先完成国家标准下绝对贫困减贫任务。

2. 全面精准脱贫攻坚阶段

广东经历了两轮扶贫“双到”后，启动实施新时期“精准脱贫”攻坚战略的全面设计阶段。2016年6月，中共广东省委、省人民政府印发《关于新时期精准扶贫精准脱贫三年攻坚的实施意见》，强化政府主导，引领市场、社会协调发力，把精准要求贯穿扶贫开发各领域、各阶段，要求到2018年，稳定实现农村贫困人口不愁吃、不愁穿，义务教育、基本医疗和住房安全有保障，基本公共服务主要领域指标相当于全省平均水平，并提出包括产业发展、就业扶贫、社会保障、教育文化、医保救助、危房改造、基础设施、人居环境等在内的八项脱贫攻坚工程，构建扶贫攻坚“1+N”政策措施体系。在精准脱贫攻坚战下，2016 年以来，广东省内 160 多万相对贫困人口全部达到脱贫标准，2277 个相对贫困村年人均可支配收入达 17456 元。

（三）肇庆市精准扶贫政策回顾

自 2009 年起，肇庆市把扶贫开发“双到”工作作为一项民心工程、德政工程和“一把手”工程来抓，加强领导，落实责任，精心部署，扎实推进。2013 年起，肇庆市开展了第二轮扶贫开发“双到”工作，其中被帮扶县（区）5 个，自身帮扶的省重点帮扶村 91 个，派出帮扶单位 28 个。截至 2015 年，扶贫工作取得了明显成效，贫困户经济收入显著增加，贫困村经济实力显著增强，贫困地区落后面貌显著改善，民生保障水平显著提高，基层党建显著加强。为巩固扶贫开发“双到”工作成果，按照广东省工作要求，自 2016 年起连续两年开展帮扶成效“回头看”，跟踪检查，巩固帮扶工作成果，采取有效形式促进帮扶对象稳定脱贫、持续发展。

2016 年，肇庆市委、市政府印发《新时期精准扶贫精准脱贫三年攻坚的实施方案》通知，要求 2018 年全市实现建档立卡贫困人口“两不愁、三保障、一相当”目标，即稳定实现农村贫困人口不愁吃、不愁穿，义务教育、基本医疗和住房安全有保障，基本公共服务主要领域指标相当于全省平均水平。使未能纳入低保、五保保障范围的无劳动能力贫困户基本生活得到保障，确保完成 2018 年全市贫困人口全部脱贫的目标任务。2017 年，为解决全市建档立卡无劳动能力贫困户未能按政策纳入低保、五保保障问题，实现政策性保障兜底，肇庆市政府印发《肇庆市精准扶贫建档立卡贫困户享受基本生活保障金实施方案》。

2020 年是决战决胜的关键时刻，肇庆市统筹推进疫情防控和脱贫攻坚工作，坚持“五步走”策略，攻克最后堡垒，如期完成了新时代脱贫攻坚目标任务。目前，全市贫困人口 37504 户 88204 人已全部实现脱贫，111 个省定贫困村全部达标退出，贫困发生率由帮扶伊始的 3.08%下降到 0，对口帮扶的广西资源、龙胜、富川、昭平 4 县全部实现“摘帽”。

二、乡村振兴的政策回顾

（一）我国乡村振兴战略政策回顾

党的十九大，习近平总书记首次提出“乡村振兴”战略，要求坚持农业农村优先发展，按照产业兴旺、生态宜居、乡风文明、治理有效、生活富裕的总要求，建立健全城乡融合发展体制机制和政策体系，加快推进农业农村现代化。2018年《中共中央、国务院关于实施乡村振兴战略的意见》明确了实施乡村振兴战略的重大意义、总体要求及目标任务，从乡村产业发展、乡村绿色发展、乡村治理、乡村风貌、乡村脱贫、制度建设、人才振兴、投入保障等方面提出具体的实施措施与策略，是实施乡村振兴战略的总纲性法规政策文件。同年9月，中共中央、国务院印发《乡村振兴战略规划(2018—2022)》，指出要促进脱贫攻坚与乡村振兴的有效结合，确保全部贫困人口、贫困村实现脱贫摘帽，从根本上解决区域性贫困问题。规划还从巩固脱贫攻坚成果、构建防范返贫的长效机制、建立健全缓解相对贫困的政策体系等方面提出了明确要求。2019年5月，自然资源部办公厅印发了《关于加强村庄规划促进乡村振兴的通知》，要整合村土地利用规划、村庄建设规划等乡村规划，实现土地利用规划、城乡规划等有机融合，编制"多规合一"的实用性村庄规划，明确村庄规划主要任务，提出优化调整用地布局、规划"留白"机制，从规划编制技术层面促进乡村振兴战略的深入实施。2020年第十三届全国人大常委会第十九次会议对《中华人民共和国乡村振兴促进法(草案)》进行了审议，该法为推进实施乡村振兴战略、发挥乡村特有功能、增进乡村居民福祉、全面建设社会主义现代化强国而制定，从产业发展、人才支撑、文化传承、生态保护、组织建设、城乡融合、扶持措施、监督检查等方面对全国实施乡村振兴战略提出法律要求和保障，为脱贫攻坚与乡村振兴的衔接和乡村振兴战略的深入推进保驾护航。

(二)广东省乡村振兴政策回顾

2018年广东省政府工作报告明确提出，实施乡村振兴战略，全面推进美丽宜居乡村建设，落实全域推进农村人居环境整治，建设美丽宜居乡村实施方案；推动农村基础设施建设提档升级，加快垃圾、污水处理设施和电网、供水、网络等建设，完善"四好农村路"建设体制机制；深化农村土地、产权等制度改革。全面完成农村土地承包经营权确权登记颁证工作，巩固扩大集体林权制度改革成果，完善农村土地"三权分置"制度；健全城乡融合发展体制机制，加快实现基本公共服务均等化、基础设施通达程度比较均衡、人民生活水平大体相当，加快补齐区域城乡发展不平衡这块最大的短板。

(三)肇庆市乡村振兴政策回顾

肇庆市按照产业兴旺、生态宜居、乡风文明、治理有效、生活富裕的总要求，加快推进农村现代化。大力发展现代农业、乡村旅游、健康养生、中药材种植等相关产业，促进农村一、二、三产业融合发展。在全面实施乡村振兴战略方面，肇庆通过抓好各县(市、区)乡村振兴示范镇建设，并结合发展旅游、文化等产业，打造成为可看可学的示范样板镇，作为具有“肇庆特色”的乡村振兴新举措。充分发挥村庄居民主体作用，通过“财政补助一点、规划节省一点、成本降低一点、政策引导一点、乡贤支持一点”加大新农村建设投入，完成西北板块、东南板块全部自然村人居环境综合整治任务。推进“厕所革命”，加快补齐影响农村生活品质的突出短板。深化农村综合改革，完成农村土地承包经营权确权登记颁证任务，抓好中央扶持村级集体经济发展试点、省级农村集体产权制度改革试点，创新农村普惠金融服务。加快推进乡村治理体系和治理能力现代化。

三、精准扶贫与乡村振兴的有效衔接

巩固拓展脱贫攻坚成果同乡村振兴有效衔接，已成为新发展阶段贯彻落实党中央、国务院优先发展农业农村，全面推进乡村振兴重大决策部署的核心要务。习近平总书记在全国脱贫攻坚总结表彰大会讲话中指出，脱贫摘帽不是终点，而是新生活、新奋斗的起点，要切实做好巩固拓展脱贫攻坚成果同乡村振兴有效衔接各项工作，让脱贫基础更加稳固、成效更可持续。

（一）我国精准扶贫与乡村振兴有效衔接政策回顾

早在2019年初，习近平总书记在参加十三届全国人大二次会议甘肃代表团审议时提道：“贫困县摘帽后，也不能马上撤摊子、甩包袱、歇歇脚，要继续完成剩余贫困人口脱贫问题，做到摘帽不摘责任、摘帽不摘政策、摘帽不摘帮扶、摘帽不摘监管。”贫困县贫困村全部摘帽，贫困户全部出列，这并不意味着扶贫任务的完成，在脱贫以后，脱贫地区和脱贫户还存在返贫风险，要保障不出现规模性返贫，实现同乡村振兴有效衔接，还需政府和社会各界的持续支持，帮助脱贫地区和贫困户克服风险，应对挑战。

在2020年中央农村工作会议上，习近平总书记指出：“党中央决定，脱贫攻坚目标任务完成后，对摆脱贫困的县，从脱贫之日起设立5年过渡期。过渡期内要保持主要帮扶政策总体稳定。对现有帮扶政策逐项分类优化调整，合理把握调整节奏、力度、时限，逐步实现由集中资源支持脱贫攻坚向全面推进乡村振兴平稳过渡。”随后中共中央、国务院印发《关于实现巩固拓展脱贫攻坚成果同乡村振兴有效衔接的意见》，提出脱贫摘帽不是终点，而是新生活、新奋斗的起点。打赢脱贫攻坚战、全面建成小康社会后，要在巩固拓展脱贫攻坚成果的基础上，做好乡村振兴这篇大文章，接续推进脱贫地区发展和群众生活改善。

2021年中央一号文件从设立衔接过渡期、持续巩固拓展脱贫攻坚成果、接续推进脱贫地区乡村振兴、加强农村低收入人口常态化帮扶四个方面，对巩固脱贫与乡村振兴有效衔接进行了工作部署。2021年12月26日，在中央农村工作会议上，习近平总书记进一步强调，乡村振兴的前提是巩固脱贫攻坚成果，要持续抓紧抓好，让脱贫群众生活更上一层楼。要持续推动同乡村振兴战略有效衔接，确保不发生规模性返贫，切实维护和巩固脱贫攻坚战的伟大成就。巩固拓展好脱贫攻坚成果，要加大对乡村振兴重点帮扶县倾斜支持力度，抓紧完善和落实监测帮扶机制，加强产业和就业帮扶，确保不发生规模性返贫。

(二)广东省精准扶贫与乡村振兴有效衔接政策回顾

2021年3月，中共广东省委、广东省人民政府印发《关于实现巩固拓展脱贫攻坚成果同乡村振兴有效衔接的实施意见》，要求坚定不移地贯彻新发展理念，坚持稳中求进工作的总基调，坚持以人民为中心的发展思想，坚持共同富裕方向，将巩固拓展脱贫攻坚成果放在突出位置，建立农村低收入人口长效帮扶机制，健全乡村振兴领导体制和工作体系，加快推进脱贫地区乡村全面振兴。到2025年，脱贫攻坚成果巩固拓展，农村低收入人口分类帮扶机制逐步完善，乡村产业质量效益和竞争力明显提高，生态宜居美丽乡村建设取得重大进展，乡风文明水平显著提升，农村基层组织建设不断加强，脱贫地区农民收入增速高于全省农民平均水平，村集体经济年收入超过15万元。到2035年，"千镇万村"振兴目标基本实现，农村低收入人口生活水平显著提高，全省人民共同富裕取得更为明显的实质性进展。

2021年6月，广东省结合乡村振兴的新形势、新任务、新特点，及时出台《广东省乡村振兴驻镇帮镇扶村工作方案》，在全省组织开展驻镇帮镇扶村工作，全域全覆盖全面推进乡村振兴，制定了全面巩固拓展脱贫攻坚成果和推进乡村振兴的具体行动纲领，是新发展阶段广东省深化对口帮扶和定点帮扶，全域全覆盖同步推进镇村振兴的施工图。

(三)肇庆市精准扶贫与乡村振兴有效衔接政策回顾

2021年，肇庆市扶贫开发领导小组发布《关于做好巩固拓展脱贫攻坚成果工作的通知》，要求全市相关单位和部门进一步做好巩固拓展脱贫攻坚成果同乡村振兴有效衔接工作，确保工作不留空当，政策不留空白，推动全市脱贫攻坚工作完满收官。同时，提出了七项举措：继续抓好"三保障"政策落实，继续抓好贫困户增收项目，继续做好防返贫防新贫监测工作，继续做好扶贫资产管理工作，继续做好扶贫档案管理工作，继续做好问题整改清零工作，继续做好风险管控工作等。同年6月，肇庆市委、市政府印发《肇庆市乡村振兴驻镇帮镇扶村工作方案》，要求到2022年，全市脱贫攻坚成果进一步巩固拓展，镇村同建、同治、同美取得显著成效；到2027年，实现巩固拓展脱贫攻坚成果同乡村振兴有效衔接，镇村面貌实现根本转变；到2035年，全市97个行政村的乡镇(街道)振兴目标基本实现，农村低收入人口生活水平显著提高，实现农业高质高效、乡村宜居宜业、农民富裕富足的总体目标，乡村基本实现现代化。

第二章　精准扶贫与乡村振兴研究综述

内容提要：本章通过对国内外学者关于精准扶贫和乡村振兴的相关研究文献进行整理归纳和分析，总结我国农村在精准扶贫和乡村振兴中取得的成果和存在的问题，推动脱贫攻坚和乡村振兴的有机结合与相互促进。在精准扶贫方面，国外学者主要聚焦于研究贫困内涵、扶贫模式、扶贫理论、扶贫效果等内容，而国内学者的研究则主要集中在精准扶贫战略、精准扶贫政策、精准扶贫机制研究、精准扶贫模式、扶贫项目绩效评估等。通过在中国知网设定发表年限(2017—2021)、期刊级别(北大核心和CSSCI)等条件下检索篇名为“乡村振兴”的论文，数量达到了2820篇之多，乡村振兴已成为当前学界研究的热门话题。这些研究主要聚焦在乡村振兴战略、乡村治理、乡村人居环境、城乡融合发展、乡村旅游等方面。国外乡村规划研究早于我国，对乡村发展已进行大量的深入思考与研究，并形成了一套行之有效的规划体系。国内对于乡村振兴规划的研究相对较少，主要集中在乡村规划设计、乡村规划策略等方面。

贫困问题贯穿于整部人类发展史，是当前各国面临的严峻问题。早在1945年联合国成立之时，消除贫困就被写进《联合国宪章》。2000年，联合国千年首脑会议通过的《联合国千年宣言》将消灭极端贫困和饥饿排在八项千年发展目标之首。2015年，联合国大会通过的《变革我们的世界：2030年可持续发展议程》继续将无贫穷和无饥饿列为17项可持续发展目标的前两位。长期以来，各国政府都高度关注贫困问题，并采取了各种政策和措施来消除贫困。作为世界上最大的发展中国家，我国一直是推动世界减贫标准化事业的积极倡导者和有力推动者。2013年，习近平总书记提出了精准扶贫的理念，把脱贫扶贫问题作为我国实现第一个百年奋斗目标的一项重点保障工作，摆在治国理政的突出位置。当前，我国在精准扶贫上取得了巨大的成绩，同时党中央强调实现巩固脱贫成果时更要无缝衔接乡村振兴这一战略谋划。在推动精准扶贫和乡村振兴的过程中，有必要对精准扶贫和乡村振兴所取得的成绩和存在的问题进行归纳与总结。因此，本章以精准扶贫、乡村振兴为主题，通过对国内外相关文献研究进行系统的梳理归纳，并对现有研究的进展与不足进行简要评述。

一、精准扶贫研究现状

本节主要围绕精准扶贫的国内外相关研究进行分析与述评。由于精准扶贫的概念源于我国，所以国内研究以“精准扶贫”为关键词展开分析，而国外研究部分则主要基于“扶贫”的文献进行分析。

（一）国外扶贫研究现状

1. 贫困的内涵

国外对贫困的研究已经有一百多年的历史，众多专家学者从不同角度对贫困的概念和标准进行了界定。20 世纪初，英国经济学家朗特里从货币收入的角度对贫困群体进行界定，将总收入水平不足以获得仅仅维持身体正常功能所需的最低生活必需品的群体定义为贫困。①② Galbraith 指出，一个人是否贫困不仅仅取决于他拥有多少收入，还取决于其他人的收入水平。③贫困是个体或家庭基本能力缺失或被剥夺导致生活困难，基本能力包括营养摄入、身体健康状况、受教育程度等在内的多维度。④ Gottfried 运用承认理论来解析贫困，认为承认理论可以从多个方面丰富对全球贫困的理解，包括给予贫困者重视、给予穷人在法律上的承认和权利、承认贫穷机构并给予尊重等。Oostendorp 通过对越南区域劳动力市场与贫困进行研究，认为劳动是理解贫困的关键，一个家庭最主要的收入来源都是从劳动中获得。⑤

2. 扶贫模式研究

Warr 采用一般均衡建模方法研究老挝农村道路改善对当地贫困发生率的影响，发现农村道路的升级改善对当地农村的减贫工作起到了积极作用，同时，道路升级改善扶贫模式存在成本较高的缺陷。⑥ Abubakar 探讨了尼日利亚公共图书馆在降低国家贫困率方面的

---

① Rowntree B S. Poverty: A study of town life[M]. Macmillan, 1902: 86.

② 阿马蒂亚·森. 贫困与饥荒[M]. 北京：商务印书馆，2004.

③ Galbraith J K. The Affluent Society[M]. Boston: Houghton Miflin, 1998.

④ Sen A. Poverty: An ordinal approach to measurement[J]. Econometrica, 1976, 44(2): 219-231.

⑤ Oostendorp R H. Regional labor market integration, shadow wages and poverty in Vietnam[J]. World Development, 2017, 89(9): 34-56.

⑥ Warr, Peter. How road improvement reduces poverty: The case of Laos[J]. Agricultural Economics, 2008, 39(3): 269-279.

积极作用，认为政府、企业以及公共图书馆所在社区的富人都应该积极参与国家公共图书馆的扶贫项目，促使公共图书馆积极地发挥减贫作用，并由此形成一种独特的公共图书馆扶贫模式。① Suich 等学者对生态扶贫模式提出了质疑，通过对生态系统服务与减贫联系机制的关系进行研究，发现尽管很多研究认为生态系统服务与贫困维度之间存在联系，但几乎没有相关证据表明生态服务系统对减贫作出贡献。②

3. 扶贫理论研究

DeClerck 等学者认为，生态理论在环境保护和消除贫困中发挥着主导作用，通过对生态系统功能和过程进行描述，进一步表明生态理论对提高扶贫项目的有效性。③ Gau 等人运用资源优势理论调查了以社区为基础的生计市场减贫行动，发现以社区为基础的扶贫举措的成功取决于市场导向和共同理念的有效结合。④ Lade 等学者的研究表明，财政和技术投入对推动农村贫困人口摆脱贫困陷阱具有一定的效果，但是也可能会引起严重的生态和社会后果，进而加剧贫困。他们建议在减贫过程中不应忽视自然和文化因素的干预，要根据实际变革为减贫开辟新的途径。⑤

4. 扶贫效果研究

Cali 和 Menon 调查了 1983—1999 年印度的城市化对农村减贫的样本，发现城市化对周边农村地区的减贫具有实质性和系统性的作用，这种作用在很大程度上是源于城市化对农村经济的正向溢出，而不是农村贫困人口向城市地区的迁移。这种正向溢出主要在于对当地农产品的需求增加，而城乡汇款、农村土地、人口比例和农村非农就业作用较小。⑥ Shrestha 等学者采用 DEA 分析方法对尼泊尔蔬菜农场的经济效益进行了评价，结果表明尼

---

① Abubakar, B. M. Poverty alleviation through strategic public library services in Nigeria in the 21st century: a model[J]. IFLA Journal, 2013, 39 (1): 4-14.

② Suich, Helen; Howe, Caroline; Mace, Georgina. Ecosystem services and poverty alleviation: A review of the empirical links[J]. Ecosystem Services, 2015, 12 (12): 137-147.

③ DeClerck, Fabrice; Ingram, Jane C; Del Rio, Cristina M. Rumbaitis. The role of ecological theory and practice in poverty alleviation and environmental conservation[J]. Frontiers In Ecology and the Environment, 2006, 20(10): 533-540.

④ R Gau; E Ramirez; ME Barua; R. Gonzalez. Community-Based Initiatives and Poverty Alleviation in Subsistence Marketplaces[J]. Journal of Macromarketing, 2014, 34 (2): 160-170.

⑤ Lade, Steven J; Haider, L Jamila; Engstrom, Gustav. Resilience offers escape from trapped thinking on poverty alleviation[J]. Science advances, 2017, 3(3): 160-165.

⑥ Cali M, and Menon C. Does Urbanization Affect Rural Poverty? Evidence from Indian Districts[J]. Social Science Electronic Publishine, 2013, 27(14): 171-201.

泊尔的蔬菜农场不仅在提高蔬菜生产效率方面具有相当大的潜力，而且有助于增加农民的人均收入，为建设尼泊尔作出了贡献。①

(二)国内精准扶贫研究现状

学界围绕精准扶贫展开了大量的理论研究，取得了丰硕的成果。从中国学术期刊出版总库(CNKI)上发表的研究成果来看，以“精准扶贫”为篇名，检索2013年至2022年我国精准扶贫、精准脱贫、扶贫开发、减贫等相关文章，相关论文数量为16081篇(见图2.1)，可见“精准扶贫”掀起了学者们在理论上展开研究的热潮。同时，以精准扶贫为主题检索词，检索结果显示以精准扶贫为主题的文章首次出现在2013年《老区建设》期刊上。②③之后，以精准扶贫为主题的文献如雨后春笋般涌现出来，其中2018年达到高峰，有3492篇文献，之后每年呈递减的趋势，到2022年仅有102篇相关文献。通过整理相关文献资料发现，我国学者对精准扶贫的研究领域主要集中在精准扶贫的战略、产业精准扶贫、扶贫政策和项目绩效评估等方面。

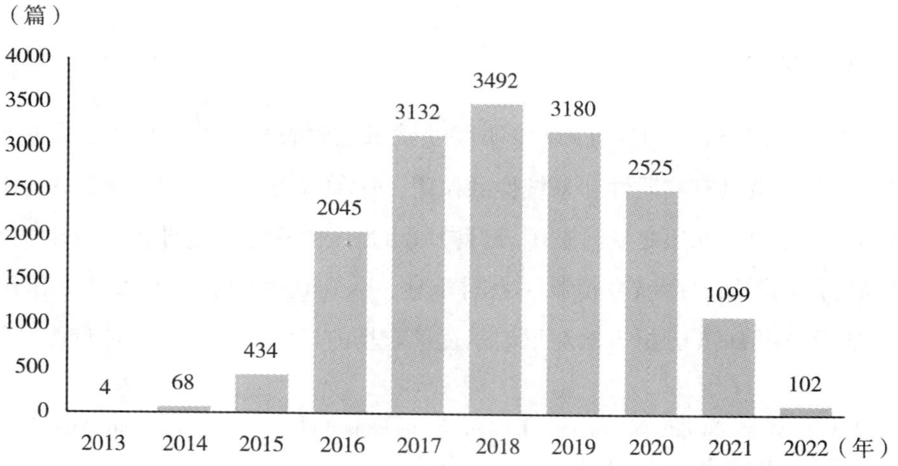

图2.1　2013—2022年我国精准扶贫历年文献数量

① Shrestha R B, Huang W C, Gautam S. Efficiency of Small Scale Vegetable Farms: Policy Implications for the Rural Poverty Reduction in Nepal[J]. Agricultural Economics, 2016, 62(4): 181-195.

② 黄斌琼，程国伙．精准扶贫建小康[J]．老区建设，2013，28(21)：55.

③ 水木，邵猷芬．开辟新思路　探索新路径　实践新模式，江西启动六大扶贫工程　实施精准扶贫[J]．老区建设，2013，28(17)：17.

1. 精准扶贫战略研究

(1)实施精准扶贫的必要性

改革开放以来，我国大力推进扶贫开发工作，在各个阶段出台了一系列的扶贫、脱贫政策，取得了显著的成效。随着扶贫脱贫工作的不断深入，我国贫困问题进入加快脱贫致富、改善生态环境、提高发展能力、缩小发展差距的新阶段。邓志平等认为我国的贫困问题已经由绝对贫困转为相对贫困，致贫原因更加复杂化，扶贫难度加大等客观现实，采用传统的扶贫方式进行帮扶，不仅成本过高，也无法收到预期效果，难以解决我国现阶段所面临的扶贫问题。①因此，如何应对我国现阶段的贫困问题，针对不同贫困区域环境、贫困农户的状况，科学运用有效手段对扶贫对象实施精确识别、精确帮扶、精确管理的治贫方式，成为国家和政府扶贫工作的重心。精准扶贫政策是我国当前扶贫开发的重大政策，也是治理贫困问题的战略重点。坚持精准扶贫是全面建成小康社会的必然要求，是实现中华民族伟大复兴中国梦的重要保障。②

(2)精准扶贫具体内涵研究

2015 年 10 月 16 日，习近平总书记在减贫与发展高层论坛上强调，中国扶贫攻坚工作实施精准扶贫方略，增加扶贫投入，出台优惠政策措施，坚持中国制度优势，注重“六个精准、五个一批”，坚持分类施策，因人因地施策，因贫困原因施策，因贫困类型施策，精准扶贫已经成为我国扶贫开发的重大战略和关键路径。随着我国精准扶贫工作的不断推进，精准扶贫的概念正在不断发展和完善，我国学者开始从不同角度对“精准扶贫”的概念展开了深入的解析。精准扶贫就是在科学有效的标准和程序下，因时因地对贫困地区、贫困村和贫困户进行精确识别，按照本地的实际开展联动帮扶和分类管理，并根据动态的准入和退出机制作出精准考核的过程。王鑫和张笑芸等学者认为，精准扶贫是针对不同贫困区域环境、不同贫困农户状况，运用科学有效程序对扶贫对象实施精准识别、精准帮扶、精准管理的扶贫开发模式。他们认为，相较于传统的粗放扶贫，精准扶贫具有目标更加明确、措施更具针对性、管理更加精细等特点。③④庄天慧等学者指出，精准扶贫是变“粗放漫灌”为“精准滴灌”，以定点、定时、定量消除贫困为目标，以政府、市场、社会、社

---

① 邓志平，汤志华．新时代中国扶贫战略的转变：从解决绝对贫困到解决相对贫困[N]．中国社会科学报，2020-03-27.

② 刘军林．我国精准扶贫政策分析——基于公平与效率角度[J]．合作经济与科技，2017，33(4)：163-166.

③ 王鑫，李俊杰．精准扶贫：内涵、挑战及其实现路径——基于湖北武陵山片区的调查[J]．中南民族大学学报(人文社会科学版)，2016，36(5)：74-77.

④ 张笑芸，唐燕．创新扶贫方式，实现精准扶贫[J]．资源开发与市场，2014，30(9)：1118-1119.

区、扶贫对象协同参与为基础，以资源统筹、供需匹配为保障，对扶贫对象实施精准识别、精准扶持、精准管理的贫困治理模式。①陈健对精准扶贫概念进行了扩展，将精准扶贫界定为是对不同贫困农户的特点状况、不同区域贫困区环境状况，因地制宜、因户施策，运用科学扶贫程序和方法对扶贫对象进行精准识别、精准管理、精准帮扶的扶贫模式。具体而言，要形成一种政府主导，各类主体和力量广泛参与，引入市场力量，以培育扶贫对象的造血能力和自我发展能力，改变以往的输血性扶贫模式，形成造血式扶贫模式。②

(3)关于致贫因子研究

致贫因子是产生贫困的根源，找到致贫因子就可以有针对性地施策，创造有利条件消除贫困，最终取得脱贫的胜利。我国学者主要从两方面对致贫因子进行研究：一是从贫困地区的资源环境、地方经济社会的发展能力、政策制度和人才科技发展水平等方面展开研究。如康晓光从贫困产生的复杂综合因素出发，认为资源环境禀赋、经济社会发展基础、人才科技条件、公共服务水平和创新活力等诸多方面的缺失和不足造成地区贫困和人口贫困。③曾志红等学者认为，我国长期存在的城乡二元结构、城乡户籍身份，造成农村基本公共服务、发展生产能力、教育科技文化水平等诸多方面落后于城市，导致贫困问题比较突出。④ 二是部分学者从残疾和疾病、家庭负担重以及失业等方面展开研究，如杨钊和蒋山花基于城市贫困人口现状，从宏观与微观两个层面探讨了城市贫困群体的致贫原因，提出企业在体制转换中经营不善、结构调整导致的结构性失业、城市化进程中农民工迁移带来的就业竞争、社会分配不均衡导致的收入差距变大、现有社保制度的不健全是造成城市贫困人口的宏观因素，而劳动者老龄体弱、文化素质低、专业技能差、家庭负担重是微观层面的城市致贫主因。⑤李晓红从产权分析的角度对致贫原因进行探讨，提出贫困人口之所以贫困是因为他们缺乏用以交易并从交易中获得收入的产权，导致城市贫困的各种原因正是通过影响贫困人口人力资本产权的实现，影响了贫困人口的产权维护能力，并分析了多种致贫原因对人力资本产权实现的影响以及相应的政策建议。⑥陈刚等学者基于地理学

① 庄天慧，陈光燕，蓝红星．精准扶贫主体行为逻辑与作用机制研究[J]．广西民族研究，2015，31(6)：138-146.

② 陈健，龚晓莺．“精准供给”视阈下精准扶贫的内涵、困境与突破[J]．科学社会主义，2017，34(4)：81-85.

③ 康晓光．中国贫困与反贫困理论[M]．南宁：广西人民出版社，1995.

④ 曾志红，曾福生．我国农村致贫的社会制度因素分析[J]．农业经济，2013，33(11)：33-35.

⑤ 杨钊，蒋山花．转型期城市贫困人口的现状与成因分析[J]．法制与社会，2008，17(14)：216-217.

⑥ 李晓红．城市贫困人口的致贫原因分析——基于人力资本产权的视角[J]．城市问题，2010，29(4)：96-100.

视角对广东省2277个省级贫困村的致贫因子进行分析，结果发现交通闭塞，路网密度较低；远离城镇，缺乏辐射带动；产业薄弱，经济水平较低；生态脆弱，生存环境恶劣是主要的致贫因子。①

(4)精准扶贫的路径研究

精准扶贫工作开展以来，国家投入大量的人力、物力、财力、智力到乡村，帮扶力量和扶贫资金已精准地延伸到村至户，实现农民的“两不愁三保障”是精准脱贫的基本标准。这一工作是近年来政府的中心工作之一，因此，近几年来国内学者从不同的研究视角对精准扶贫路径进行了广泛和深入的研究。②汪三贵等认为，要精准扶贫、精准脱贫，必须要实施精细化扶贫思想，促使贫困地区整体脱贫和全面脱贫，同时他们还对精准扶贫工作中的难点进行精准识别，对精准扶持和精准考核进行了分析，并提出了完善精准识别、精准考核机制以及建立贫困户的受益机制等工作机制。③宫留记从精准扶贫视角提出构建政府主导下市场化扶贫机制的新思路，通过制定《扶贫法》划分政府和市场的边界，应对市场化扶贫机制进行顶层设计，构建政府主导下的市场扶贫机制。其通过对新旧两种市场化扶贫模式的精准性差异进行区分和考察，发现新型市场化扶贫模式更加符合“精准扶贫”的要求。④何平提出，精准扶贫工作中存在缺乏法律制度保障、行政主导过度、实际运作不规范性等现实困境，精准扶贫工作要善用法治思维和法治方式，健全法治化工作机制，完善贫困地区的公共法律服务制度，强化司法保障。⑤ 王国勇等指出，通过对贫困人口进行精细化管理、对扶贫资源进行精确化配置、对贫困农户进行精准化扶持，使精准扶贫在具体扶贫工作中得以有效运用，实现由传统的“输血式”扶贫向“造血式”扶贫的转变。⑥

2. 关于产业精准扶贫研究

(1)旅游扶贫

旅游扶贫是通过对贫困地区的旅游资源进行合理开发利用，充分发挥当地旅游资源优势以带动区域经济发展，从而使贫困人口脱贫致富的一种有效脱贫路径。王庆生等认为，村落利益之间一体化互惠共生模式应为最佳合作模式，并据此提出乡村旅游精准扶贫发展

① 陈刚，吴清，刘书安．广东省贫困村空间分布特征及致贫因子[J]．开发研究，2020，35(3)：68-73.

② 王晓芬，饶篁．乡土重建视阈下的精准扶贫路径研究[J]．云南社会科学，2018，38(3)：115-119.

③ 汪三贵，郭子豪．论中国的精准扶贫[J]．贵州社会科学，2015，36(5)：147-150.

④ 宫留记．政府主导下市场化扶贫机制的构建与创新模式研究——基于精准扶贫视角[J]．中国软科学，2016，31(5)：154-162.

⑤ 何平．我国精准扶贫战略实施的法治保障研究[J]．法学杂志，2017，38(1)：50-58.

⑥ 王国勇，邢溦．我国精准扶贫工作机制问题探析[J]．农村经济，2015，33(9)：46-50.

应实现求同存异，采用资源共享、利益共享以及加强利益协调监管、加强社区管理自治、建立共生参与方式、发展村集体经济和合作社经济等优化路径，解决乡村旅游扶贫困境。①邢慧斌等提出，在旅游精准扶贫模式中，各地应根据具体环境和条件的差异，适当调整该地区的扶贫模式，选择具有代表性的贫困村做好旅游精准扶贫试点工作，制定和实施具有针对性的发展对策和保障措施，探索具有地方特色的旅游精准扶贫发展思路，逐渐完善和持续创新旅游精准扶贫模式，以推动燕山—太行山片区的旅游精准扶贫工作。②陈刚等从案例分析视角，分析广东省浪美村和下迳村旅游扶贫模式，发现浪美村是典型的输血型旅游扶贫发展模式，其优点是政府支持力度大、旅游扶贫起步快，缺点是内生动力不足、村民参与不够；下迳村是典型的造血型旅游扶贫模式，优点是内生动力强、村民广泛参与，缺点是政府支持力度较小、旅游起步相对艰难；根据共生理论，提出发挥输血式与造血式两种旅游扶贫模式的各自优势，提出实施“三步走”的旅游扶贫优化模式，并对各个阶段的地区旅游扶贫提出针对性的发展路径。③旅游扶贫能够有效推动贫困地区经济结构转型，改善基础设施条件，提升生态环境质量，促进当地经济文化的发展。④⑤ 旅游扶贫不仅注重经济效果，还体现社会意蕴，如黄克己等学者通过对不同旅游扶贫模式的案例分析发现，旅游扶贫有利于乡村实现脱贫致富的目标，有利于提高遗产地乡村居民的幸福感。⑥

(2)教育扶贫

相较于输血式扶贫方式，造血式扶贫专注于提升贫困人口自身的发展能力，教育和人力资本在其中所起的重要作用不言而喻。程华东通过对三螺旋理论的深化与拓展，构建农户、企业、高校、政府四个主体相互作用的教育精准扶贫新范式，即四螺旋模型，为高校推进智力资源、技术资源、人力资源等在地方落地生根，助力地方脱贫致富提供有效的指导。⑦杨小敏指出，职业教育存在内涵式发展不充分、体系不够开放融通等问题，难以应

---

① 王庆生，张行发，郭静．基于共生理论的乡村旅游精准扶贫模式和路径优化研究——以山东省沂南县竹泉村为例[J]．地域研究与开发，2019，38(3)：108-112.

② 邢慧斌，席建超．燕山—太行山片区旅游精准扶贫模式创新研究[J]．河北大学学报(哲学社会科学版)，2017，42(2)：118-125.

③ 陈刚，魏泽雯，吴清，等．贫困山区乡村旅游扶贫优化模式——基于广东两个村的分析[J]．广东农业科学，2020，47(1)：166-172.

④ 王金伟，张丽艳，王国权．民族地区居民旅游扶贫效应感知对参与意愿的影响机制——一个中介与调节效应的混合模型[J]．旅游学刊，2022，37(8)：1-23.

⑤ 马勇，张梦．乡村旅游助推乡村振兴的价值提升[J]．旅游导刊，2019，3(1)：82-86.

⑥ 黄克己，张朝枝，吴茂英．遗产地居民幸福吗？——基于不同旅游扶贫模式的案例分析[J]．旅游学刊，2021，36(11)：122-132.

⑦ 程华东，刘堃．高校教育精准扶贫模式探究——以华中农业大学精准扶贫建始县为例[J]．华中农业大学学报(社会科学版)，2017，37 (3)：17-22.

对“两个一百年”奋斗目标对精准扶贫的时代要求。以服务与提升弱势地区弱势群体就业能力为重点，突破传统观念、改革体制机制、创新政策制度，提升广义职业教育体系的现代化水平，深化职业教育精准扶贫的体系化综合施策，走出职业教育持续高质量服务脱贫致富的新路子。①

(3)金融扶贫

金融精准扶贫作为我国扶贫开发战略布局的重要组成部分，不仅是打赢脱贫攻坚战的有力支撑，更是乡村振兴战略实施的坚实基础和必要前提。②周双等学者认为，通过深化金融产品供给侧改革，发挥金融的普惠性作用，满足贫困地区精准扶贫的金融需求，对打赢脱贫攻坚战具有重要意义，主要表现在：一是金融精准扶贫是乡村振兴的有力赋能者之一，通过脱贫攻坚与乡村振兴战略的结合，以金融支持服务于广大农民对美好生活的向往；二是金融机构参与扶贫体现了政府治理理念的创新，在政府主导下，利用金融杠杆有效拓宽扶贫资金渠道；三是我国已进入脱贫攻坚期，后续脱贫工作存在着任务重、难度大、制约因素多等特征，构建多元化、全方位的金融扶贫工作体系，形成可持续性的扶贫模式，为乡村振兴战略的顺利实施提供重要支撑。③

(4)科技扶贫

依靠科技创新与科技创业带动精准扶贫是一项重要举措，实施精准扶贫战略，重要的是依靠科技创新与科技创业。为此，必须深入开展科技兴农与科技扶贫的对接工作，充分发挥叠加效应，着力发挥科技为民的作用。④张莹等学者指出科技扶贫工作要构建精准扶贫多元社会主体参与机制，以建立科技扶贫引导示范项目的方式，引导鼓励科技部门、农事企业、农民合作组织、经济团体等多方参与，整合各类人才、技术、成果等资源，通过精准实施科技帮扶、成果转化、要素对接等一系列行动，进行产业扶贫顶层设计，做实扶贫产业。通过物质资源的投入，进一步激发多元主体参与扶贫开发，从而实现扶贫资源由传统的“输血式”扶贫资源向“造血式”扶贫力量转变，以促进扶贫产业可持续发展，带动贫困人口稳定脱贫。⑤李金祥认为，科技扶贫可以提高家庭农业生产的要素配置效率，贫困地区存在基础设施落后、农技水平低下、特色产业发展迟缓等问题，其农业生产水平整

---

① 杨小敏．精准扶贫：职业教育改革新思考[J]．教育研究，2019，40(3)：126-135.

② 陈啸，吴佳．我国金融精准扶贫协同治理模式研究[J]．中国行政管理，2018，34(10)：68-72.

③ 周双，刘鹏．我国贫困地区金融精准扶贫创新研究[J]．上海金融，2017，38(1)：17-22.

④ 翁伯琦，黄颖，王义祥，等．以科技兴农推动精准扶贫战略实施的对策思考——以福建省建宁县为例[J]．中国人口·资源与环境，2015，25(S2)：166-169.

⑤ 张莹，潘百涛．强化科技支撑有效推进精准扶贫——辽宁省农科院科技扶贫探索与实践[J]．农业经济，2018，38(4)：110-111.

体处于低水平状态，导致区域农户依托农业增收困难而难以脱贫。①

3. 扶贫政策研究

王亚华提出，中国精准扶贫成就的取得建立在新型举国体制的制度优势上，这一体制以先进理念指引精准扶贫道路，以科学方法推进精准扶贫施策，以多种工具提升精准扶贫成效，通过理念指引、方法施策、工具推进“三位一体”共同创造了脱贫攻坚的卓越成效。他建议应将缓解相对贫困问题作为新时代的一个新战略，进入一个全新的政策周期，针对政策规划、政策执行、政策评估、政策终结等不同过程阶段选择合适的政策工具。②王焕刚认为，扶贫政策累计效力越高，农村贫困发生率越低，基础设施建设条件与社会公共服务水平越好，农村贫困地区居民生活水平越高。政策效力由政策发布部门的行政级别和法律地位决定，因而可以考虑在政策制定过程中充分发挥有关部门的行政影响力和法律影响力，以提高有关政策的效力，进而更好地服务于乡村振兴的伟大实践。③

4. 扶贫项目绩效评估研究

绩效评估是衡量精准扶贫实践效果的标准。李婉婷采用定性与定量相结合的方法，对我国的精准扶贫进行绩效评估，并在此基础上探寻影响精准扶贫绩效的关键因素，进而提出精准扶贫绩效的改进路径。④杜永红提出，构建科学合理、客观可行的精准扶贫绩效评估指标体系；建设精准扶贫绩效动态监测评估机制；引入信息化、专业化的第三方扶贫绩效评估机构；完善系统化、法制化的精准扶贫绩效评估系统；落实反贫困能力培育的绩效评估审计；建立健全大数据下精准扶贫绩效评估信息系统等一系列措施，有助于全面实施脱贫攻坚和乡村振兴战略。⑤

二、乡村振兴研究现状

党的十九大提出并实施乡村振兴战略，将其列为全面建成小康社会必须贯彻落实的七

① 李金祥．创新农业科技？驱动精准扶贫[J]．农业经济问题，2016，37(6)：4-8.

② 王亚华，舒全峰．中国精准扶贫的政策过程与实践经验[J]．清华大学学报(哲学社会科学版)，2021，36(1)：141-155.

③ 王焕刚，张程，聂常虹．我国扶贫政策演进历程与农村社会的多维度变迁：分析与启示[J]．中国科学院院刊，2021，36(7)：787-796.

④ 李婉婷．基于绩效评估的精准扶贫路径优化研究[J]．中州学刊，2018，40(4)：75-79.

⑤ 杜永红．大数据背景下精准扶贫绩效评估研究[J]．求实，2018，60(2)：87-96.

大战略之一。① 随后在中央及地方各项政策的有力推动下，“乡村振兴战略”开始在全国范围内开展，为我国“三农”工作带来了新的发展机遇，也表明我国农村改革进入崭新的阶段。与此同时，乡村振兴战略成为学术界关注的热点问题，相关研究如雨后春笋般大量涌现。以中国学术期刊出版总库(CNKI)为文献检索来源，以篇名为检索条件，以乡村振兴为检索内容，共检索到2017—2021年发表在中文核心期刊和CSSCI期刊上的有效论文共2820篇(图2.2)，年发文量呈显著的攀升态势。对这些文献进行研究发现，乡村振兴研究热点聚焦在“脱贫地区乡村振兴战略实施”“农村基层治理”“农村人居环境”“城乡融合发展”“乡村旅游”和“乡村文化”等方面。② 就当前国内对乡村振兴研究的成果而言，其研究领域广泛，研究内容丰富，研究层次深入。接下来对国内外乡村振兴研究进行系统的梳理，并对当前研究的得与失、成果与不足进行简要评述。

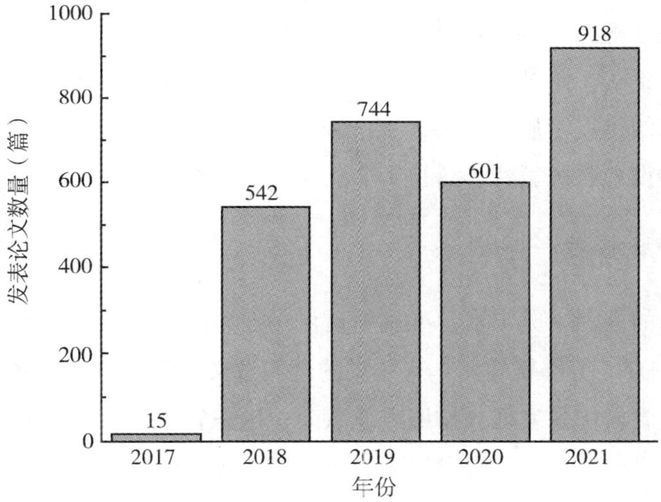

图2.2　乡村振兴研究文献数量总体趋势

(一)乡村振兴战略研究

1. 实施乡村振兴战略的重要性

实施乡村振兴战略的重要性是学界研究乡村振兴战略必须要回答的问题。中央有关文

① 习近平．决胜全面建成小康社会夺取新时代中国特色社会主义伟大胜利[M]．北京：人民出版社，2017.

② 田孝蓉，杨亚楠．基于CiteSpace的乡村振兴研究进展及发展动态分析[J]．国土与自然资源研究，2022，42(2)：49-54.

件对实施乡村振兴战略的重要性已作出明确指示，即实施乡村振兴战略对解决新时代社会主要矛盾、实现“两个一百年”奋斗目标、实现全体人民共同富裕具有重大意义。① 在十九大重要精神的指导下，学术界对实施乡村振兴战略的实践意义进行了大量研究。韩俊认为，实施乡村振兴战略是传承中华优秀传统文化的重要途径，是健全现代社会治理格局的固本之策，是实现全体人民共同富裕的必然选择。② 具体而言，他认为乡村振兴战略的实施有助于解决农耕文明在城镇化进程中日渐没落的问题，重构乡村社会治理秩序，留住乡村人口或吸引乡村人口返乡，破除乡村陈规陋俗，提升农民就业质量和收入水平等。

孙景淼等认指出，乡村振兴战略是实现社会主义现代化建设战略目标与满足人民美好生活需要的必然选择，实施乡村振兴战略就是要坚持农业和农村优先发展，使乡村发展与国家现代化建设相协调。③ 刘汉成提出，实施乡村振兴战略不仅是解决新时代社会主要矛盾的重要手段，还是解决市场经济体系运行矛盾的主要抓手和解决农业现代化的重要内容。④ 他提出不仅要发展外向型经济，还要对内实施乡村振兴战略，扩大国内需求，缓解市场经济发展带来的供需矛盾。同时，实施乡村振兴战略也能有效弥补农业现代化发展、社会主义新农村建设和农民教育、科技、文化发展中存在的不足。

2. 乡村振兴战略的科学内涵

乡村振兴战略的内涵十分丰富。准确把握乡村振兴战略的科学内涵，对于优化“三农”工作思路、开创“三农”工作新局面具有重要的现实意义。党的十九大报告指出实施乡村振兴战略要坚持农业农村优先发展，按照产业兴旺、生态宜居、乡风文明、治理有效、生活富裕的总要求，建立健全城乡融合发展体制机制以及政策体系，加快推进农业农村现代化进程。郭晓鸣等指出，乡村振兴的科学内涵需要从实施乡村振兴战略总要求中概括。⑤ 乡村振兴的内涵不仅包括农业现代化，还包括农村现代化，不仅包括产业的振兴，也包括文化的振兴、教育卫生事业的大力发展、乡村社会的有效治理、居民生态宜居、环境优美等，涵盖了农村的经济、政治、文化、社会、生态“五位一体”建设。李周同样提出，乡村振兴的内涵包括繁荣农村经济的产业兴旺，协调经济生态关系的生态宜居，建设乡村灵魂

---

① 中共中央国务院关于实施乡村振兴战略的意见[M]. 北京：人民出版社，2018：3.

② 韩俊. 实施乡村振兴战略五十题[M]. 北京：人民出版社，2019：54-56.

③ 孙景淼. 乡村振兴战略[M]. 杭州：浙江人民出版社，2018：31-34.

④ 刘汉成. 乡村振兴战略的理论与实践[M]. 北京：中国经济出版社，2019：8-10.

⑤ 郭晓鸣，张克俊，虞洪，等. 实施乡村振兴战略的系统认识与道路选择[J]. 农村经济，2018(1)：11-20.

的乡风文明，提升战略实施效果的治理有效，改革开放重要目标的生活富裕。① 廖彩荣等倡导从乡村振兴战略的基本含义、总体要求、主要内容、关键举措、主要目标五个方面理解和把握乡村振兴战略的科学内涵。②

李长学从历史与现实相结合的角度探讨了乡村振兴战略的本质内涵。具体而言，包含四层含义：一是乡村振兴战略的提出背景是我国经济社会发展进入新时代、即将全面建成小康社会和开启全面建设社会主义现代化强国的新征程，现实关照的是现代化进程中的乡村衰落现象；二是“产业兴旺、生态宜居、乡风文明、治理有效、生活富裕”是乡村振兴战略的主要内容、价值追求和衡量标准，也是“五位一体”总体布局在乡村的具体展开；三是乡村振兴战略的本质和根本目标是实现农业农村的现代化；四是乡村振兴战略的实施是一个复杂的系统工程和长期过程，应尊重乡村发展规律、因地施策，切勿急于求成、千篇一律。③ 也有学者指出，乡村振兴战略的内涵应从城乡一体化发展转向坚持农业农村优先发展、从推进农业现代化转向推进农业农村现代化、从生产发展转向产业兴旺、从村容整洁转向生态宜居、从乡村文明转向乡风文明、从管理民主转向治理有效、从生活宽裕转向生活富裕的“七个根本性转变”方面来理解和把握。④

3. 实施乡村振兴战略的现实困境

农村发展不充分，城乡发展不平衡，是乡村振兴面临的主要困境。刘润秋等认为实施乡村振兴战略面临一系列现实困境，包括劳动力、土地等生产要素长期偏向投入城市，制度供给、公共资源等在城乡之间配置不均衡，乡村缺乏内生增长动力、人与自然失衡，城市发展对乡村的辐射带动效应不平衡、不充分等。⑤ 林永兴等提出，实施乡村振兴战略面临乡村公共服务、乡村基础设施、乡村组织建设、乡村体制机制四大短板。⑥ 张阳丽等指出，实施乡村振兴战略面临五大矛盾：一是乡村人口向外流失严重与乡村振兴求贤若渴的矛盾，二是农民收入增速减缓与农民对美好生活诉求的矛盾，三是农业生产效率低下与市

① 李周．乡村振兴战略的主要含义、实施策略和预期变化[J]．求索，2018(2)：44-50.

② 廖彩荣，陈美球．乡村振兴战略的理论逻辑、科学内涵与实现路径[J]．农林经济管理学报，2017，16(6)：795-802.

③ 李长学．论乡村振兴战略的本质内涵、逻辑成因与推行路径[J]．内蒙古社会科学(汉文版)，2018，39(5)：13-18.

④ 蒋永穆．基于社会主要矛盾变化的乡村振兴战略：内涵及路径[J]．社会科学辑刊，2018(2)：15-21.

⑤ 刘润秋，黄志兵．实施乡村振兴战略的现实困境、政策误区及改革路径[J]．农村经济，2018(6)：6-10.

⑥ 林永兴，苏晖阳，余森杰．乡村振兴：四大短板与改革路径[J]．产经评论，2020，11(4)：5-15.

场大量需要农产品的矛盾，四是乡村生态环境不断恶化与乡村要求走绿色发展之路的矛盾，五是乡村复杂的治理环境与滞后发展的治理体制的矛盾。① 刘天琦等认为，乡村振兴战略实施过程中遭遇了财政支农政策效能发挥不足的难题，具体表现为现有财政支农政策与乡村振兴战略存在低匹配性问题，财政支农政策不系统抑制了其合力作用发挥，促进财政支农政策提升的全过程预算绩效管理仍处于初步探索阶段，财政支农政策在带动社会与金融资本参与乡村振兴的能力上仍旧不足。② 张可心等提出，乡村振兴面临乡村经济发展受阻，乡村常住人口减少，乡村建设长效投入机制缺失等现实难题。③ 同时，乡村振兴战略实施面临推动三产融合、县域城镇化、合理引导人口转移、人居环境整治、拓宽融资渠道等重点任务。

4. 乡村振兴战略的推进路径

中国乡村地域广阔，各地区发展情况千差万别，如何因地制宜实现乡村振兴，推进乡村振兴战略更好落地，是学界较为关注的问题。唐坚提倡以内外并重、统筹兼顾的方式推进乡村振兴战略的实施，促进乡村社会的繁荣发展。④ 叶兴庆指出要促进农业农村现代化跟上国家现代化步伐，必须牢牢把握农业农村优先发展和城乡融合发展两大原则，核心是要抓好“人、地、钱”三个关键。⑤ 也有学者认为，实现乡村振兴，需要构建新型乡村共同体。⑥ 这种新型乡村共同体以合作共同体为目标追求，以多元合作为构建模式，通过完善乡村服务体系、重塑乡村权威、增强乡村凝聚力和促进乡村文化建设来构建。另有学者提出，实施乡村振兴战略需要分清主次，找好着力点，抓住“牛鼻子”，优化配置各种资源，推进农村一、二、三产业融合与创新发展。⑦

乡村振兴的对象是一个多体融合的地域系统。⑧ 为此，国内一些著名学者从地理学的角度，基于人地关系地域系统理论研究了乡村振兴的实施路径。如刘彦随以全国 39164 个乡镇为基本单元，挖掘出制约中国乡村地域系统可持续发展的主要影响因素，划分了中国

---

① 张阳丽，王国敏，刘碧．我国实施乡村振兴战略的理论阐释、矛盾剖析及突破路径[J]．天津师范大学学报(社会科学版)，2020(3)：52-61.

② 刘天琦，宋俊杰．财政支农政策助推乡村振兴的路径、问题与对策[J]．经济纵横，2020(6)：55-60.

③ 张可心，刘科伟，程永辉，等．乡村振兴的理论逻辑及发展重点研究——以陕西关中地区为例[J]．中国农业资源与区划，2019，40(3)：205-210.

④ 唐坚．乡村振兴需内外协同发力[J]．人民论坛，2019(6)：62-63.

⑤ 叶兴庆．新时代中国乡村振兴战略论纲[J]．改革，2018(1)：65-73.

⑥ 刘祖云，张诚．重构乡村共同体：乡村振兴的现实路径[J]．甘肃社会科学，2018(4)：42-48.

⑦ 关振国．紧紧抓住乡村振兴的“牛鼻子”[J]．人民论坛，2018(29)：56-57.

⑧ 刘彦随．中国新时代城乡融合与乡村振兴[J]．地理学报，2018，73(4)：637-650.

乡村地域系统类型，给出了不同类型地区乡村振兴实施的科学途径。① 郭远智等通过分析中国乡村转型发展与乡村振兴的内在逻辑，提出乡村振兴的推进路径。② 他们指出，新时代乡村振兴战略的落实应着重从科学识别乡村振兴的瞄准区域，综合研判乡村发展演化的趋势，系统诊断乡村地域类型的主导制约因素，全面认知城乡耦合互动的逻辑关系入手，采取针对性措施推进农业农村现代化。戈大专等提出基于空间治理建构乡村振兴的理论体系和实践路径。③ 李进涛以京津冀地区的静海区为例，通过对乡村发展的空间聚类分析，划分乡村发展类型区，结合制度、产业、技术和人才等途径提出了适宜不同类型区的乡村振兴模式。④ 李瑾根据区域的资源环境承载能力，研究了干旱地区的乡村振兴实施路径。⑤

有学者从关联和协同的思维角度提出，要实施乡村振兴需要坚持"五大协同之路"，即坚持提高农业劳动生产率、改革土地产权、促进人口要素双向流动、增加农民财产性收入、推动新型城镇化和扩大农业发展增量空间相协同。⑥ 罗敏从城乡共生视角提出乡村振兴要遵循五重逻辑，分别为城乡产业共建、城乡人才共享、城乡文化共融、城乡生态共治和城乡组织共生。⑦

还有一些学者归纳出实施乡村振兴战略的六个重点：一是深入推进产业兴旺，培育农业农村产业发展新动能；二是推进乡村绿色发展，提升乡村生态宜居水平；三是促进乡村文化繁荣兴盛，推进乡风文明新发展；四是加强农村基层基础工作，创新乡村治理新体系；五是提高农村居民生保障水平，打造生活富裕新乡村；六是深入推进体制机制创新，优化乡村振兴的制度性供给。⑧ 赵毅等以江苏省溧阳市的特色田园乡村建设为例探究了县域乡村振兴路径，在特色田园乡村建设探索中以注重乡土气息、彰显个性特色、提升多元价值、焕发内生活力为价值取向，探索形成了县域乡村振兴之路，主要表现在区域协同、

① 刘彦随，周扬，李玉恒．中国乡村地域系统与乡村振兴战略[J]．地理学报，2019，74(12)：2511-2528.

② 郭远智，刘彦随．中国乡村发展进程与乡村振兴路径[J]．地理学报，2021，76(6)：1408-1421.

③ 戈大专，陆玉麒，孙攀．论乡村空间治理与乡村振兴战略[J]．地理学报，2022，77(4)：777-794.

④ 李进涛，杨园园，蒋宁．京津冀都市区乡村振兴模式及其途径研究——以天津市静海区为例[J]．地理研究，2019，38(3)：496-508.

⑤ 李瑾，文琦，杨骁．基于资源环境承载力的干旱区乡村振兴路径研究——以宁夏为例[J]．干旱区地理，2022，45(1)：287-297.

⑥ 周天勇．"五大协同"走好乡村振兴战略大棋局[J]．中国党政干部论坛，2018(4)：27-31.

⑦ 罗敏．乡村振兴战略的五重逻辑：一个城乡共生的视角[J]．学习论坛，2020(2)：34-41.

⑧ 姜长云．乡村振兴战略：理论、政策和规划研究[J]．宏观经济研究，2018(7)：2.

生态蓄能、产业提振、服务均等、机制创新、治理融合六个方面。① 杜国明从村域尺度提出乡村振兴推进路径，要针对各乡村发展短板，因村施策、分类稳步推进不同类型村域乡村振兴。②

韩俊指出，乡村振兴战略需要从八个关键问题着手推进：一是推动农业由增产导向转向提质导向；二是促进小农户和现代农业发展有机衔接；三是以绿色发展引领乡村振兴；四是焕发乡风文明新气象，提升农民精神风貌；五是坚持自治、法治、德治相结合；六是不断提升农民的获得感、幸福感、安全感；七是健全城乡融合发展体制机制，强化乡村振兴制度性供给；八是坚持和完善党对“三农”工作的领导。真正把农业农村优先发展落到实处，而处理这八个关键问题的过程就是乡村振兴战略的推进进程。③

(二)乡村治理研究

实现乡村有效治理是乡村振兴的重要内容。针对我国乡村治理主体和治理结构与乡村振兴目标不对接，治理体制机制不健全，治理主体不到位，治理能力弱化等突出问题，大量学者从基层党组织领导乡村治理体系和“自治、德治、法治”乡村治理体系建设和实践方面开展研究。④⑤

1. 基层党组织领导乡村治理的能力体系研究

《中共中央、国务院关于实施乡村振兴战略的意见》明确指出，我国主要矛盾即发展不平衡、不充分问题在乡村地区尤其突出，主要表现之一就是“农村基层党建存在薄弱环节，乡村治理体系和治理能力亟待强化”。习近平总书记强调：要“加强农村基层党组织建设，扎实推进抓党建促乡村振兴，突出政治功能，提升组织力，抓乡促村，把农村基层党组织建成坚强战斗堡垒。强化农村基层党组织领导核心地位”。在上述背景下，一些学者开展了关于农村基层党组织领导乡村治理内涵的研究。钟海认为，随着农村经济的快速发展及政治生态环境的急剧变化，当前乡村治理结构正在经历时代性的转变，农村基层党组织应该从领导核心、社会角色、利益协调和政治吸纳等方面加强组织队伍建设，以适应党的执

---

① 赵毅，陈超，许珊珊．特色田园乡村引领下的县域乡村振兴路径探析——以江苏省溧阳市为例[J]．城市规划，2020，44(11)：106-116.

② 杜国明，薛濡壕，王介勇．村域尺度乡村振兴评价及推进路径——以黑龙江省拜泉县为例[J]．经济地理，2021，41(8)：19-27.

③ 韩俊．关于实施乡村振兴战略的八个关键性问题[J]．中国党政干部论坛，2018(4)：19-26.

④ 高慧．农村基层党组织领导乡村治理研究综述[J]．农村经济与科技，2021，32(18)：262-264.

⑤ 李三辉．“三治融合”与乡村振兴治理体系构建[J]．广西社会科学，2020(7)：86-90.

政及乡村发展的客观需要。① 在《政党如何引领社会？——后单位时代的基层党组织与社会之间关系分析》一文中，作者田先红指出，在基层党组织与社会相互交融、渗透的过程中，党的引领功能得以实现。基层党组织应从政治机制、组织机制、吸纳机制和服务机制中构造基层党组织的领导力、组织力、凝聚力和回应力，进而引领社会。②

另有一些学者对农村基层党组织领导乡村治理存在的问题进行研究。首先，王华③、郑钧蔚④等学者认为，受组织设置和资源配置等方面的影响，农村基层党组织功能定位模糊，行政化倾向严重，村级组织职责不清，削弱了农村基层党组织的政治基础。其次，“村两委”的矛盾影响农村基层党组织在乡村治理中领导功能的有效发挥。如赫莉指出，当前我国农村基层的社会结构已经发生巨大变化，农村基层自治组织也已经出现严重的行政化倾向，这就使农村基层党组织对乡村治理的难度大幅增加。⑤ 阳信生等提出，“村两委”矛盾实质上是党的领导与村庄居民自治矛盾、行政权与自治权冲突的外在表现。⑥ 建立和谐的农村基层党政关系是破解“村两委”矛盾的根本之道。再次，农村基层党组织与其他多元治理主体的矛盾影响农村基层党组织领导作用的发挥。如周庆智指出，当前基层党建引领的基层治理需要处理好党委统合下的多种角色功能作用，且在党政体制与个体之间确立政治权益联系和文化联系。最后，部分基层党员、干部思想觉悟有待提升，部分基层党组织政治工作方式简单粗暴。⑦

学界对于农村基层党组织领导乡村治理的有效途径发表了不同观点，综合来看大致有以下四种：一是要加强农村党组织队伍建设，发挥党的引领作用。⑧ 注重选拔干部队伍，加强后备人才培养；做好农村党员的培训工作；完善监督机制和激励保障制度。二是要推动经济社会发展，带领农民群众过上富裕的生活。⑨ 三是加强乡村文明建设，弘扬优秀本

---

① 钟海．乡村治理结构转型中农村基层党组织功能之审视［J］．西安财经学院学报，2011，24(4)：107-110.

② 田先红．政党如何引领社会？——后单位时代的基层党组织与社会之间关系分析［J］．开放时代，2020(2)：118-144.

③ 王华．从六个方面提升基层党组织组织力［J］．中国党政干部论坛，2018(3)：79-81.

④ 郑钧蔚．村级治理创新发展背景下农村基层党的建设及其功能实现路径研究［D］．成都：四川省社会科学院，2015.

⑤ 赫莉．多元参与与城乡基层社会治理［J］．甘肃社会科学，2013(6)：14-16.

⑥ 阳信生，王习贤．农村基层党的建设中村支两委关系协调问题研究［J］．湖湘论坛，2013，26(6)：29-33.

⑦ 周庆智．基层党建如何引领基层治理［J］．人民论坛，2019(10)：103-105.

⑧ 鲁杰，王帅．乡村振兴战略背景下农村基层党组织的定位、困境与发展［J］．西北农林科技大学学报(社会科学版)，2021，21(6)：20-25.

⑨ 闫璐，鲍振东．农村基层党组织的功能定位及实现路径［J］．人民论坛，2011(32)：82-83.

土文化。① 文化作为一种无形的软实力，具有一定的社会凝聚力，对社会的发展具有重要影响。农村基层党组织在领导乡村治理过程中，要引领广大农民群众树立相信科学、依托科学实现发展的意识，并利用多种途径培育农民相信科学的信念。四是要大胆创新，实现农村治理现代化。农村基层党组织建设中要融入现代信息技术，做到管理规范、科学、高效；农村集体产业管理上，农村基层党组织要大胆创新，摆脱传统思维定式的限制，创新管理模式。

2. "三治融合"乡村治理体系研究

"三治融合"乡村治理作为我国转型时期乡村社会治理的新思维，是被实践检验认定为符合当前乡村社会治理的历史与现实。党的十九大报告中提出加强农村基层基础工作，健全自治、法治、德治相结合的乡村治理体系。② 学术界关于"三治融合"的研究如雨后春笋般蓬勃发展，关于"三治融合"乡村治理体系的研究主要集中在学理研究、面临困境和实现路径等方面。

"三治"是对自治、法治、德治的概括，"三治融合"中自治、法治、德治是内容，分别属于治理体系、治理体制、治理机制；融合是方法，是将自治、法治、德治融为一体的系统方法。"三治融合"是一种有效的乡村治理手段，因地制宜地将自治、法治、德治不同的治理组合嵌入乡村治理实践，最终实现乡村善治。③④

目前，在我国农村地区开展了很多关于"三治融合"的乡村治理实践，充分调动农民参与乡村治理的积极性。王冠群基于苏北 F 县"钉治"模式的个案审视，提出了技术赋能下"三治融合"乡村治理体系的路径，包括平台孵化与布局、系统性制度设计和数字理念嵌入等，引导村庄居民、企业和社会组织以乡村数字治理平台为载体积极参与基层治理。⑤ 丁文等对村民自治转型进行调查发现，通过坚持党的领导、推进"三治融合"的建设和明晰各类治理主体间的关系等途径，能使村民自治在乡村治理新体系下得以转型。⑥ 李博从协同

---

① 苏慧．农村基层党组织在乡村振兴中的功能定位及实现路径[J]．福州党校学报，2019(4)：33-37.

② 习近平谈治国理政(第 3 卷)[M]．北京：外文出版社，2020：35.

③ 张广花．乡村振兴战略背景下关于村级有效治理的思考——以绍兴市漓渚镇为例[J]．安徽农学通报，2018，24(18)：1-2，57.

④ 邓大才．走向善治之路：自治、法治与德治的选择与组合——以乡村治理体系为研究对象[J]．社会科学研究，2018(4)：32-38.

⑤ 王冠群，杜永康．技术赋能下"三治融合"乡村治理体系构建——基于苏北 F 县的个案研究[J]．社会科学研究，2021(5)：124-133.

⑥ 丁文，戴凯．合作共治：三治融合视阈下的村民自治转型——基于 W 村的实证调查[J]．华中师范大学学报(人文社会科学版)，2021，60(5)：1-11.

治理理论出发，以秦巴山区汉阴县某村为例，探讨了“三治融合”在基层的运作逻辑和形成机制，发现以自治为基础、法治为底线、德治为辅助的一体两翼式的乡村治理能有效促进乡村治理现代化和善治格局的形成。①

以“三治融合”构建乡村治理体系虽然有效地提升了乡村治理能力，但在乡村治理体系建设过程中还存在诸多问题。首先，在“三治融合”治理体系建设过程中，德治为主，法治建设相对薄弱，这在一定程度上制约了乡村社会治理现代化建设。其次，村民参与三治的积极性、主动性有待提高。在城乡融合背景下，大量青壮年劳动力外流，传统农村更多的是以老人、妇女和儿童为主，农村空心化现象也不利于“三治融合”乡村治理体系建设。此外，在一些地方，由于缺少乡村精英的参与，“三治融合”乡村治理体系建设推进缓慢。

当前中国乡村治理各主体的“缺位、越位、卡位”、村治组织弱化以及治理规则的断层等导致各治理主体间相互嵌入机制缺失，影响“三治融合”对改善乡村治理的效果。② 在乡村振兴战略的实施背景下，党组织必须追随乡村治理结构转型，把基层党组织建设成领导基层治理的坚强战斗堡垒。一些学者提出，将党建作为“三治融合”的实践主体，通过引领乡村自治的边界、立足党建组织优势贯通乡村法治，以及建立包容德治力量的党建系统，实现党建对乡村自治、法治和德治的引领路径。③

（三）乡村人居环境研究

改善农村人居环境是实施乡村振兴战略的重大任务，不仅关系到广大农民的健康和根本福祉，而且直接影响到全面建成小康社会战略目标的实施效果。孙慧波等通过构建农村人居环境质量的系统评价指标体系，运用面板数据对各农村地区进行动态测度，指出当前中国农村人居环境质量一般，区域差异明显且有进一步扩大的趋势。因此，对乡村人居环境的关注将成为乡村振兴战略未来持续的关注热点。④ 王宾等在《“十四五”时期推进农村人居环境整治提升的战略任务》一文中指出，“十四五”时期，继续推进农村人居环境整治提升工作要坚持因地制宜的原则，以全面推进农村生活污水治理、农村生活垃圾治理和厕所粪污治理为重要抓手，高标准推进、高效率监管，建立长效运营和管控机制，持续改善

---

① 李博．“一体两翼式”治理下的“三治”融合——以秦巴山区汉阴县T村为例[J]．西北农林科技大学学报(社会科学版)，2020，20(1)：111-120.

② 侯宏伟，马培衢．“自治、法治、德治”三治融合体系下治理主体嵌入型共治机制的构建[J]．华南师范大学学报(社会科学版)，2018(6)：141-146.

③ 张明皓，豆书龙．党建引领“三治结合”：机制构建、内在张力与优化向度[J]．南京农业大学学报(社会科学版)，2021，21(1)：32-41.

④ 孙慧波，赵霞．中国农村人居环境质量评价及差异化治理策略[J]．西安交通大学学报(社会科学版)，2019，39(5)：105-113.

村容村貌，不断提升农村公共卫生服务水平，促进城乡融合发展，更高质量推进农村人居环境整治提升工作。①

目前，国内学者对乡村人居环境的研究主要集中在分析农村人居环境存在的短板及原因、农村人居环境整治推进路径及实施效果上。王富忠等对南疆地区农村人居环境整治进行研究，发现在基础设施、专业人才、资金配套、农牧民意识等方面仍有诸多短板，并针对短板提出深入推进南疆地区农村人居环境整治的对策建议。② 卞素萍针对在农村人居环境整治及美丽乡村建设过程中面临的绿色发展导向不明确、机制创新的广度和深度不够、缺乏系统性以及忽视了村民主体性及参与性等问题，提出五条农村人居环境整治创新建设策略：一是坚持科学发展，明确乡村绿色发展导向；二是处理好系统谋划特色发展和差别化生态保护的关系；三是创新农村人居环境整治方式；四是因村施策的专项环境整治规划和系统化布局；五是坚持"以人为本"。③ 李冬青等基于全国 7 省农户面板数据，从户厕使用、生活垃圾处理和生活污水处理三个维度评估了我国农村人居环境整治效果。他们发现，综合使用给农户发放补贴、政府直接投入公共环境设施和建立公共设施管护制度等政策工具，有效地提升了农户的卫生厕所使用、生活垃圾集中处理和生活污水集中处理等人居环境指标，是改善农村人居环境的重要推力。同时，他们指出人居环境地区不均衡、发展不充分等问题仍然存在，并针对这些现实问题给出了具体建议。④

（四）城乡融合发展研究

乡村振兴与城乡融合是不可分割的整体，依据乡村振兴战略的目标与要求，城乡融合必须以化解城乡发展不均衡问题为主要任务，以促进乡村产业发展为支撑点。乡村振兴战略的提出表明政府对新时期我国社会主要矛盾的深刻认识，其实施表明政府为协调城乡发展及缩小城乡差距所做的努力，但由于长期积累的弊病使城乡融合发展仍然面临巨大挑战。近年来，城乡矛盾日益加剧，我国大部分地区存在城进村衰，城乡之间面临着人才流

① 王宾，于法稳．"十四五"时期推进农村人居环境整治提升的战略任务[J]．改革，2021(3)：111-120.

② 王富忠，胡燕．乡村振兴战略背景下南疆地区农村人居环境整治研究[J]．农业经济，2021(11)：43-45.

③ 卞素萍．美丽乡村建设背景下农村人居环境整治现状及创新研究——基于江浙地区的美丽乡村建设实践[J]．南京工业大学学报(社会科学版)，2020，19(6)：62-72.

④ 李冬青，侯玲玲，闵师，等．农村人居环境整治效果评估——基于全国 7 省农户面板数据的实证研究[J]．管理世界，2021，37(10)：182-195.

动机制不健全、金融资源配置失衡、产业融合不充分等问题。① 根据国家统计局数据显示，截至2021年底，我国常住人口城镇化率达64.72%，而仅凭借快速城镇化，不但无法妥善解决乡村问题，反而使得我国城乡关系异常紧张，难以实现城乡融合发展。②

茅锐等基于发达国家的乡村转型成功经验提出，中国推动乡村振兴战略实施和促进城乡再平衡发展应从三个方面努力：一是要健全乡村振兴的体制化设计和社会合作网络，二是要优化城乡融合的产业布局和多元化产品体系，三是要推进基本公共服务均等化和城乡共生型发展。③ 城乡融合与乡村可持续发展，也是地理学乡村系统研究的主要前沿课题。④ 崔树强等基于地理学的视角，对未来城乡融合发展进行展望，指出未来应加强城乡融合发展的时空异质性与动力机制、多尺度、多类型地域空间的城乡融合发展、新技术手段集成应用、"双碳"与城乡融合发展关联等研究。⑤ 戈大专从城乡互动关系优化、乡村内生动力激发、基层组织能力强化等层面指出，乡村空间治理可以有效推动城乡融合发展。⑥ 叶菲菲结合乡村振兴时期的政策红利，提出城乡融合发展应重点从人才引进、统筹城乡金融资源配置、乡村产业结构调整等方面突围。⑦ 张伟等基于江苏省实践案例分析，提出"区域联动、差异引导、特色优先、政策赋能"的城乡融合发展路径。⑧

(五)乡村旅游研究

在乡村振兴战略背景下，发展乡村旅游能够有力地契合和服务新时代国家发展战略，促进农业提质增效、农民增收致富、农村繁荣稳定，加快统筹城乡融合发展步伐，是实现乡村振兴的重要途径。⑨ 乡村旅游被认为是推动乡村振兴、发展乡村产业、实现脱贫减贫

---

① 刘守英，王一鸽．从乡土中国到城乡中国——中国转型的乡村变迁视角[J]．管理世界，2018，34(10)：128-146.

② 姜德波，彭程．城市化进程中的乡村衰落现象：成因及治理——"乡村振兴战略"实施视角的分析[J]．南京审计大学学报，2018，15(1)：16-24.

③ 茅锐，林显一．在乡村振兴中促进城乡融合发展——来自主要发达国家的经验启示[J]．国际经济评论，2022(1)：155-173.

④ 刘彦随．新时代乡村振兴地理学研究[J]．地理研究，2019，38(3)：461-466.

⑤ 崔树强，周国华，戴柳燕，等．基于地理学视角的城乡融合发展研究进展与展望[J]．经济地理，2022，42(2)：104-113.

⑥ 戈大专，陆玉麒．面向国土空间规划的乡村空间治理机制与路径[J]．地理学报，2021，76(6)：1422-1437.

⑦ 叶菲菲．乡村振兴背景下城乡融合发展的困境与出路[J]．农业经济，2020(10)：94-95.

⑧ 张伟，闾海，胡剑双，等．新时代省域尺度城乡融合发展路径思考——基于江苏实践案例分析[J]．城市规划，2021，45(12)：17-26.

⑨ 中共中央国务院印发《乡村振兴战略规划(2018—2022年)》[J]．农村工作通讯，2018(18)：8-35.

的重要新兴业态。① 国外已有研究表明，旅游业作为一种劳动密集型产业能更好地与当地其他产业产品形成紧密联系，从而实现减贫目标。②

随着近年来我国乡村战略的实施，从乡村旅游入手实现脱贫减贫的有效性研究受到高度关注。学者们主要从以下三个方面展开研究。

第一，乡村振兴战略与乡村旅游发展之间耦合关系的研究，如李志龙以湘西凤凰县为例，分别构建了乡村振兴评价指标体系和乡村旅游评价指标体系，解析了乡村振兴—乡村旅游系统作用机制与演化规律，为因地制宜制定乡村振兴的乡村旅游路径提供更为科学的政策参考。③ 董文静等通过对山东省乡村振兴与乡村旅游的耦合特征进行分析发现，山东省各市乡村振兴与乡村旅游耦合发展呈现差异性和区域性，各市的耦合协调组合状况与其经济水平、历史基础、资源禀赋、区位条件等存在空间的对应性。④ Yang 等认为，乡村旅游振兴不仅是促进发展中国家农村可持续发展的战略，也是全球城市化的必然趋势。⑤ 陈志军等基于旅游发展、乡村重构和乡村振兴三个潜变量，构建旅游发展对乡村振兴影响的结构关系模型，深入探讨乡村旅游地旅游发展对乡村振兴的影响效应及作用机理。该研究发现，旅游发展影响乡村经济重构和社会重构，最终在乡村地域功能优化或强化的转型发展中实现乡村振兴。⑥

第二，对乡村振兴背景下乡村旅游发展路径的探索，如杨瑜婷构建了居民—开发商演化博弈模型，探究了合作者在乡村旅游资源开发过程中的合作机制；⑦ Zhao 等从智慧旅游视角出发提出，利用互联网信息模式塑造乡村旅游；⑧ 严海涛从创新视角出发，探究如何在农业现代化背景下有效促进乡村旅游的发展路径。⑨ 一些学者从全域视角探索乡村旅游

---

① 宋明轩，谢春山．国内外乡村旅游发展理念、历程和模式比较分析[J]．沈阳农业大学学报(社会科学版)，2019，21(4)：385-391.

② Shamim A S，Sanjai P，Md A N S，et al. Rural Tourism as a Transformative Service of Community Well-Being：A Systematic Literature Review[J]．IJSDP，2021，16(6)：1081-1090.

③ 李志龙．乡村振兴—乡村旅游系统耦合机制与协调发展研究——以湖南凤凰县为例[J]．地理研究，2019，38(3)：643-654.

④ 董文静，王昌森，等. 山东省乡村振兴与乡村旅游时空耦合研究[J]．地理科学，2020，40(4)：628-636.

⑤ Yang J，Yang R，Chen M H，et al. Effects of Rural Revitalization on Rural Tourism[J]．Journal of hospitality and tourism management，2021(47)：35-45.

⑥ 陈志军，徐飞雄．乡村旅游地旅游发展对乡村振兴的影响效应与机理——以关中地区为例[J]．经济地理，2022，42(2)：231-240.

⑦ 杨瑜婷，何建佳，刘举胜．“乡村振兴战略”背景下乡村旅游资源开发路径演化研究——基于演化博弈的视角[J]．企业经济，2018(1)：24-30.

⑧ Zhao L，Zhang D. Research on the Path of Revitalizing Rural Tourism from the Perspective of Smart Tourism[J]．E3S web of conferences，2021(251)：03037.

⑨ 严海涛．农业现代化背景下乡村旅游发展路径探索——评《乡村振兴战略与乡村旅游发展》[J]．中国农业气象，2022，43(1)：81.

的发展模式，如王馨颜通过分析当前内蒙古乡村旅游发展存在的问题，探索推进内蒙古乡村旅游可持续健康发展的有效路径；① 孟乐基于山西省地理环境类型多样、历史文化悠久、红色革命氛围浓郁的特点，从全域视角提出解决对策。② 丁丽英以乡村旅游资源的协同发展为农村生态旅游提供政策建议。③ 还有一些学者根据城市的具体情况提出具有针对性的发展策略，如娄志强、朱明、丁华等分别以河南省平顶山市、江苏省昆山市、浙江省吉安县为例开展乡村旅游发展路径探索。④⑤⑥ 孙婧雯基于浙江磐安管头村旅游产业锁定案例，提出三条助力乡村旅游产业振兴特色化路径：一是锁定市场专业化、反锁经营老龄化的服务质量提升路径；二是锁定产品差异化、反锁同质低质化的文化价值盘活路径；三是锁定模式统一化、反锁封闭个体化的共建共享共赢路径。⑦

第三，目前对旅游减贫的实证研究相对较少，这不利于我们全面理解乡村旅游与贫困的关系，进而有效指导旅游发展真正实现减贫脱贫的目标。He 等通过对陕南汉中秦巴山区 10 个国家旅游扶贫重点村 241 户农户的研究发现，乡村旅游对农户家庭收入总体上有促进作用，但收入增长效应在脱贫户与非贫困户之间差异显著，参与旅游的农户与非参与旅游的农户之间收入差异不显著。他们指出旅游的减贫效应是有条件的，初级阶段旅游景区对农户收入的带动作用有限，地理位置限制了农户的有效参与。基于此，提出五条对策：一是建立旅游参与扶贫的筛选机制，实施多元化的贫困治理；二是鼓励多产业融合、协同发展，实现“旅游”与“旅游”的双向互动；三是坚持参与式发展路径，完善旅游参与的体制机制，激发农民的内生动力，探索“自下而上”的动态参与路径；四是加强技能培训，提高农民综合素质及其参与水平和能力；五是发挥基层党建的协调引领作用，不断培育壮大旅游合作组织。⑧

① 王馨颜．全域旅游视角下内蒙古乡村旅游发展路径研究[J]．农业经济，2018(10)：33-34.

② 孟乐．全域旅游视角下乡村旅游资源的发展路径探讨——以山西省为例[J]．农业经济，2020(4)：52-54.

③ 丁丽英．全域旅游视角下乡村生态旅游开发探索[J]．农业经济，2021(3)：56-57.

④ 娄志强，张丹丹．乡村振兴背景下平顶山市乡村旅游发展策略研究[J]．甘肃农业，2021(11)：29-33.

⑤ 朱明，高峰．乡村振兴背景下乡村旅游供需匹配治理策略研究——以江苏省昆山市为例[J/OL]．世界地理研究，2021-05-06.

⑥ 丁华，陈添珍．乡村振兴背景下乡村旅游与就地城镇化耦合协调探析——以浙江省安吉县为例[J]．西北师范大学学报(自然科学版)，2019，55(5)：84-92.

⑦ 孙婧雯，马远军，王振波，等．基于锁定效应的乡村旅游产业振兴路径[J]．地理科学进展，2020，39(6)：1037-1046.

⑧ He H，Wang S，Tuo SH，et al. Analysis of the Effect of Rural Tourism in Promoting Farmers' Income and Its Influencing Factors-Based on Survey Data from Hanzhong in Southern Shaanxi[J]. Sustainability，2022，14(3)：1289.

三、乡村振兴规划现状

习近平总书记在参加十三届全国人大一次会议山东代表团审议时强调，要健康有序推动乡村振兴战略的实施，做到规划先行、精准施策。2018 年 5 月，中央政治局会议在审议国家《乡村振兴战略规划(2018—2022)》时指出，要抓紧编制乡村振兴地方规划和专项规划。2018 年 9 月，中共中央、国务院发布《乡村振兴战略规划(2018—2022)》，明确了近阶段乡村振兴的规划路径和总体布局，成为指导各地区有序推进乡村振兴的重要依据。随后各地积极开展各级各类乡村振兴规划的编制。与此同时，乡村振兴规划相关研究成为学界关注的问题，以中国学术期刊出版总库(CNKI)为文献检索来源，以篇名为检索条件，以乡村振兴为检索内容，共检索到 2017—2022 年发表在中文核心期刊和 CSSCI 期刊有效论文共 16 篇，学位论文 10 篇(检索日期 2022 年 4 月 28 日)(图 2.3)。笔者对这些文献进行研究发现，乡村振兴规划研究主要集中在乡村规划设计、乡村规划策略等方面。以下是笔者对国内外乡村振兴规划相关研究进行的简单梳理。

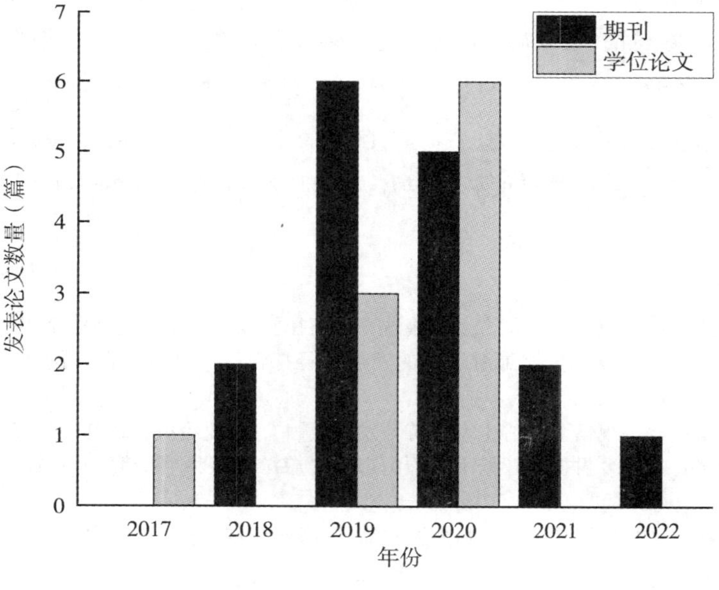

图 2.3 乡村振兴规划文献数量总体趋势

(一) 乡村振兴规划理论研究

国外对乡村规划的研究早于我国，对乡村发展已进行了深入思考与研究，并建立了一套行之有效的规划体系。早在 1993 年，Rowley 粗略探讨了英国乡村发展的困境，提出要解决乡村发展问题，必须统筹城乡一体化发展，进行科学合理规划。① Freshwater 等肯定规划对于乡村振兴的作用，并指出农村整体规划比单一的农业政策更有利于乡村发展。②国内的乡村规划研究起步较晚。杨志恒指出，城乡规划必须彻底摒弃传统发展观念，顺应市场发展规律，在充分尊重实地情况的基础上加强生态保护和资源合理利用，推动城乡可操作性持续发展。③ 尹仕美等立足于共生理论，提出了乡村振兴规划共生策略，即从乡村振兴核心体解构与再构的视角明确共生单元，从乡村振兴支撑体供给与需求的视角构建共生界面，从乡村振兴基质体导引和管控的视角优化共生环境。④ 刘彦随基于乡村地域多体系统理论、乡村发展多级目标理论，构建了“三主三分”乡村振兴规划方法，并将该方法运用于宁夏回族自治区盐池县乡村振兴总体规划。⑤ 一些学者基于乡村振兴战略规划编制实例阐述乡村振兴规划的架构体系，如袁立新结合辽宁省凤城市乡村振兴战略规划，阐述县域乡村振兴战略规划的架构体系，包括总体规划的战略定位和导向作用、围绕产业振兴布局专项规划、以重点规划为引领推动规划落地实施等规划路径。⑥ 赵毅等基于日照市东港区乡村振兴规划，围绕主要思路和策略，构建县域乡村振兴规划的总体框架。⑦ 王介勇等基于地理学综合视角，构建了“五位一体”的乡村振兴规划体系框架，包含主体规划系统、制度保障系统、技术支持系统、多规协调系统和参与反馈系统。⑧ 该体系可以高效配置乡村要素资源，促进城乡融合发展，有利于形成规划合力，增强乡村振兴规划的权威性、可行性和实用性。

① Rowley T D，Freshwater D. Ready or Not? The Rural South and Its Workforce. [J]. Economic change，1999(32)：1-28.

② Freshwater D. Rural America at the Turn of the Century One Analyst's Perspective[J]. Rural America/Rural development perspectives，2000，15(2221-2019-2445)：2-7.

③ 杨志恒．城乡融合发展的理论溯源、内涵与机制分析[J]. 地理与地理信息科学，2019，35(4)：111-116.

④ 尹仕美，廖丽萍，李奎．乡村振兴规划共生策略构建及广西实践[J]. 规划师，2018，34(8)：68-73.

⑤ 刘彦随．中国乡村振兴规划的基础理论与方法论[J]. 地理学报，2020，75(6)：1120-1133.

⑥ 袁立新．以县域为特征的乡村振兴规划编制研究——以辽宁省凤城市为例[J]. 农业经济，2022(1)：63-64.

⑦ 赵毅，徐宁，刘蕾．县域单元乡村振兴规划的编制探索与实践——以日照市东港区乡村振兴规划为例[J]. 上海城市规划，2021(2)：49-56.

⑧ 王介勇，周墨竹，王祥峰．乡村振兴规划的性质及其体系构建探讨[J]. 地理科学进展，2019，38(9)：1361-1369.

（二）乡村振兴规划策略及路径研究

乡村规划策略是否具有科学性，直接决定了乡村社会的建设成效，并由此关系着美丽乡村建设以及乡村振兴战略的实现。因此，学者开展了大量关于乡村振兴规划策略的研究工作。潘琳等以陕西省华阴农场为例，提出五条国有农场乡村振兴规划策略，包括垦地融合开展顶层设计与空间规划、三产融合建立现代农业产业体系、加强用地保障优化人居环境、保护传承与创新农垦文化和推进经营管理体制机制创新。① 王天祥通过对乌鲁木齐市高新区的村镇现状及已完成的相关规划进行梳理，从多种角度全面了解高新区村镇在空间、经济产业、环境与生态、文化等方面存在的问题，在此基础上从六个维度给出乌鲁木齐市高新区的乡村振兴规划策略。② 毛飞以安徽省马鞍山百峰村为例，通过对传统村庄规划及乡村振兴规划理念的梳理和解读，提出中小城市城郊型村庄乡村振兴规划的策略及方法，主要包括生态宜居模式建设、乡村产业兴旺模式引导、乡村乡风文明体系建立和乡村治理有效措施实施。③ 张如林等以桐庐为切入点，在系统梳理了桐庐发展特征与问题的基础上，提出了都市近郊“通道共建+服务共享”的乡村振兴模式、“五位一体”的乡村综合发展路径、全域整治精明增效的空间策略、注重实施导向的制度设计等规划举措。④ 郭杰等研究提出村庄规划编制应该立足于村域资源禀赋和发展转型的特征，系统研究乡村发展定位、过程格局、驱动机制、规划标准等，提出符合村域特征的差异化的乡村空间治理模式和对策。⑤

---

① 潘琳，张帆，李海龙，等. 国有农场乡村振兴规划策略初探——以陕西省华阴农场为例[J]. 城市发展研究，2020，27(8)：14-18.

② 王天祥. 乌鲁木齐市高新区乡村振兴规划策略研究[D]. 哈尔滨：哈尔滨工业大学，2020.

③ 毛飞. 长三角地区中小城市城郊型村庄乡村振兴规划策略研究[D]. 荆州：长江大学，2020.

④ 张如林，余建忠，蔡健，等. 都市近郊区乡村振兴规划探索——全域土地综合整治背景下桐庐乡村振兴规划实践[J]. 城市规划，2020，44(S1)：57-66.

⑤ 郭杰，陈鑫，赵雲泰，等. 乡村空间统筹治理的村庄规划关键科学问题研究[J]. 中国土地科学，2020，34(5)：76-85.

第三章　乡村振兴规划的理论基础

内容提要：自《国家乡村振兴战略规划(2018—2022)》提出以来，如何建立符合中国乡村发展基本特点与规律的乡村振兴规划基础理论，构建乡村振兴规划理论体系和技术路线，成为当前学术研究及政府决策的重要课题和重点任务。基于对乡村振兴规划性质与任务的理解，结合贫困地理理论、乡村地理理论、乡村多指标发展理论等，构建了乡村振兴的理论框架，包括乡村振兴的总体理论框架以及县域—镇域—村域乡村振兴规划编制的理论框架；提出了乡村振兴规划技术体系，包括乡村资源环境承载力分析、村庄分类调查与划定、乡村振兴规划与设计、乡村产业规划系统的构建、乡村公共服务的配置、乡村空间规划设计、乡村基层治理体系设计七大技术方法体系；同步构建数据平台体系、政策保障体系、帮扶支持体系三大数据平台技术支撑体系。

消除贫困是人类面临的重要问题，我国城乡发展不平衡、乡村发展不充分问题十分严重，城乡二元结构十分突出，逐渐成为阻碍区域协调发展的重要因素。我国乡村地域广阔，类型复杂，也是贫困集中的地区。我国的相对贫困问题主要集中在特困连片地区、深石山区、革命老区等区域，这些区域是我国摆脱贫困的重点区域。当前，我国农村贫困问题已经由面上贫困转向点上贫困。①《2020 年国务院政府工作报告》指出，农村贫困人口减少 1109 万，贫困发生率降至 0.6%，脱贫攻坚取得决定性成就。消除贫困是乡村振兴规划的重要任务之一，2020 年，《中共中央关于制定国民经济和社会发展第十四个五年规划和二〇三五年远景目标的建议》中指出脱贫攻坚成果举世瞩目，5575 万农村贫困人口实现脱贫，提出要实现巩固拓展脱贫攻坚成果同乡村振兴有效衔接。全面实施乡村振兴战略，强化以工补农、以城带乡，推动形成工农互促、城乡互补、协调发展、共同繁荣的新型工农城乡关系，加快农业农村现代化，这标志着我国乡村发展任务以精准扶贫为重点过渡到乡村全面振兴。在乡村振兴规划任务上，也需要做好巩固拓展脱贫攻坚成果同乡村振兴有

---

① 刘彦随，周扬，刘继来．中国农村贫困化地域分异特征及其精准扶贫策略[J]．中国科学院院刊，2016，31(3)：269-278.

效衔接，强化精准规划理念。

乡村振兴规划不同于一般的发展型规划或管控型规划，需要深入把握乡村的基本性质和发展实际，客观分析乡村系统的基本属性和乡村发展的一般规律，找准乡村振兴规划的难点与重点，建立科学合理、实用管用的乡村振兴规划体系，才能更好地发挥规划配置资源的作用。① 近年来，关于乡村振兴规划的理论探讨也逐渐兴起，呈现两大特征：一是乡村地理及相关学科理论指导下的规划理论系统研究，强调乡村贫困地理、乡村地域系统、城乡融合理论、国土空间规划等；二是大量乡村振兴规划的实践带动乡村振兴规划的理论探讨，这类研究大多采取了理论与案例相结合的方式。

一、乡村振兴规划的性质与任务

乡村振兴规划，实质上是规划乡村地区如何实现转型振兴与可持续发展，关键要遵循乡村地域系统演化规律，统筹谋划乡村资源配置、生态保护、产业发展、社会治理、文化传承、民生保障等系统目标，科学处理乡村人地关系、城乡关系、居业关系和适时推进乡村空间重构。乡村振兴规划的目标是落实国家乡村振兴战略，统筹安排乡村各项要素与资源，优化乡村空间布局，促进农业农村优先发展。基于对乡村发展特性的认知和当前乡村规划存在问题的梳理，乡村振兴规划在性质上不同于管控型规划和一般的发展导向型规划，其性质为综合协调型、公平导向型和全社会参与的过程规划。其规划重点在于，建立统筹协调乡村内部及城乡之间要素资源规划协调机制，促进城乡要素资源的有序流动；建立以公平为导向的城市支持乡村、工业反哺农业的规划决策机制，支持农业农村优先发展；完善全社会参与的过程乡村规划机制，充分尊重村民意愿，保障规划落地实施。

1. 落实中央关于乡村振兴的重要政策

政策落实是解决乡村振兴“方法论”的问题。乡村振兴规划最直接的任务就是指导各地科学落实各级政府关于乡村振兴工作的政策。如2018年《中共中央国务院关于实施乡村振兴战略的意见》提出了乡村振兴规划的总体要求即“按照产业兴旺、生态宜居、乡风文明、治理有效、生活富裕”，并在发展目标、发展具体要求上进行了具体阐述，这些要求是各地乡村振兴规划的总指导。《国家乡村振兴战略规划(2018—2022)》提出了乡村振兴“三阶段”目标，即到2020年，乡村振兴制度框架和政策体系基本形成；2035年，乡村振兴取得

① 王介勇，周墨竹，王祥峰．乡村振兴规划的性质及其体系构建探讨[J]．地理科学进展，2019，38(9)：1361-1369.

决定性进展，农业农村现代化基本实现；2050 年，乡村全面振兴，农业强、农村美、农民富全面实现，为各地乡村振兴规划编制提供了上位规划指引。

2. 明确乡村振兴的战略定位与目标

乡村振兴战略定位与目标是解决“干什么”的问题。由于各地乡村基础情况、民风民情、资源禀赋、区位交通、产业基础等不同，导致了不同地区乡村发展存在差异性，在区域发展中扮演的角色各有不同，规划的定位和具体目标也会有所差异。因此，乡村振兴规划的一个重要任务就是要因地制宜地提出乡村振兴的战略定位以及规划目标。在具体目标制定上要求围绕“产业兴旺、生态宜居、乡风文明、治理有效、生活富裕”五大方面，提出可量化、可执行、通俗易懂的规划指标，支撑乡村振兴的战略定位与总体目标，为未来乡村振兴规划的实施提供科学指引。

3. 提出乡村振兴规划的具体举措

乡村振兴规划的具体举措是解决“怎么干”的问题，即要按照突出重点、分类施策、典型引路的思路，围绕“产业兴旺、生态宜居、乡风文明、治理有效、生活富裕”五大方面，针对性地提出乡村振兴的具体路径、相关举措、重点工程和重点项目。规划举措是解决乡村振兴的具体抓手性问题，指导乡村要素合理配置，是最能体现规划特色、亮点的部分，也是体现规划是否实用、可操作的重点部分。正因为如此，规划举措往往也是规划的难点。在编制规划举措的过程中，要突出系统性、差异性、可行性、特色性，以此来支撑规划战略的定位与目标。

二、乡村振兴规划的基础理论

(一)贫困地理理论

自人类社会诞生以来，受资源禀赋、区位条件、自然灾害和战争等因素影响，贫困问题始终存在，始终是全人类发展进程中面临的一项重大难题和现实问题。① 贫困问题实质是发展问题，从某种意义上来说，一部人类文明发展的历史就是与贫困作斗争的历史。贫困地理学研究的核心问题是贫困与地理环境要素间的关系。国内外学者较早就关注到空间贫困问题，关于空间贫困问题诞生了多维贫困理论、贫困陷阱理论、贫困代际传递理论、

① 周扬，李寻欢．贫困地理学的基础理论与学科前沿[J]．地理学报，2021，76(10)：2407-2424.

贫困孤岛效应理论和可持续发展理论等。以下将重点介绍多维空间贫困理论和空间贫困陷阱理论。

1. 多维空间贫困理论

贫困具有多维属性，学界对贫困的认知经历了从单一维度收入、消费贫困向多维贫困(包含收入、教育、健康、就业和居住条件)的转变过程。多维贫困属于幸福经济学理论范畴，多维贫困是指贫困不仅指收入贫困，还应该包括可接入基础设施所提供的服务(如自来水、道路、卫生设施)、获得的社会福利和保障指标，以及对这些福利的主观感受的贫困。① 长期以来，由于数据的限制，我们将收入作为衡量贫困的重要标准。② 实际上，贫困不仅仅是经济学问题，更是一个复杂综合的社会现象。世界银行认为，贫困是人们想逃离的一种生存状态，贫困意味饥饿、缺医少药、失业、没有机会上学以及权利和自由的丧失。贫困是一个多维的概念，除收入外，还包括教育、医疗、住房、健康等多方面的问题。因此采取多维指标的方法来测度贫困的理论成为学术界的普遍共识。相关学者将多维贫困引入地理学研究领域，衍生出多维空间贫困理论，采用多指标的方法测度空间贫困分布的地理差异，分析空间贫困与地理环境之间的关系。多维空间贫困理论为编制乡村振兴规划，全面分析贫困地区的空间多维属性，开展全方位的帮扶工作，补齐贫困地区多维短板提供了理论依据和决策参考。

2. 空间贫困陷阱理论

贫困与地理环境有着紧密的联系，有学者将其称为“空间贫困”。贫困往往表现为一定的空间聚集并与地理环境有着密切关系，将影响贫困的地理因素称为“地理资本”。③ 如我国相对贫困人口呈现出农村贫困人口逐渐向我国中西部深石山区、高寒区、民族地区和边境地区集聚，具有贫困户、贫困村、贫困县、贫困区(片)等多级并存的组织结构和空间分布格局。④ 再如广东省省定贫困村呈现环珠三角分布特征，这些贫困地区地处粤东西北山地，交通闭塞，路网密度较低，远离城镇，缺乏辐射带动，产业薄弱，经济水平较低，生

① Zhou Y, Liu Y S. The Geography of Poverty: Review and Research Prospects[J]. Journal of rural studies, 2022(93): 408-416.

② 李寻欢，周扬，陈玉福．区域多维贫困测量的理论与方法[J]．地理学报，2020，75(4)：753-768.

③ 马振邦，陈兴鹏，贾卓，等．人穷还是地穷？空间贫困陷阱的地统计学检验[J]．地理学究，2018，37(10)：1997-2010.

④ 刘彦随，周扬，刘继来．中国农村贫困化地域分异特征及其精准扶贫策略[J]．中国科学院院刊，2016，31(3)：269-278.

态脆弱，生存环境恶劣。① 空间贫困陷阱理论认为，包括气候、地形、交通等多种因素在内的综合“地理资本”的相对不足且不易改变和缓和，会影响农户资本的收益率，使该地区农户相比其他地区农户更容易陷入持续性贫困，从而形成空间贫困陷阱。②③ 贫困的空间集聚特征，为我们科学识别贫困区域，因地制宜划定乡村振兴的不同类型区域具有重要意义，是乡村振兴规划编制的重要理论依据。

(二)乡村地理理论

乡村地理学是乡村振兴的重要理论基础，其范围较广，涵盖的内容较多，如乡村聚落地理、乡村文化地理、乡村旅游地理等。乡村振兴涉及面广，但针对乡村振兴规划编制的相关基础理论主要包括乡村地域系统理论、乡村空间治理理论、乡村三生空间理论等，这些理论分别从空间模式、空间治理、空间优化等视角对乡村振兴规划的编制给予理论指导。

1. 乡村地域系统理论

刘彦随认为，乡村振兴规划的对象就是一个多体融合的地域系统。④ 乡村与城市相对应，是除城市以外的广大地区。乡村地域系统理论是相对城市系统理论而言，具有乡村发展的独特性，同时二者紧密联系。城乡地域系统的互动，人员的流动、要素的交流、产业的互补是乡村地域系统演变的重要动力。从地理学人地系统科学视角来看，乡村地域系统是在人文、经济、资源与环境相互联系、相互作用下构成的，具有一定结构、功能和区际联系的乡村空间体系，是现代人地系统学理论及其“人地圈”地域空间的重要组成部分。⑤ 根据城乡不同空间特征来看，乡村地域系统又分为城乡融合地域系统、乡村综合体、村镇融合地域系统等。根据不同空间尺度来看，乡村地域系统包括县域乡村地域系统、镇域乡村地域系统、村域乡村地域系统。根据乡村地域系统理论，乡村振兴应该以县域或镇域为对象，以村为单元，研制乡村振兴规划方案。

2. 乡村空间治理理论

编制乡村振兴规划实际上是推动乡村空间治理的重要手段。乡村振兴离不开对乡村空

① 陈刚，吴清，刘书安．广东省贫困村空间分布特征及致贫因子[J]．开发研究，2020，35(3)：68-73.

② Bird K，Shepherd A. Livelihoods and Chronic Poverty in Semi-arid Zimbabwe[J]. World development，2003，31(3)：591-610.

③ Jalan J，Ravallion M. Spatial Poverty Traps?［R］. Washington，DC：The World Bank，1997.

④ 刘彦随．中国新时代城乡融合与乡村振兴[J]．地理学报，2018，73(4)：637-650.

⑤ 刘彦随．中国乡村振兴规划的基础理论与方法论[J]．地理学报，2020，75(6)：1120-1133.

间的合理利用，强化对乡村产业发展与土地利用的整合，提高乡村功能与用地的空间匹配度，尊重乡村发展规律，满足村民发展需求，建立有序的乡村空间体系。城乡要素自由流通与乡村空间开发密切相关,① 乡村空间治理是破解要素配置困境，实现乡村转型发展的重要抓手。② 乡村空间治理以乡村空间为治理对象，通过对乡村物质空间及其承载的空间关系治理，构建城乡要素流动通道，优化乡村空间结构，促进乡村转型发展。③ 从治理乡村物质空间出发，以乡村空间"物质—权属—组织"综合治理为起点，探讨乡村空间综合治理与"人口—土地—产业"转型的内在关系，构建乡村空间综合治理与城乡融合发展互动作用模式(见图 3.1)。④ 乡村空间治理理论是乡村振兴规划编制的重要理论基础，为乡村空间规划策略提供了思路。

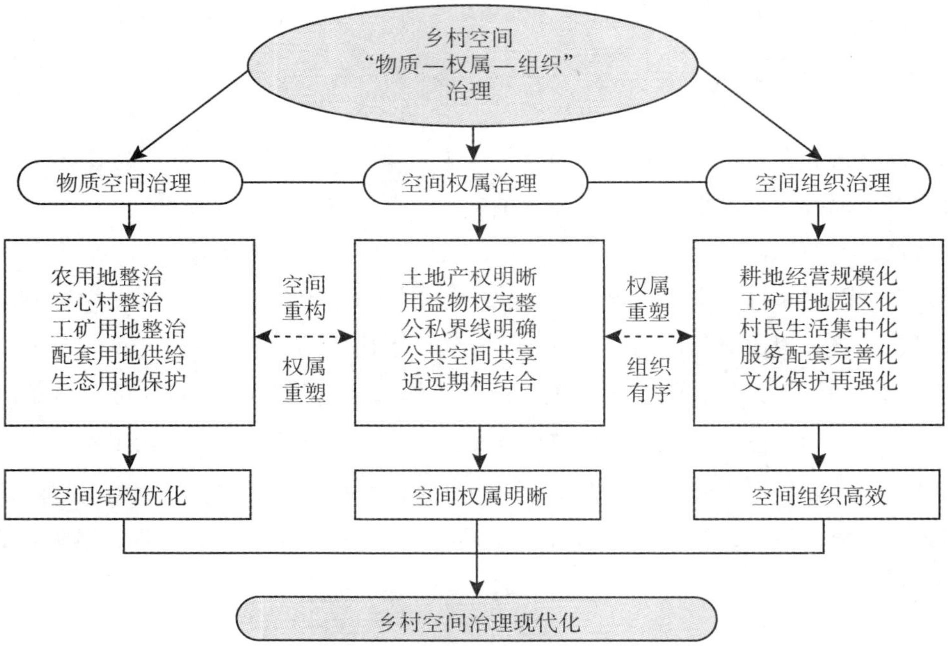

图 3.1 乡村空间"物质—权属—组织"综合治理体系构建路径

图片来源：戈大专等(2020)

---

① 杨忍．广州市城郊典型乡村空间分化过程及机制[J]．地理学报，2019，74(8)：1622-1636.

② 戈大专，陆玉麒，孙攀．论乡村空间治理与乡村振兴战略[J]．地理学报，2022，77(4)：777-794.

③ 戈大专，孙攀，周贵鹏，等．传统农区粮食生产转型机制及其安全效应——基于乡村空间治理视角[J]．自然资源学报，2021，36(6)：1588-1601.

④ 戈大专，龙花楼．论乡村空间治理与城乡融合发展[J]．地理学报，2020，75(6)：1272-1286.

3. 乡村三生空间理论

生产空间、生活空间、生态空间统称为“三生”空间。① 其概念相对宽泛，综合学界相关解释可认为：生产空间是人们从事生产活动的区域，生活空间是人们日常生活所使用的空间，生态空间是提供生态产品和生态服务的区域。② “三生”空间是我国国土空间优化的重要指标，特别是加大了对绿水青山生态空间、以人为本生活空间的重视。生产空间、生活空间与生态空间三者相互影响、相互独立。一方面，三者互为联系，生产空间是根本，生活空间是目的，生态空间是保障，目标是形成集约高效的生产空间、宜居适度的生活空间、山清水秀的生态空间；③ 另一方面，“三生”空间在自己所属的区域范围内又是相对独立的，三者在不同阶段存在着对立与耦合关系。④ 乡村“三生”空间的演变，可以很好地判断乡村空间重构特征和乡村人地关系作用的大小等问题。⑤ 从“三生”空间视角去探讨乡村土地利用的演变特征和发展趋势，归纳其存在的瓶颈并提出优化策略，可反映出乡村聚落景观、生态景观、生产景观空间发展的一般规律，协调“三生”空间发展过程所出现的矛盾，为乡村土地合理利用以及旅游业的可持续发展提供建议。无论是县域尺度、镇域尺度还是村域尺度的乡村振兴规划，均可基于乡村“三生”空间理论，科学分析乡村空间演化特征，对分析乡村空间重构和发展阶段的判断具有重要作用，为开展行之有效的乡村振兴规划提供了科学的分析依据(见表 3.1)。

(三)乡村多指标发展理论

乡村是一个地域系统，其发展涉及经济、社会、文化多个方面。国家从“产业兴旺、生态宜居、乡风文明、治理有效、生活富裕”五个方面提出全面振兴乡村，说明乡村发展不是单一领域的振兴，不仅是简单的空间划定，也不仅是乡村产业的规划，而是覆盖乡村发展的多领域、全面性、系统性的规划体系。相对于乡村地域多体系统，实施乡村振兴战略重在引领实现乡村振兴多级目标，即从边缘到中心，由城乡基础网、乡村发展区、村镇空间场、乡村振兴极构成的乡域“网—区—场—极”多级目标体系。这就要求乡村振兴规划

---

① 扈万泰，王力国，舒沐晖．城乡规划编制中的“三生空间”划定思考[J]．城市规划，2016，40(5)：21-26.

② 程婷，赵荣，梁勇．国土“三生空间”分类及其功能评价[J]．遥感信息，2018，33(2)：114-121.

③ 刘燕．论“三生空间”的逻辑结构、制衡机制和发展原则[J]．湖北社会科学，2016(3)：5-9.

④ 韩非，蔡建明．我国半城市化地区乡村聚落的形态演变与重建[J]．地理研究，2011，30(7)：1271-1284.

⑤ 吴清，冯嘉晓，陈刚，等．山岳型乡村旅游地“三生”空间演变及优化——德庆金林水乡的案例实证[J]．生态学报，2020，40(16)：5560-5570.

必须秉持统筹兼顾、因地制宜、重点突破的原则，主要以城乡融合与乡村重构为导向，以完善城乡基础网为抓手，凸显不同功能的乡村发展区特色，强化中心社区与重点村镇优势，加快培育生态、生产、生活“三生”结合的村镇有机体、居业协同体，做强村镇空间场、做实乡村振兴极。致力于全面协调各类规划、各方利益与多级目标，系统构建面向乡村振兴国家战略的国土空间治理与管控体系。

表 3.1 乡村“三生”空间用地分类体系①

空间类型	用地类型	分类解释
生活空间	住宅用地	村民住宅及宅间道路
	公共服务用地	包括公共管理、文体、教育、医疗卫生、社会福利、宗教、文物古迹等设施用地以及兽医站、农机站等农业生产服务设施用地
	基础服务设施用地	村庄道路、交通和公用设施等用地
生产空间	村庄产业用地	用于生产经营的各类集体建设用地，包括村庄商业服务业设施用地、村庄生产仓储用地
	耕地	水田、旱地
	园地	菜地
	设施农用地	直接用于经营性养殖的畜禽舍、工厂化作物栽培或水产养殖的生产设施用地及其相应附属设施用地，农村宅基地以外的晾晒场、水利设施等农业设施用地
	工业用地	农产品加工工厂
	农用道路	机耕道、田埂
生态空间	林地	生态林
	草地	天然草地
	水域	水库、鱼塘
	荒地	撂荒地
生产—生活空间	旅游服务设施用地	餐饮、住宿、旅游购物
	旅游基础设施	停车场、游步道
	游赏观光用地	用于观光的宗祠、文物古迹、特色民居等
生产—生态空间	旅游观光用地	用于观光的林地、水域、草地等，用于生产的鱼塘、经济林等

资料来源：吴清等(2020)

① 吴清，冯嘉晓，陈刚，等. 山岳型乡村旅游地“三生”空间演变及优化——德庆金林水乡的案例实证[J]. 生态学报，2020，40(16)：5560-5570.

三、乡村振兴规划的理论框架

(一)乡村振兴总体理论框架

根据上述理论分析，构建适合地方发展实际需要的乡村振兴规划理论体系需要从地方实际出发，结合贫困地理学、乡村地理学、乡村多指标发展理论等，加快构建乡村振兴的指标体系，补齐乡村在产业发展、人居环境建设、生态环境保护、文化保护与传承、基层治理体系建设、农民增收等方面的短板问题，因地制宜地走出一条适合当地乡村实际的振兴发展道路。因此，各地在研制乡村振兴规划中要转变观念，必须要把握精准扶贫与乡村振兴内在逻辑，科学运用贫困地理、乡村地理、乡村多指标发展等理论，制定乡村振兴总体定位与发展目标，设计发展路径，完善发展制度，构建乡村振兴的长效机制。

乡村振兴，规划先行，规划编制，理论要引领。乡村振兴规划体系包括国家和省级战略规划、市县乡村振兴建设规划、镇村建设实施方案。国家和省级战略规划，明确乡村振兴战略目标、发展阶段目标和任务，市县乡村振兴建设规划确定乡村振兴规划的类型划分与实施安排，镇村乡村建设实施方案主要包括乡村建设方案和工程设计，实现"国家和省级战略统筹、市县规划指导、镇村规划实施"的三级联动规划体系。规划体系包括制度保障系统、多规协调系统、技术支持系统和参与反馈系统。制度保障系统包括乡村振兴的法律基础、土地制度改革方案、农业支持政策保障；技术支持系统包括村庄调查分类系统、村庄建设设计标准、村庄规划管理平台；多规协调系统要与多规合一空间规划、人口就业发展规划、旅游发展规划、灾害风险防治规划、生态环境保护规划等相衔接；参与反馈系统包括多主题参与规划平台、规划实施第三方评估、规划中期调整与优化等(见图3.2)。

按照"创新、协调、绿色、开放、共享"五大发展理念，整合贫困地理、乡村地理等理论，围绕"产业兴旺、生态宜居、乡风文明、治理有效、生活富裕"五大方面和产业、人才、文化、生态、组织五大振兴，以及"三级"规划编制体系进行统筹管理。县域乡村振兴规划一般解决全县乡村发展的战略性、空间性问题，主要任务是要确定乡村振兴的主体功能区区划，精准划分镇域乡村振兴类型。镇域乡村振兴规划要划定行政村发展类型，确定镇村联动发展模式，提出镇村乡村振兴具体路径。村域乡村振兴规划要科学划定乡村空间三生格局，细化乡村振兴的具体项目，重点解决乡村振兴建设项目问题，科学设计乡村产业发展和治理模式，是各类规划具体落实和实施的集中体现。

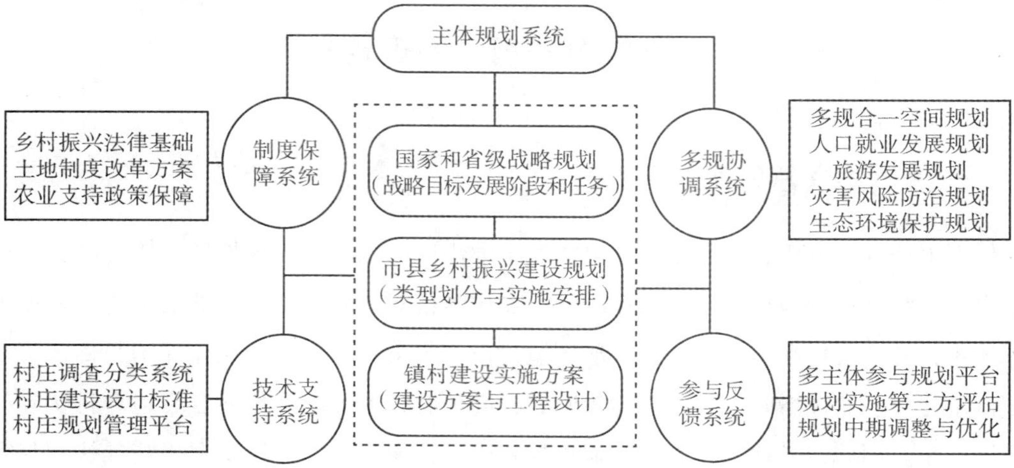

图 3.2　乡村振兴的规划体系

图片来源：王介勇等(2019)

(二)县域规划编制理论框架

基于乡村地域系统理论，指导县域乡村振兴规划的编制工作，推进乡村地域系统重组，实现乡村振兴“网—区—场—极”多级目标，并具体落实到相应的地域空间。城乡基础网是指主体功能分区的空间关联及其走廊、交通管网体系，是城乡相联通、相融合的空间载体；乡村发展区是以土地利用分类为基础，遵循乡村地域分异规律，形成村镇、农业、工业、生态、文化等不同功能的乡村地域类型，每一种类型都具有特定功能属性和一定地域范围的乡村主体；村镇空间场、乡村振兴极是村镇地域类型内部空间分异、用途分级的具体表征，成为村镇建设、居业协同的发展实体和创新载体。

乡村振兴规划要重视乡村振兴的基础理论，要重视乡村振兴规划编制的技术方法，也要重视乡村振兴规划的实践经验，做到规划理论与实践相结合，持续提升乡村振兴规划编制水平。深入研究新时代乡村振兴的科学内涵与战略意义，紧密结合区域特点和发展特色，系统解析特定县域资源、环境、生态等自然条件和经济、社会、文化等人文特征。在此基础上重点研判乡村振兴规划内容及其技术规范、县域乡村振兴规划技术思路(见图3.3)。重点注重以下四个方面：一是要注重与空间规划衔接，与县域主体功能区划、县域国土空间规划、环境保护规划、城镇体系规划、县域乡村建设规划相协调，科学划分功能区和镇村乡村振兴类型；二是要注重与县域发展规划相衔接，要与五年发展规划、产业发展规划衔接，城乡发展关系问题，农业、农村发展的具体成效与未来设想，均要与乡村振兴规划有机结合；三是要注重不同类型功能区产业、人才、文化、生态、组织要素发展情

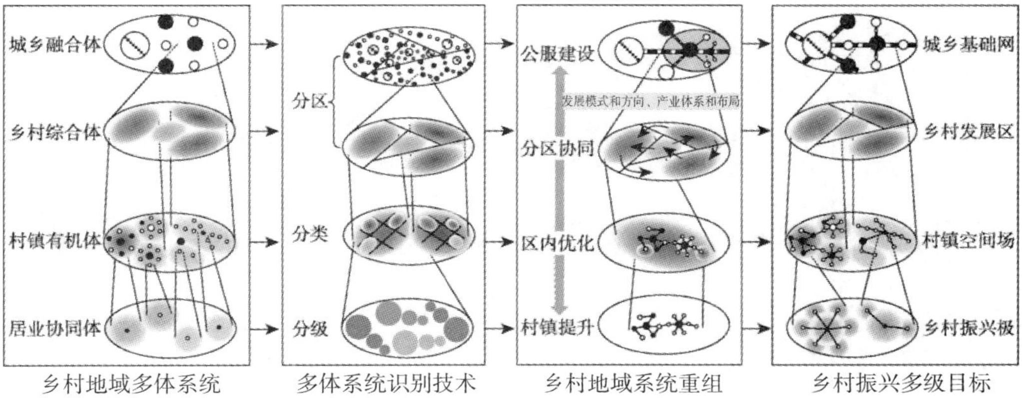

图 3.3　县域乡村振兴规划技术思路

图片来源：刘彦随(2020)

况，明确产业发展基础，为分片区制定乡村振兴规划提供科学依据；四是要弄清乡村基础设施、公共服务设施建设情况、城乡联动融合发展情况、特定功能区建设情况等。最终形成以主体功能区、主导类型区为基础，以村镇体系为骨架，以产业体系为支撑，以生态保护、基础设施与公共服务为保障的乡村振兴总体规划方案。

(三)镇域规划编制理论框架

粤东西北与珠三角乡镇发展呈现明显差异。珠三角小城镇与中心城市呈现粘连的蔓延现象以及首尾相连发展的特征，① 形成了一体化的城市景观形态，呈现镇—市联动发展的地域系统格局，城镇功能呈现出明显的都市化、工业化特征，部分城镇承担着中心城市的重要职能，如重要的工业园区、城市休闲娱乐区等。粤东西北小城镇发展与珠三角小城镇发展格局与模式迥异(见图 3.4)。首先，粤东西北小城镇主要以收缩发展为主，粤东西北绝大部分小城镇为人口净流出地区，呈现出小城镇和乡村人口同步收缩；其次，粤东西北小城镇往往形成城镇孤岛，由大量农村包围，不存在首尾相连的问题，呈现镇村联动发展地域系统格局；最后，粤东西北小城镇人口规模小，人口外流趋势严重，城镇化功能逐渐退化，产业以服务广大农村人口需要的基础性产业为主，缺乏大规模工业企业，城镇面积、公共服务和配套设施建设远落后于珠三角小城镇。

因此，粤东西北是广东省乡村振兴的重点区域，也是乡村振兴的难点。基于广东省小

① 霍子文，许宏福．广东新型城镇化背景下城市边缘区小城镇发展研究[C]//城乡治理与规划改革——2014 年中国城市规划年会论文集(14 小城镇与农村规划)，2014：1010-1019.

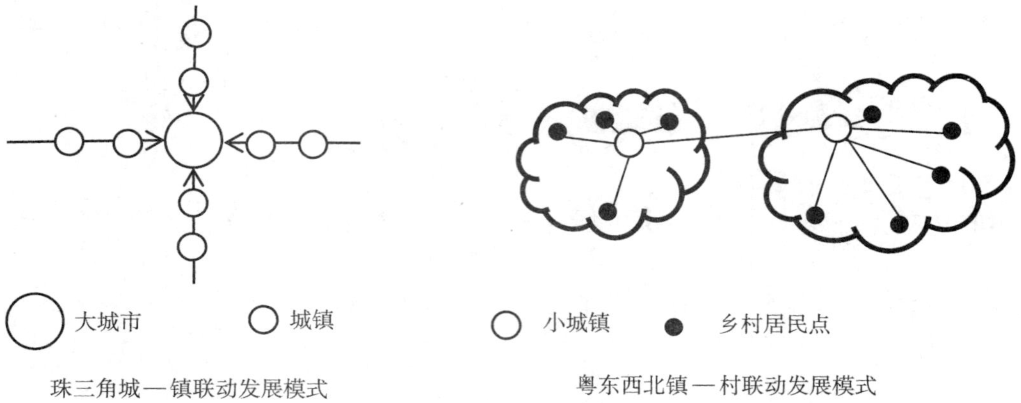

图 3.4　珠三角与粤东西北小城镇发展空间模式差异

图片来源：作者自绘

城镇发展特点，特别是粤东西北地区镇村亟需同步振兴、联动发展的现实需要，广东省实施以镇域为单元的乡村振兴规划策略，编制镇域乡村振兴规划和驻镇帮镇扶村的规划，通过以镇为单位的乡村振兴战略，提升乡村振兴的覆盖面，提高帮扶工作的精准度，从而推动全域乡村振兴。

根据乡村地域系统理论，较为合理的乡村振兴规划体系是以县域为对象，以村为单元开展乡村振兴规划编制工作，其中一个重要的原因是大部分镇没有足够的乡村振兴资金来源和支配权。镇能够自主编制并实施乡村振兴规划，重要前提是有一定的资金保障和支配权。不同于其他地区，广东省乡村振兴战略，以镇域为着力点，开展驻镇帮镇扶村工作，省财政每年向各镇拨付 2000 万元乡村振兴资金，因此，相对稳定的资金来源需要编制相应的镇域规划，科学指导资金的落实和使用。另一方面，镇村联动是乡村地域系统的重要组成部分，也是推动乡村振兴的有效地域综合体。与其他省份不同的是，广东省经济发展极不平衡，呈现明显的空间二元结构，珠三角县域经济发达与粤东西北县域经济欠发达形成了鲜明对比，县域经济发展很大程度上由小城镇的发展所决定，而小城镇的发展与乡村密切联系，镇衰则村衰。村镇发展成为乡村振兴的一个新思路，因此广东省开展了镇域乡村振兴规划和驻镇帮镇扶村规划，目的是为了通过小城镇发展带动乡村振兴，扩大乡村振兴的覆盖面，避免县城辐射范围有限、覆盖面不足的问题，为我国乡村振兴规划编制工作开辟了新思路。不同于县域乡村振兴规划，镇域乡村振兴规划重点要解决镇村协同振兴问题，县域乡村振兴规划是镇域乡村振兴规划的上位规划，镇域乡村振兴规划是县域乡村振兴规划的下位规划，是乡村振兴规划实施的重要补充，有助于各镇统筹乡村振兴资源，在县域乡村振兴规划和镇域乡村振兴规划的指引下，自主探索乡村振兴路径。

镇域乡村振兴规划的编制需要注意以下五个方面的问题：一是要建立镇村联动发展的模式与路径，立足小城镇在县域中的发展定位、区位条件、资源禀赋，科学定位乡村振兴的发展模式，如特色小镇引领模式、一镇一业与一村一品产业发展模式等；二是要细化对各村的分类建设工作，尽量将村庄分类发展细化到自然村层面，通过集聚发展一批、搬迁合并一批等方式，推动村庄集聚发展；三是要加强策划思维，镇域乡村振兴项目存在较大的变数，特别是产业发展项目，存在较大的不确定性，与招商引资、乡贤投资和政府支持紧密相关，要结合地方发展实际，策划多个可行的产业化项目，特别是围绕辐射带动作用强、技术难度低等项目，为乡村振兴提供多种方案和路径；四是要强化资金保障，尽管各镇均有较为可观的乡村振兴专项资金，但对于乡村振兴而言，现有省财政划拨经费还远远不够，如何发挥政府财政资金投入在乡村振兴中的滚雪球效应，需要规划编制加以解决；五是既要做到重点突出，又要做到全域振兴，因此要把握好乡村振兴的重点区域与一般区域的关系，统筹好镇域乡村振兴近、中、远目标，切实为地方政府开展规划实施提供实用性强、可操作性强的路线图。

(四)村域规划编制理论框架

村域是乡村振兴的最小单元，也是乡村振兴的落脚点。村域作为最小的单元，其规划编制与县域乡村振兴规划、镇域乡村振兴规划自然有不同之处。主要原因是村域发展相对孤立，产业单一，人口基数较少且空间分布分散，基础设施、公共服务设施、产业发展、人居环境等方面的短板也是最为突出的。因此，村域乡村振兴规划更多像是补短板规划或实施性规划，即对标“五大振兴”，乡村发展还存在哪些短板和不足，未来乡村发展要采取相应的措施有针对性地补齐发展的短板和问题。

与县域乡村振兴规划和镇域乡村振兴规划相比，村域乡村振兴规划要注意以下六个方面：一是村域乡村振兴规划聚焦的领域更加微观具体，比如人居环境治理方面的规划，可以结合村庄规划或者村庄人居环境整治规划的内容，针对重点空间开展一些建设整治意向设计，如相关设施的布局，需要具体落实在村域的规划图上，便于村民直观了解和实施落地；二是村域乡村振兴规划编写形式要尽量通俗易懂，村域乡村振兴规划的实施主体是行政村，因此，村域乡村振兴规划的编制一定要让村民看得懂、记得住、好操作，避免长篇大论，少说套话空话，多讲规划具体方案，多一些项目的布局图、规划设计意向图，便于村民规划执行；三是村域乡村振兴规划编写要聚焦村民发展需求，结合当前村域国土空间规划，充分调动村民的积极性，让村民编制规划成为乡村振兴规划的方向，村域乡村振兴规划同样要聚焦村民发展需求，将村民意愿与规划理论将结合，落实到规划方案上，在规划附件中，往往也包括村民意愿调查报告；四是处理好行政村与自然村的发展关系问题，乡村发展具有其独特性，乡村治理存在行政村、自然村或生产小组两级管理模式，村域乡村振兴规划要立足乡村两级管理模式，处理好自然村的数量、发展规模以及与行政村联动发展关系等问题；五是突出差异性，乡村的发展与振兴要因地制宜，如何围绕“五大振兴”的内容，寻找适合自身振兴发展的路径，这一点对规划编制人员来说很关键，需要把握好乡村的资源禀赋和比较优势，做好乡村发展的差异化定位问题；六是村域乡村振兴规划的指标要科学设定，与县域和镇域乡村振兴规划不同，村一级的经济统计数据缺失严重，规划编制者所掌握的统计指标往往停留在村庄的基本情况介绍，这需要编制人员加强实地调研，尽可能多地收集一手统计数据，并根据规划的目标灵活设定区别于县域和镇域乡村振兴规划的指标。

四、乡村振兴规划的技术体系

(一)乡村振兴规划的技术方法体系

根据乡村振兴规划编制的任务、基础理论和总体框架，结合相关文献基础，提炼出乡村资源环境承载力分析技术、村庄分类调查与划定技术、乡村振兴规划与设计技术、乡村产业规划系统构建技术、乡村公共服务配置技术、乡村空间规划设计技术、乡村基层治理体系设计技术等七大技术体系。

1. 乡村资源环境承载力分析技术方法

乡村振兴战略规划离不开对乡村资源环境承载力的分析，这关系到科学划定乡村振兴的功能区、村庄振兴类型区等，是规划前期重要的技术分析手段。乡村资源环境承载力是指在一定的时期，在维持乡村资源结构符合持续发展，且乡村环境功能仍具有维持其稳定效应能力的条件下，乡村资源环境系统所能承受人类各种社会经济活动的能力。当前地理信息技术的广泛引用，可以开展乡村资源环境承载力分析，搭建乡村地理信息数据平台，通过对乡村地形地貌、植被覆盖、河流水系、土地利用、人口密度等条件进行综合分析，对规划区乡村资源环境承载力进行空间评价，根据形成的评价结果为后期功能区划和村庄分类提供依据。

2. 村庄分类调查与划定技术方法

乡村调查与分类是乡村振兴规划的基础性工作。建立合理的乡村调查技术体系，制定适应于乡村振兴发展的村庄分类系统，是因地制宜、分类分步实施乡村振兴的前提。因此，乡村振兴规划要对乡村振兴类型进行科学划定，不管是按照近、中期振兴划分方法还是重点、一般的划分方法，都需要因地制宜，科学划定。村庄分类的标准要根据详实的乡村基础数据实情，掌握乡村区位、交通、人口、产业等方面的数据，结合地理信息系统平台，通过乡村资源环境承载力分析，开展乡村发展水平空间评价，综合划定乡村发展类型区。

3. 乡村振兴规划与设计的技术方法

依据乡村振兴战略的总体目标和地方乡村发展实际，制定不同地域类型区村庄用地、住宅、院落、公共服务设施配置等规划设计标准与规范，形成村庄建设规划与设计的技术体系。特别是在镇、村乡村振兴规划尺度，更加注重规划的实施，需要在一些领域提供详细规划设计参考方案，如重点空间的景观设计、人居环境整治的空间意向、民居规划设计的标准等，通过对重要节点的规划设计，形成便于推广的示范效应。在乡村公共服务设施的建设上，要对接上位相关规划的布局以及相关文件的规定，在建设规模、建设风格、功能利用上做好规划，既要满足乡村发展需要，又要避免过度浪费，引导乡村科学建设。

4. 乡村产业规划系统的构建技术方法

乡村要振兴，产业是重中之重，没有产业的发展，乡村建设得再好，也不过是表面的光鲜，面子的振兴。因此，乡村振兴，既要重视面上人居环境的建设，又要重视乡村内部产业的建设，提升乡村的自我造血能力。乡村振兴战略规划需要重点做好产业振兴规划内容，这就需要规划编制人员具备乡村产业规划的技术体系与思维逻辑。习近平总书记强调乡村要着力推进五大振兴，其中乡村产业振兴需围绕现代农业发展以及农村一、二、三产业融合发展，构建乡村产业体系。① 当前我国正着力推进一、二、三产业融合发展，“休闲农业”“康养农业”“生态农业”等产业发展模式可以为乡村振兴战略规划提供借鉴。此外，要融入具有中国特色的乡村振兴思想，深入解析如何通过吸纳新要素和创新产业发展动力源泉来挖掘和释放乡村产业发展潜力，以形成系统化、综合化、多元化的乡村振兴产业体系，着力推动乡村产业转型升级，通过拓展产业空间、延长产业链条，创新产业发展新模式，孕育乡村振兴新动能。②

---

① 习近平．乡村振兴要实现五个振兴[OL]．(2018-07-16) http://politics. people. com. cn/n1/2018/0716/c1001-30149097 . html.

② 胡守庚，吴思，刘彦随．乡村振兴规划体系与关键技术初探[J]．地理研究，2019，38(3)：550-562.

5. 乡村公共服务的配置技术方法

当前中国乡村发展中尤其是贫困地区尚存在公共设施不足、功能不全、设备不齐等现实问题，严重制约乡村生产生活的发展。① 乡村振兴规划作为一个公平性规划，既要着重解决乡村发展整体落后问题，也要解决区域发展公平性问题。在规划编制的过程中，需要对乡村公共服务设施有针对性地开展规划配置，既要突出重点，又要覆盖全域。具体而言，需考虑公共设施体系内部协同以及公共设施体系与外部因素之间的协同。内部协调主要是规划区内部设施配置、建设标准、空间布局的合理性问题。外部协调主要是与对外交通、高等级公共服务设施的协同。当前，国家提出 15 分钟出行圈、健身圈、文化圈等，均需要科学规划加以落实。同时，医疗、学校的分布要根据人口、交通等因素进行统筹规划。公共服务设施的配置技术方法往往需要借助地理信息系统分析软件展开，通过对缓冲区分析，计算公共服务设施的覆盖面积，进而获得最优的规划方案。

6. 乡村空间规划设计技术方法

乡村振兴规划需要掌握乡村空间规划的相关规划理论和技术方法。从县域层面来看，主要涉及乡村分类的人居环境整治的相关要求和标准。从镇域和村域层面来看，主要涉及乡村人居环境重点整治项目的布局、整治规划、整治意向等，特别是镇域或村域的乡村振兴规划，需要具备一定的城乡规划、景观规划的相关技术方法和手段。如相关设施的布局和规划涉及村庄规划与布局，重点乡村空间的景观设计涉及乡村设计与建设工程相关内容，乡村民居建设和改造意向涉及乡村建筑设计领域。乡村空间规划设计要遵循乡村发展规律，延续乡村发展文脉，加强对乡村发展空间肌理的梳理，要用乡村规划的技术手段来规划乡村，体现规划的乡村性，落实“看得见水、望得见山、记得住乡愁”的规划设计理念。避免用城镇化的手段来改造乡村，反对乡村建设中使用过度硬化、城市化的景观。

7. 乡村基层治理体系设计技术方法

有效的社会治理是维护乡村和谐、实现乡村长治久安的保障。在当前中国乡村社会治理体系尚未完全建立之际，需按照自治、法治、德治“三治”相结合的思路，探索乡村治理新模式。② 首先，要发挥乡村基层党组织的战斗堡垒作用，加强对乡村振兴政策的宣传，

---

① 刘彦随，严镔，王艳飞．新时期中国城乡发展的主要问题与转型对策［J］．经济地理，2016，36（7）：1-8.

② 国务院发展研究中心“中国社会治理创新发展研究”课题组．当前我国社会治理的难点、热点问题与应对思路［J］．发展研究，2018（4）：4-8.

加大对农民培训和宣传教育力度，加强乡村的制度设计，总结乡村优良的治理经验，引导农民主动思考、主动谋划本村的乡村振兴规划工作。其次，要加强乡村的法治建设，提高引导农民群众学法、知法、懂法和用法。着力推进农村精神文明建设，弘扬优秀文化传统及文明风尚，切实提升农民群众的文明素养。最后，要发挥乡贤在乡村治理中的作用，推动建立乡贤理事会，发挥理事会在乡村振兴重大事项决策、乡村管理中的作用。

（二）乡村振兴规划的技术支撑体系

乡村振兴战略规划编制要科学，其实施更要科学。乡村振兴战略的实施除了三级规划编制体系、指导规划编制外，还需要在技术层面上为规划编制提供保障。具体包括规划的数据平台体系、规划的政策保障体系、规划的帮扶支持体系。

1. 规划的数据平台体系

乡村信息化管理是实现乡村振兴规划优化决策的前提。规划数据平台支持体系主要包括乡村经济社会发展数据平台、乡村国土空间数据平台、乡村防返贫数据监测平台。以农户为基本单位，以行政村为管理单元，在市县级政府建立乡村振兴大数据平台。大数据平台具体信息包括农户的家庭成员、住房、土地、财产、基本医疗、社会保障、就业状况等基本信息以及村庄基础设施、产业发展、社区管理等信息。大数据平台功能包括乡村人口、土地、产业等各类要素信息管理，乡村经济社会发展监测评估，乡村振兴规划优化决策等功能。乡村国土空间规划数据平台主要对接国家国土空间规划改革，实现土地规划、村庄规划、环境保护规划等多规合一，可以有效加强规划的管理。乡村防返贫检测数据平台主要包括防返贫对象基本信息，并根据国家关于防返贫检测工作的相关要求开展数据管理工作。这些数据平台可以有效获取乡村振兴规划数据，开展乡村空间评价和分析，掌握乡村相对贫困问题，为规划提供精准详实的数据。

2. 规划的政策保障体系

乡村振兴规划需要较强的政策保障。国家级、省级层面有一系列的相关配套文件支持乡村振兴战略规划的实施，如《中共中央、国务院关于实施乡村振兴战略的意见》《中共中央、国务院关于实现巩固拓展脱贫攻坚成果同乡村振兴有效衔接的意见》《中共广东省委、广东省人民政府关于推进乡村振兴战略的实施意见》等，作为顶层制度设计，国家和地方开展机构改革工作，各级地方政府均成立了乡村振兴局统筹乡村振兴工作，为乡村振兴战略规划实施找到了归口管理部门。此外，国家各部委结合乡村振兴战略分别出台了一系列相关政策文件，如农业农村部、国家乡村振兴局联合印发《社会资本投资农业农村指引

(2022 年)》《农业农村部办公厅关于印发乡村振兴科技支撑行动实施方案的通知》，文化和旅游部等部门联合发布《关于推动文化产业赋能乡村振兴的意见》等文件。各地在编制乡村振兴战略规划的同时，也需要出台相关配套文件，支持乡村振兴战略的规划实施，确保规划定位和方向有据可依，规划项目有政策支持。

3. 规划的帮扶支持体系

开展有效的对口帮扶工作对推动乡村振兴规划实施具有重要作用，也是以城带乡推动区域协调发展的表现。当前国家一直延续了驻村工作制度，这是一个很好的帮扶工作制度。广东省开展了驻镇帮镇扶村工作，印发了《广东省乡村振兴驻镇帮镇扶村工作方案》，珠三角核心城市的党政职能部门、国有企业对口帮扶粤东西北地区，全域全覆盖全面推进乡村振兴。将分阶段分类分级帮扶 600 个重点帮扶乡镇，与领导干部定点联系涉农县(市、区)、新一轮区域对口帮扶、脱贫攻坚期间定点帮扶关系相衔接，统筹整合“万企兴万村”、农村科技特派员等，深入开展“党政机关+企事业单位+科研力量”组团结对帮扶。完善的帮扶制度对乡村振兴战略规划的实施将起到至关重要的作用。① 因此，在规划编制中，要充分考虑规划帮扶机制，将帮扶单位作为推动本地乡村振兴的重要外生力量，统筹考虑结对双方的帮扶需求和帮扶能力，科学谋划乡村振兴具体举措。

① 《广东省乡村振兴驻镇帮镇扶村工作方案》印发！将分类分级帮扶全省 1127 个乡镇[EB/OL].(2021-06-10)http://www.heyuan.gov.cn/hysfpj/gkmlpt/content/0/441/post_441561.html#3817.

第四章　乡村振兴规划的策略

内容提要： 乡村振兴战略是当前我国的一项重大国策，也是社会广泛关注的焦点。实施乡村振兴战略是一项系统工程，关键是要调动全社会的力量，激活主体、要素和市场，促进人力、物力和财力的有机结合，促进人才、资源和战略的有效统一。要做到这些，离不开科学、合理、有序的规划。乡村振兴，规划先行，如何发挥规划的引领作用，核心就在规划的编制策略上。本章首先从乡村振兴规划的思路、编制策略以及技术路线等方面阐述了乡村振兴规划的策略框架。在总的编制策略框架下，分别从产业、生态、人才、文化、组织和民生六个方面展开探讨，概括分析了当前中国乡村在这六个领域的发展现状、存在困难、实施路径等问题，为规划编制提供扎实的依据。总而言之，乡村振兴规划编制要精心谋划，因地制宜，有序推进，坚持一张蓝图绘到底。

一、乡村振兴规划的策略框架

(一) 乡村振兴的规划思路

相较于其他发展规划，乡村振兴规划在编制过程中，要树立城乡融合、一体设计、多规合一的理念，更加突出全局性、长期性、实践性、实效性和地域性，对规划的可实施性、可操作性和具体性要求更高。

1. 坚持政策导向，确保规划的可操作性和落地性

乡村振兴规划要贯彻国家、省、市乡村振兴的战略部署，充分衔接上位规划的实施要点，因地制宜结合本地区的发展实际，明确发展方向和发展定位，有的放矢地制定规划。在规划思路上要“顶天立地”，在发展措施上要“上下结合”，吃准摸透上级规划的战略思想，找准本地区的发展短板，明确建设重点和具体措施，使规划做到有依据、有方向、有重点和有抓手。同时，乡村振兴涉及农业农村的多个领域，在规划中要认真研究落实不同

领域的国家政策，不能与国家的相关政策偏离或相悖。

2. 重视调研和综合分析，找准规划着力点

乡村振兴规划要突出可操作性和具体化。在制定规划前必须充分掌握有关乡村发展的各方面材料，组织规划设计人员深入到乡镇、社区、街道、企业、合作社、家庭农场、农业园区等地区展开调查，通过现场调查、访谈等形式全面、细致、详实地了解乡村发展实际，多渠道搜集近年来取得的发展成果、工作总结、相关规划、政策、实施方案和重点建设项目等材料，深入研究乡村存在的问题，找准短板，理清思路，确定重点，提出符合实际和富有当地特色的乡村振兴战略与实施路径，使规划做到依据充分和特色突出。

3. 尊重客观实际，科学制定发展目标

科学制定发展目标是乡村振兴规划的关键所在，也是国家、省、市各级规划目标在乡村具体区域的分解和实现。在制定目标时，既要通盘考虑，也要考虑区域特性，统筹区位、资源环境、产业基础、区域特色、城乡融合、乡村文化等层面的要素，量力而行，不搞盲目抄袭。目标制定后，要多方征求意见，特别是相关部门负责人、相关领域专家、企业家和社会有关人士的意见，通过严格论证和推敲，提出适合本地区发展的可行性目标，尤其在经济发展不平衡情况下，更要充分考虑经济发展相对落后区域的目标实现能力，使发展目标切实可行，充分激发实施主体的创造性。

4. 突出可实施性，细化实化具体任务和项目

在具体任务和项目设计上，要结合各领域的发展要求，与国家、省、市农业农村建设重点紧密结合。项目设计要注重两方面：一是县级层面的乡村振兴项目要有效对接国家、省、市、县农业农村发展相关政策，开发具有综合带动作用的重大项目；二是乡镇项目要结合县级项目与本地实际来制定实施，使乡村振兴项目得到层层落实，依托项目发展作为带动产业振兴的引擎。

5. 统筹“近”与“远”的关系，聚焦用力打好攻坚战

实现乡村振兴是推动乡村高质量发展的内在要求，要把握好乡村振兴目标短期与长期间的关系。作为一项复杂工程和长期任务，实现乡村全面振兴和农业农村现代化，目标上要坚定不移，策略上要稳中求进。要明确当前发展面临的问题，既要解决好“立什么”“破什么”的问题，避免“攀高峰”和“搭便车”，也要防止阻碍经济发展、只做减法不做加法的“一刀切”问题。制定中长期规划时，要以长远规划引领阶段性任务，设置阶段性任务不能

把长期目标短期化、系统目标碎片化。

(二) 乡村振兴规划的编制策略

1. 乡村振兴规划的支撑体系

乡村振兴规划的支撑体系要做到上下统筹、系统施策。规划的支撑体系应该包括三个方面：总体规划的对接、专项规划的研究、重点项目的策划，具体如图 4.1 所示。总体规划要与国土空间总体规划、上位规划和相关的政策相衔接。专项规划的设计应该按照主体功能定位，从建设空间和非建设空间两个方面来进行专项研究和规划设计。非建设空间包括了农业空间和生态空间两个维度。农业空间包含垦造农田建设、生态农田建设、农田功能恢复、农田质量提升等方面的内容。生态空间包含湿地流域生态修复、生态水利建设、废弃土地生态修复等方面的内容。建设空间主要是针对乡村居民的生活空间，它包含旧村风貌提升、新民居及田园综合体建设、绿化园林及景观打造、道路等基础设施建设等方面的内容。

重点项目的策划要与非建设空间和建设空间相对应，在非建设空间布置的项目要立足农业产业类项目，如"一镇一业、一村一品"项目、示范镇项目、示范村项目、文化旅游特色产业项目、基础设施建设项目等内容；在建设空间布置的项目侧重于生活环境的改进和提升类项目，如美丽乡村建设、人居环境整治项目等。

总而言之，乡村振兴规划的支撑体系建立在总规、各级上位规划和相关政策相衔接基础上，根据空间分类进行重点项目的设计和策划，最终实现产业兴旺、乡风文明、生态宜居、治理有效和生活富裕的总目标。

2. 乡村振兴规划的策略体系

乡村振兴规划策略体系包括四个部分：基础研究、目标定位、具体规划策略和空间落位。基础研究主要包括上位规划解析和专题研究两个部分。上位规划解析是为了更好地对接上位规划的重要战略思想和吻合相关的国家政策要求，制定适合本地区实际与特色的乡村振兴规划。专题研究主要包含城乡融合发展和多村连片发展两个模块，城乡融合发展是为了更好地统筹城乡资源，多村连片发展则是进一步统筹乡村的零碎资源，形成发展合力。

"五大振兴"的策略实施上，生态振兴策略是从生态要素管控向构筑乡村生命共同体转变，产业振兴策略是从粗放型农业向现代农业产业化体系转变，文化振兴策略是从文化资源的保护向多元价值输出转变，人才振兴策略是从人才进城向引导人才向乡村流动转变，

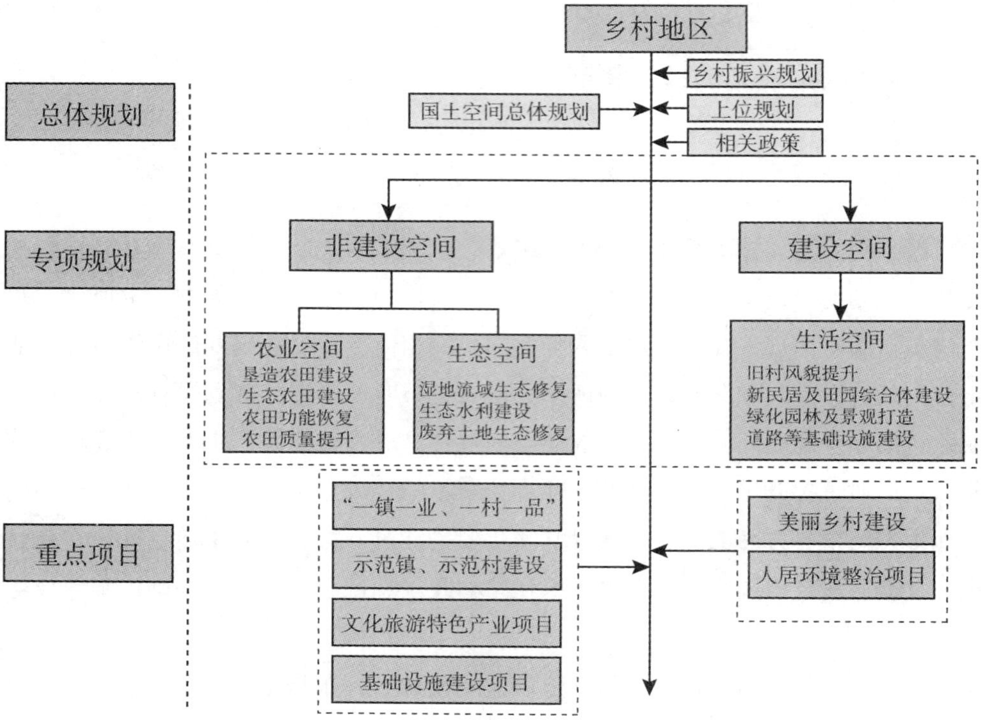

图 4.1　乡村振兴规划支撑体系图

图片来源：作者自绘

组织振兴策略从自上而下管理向构建乡村多元多层次的现代治理体系转变。

针对上述五个具体的振兴策略，要注重以下三个方面的内容。一是合理制定基本用地规划。用地规划要尽量小改，保护原有基本规划格局。基础设施规划、公共服务设施以及产业规划，需要考虑到城乡统筹的问题，尽量交通规划先行，实现城乡快速连接，促进经济流通，其他能源、环境设施，要便捷于农村群众的实际生活、生产需求，公园、公共娱乐设施等，必须尽可能围绕居住区。二是要充分适应乡村生活及发展需求。随着乡村生活需求日趋多元化，传统的乡村空间功能已经落后于生活要求，需要增设有助于提高生活水平的基础设施和服务设施，增强乡村宜居性。同时，还要考虑城乡经济、文化、资源的交流互通，做到城乡统筹规划，为促进城乡交流创造便捷条件。构建人性化、多样化、舒适化的乡村生活圈，健全各项生产、生活基础设施，推动田园变公园、农房变客房、劳作变体验，满足人们对田园式、慢节奏乡村生活的向往，在改善当地群众生活条件的同时，为乡村旅游发展创造良好的基础；优化乡居空间规模和集聚形态，实现“组团式、生态化、田园式”的乡村空间模式；畅通各乡村之间以及城乡之间的交通连接，促进经济与文化的交流，形成各具产业特色、产业优势，最终形成优势互补的乡村产业集群。三是强调乡村生态规划。合理利用生态资源和保护环境，从原有的污染被动治理转换为主动节能环保，在保护乡村生态与资源的基础上，对乡村的自然环境进行合理规划。

3. 乡村振兴规划的框架体系

“乡村振兴”之于“社会主义新农村建设”，在目标、任务和理念等方面是一次全方位的升级。通过梳理《国家乡村振兴战略规划(2018—2022)》，乡村振兴规划的框架体系，应落实“一个目标、六大任务、八个统筹”的总要求。一个目标，即实现乡村的产业兴旺、生态宜居、乡风文明、治理有效和生活富裕这个总目标，专项规划都应围绕这个总目标来进行分解设计(见图 4.2)。五大任务，即发展壮大乡村产业、建设生态宜居美丽乡村、繁荣发展乡村文化、健全现代乡村治理和促进农民增收致富。乡村振兴规划必须要体现乡村振兴五个方面的重大任务，指导各级政府围绕每个具体任务来开展建设工作。八个统筹，即统筹持续发展目标，统筹生态保护修复，统筹耕地和永久农田保护，统筹历史文化传承和保护，统筹基础设施建设和公共服务设施布局，统筹产业发展空间，统筹人才培育和引进，统筹基层组织建设。这八个统筹是解决具体任务中矛盾的两个基本方面，寻找最优的解决方案，确保规划的可及性和可操作性。

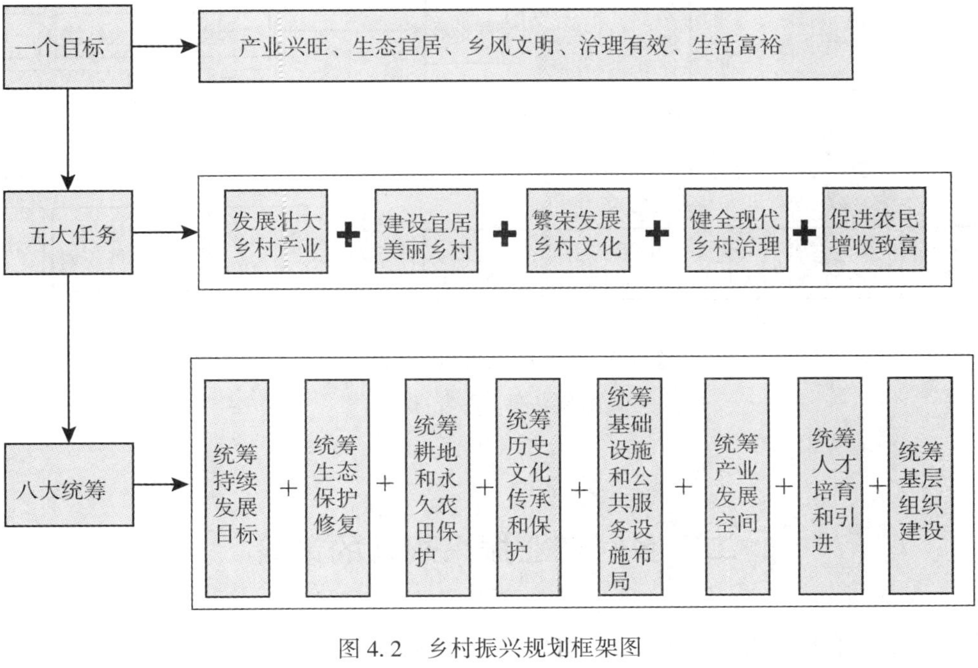

图 4.2　乡村振兴规划框架图

图片来源：作者自绘

（三）乡村振兴规划的技术路线

在国土空间规划的大背景下建立乡村振兴的规划技术路线（见图 4.3）。在编制规划时，要在上位战略规划的指导下，统筹指导空间规划，依托空间规划来落实保障乡村振兴总体规划。空间规划必须是对国民经济和社会发展规划、城乡规划、土地规划和生态环境保护规划等规划的基础上进行整合和提升而来。空间规划的划分要落实“三大空间”和“三大红线”的相关要求，形成有效的空间治理格局。乡村振兴规划要承接五大任务，分类推行，要涵盖产业规划、生态规划、文化发展规划、乡村治理规划、民生保障和改善规划等五大专项规划，并在此之上进一步进行专业化和细化处理，衍生出美丽乡村规划、三产融合规划等内容。

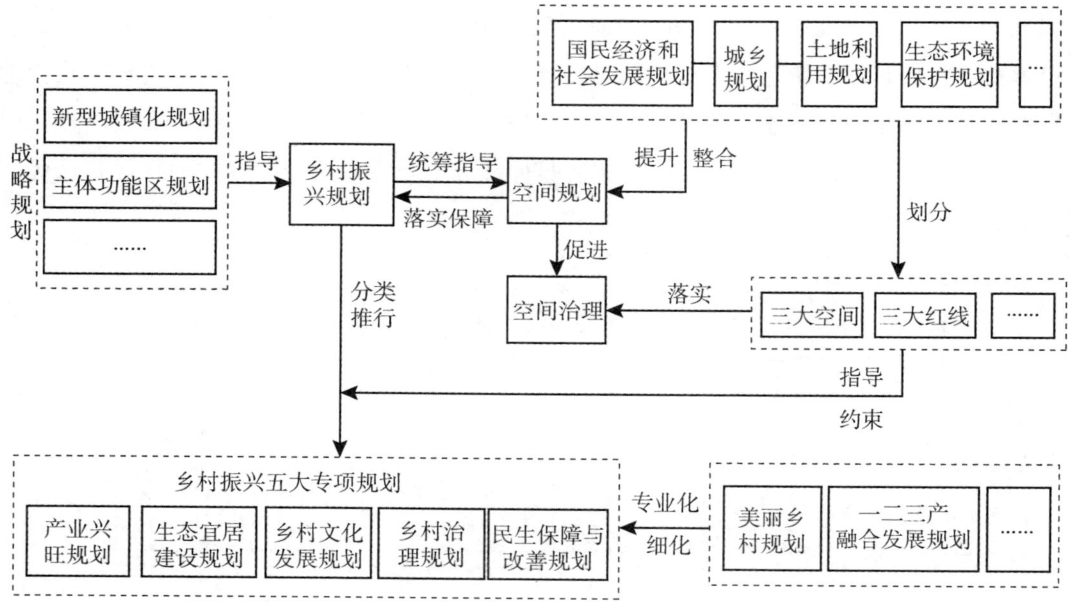

图 4.3　乡村振兴规划技术路线图

图片来源：作者自绘

二、乡村产业振兴规划的策略

乡村产业具有地域特色鲜明、承载乡村价值、创新创业活跃、利益联结紧密等特征，在制定产业规划时，要紧密结合乡村产业的特征，因地制宜，精准施策。

(一)乡村产业的发展现状和困境

1. 我国乡村产业的发展现状

在脱贫攻坚和全面实施乡村振兴过程中，国家制定实施了一系列涉及财政税收、金融保险、用地用电、科技创新、人才保障等方面的支持政策措施，使得我国当前乡村产业发展势头良好，主要体现在以下四个方面：

(1)现代农业进程加快

粮食产能得到巩固提升。截至 2021 年，全国已累计建成高标准农田 6.4 亿亩，完成了 9.7 亿亩粮食生产功能区和重要农产品生产保护区的划定任务。棉油糖、果菜鱼、肉蛋奶等农产品生产稳定且供应充足。农业绿色发展得到有力推进，化肥、农药使用量实现负增长，畜禽粪污综合利用率达到 70%以上，秸秆综合利用率达到 84%以上，农用地膜回收率达到 60%以上，耕地轮作休耕试点超过 3000 万亩。技术装备水平也稳步提高，农业科技进步贡献率达到了 58.3%，主要农作物耕种收全程综合机械化率达到 67%以上。新一代信息技术向农业生产、经营、管理、服务等领域拓展，畜禽养殖规模化率达到 58%。①

(2)乡村产业形态不断丰富

特色产业快速发展，形成一批特色鲜明的小宗类、多样化乡土产业，创响特色品牌约 10 万余个，认定"一村一品"示范村镇 2400 个。农产品加工深入推进，就地加工转化逐渐铺开。休闲农业和乡村旅游蓬勃发展，已建成一批休闲观光、乡村民宿、健康养生等园区景点。

(3)乡村产业融合渐成趋势

跨界配置农业和现代产业要素深度交叉融合，初步形成"农业+"多业态发展态势。近年来，各类融合主体大量涌现，农业产业化龙头企业 8.7 万家，其中国家重点龙头企业 1243 家。注册登记农民合作社 217 万家，家庭农场 60 万个。同时，融合业态也呈现多元化，发展综合种养等循环型农业，稻渔综合种养面积超过 3000 万亩；"农业+"文化、教育、旅游、康养、信息等产业快速发展，已建设国家现代农业产业园 62 个、国家农业科技园 32 个、农产品加工园 1600 个，创建农村产业融合示范园 148 个、农业产业强镇 254 个。

(4)利益联结机制逐步构建

企农契约型合作模式蓬勃发展，已有 1 亿农户与龙头企业签订订单，签约农户经营收

① 数据来源：https：//f. qianzhan. com/chanyeguihua/detail/190423-dafb77ba. html.

入超过未签约农户50%以上。通过“订单收购+分红”“保底收益+按股分红”“土地租金+务工工资+返利分红”等模式，实现了农民持续增收。在探索股份合作型模式上，也初步形成分工明确、优势互补、风险共担、利益共享的农业产业化联合体。

2. 乡村产业发展面临的问题

从调研和基层反映的情况看，当前乡村产业发展也面临不少困难和问题。

(1)发展质量效益不高

多数乡村企业存在着科技创新能力不强，尤其是农产品加工创新能力不足，工艺水准落后等问题。在产品供给上，优质绿色农产品占比偏低，休闲旅游同质化现象较严重，缺乏小众类、精准化、中高端产品和服务，品牌溢价不高，乡村产业聚集度较低。

(2)产业要素活力不足

乡村产业缺乏稳定的资金投入机制，金融服务支撑作用不明显，土地出让金用于农业农村占比偏低。农村资源变资产的渠道尚未打通，阻碍了金融资本和社会资本进入乡村产业。农村土地空闲、低效、粗放利用和新产业新业态发展用地供给不足并存。农村人才缺乏，科技、经营等各类人才服务乡村产业的激励保障机制不健全。

(3)产业链条仍然较短

一产向后延伸不充分，仍以供应原料为主，从产地到餐桌的链条不健全。二产两头连接不紧密，农产品精深加工不够，副产物综合利用程度低，农产品加工转化率仅为65%，相比发达国家差距较大。三产发育不足，农村生产生活服务能力不强。产业融合层次低，乡村价值功能开发不充分，农户和企业间的利益联结不够紧密等问题突出。

(4)产业基础设施依然薄弱

一些农村还存在供水、供电、供气条件差，道路、网络通信、仓储物流等设施未实现全覆盖。产地批发市场、产销对接、鲜活农产品直销网点等设施相对落后，物流经营成本高。农村垃圾集收运和污水处理能力有限，先进技术要素向乡村扩散渗透力不强。乡村产业发展的环境保护条件和能力较弱，工业“三废”和城市生活垃圾等污染扩散等问题仍然突出。

(二)乡村产业振兴的产业路径

1. 构建现代乡村产业体系

构建现代乡村产业体系是现代农业建设的重要内容和举措，因此要以推进农业提质增效、推进产业融合发展、培育壮大各类经营主体等方面为抓手，加快农业农村现代化。依托乡村特色优势资源，强化创新引领，聚集资源要素，走产业链延伸、价值链提升和供应链重组“三链重构”的发展路线，把资源优势转变成为产业优势。立足县域布局特色农产品产地初加工和精深加工，建设现代农业产业园、农业产业强镇、优势特色产业集群，构建县、镇(乡)、村层级分工明显、功能有机衔接的格局，引导乡村产业向主产区、中心镇、中心村、物流节点和聚集区集聚，让农民充分分享产业增值收益，为乡村全面振兴和农业农村现代化提供有力支撑。大力培育专业大户、家庭农场、农民合作社、农业企业等新型农业经营主体，打造职业农民队伍，突出抓好家庭农场和农民合作社两类经营主体，鼓励发展多种形式适度规模经营，构建集约化、专业化、组织化、社会化相结合的新型农业经营体系，实现家庭经营、合作经营、集体经营、企业经营共同发展。

2. 推动农村产业深度融合

要突破传统农林牧渔第一产业的发展格局，加快向注重农产品精深加工的第二产业和推动农产品流通和服务的第三产业延伸。一是立足地方资源优势，探索融合模式。因地制宜探索不同类型、各具特色的产业融合发展模式，包括种养结构的农业内部融合、产业链延伸的纵向融合、农业多样功能的横向融合、农业与高新技术的融合发展以及农村产业复合型融合发展。二是完善利益联结机制，分享发展成果。提高农民群众产业组织化、专业化、市场化程度，加快实现农民“小生产”与“大市场”的有效对接，不断提高农民群众在农村产业发展中的参与度和受益度，让更多农民群众享受到农村产业发展带来的红利。三是推动高级要素集聚，破解发展瓶颈。着力加大农村资源要素供给力度，特别是人才、技术等高级要素供给，加快破解农村要素瓶颈制约，充分激发农村产业融合发展活力。

3. 发展特色产业

乡村特色产业是乡村产业的重要组成部分，发展好特色产业是促进乡村产业振兴的有效渠道。一是提升特色产业附加值。以拓展二、三产业为重点，延伸产业链条，开发特色化、多样化产品，提升乡村特色产业的附加值，促进农业多环节增效、农民多渠道增收。二是推进特色产业聚集发展。集聚资源、集中力量，建设富有特色、规模适中、带动力强的特色产业集聚区。依托资源优势和产业基础，突出串珠成线、连块成带、集群成链，培育品种品质优良、规模体量较大、融合程度较深的区域性优势特色农业产业集群。三是培育特色品牌，按照“有标采标、无标创标、全程贯标”要求，以质量信誉为基础，创响一批乡村特色知名品牌，扩大特色产业和产品的市场影响力，培育有特色的区域公用品牌、企业品牌和产品品牌。

（三）乡村产业振兴的空间优化

乡村经济空间包括以种养为主的农业生产空间、农业技术推广的生产服务性空间以及农产品销售活动空间。另外，部分乡村工业比较发达，还形成了各种工业园区、乡镇企业集聚区等乡村经济空间。产业要振兴，需要在空间上进行科学布局。

1. 优化农业功能分区和产业空间

优化农业功能分区，主要包括以下三个方面：一是立足特色资源优势、环境承载能力、集聚人口和经济条件等，推进农业主体功能区建设，确定重点发展区、优化发展区、适度发展区、保护发展区，明确优先发展区域；二是推进农产品主产区为主体的农业发展布局，把农产品主产区作为限制进行大规模高强度工业化城镇化开发的区域，加快形成以农产品主产区为主体，其他农业地区为重要组成的发展格局；三是支持经济强县、农业大县率先建成农业强县，开展农业强县示范县创建。破除行政区划壁垒和体制机制障碍，探索建立产业城乡互通、区域互融、跨区跨界的产业融合发展机制。

2. 建立多规合一的规划机制

一方面，加强各类规划的统筹管理和系统衔接，形成城乡融合、区域一体、多规合一的规划体系。按照功能定位导向、要素协调一致、综合集成实施的原则，推进城乡规划、土地利用总体规划、产业发展规划、环境保护规划、经济和社会发展规划等有机衔接，促进城乡功能和空间融合发展。另一方面，建立适合小城镇和农村地区的规划标准体系，引导建筑、园林、景观、艺术设计、文化策划等设计大师、优秀团队下乡。

（四）乡村产业振兴的保障措施

1. 人才先行，推动人力资本保障

要解决乡村产业发展面临的困境，首先要建设好乡村人才队伍，大力培育新型职业农民，实施新型职业农民培育工程。其次，要加强农村专业人才队伍建设，特别是培养一批农业职业经理人、经纪人、乡村工匠、文化能人和非遗传承人等乡村人才队伍。最后，要多措并举，积极创新乡村人才培育引进使用机制，充分发挥科技人才的支撑作用。要创造良好的人才发展氛围，健全人才相关机制，坚持“引育留”相结合，发挥人才在乡村建设中的主体作用。

2. 盘活土地，推动土地资源保障

土地是农民生产生活的空间载体和增收致富的核心资产。解决土地问题，关键是要完善产权制度，盘活土地资源，通过深化农村土地制度改革，建立健全土地要素城乡平等交换机制，加快释放农村土地制度改革的红利。在土地方面，要科学统筹、有序推进农地“三权分置”。巩固和完善农村基本经营制度，深化农村土地制度改革，构建现代农业经营体系，大幅度提高农业的质量效益和竞争力，是实施乡村振兴战略的重要方式和手段。

3. 多元投入，推动资金保障

加快形成财政优先保障、金融重点倾斜、社会积极参与的多元投入格局，确保投入力度不断增强，总量不断增加。加快建立涉农资金整合的长效机制，发挥财政资金“四两拨千斤”的作用，通过财政资金撬动更多金融资本和社会资本投向乡村，确保公共财政更大力度向“三农”倾斜。健全农村金融服务体系，农村金融机构要为乡村振兴提供多元化、多样化的金融服务，把金融资源配置到农村经济社会发展的关键领域和薄弱环节。拓宽资金筹措渠道，创新政策机制，让土地增值收益更多用于支持脱贫攻坚和乡村振兴。

三、乡村生态振兴规划的策略

乡村振兴需要坚持人与自然和谐共生，走乡村绿色发展之路。在乡村振兴实践中要确立人与自然和谐共生理念、生态系统整体性循环思维，努力促进乡村发展过程中生产方式和生活方式的绿色转变。

(一) 乡村生态环境现状与问题

近年来，极端恶劣气候、动植物病虫害、土壤肥力下降、农药化肥用量增加等内在因素以及经济贸易全球化对农业和粮食发展带来的冲击等外部因素，使得农业生产环境日趋复杂。

1. 化肥、农药污染严重

现代农业过分依赖化肥、农药、除草剂、杀虫剂、农膜等化学型生产资料，粮食增产的同时，环境污染也接踵而至。当前，我国单位耕地面积化肥平均施用量为434.3千克/公顷，是化肥施用安全上限的1.93倍，但利用率仅为40%左右。农药平均施用量13.4千克/公顷，其中高毒农药占70%，有60%~70%残留在土壤中。除此之外，畜禽粪便污染也相当严重，其排放量超过工业固体废弃物2倍多，部分省份超过4倍多。①

2. 乡村生物多样性降低

为了发展懒人农业，大量化学物质进入农业生态系统，一些来不及适应化学污染的物种，率先消失甚至灭绝。而经过农药等化学物质洗礼的一些害虫与杂草，趁机占领了生态位，变得更难对付。很多地方的农田里已经基本没有蚂蚱、斑麻蜥、屎壳郎、蝈蝈、螳螂、蚯蚓、蛇、甚至老鼠等生物；森林里许多鸟类灭绝，连刺毛虫、天牛都在减少；水域生态中难觅青蛙、蟾蜍、泥鳅、鳖等生物。常见的燕子、蜻蜓、壁虎也变得稀少；野生草本植物中，半夏、毛地黄、米口袋、点地梅等已很少见到它们的踪迹。

3. 生态治理和修复难度大

农村环境污染治理和环境改善是一项长期复杂性工作，需要持续大量投入才能保障生态环境治理工作的成效，如果缺乏必要的资金支持和长效保障机制，农村污染治理将会因资金短缺而搁浅。由于我国农村占地面积广，污染情况严重，治理难度大，许多农村地区由于资金有限，难以缓解污染日益加重与有效治理之间的矛盾。依靠政府单一的财政资金支持，很难从根本上解决农村环境污染治理问题。

4. 治理主体单一

由于农民群众对环境保护的重要性认知度低，加之缺乏必要的媒体宣传普及和引导参与机制，造成大部分农民群众对环境保护态度淡漠，意识不到环境污染对人类生命健康和经济社会可持续发展的严重威胁，不明确自身环境保护和污染治理的责任担当，将环保简单归纳为政府工作任务，因此在农村环境污染防治过程中出现“角色缺位”现象。

5. 生态考量欠缺

乡村的自然资源被无节制的开发，农民为了增产增收，大面积的山林、河流因经济发展需求遭到破坏，甚至有些地方政府盲目引进能源型、资源消耗型产业，以重工业建设带动地方经济发展，没有考虑资源环境的承载力，没有以产业的发展条件和底线约束力为准入标准。这种以透支生态环境来获取经济增速的方式难以长久，不利于乡村经济的可持续发展。

① 数据来源：http：//politics. people. com. cn/n/2014/1222/c70731-26253937. html.

（二）乡村生态振兴的规划策略

1. 加强顶层设计，形成乡村生态环境管理合力

要进一步统筹各行业主管部门对乡镇的监管制度，力争实现乡村生态环境监管无盲区。运用大数据等信息化手段，建立健全乡村生态环境数据统计体系，并实现行业主管部门间的数据共享。加大县级政府对涉农资金的统筹使用权限，进一步明确乡镇对农村生态环境的保护责任，并在资金和政策上给予相应的支持，将生态环境状况和环保目标完成情况作为乡镇政府进行工作汇报的规定内容。

2. 建立生态文明的规划思维

立足本地区的资源禀赋和生态环境，把生态环境保护融入产业设计全过程，通过生态产业化和产业生态化，建立适宜的生态产业体系。明确当地的生态保护红线、环境质量底线和资源利用上线，以及基本农田保护控制线、城镇开发边界控制线，合理利用区域生态环境承载力，防止出现牺牲“绿水青山”的开发经营活动。逐步提高和调整生态环境质量的考核评价指标，在有条件的地方开展试点示范。

3. 加大农村环境综合整治力度

落实完成农业农村污染治理攻坚战，在清晰产权、保证收益（如通过优惠政策等方式）的条件下，吸引企业参与从事农村环境综合整治及乡村生态振兴的开发建设活动。大力开展农村环境综合整治，推进生态振兴，提升区域生态环境承载能力，提升向“金山银山”转化的资本存量。建立长效工作机制，确定治理目标，做到有基础设施、有工作队伍、有工作制度、有资金保障。

4. 加强试点示范，典型引路

认真总结中共中央、国务院印发的《乡村振兴战略规划（2018—2022）》和农业农村部印发的《农业绿色发展技术导则（2018—2030）》等相关重要文件的贯彻执行情况，推动生态振兴。根据不同地区、不同发展水平等，给予各乡村不同的定位，培育不同类型的生态振兴示范乡镇。大力改善农村人居环境和建设美丽乡村，因地制宜推进农村环境综合整治和生态环境建设，切实提升生态宜居水平。

（三）乡村生态振兴的实施路径

生态振兴是乡村发展的前提和基础，更是乡村振兴的资本和后劲。生态振兴是实施乡

村振兴战略中事半功倍的重要抓手。有效实施生态振兴的路径主要包括如下三个方面。

1. 加大宣传力度，提高农民生态保护意识

坚持多措并举，充分利用好广播、张贴标语、发放宣传单等方式，带动农民主动参与环保活动，例如美丽庭院评选、环保义演、义务植树、志愿清扫街道广场等，让农民真正意识到环境保护的重要性，培养农民的“家园意识”，让生态保护思想深入人心。

2. 倡导绿色发展，追求可持续发展之路

坚持以“绿水青山就是金山银山”理念为指导，在经济发展过程中保护生态环境，在保护生态环境中发展经济，走绿色发展之路，推动农业农村可持续发展。通过升级绿色农业、探索立体循环农业、发展乡村生态旅游、复垦植绿，多维度发展乡村绿色经济。只有坚持以绿色为底色的产业才能持续发展。必须积极倡导有利于乡村环境保护和资源节约的绿色发展模式。

3. 强化生态整理，健全长效治理机制

加强农村环境问题综合整治，加快推进农村生活垃圾治理、污水治理等基础设施建设。进一步健全农村生活垃圾收集、转运、处置体系，重点加强乡镇垃圾中转站、村庄垃圾收集设施建设，全面提升农村生活垃圾收集转运设施服务功能，做到农村生活垃圾“日产日清”。以试点示范为引领，梯次推进农村生活污水治理。以注重实效为原则，推进农村厕所革命。以庭院美化为重点，推进村容村貌整治。以革除陋习为根本，加强农村人居环境整治宣传教育。

四、乡村人才振兴规划的策略

人才振兴为产业振兴提供劳动力和人力资本保障，为文化振兴提供组织者和工作对象，为生态振兴提供建设者和生态产品供给者，为组织振兴提供各类基层组织人才。可见，乡村振兴归根结底都需要各类人才去振兴、去推动。解决人才问题是全面推进乡村振兴战略、推动农业全面升级、农村全面进步和农民全面发展的内在必然要求。

（一）我国乡村人才建设的现状与挑战

长期以来，我国乡村中青年、优质人才持续外流，人才总量不足、结构失衡、素质偏低、老龄化严重等问题较为突出，乡村人才总体发展水平与乡村振兴的要求之间存在较大

差距。

国家统计局第三次全国农业普查数据显示，2016 年，全国农业生产经营人员 31422 万人，其中初中及以下教育程度的人员占 91.8%，高中或中专的占 7.1%，大专及以上的仅占 1.2%。① 人才匮乏、人口素质不高长期困扰“三农”工作的开展和乡村社会的发展。

当前，乡村人才振兴存在的问题和主要挑战：一是部分地区村干部年龄老化、结构僵化、青黄不接。二是留守农村劳动力对自身主体地位的认识不足，新型职业农民队伍建设存在内生动力不足、基础条件薄弱、培训效果不佳等问题。三是新型农业经营主体面临用地难、用钱难、用人难和“小、散、弱”等问题，大宗农产品价格下行与农资、地租、人工等成本刚性上涨并存，导致相当部分经营主体难以为继。四是“三农”工作队伍较为薄弱，人员紧缺、知识匮乏、能力不足等问题突出，科技特派员、大学生村官等尚未形成有效服务于“三农”的长效机制。五是“三乡”主体创业创新积极性不高。

(二) 乡村人才振兴的实施路径

面对当前实际存在的问题和挑战，如何实现乡村人才振兴，是摆在我们面前重要而紧迫的战略任务。

1. 明确人才振兴的总体要求

首先，要紧盯乡村人才振兴的目标任务。到 2025 年，乡村人才振兴制度框架和政策体系基本形成，乡村振兴各领域人才规模不断壮大、素质稳步提升、结构持续优化，各类人才支持服务乡村格局基本形成，乡村人才初步满足实施乡村振兴战略基本需要。其次，要坚持乡村人才振兴的工作原则。贯彻党管人才原则，将乡村人才振兴纳入党委人才工作总体部署，引导各类人才向农村基层一线流动，打造一支能够担当乡村振兴使命的人才队伍。坚持全面培养、分类施策。围绕全面推进乡村振兴需要，全方位培养各类人才，扩大总量、提高质量、优化结构。尊重乡村发展规律和人才成长规律，针对不同地区、不同类型人才，实施差异化政策措施。推动政府、培训机构、企业等发挥各自优势，共同参与乡村人才培养，解决制约乡村人才振兴的问题，形成工作合力。深化乡村人才培养、引进、管理、使用、流动、激励等制度改革，完善人才服务乡村激励机制，让农村的机会吸引人，让农村的环境留住人。

2. 明确人才培养类型

一是加快培养农业生产经营人才，包括培育新型农业经营主体、农村实用人才、家庭

① 数据来源：http：//www. stats. gov. cn/tjsj/tjgb/nypcgb/qgnypcgb/201712/t20171215_1563599. html.

农场经营者、农民合作社带头人等；二是加快培养农村二、三产业发展人才，包括培育农村创业创新带头人、农村电商人才、乡村工匠等，打造农民工劳务输出品牌；三是加快培养乡村公共服务人才，包括培育乡村教师队伍、乡村卫生健康人才队伍、乡村文化旅游体育人才队伍、乡村规划建设人才队伍等；四是加快培养乡村治理人才，包括培养乡镇党政人才队伍、村党组织带头人队伍、农村社会工作人才队伍、农村经营管理人才队伍、农村法律人才队伍等；五是加快培养农业农村科技人才，包括培养农业农村高科技领军人才、农业农村科技创新人才、农业农村科技推广人才、科技特派员队伍等。

3. 充分发挥各类培训主体作用

一是完善高等教育人才培养体系。加快培养拔尖创新型、复合应用型、实用技能型农林人才。用生物技术、信息技术等现代科学技术改造提升现有涉农专业，建设一批新兴涉农专业。加强乡村振兴发展研究院建设，加大涉农专业招生支持力度。加强农林高校网络培训教育资源共享，打造实用精品培训课程体系。以县级党校(行政学校)为主体，加强对村干部、驻村第一书记、基层团组织书记等乡村干部队伍的培训。采取线上线下相结合等模式，将党校(行政学院)、干部学院的教育资源延伸覆盖至村和社区。

二是加快发展面向农村的职业教育，加强农村职业院校基础能力建设，优先支持高水平农业高职院校开展本科层次职业教育，采取校企合作、政府划拨、整合资源等方式建设一批实习实训基地。充分发挥农业广播电视学校等培训机构作用，支持职业院校、农业广播电视学校、农村成人文化技术培训学校(机构)、农技推广机构、农业科研院所等，加强对高素质农民、能工巧匠等本土人才培养。

4. 健全乡村人才体制机制和保障措施

建立健全乡村人才振兴体制机制。例如，健全农村工作干部培养锻炼制度、完善乡村人才培养制度、建立各类人才定期服务乡村制度、健全鼓励人才向艰苦地区和基层一线流动激励制度、完善乡村高技能人才职业技能等级制度、建立健全乡村人才分级分类评价体系、提高乡村人才服务保障能力等。认真落实乡村人才振兴的各项保障措施，建立党委统一领导、组织部门指导、党委农村工作部门统筹协调、相关部门分工负责的乡村人才振兴工作联席会议制度，加强乡村人才振兴投入保障，支持涉农企业加大乡村人力资本开发投入，搭建乡村引才聚才平台，制定乡村人才专项规划，完善扶持乡村产业发展的政策体系，建好农村基础设施和公共服务设施，吸引城乡人才留在农村。

五、乡村文化振兴规划的策略

文化是一个国家、一个民族的灵魂。乡村文化振兴是乡村振兴的灵魂和引导，只有不断丰富乡村文化内涵，让乡土文化温润乡村民众，才能让乡村焕发生机和活力，让乡村更美丽、村民生活更美好，实现乡村振兴永续发展。

(一)我国乡村文化建设的现状

1. 农村物质文化建设的成效日益显现

近年来，“村村通”道路极大方便了村民出入，路灯等亮化工程在农村也随处可见。农村文化设施和文化活动场所建设得到强化，综合性的文化场馆、文体活动广场等设施等不断完善。许多行政村启动“农家书屋”工程，配备了相应的书架、桌椅，逐步建立起较为完善的图书配送和管理员培训机制，不少农村还积极推进电子阅览室建设，配备了电脑、音响、投影仪、摄像机、电视机、器乐等一整套文化器材，极大满足了农民日益增长的文化生活需求。此外，乡村文化遗产保护和文化传播途径得以完善，很多乡村加大对文化遗产保护的力度，提高了对文化遗产保护的意识，并充分利用文化遗产开展各具特色的民俗活动，打造具有地方特色的人文景观，拓展文化遗产传承空间。

2. 农村制度文化建设的过程有序推进

首先，乡村文化建设法规体系得以逐步建立和规范。其次，乡村文化建设组织管理得到健全和完善。各地为深入有效地贯彻中央关于农村文化建设的要求，建立了党委领导，党政主要领导亲自抓，基层党组织齐抓共管的长效机制。最后，乡村文化人才队伍建设不断稳定和壮大。很多地方设立了专门的文化机构，并配备有规模适度、有特色、素质高、能力强的文化人才队伍。从事乡村文化建设的专兼职人员和宣传员的素质不断提高，对乡村文化建设的有序推进提供了人力资源支持。

3. 农村社会文化建设的进程逐渐加快

乡村社会文化也逐步从传统形态向现代转型，这不仅是广大农民群众现代理念的转变和生存方式的转变，也是社会文明的进步。重视乡村文化的历史延续性，把优秀传统乡村文化打造成地域品牌和看点，同时又同现代文明有机结合，创造出喜闻乐见、健康向上的草根文化。封建迷信思想在一定程度上得到消除，殡葬制度较好地得到推行。

(二)当前乡村文化振兴面临的困境

1. 乡村文化重建设，轻管理现象较为突出

党的十九大以来，各级政府对文化工作的认识都有很大的提高，但一些地方在抓文化建设上发力仍然不够。如乡镇文化站设施、设备占用挪用现象依然存在，有的还比较严重；乡镇财政对文化资金投入不多或没有投入，对村级投入就更少，等等。农家书屋、农民文化乐园等公共文化设施，由于后续投入乏力，文化活动开展不正常，有效利用率较低，存在硬指标要求下搞建设，管理难以跟上的现象。

2. 乡村文化队伍薄弱，业务素质和管理有待提高

一方面，随着现代化和城市化进程的加快，大量劳动人口的外流，导致乡村“空心化”现象，乡村逐渐沦为留守老人、妇女和儿童的阵地，他们并没有能力担负起文化传承的重任。另一方面，乡村文化队伍中的专职人员数量少、素质不高、专业不对口，使得乡村文化管理滞后，无法适应时代发展需要。乡村文化艺人无法依靠手工艺维持生计而被迫转行。

3. 乡村文化产业模式单一，文化产业竞争力不强

现阶段，我国乡村文化产业发展不完善、竞争力不强，表现为文化产业缺乏品牌化和特色化建设、文化产业趋同性开发，没有形成完整的文化产业链。各地普遍存在创新意识不足、缺乏乡土特色、文化产业模式单一、同质化等现象严重。政府对乡村文化产业缺乏长远的规划、乡村配套设施建设不健全等因素影响社会投资的信心，而乡村文化产业缺乏资金和现代科技的支撑，又影响了乡村新型文化业态的形成和乡村文化品牌化建设，导致乡村文化产业在市场竞争中处于劣势地位。

4. 经费投入相对不足，文化工作运转困难

许多地方的图书馆和文化馆经费有限，只能维持日常运转，不能满足大型活动的开展和器材、书籍添置等需要。文化信息资源共享工程村级服务点、农村文艺演出活动、农家书屋、农村电影放映、农民体育活动等方面的运行资金缺口仍较大。农村文化事业投入长效保障机制不健全，乡镇财政对文化建设投入较少，乡镇、村文化阵地的管理、维护经费短缺，难以保障农村群众均等共享公共文化服务。

(三)乡村文化振兴的实施路径

1. 将乡村文化建设纳入重要议事日程

繁荣农村文化，既是培育文明新人，造就时代新人、建设社会主义新农村的重要内容和条件，又承担为乡村文化振兴提供思想保证、精神动力和智力支撑的重大使命。具体来说应做到以下三点：一是制定文化建设和文化事业发展规划；二是加强乡村文化组织领导，形成文化建设有专人管、专人抓的工作格局；三是完善服务质量监测体系，建立公共文化服务第三方评价机制。

2. 加快乡村公共文化服务设施建设

一是确保文化事业经费的预算增长不低于当年同级财政收入的增长幅度；二是采取政府购买、项目补贴、定向资助、贷款贴息等政策措施；三是加强对公共文化服务资金管理使用情况的监督和审计；四是推广村民评议等做法，健全民意表达和监督机制。

3. 以乡村文化建设带动地方经济发展

一是立足本地文化资源优势，推进相关题材影视节目和文学艺术创作；二是积极传承民间表演艺术和民俗活动，把非物质文化遗产保护工作与乡村文化建设工作有机结合起来；三是通过举办国家新设立的“中国农民丰收节”和具有地方特色的农民艺术节等文化活动相结合，形成集产品开发、果园观光、农家游于一体的农村文化产业。

4. 为乡村文化发展奠定坚实基础

一是要妥善解决乡镇文化站专业人员归属和工资待遇等问题；二是要加强对农村文化干部、文体骨干和文化专业户的教育与培训；三是制定相应优惠政策，吸纳各领域的人才到农村基层文化机构任职。

5. 不断满足农民多元文化需求

一是提高有线电视入户率，加快数字农家书屋、乡村数字电影放映等项目建设；二是通过开展书画展、文艺汇演和体育比赛等活动，为乡村文化队伍提供展示交流平台；三是开展送文化下乡活动。

六、乡村组织振兴规划的策略

打赢脱贫攻坚战、实施乡村振兴战略，组织是保障。组织振兴是乡村振兴的“第一工程”，是新时代党领导农业农村工作的重大任务。在脱贫攻坚战和乡村振兴战略的交汇期，形成脱贫攻坚和乡村振兴战略相互支撑、相互配合、有机衔接的良性互动格局，更好地实施乡村振兴战略，推动“两个一百年”奋斗目标顺利实现，离不开强有力的组织保障。

(一)乡村组织建设的现状

1. 干部思想观念发生转变

乡村干部的思想观念直接影响当地的发展和村民素质的提高。要通过不断加强农村基层干部的教育与管理，提高农村干部带领当地群众致富的热情，始终与上级党组织保持高度一致，贯彻执行党在农村的方针路线政策，为乡村振兴提供强有力的组织保障。

2. 年龄结构偏高

乡村基层党组织普遍存在党员年龄老化的现象，很多乡村地区党员的平均年龄都在50岁以上。党员老龄化带来了一些不容忽视的突出问题，直接影响着乡村党组织的组织力、凝聚力、战斗力和号召力。具体表现为以下三个方面：一是党员老龄化使党组织活动开展难；二是党员老龄化使党组织吸引力不断减弱；三是党员老龄化使党员先锋模范作用发挥不明显。

3. 文化水平逐步提升

过去乡村基层干部普遍存在文化程度低的现象，随着党对基层干部队伍建设的不断重视，村“两委”干部的文化层次呈现逐步提升。同时许多乡镇加大村级后备干部的培养力度，把基本素质好、发展前景好、精神状态好的优秀党员、复员退伍军人、致富能手纳入村级班子建设的后备人选，建立了村级后备干部人才库，作为村级班子建设的血液供应站。

4. 组织阵地向多功能转变

农村活动阵地过去一直是个大难题，通过近几年加大投入，村村都有党员活动室和文化活动广场，而且资源共享，与村级党员电教播放、文化信息共享、农家书屋、会议室等有机结合，设备齐全，功能完善，较好地发挥了作用，实现了农村活动组织阵地从单体功能向多功能综合服务体系的有效转变。

（二）乡村组织建设面临的困境

1. 组织建构制约了农村基层党组织的覆盖力和组织力

随着自然村数量的减少和人口密度的下降，部分农村基层党组织构架体系和人员构成的不良变化倾向严重制约着农村基层党组织覆盖力和组织力的提升，影响农村基层党组织整体功能和作用的发挥。在组织构架体系上，随着自然村数量的减少，农村基层党组织的分布也进行了合并调整。由于中国的农村大部分村落比较分散，村落与村落之间相隔较远，使得合并后的农村基层党组织平均覆盖和辐射的区域变大，给合并后的党组织开展活动带来很大不便，影响农村基层党组织作用的发挥。在组织人员构成上，后备队伍缺乏优质群体，村级党组织班子成员存在年龄偏大、文化程度偏低、工作能力不足等问题。相当多地方的村干部存在着“三难”现象，即难选、难干、难管，一些地方的村支部、领导班子不调整不行，调整又没有合适人选。

2. 经济基础制约了农村基层党组织的领导力和行动力

农村基层党组织的建设成效受农村经济发展水平的制约。改革开放后，受城乡二元结构挤压，资本纷纷投向城镇以便获取更大利益，导致了农业的衰退和农村集体经济的退化，村庄作为经济主体的意义逐渐消失。农村集体经济的“空壳化”现象使得农村基层党组织可掌握的资源越来越少，农村基层党组织服务群众的手段和资源日益匮乏，此类不良现象不仅弱化了农村集体经济的实力和功能，也削弱了乡村基层党组织存在的经济基础，侵蚀了农村基层党组织的动员能力和组织权威，制约着农村基层党组织的领导力和行动力的提升，成为农村基层党组织发挥思想优势和组织优势的最大制约因素。

3. 社会基础制约了农村基层党组织的凝聚力和号召力

乡村社会的衰落与式微导致农村基层的公共权威退化、公共服务短缺和公共性的衰落，使得社会力量和社会因素的构成不断发生变化，良性的、均衡的社会基础遭到削弱和破坏，给农村基层党组织作用和功能的发挥形成一定的社会困境。村庄的大量减少，导致乡村生疏化，村落家庭共同体处于凋零状态，传统的村落组织系统和邻里支持系统遭到严重破坏，衰落村庄地域村落公共服务衰败，影响了党在农村的凝聚力和社会号召力。

(三)乡村组织振兴的实施路径

1. 推动乡村治理社会化进程

(1)强化党的基层建设

强化党的基层建设，要强化基层党组织的整治功能，提高农村基层党组织的领导权威，严把发展党员关口，完善农村基层党组织的运行机制。要改进基层党组织的动员方式，发挥精神动员的作用，遵循“利益兼顾”的组织工作原则。提升乡村党组织建设的经济基础，丰富村集体经济增收渠道，健全集体经济管理制度。构建服务型基层党组织，加强基层干部队伍建设，优化基层党员队伍管理，提升基层党组织的服务能力。

(2)增强村民自治水平

增强村民自治水平，主要体现在以下三个方面：第一，要完善村民自治体系，健全村民自治制度，改进和完善村民自治的运行机制，建立相应的保障机制。第二，确立村民主体地位，加强村民自治组织建设，发展农村经济，增强宣传教育，提高村民的参与意识。第三，健全监管保障体系，完善当前的保障机制，增强村民的法律意识，引导监管活动，进行机制创新。

2. 推动乡村治理法制化进程

(1)强化法治保障

建立健全矛盾调处联合机制，加大矛盾纠纷排查化解力度，多部门配合，综合施策，形成矛盾纠纷解决的合力。加强乡镇干部配备，选拔业务能力强、各项素质过硬的干部参与乡村矛盾处理。完善乡村治安防控体系，依法打击危害乡村秩序的违法活动和黑恶势力。

(2)夯实法治基础

首先，加强法制宣传教育，加大对《中华人民共和国宪法》《中华人民共和国民法典》等法律的宣传，使乡村群众了解与自身相关的法律常识，学会用法律武器维护自身权益。其次，提供法律咨询服务、民事纠纷调解等的供给，解决农民日常生活的纠纷，充分表达自身的法律诉求。

3. 推动乡村治理专业化进程

(1)增进乡村自治活力

健全以党组织为核心的组织体系，选优配强“村两委”干部，充分发挥基层党组织的战斗堡垒作用。创新党建工作方式，创新学习形式，推动工作创新，通过现代传播手段，做实乡村理论学习和组织生活会。健全村民代表大会制度，提高村民参政议政的意识。

(2)加强德治建设

推动社会主义核心价值观的宣传，引导群众爱党爱国、向上向善、勤俭持家，形成良好的乡风。抓实移风易俗工作，抵制社会不良的风气。开展文明村镇、文明家庭等各项评比表彰活动，用身边人、身边事引导群众，提升乡村文明水平。

4. 推动乡村治理智能化进程

在推广智能化过程中，首先是要加强顶层设计，统筹协调各个数据库之间的“鸿沟”，防止数据打架和重复建设，浪费社会资源和增加基层负担。其次，智能化建设，要以便民和减轻基层负担为目标，智能化的目的是高效和减负，要做到既方便让村民参与乡村治理工作，又满足基层工作者的工作需求，使之成为乡村治理的有效补充。

七、乡村民生振兴规划的策略

乡村振兴，生活富裕是根本。要坚持人人尽责、人人享有，按照抓重点、补短板、强弱项的要求，围绕农民群众最关心最直接最现实的利益问题，一件事情接着一件事情办，一年接着一年干，把乡村建设成为幸福美丽新家园。

(一)乡村民生发展的现状

经过举国上下历时几年脱贫攻坚的奋斗，我国基本实现了农村人口“两不愁三保障”的目标，农民居家生活可以衣食无忧。住房方面，2019 年 8 月全国危房存量为 135. 2 万户，于 2020 年 6 月底前全部竣工。出行方面，2021 年全国公路总里程约为 520 万千米，通硬化路的乡镇和建制村分别达到 99. 6%和 99. 5%，全国建制村通客车率已经达到 98. 0%。医疗方面，截至 2021 年底，全国卫生人员总数达 1400 万人左右，而 8 亿多农民，只有百万村医。养老方面，我国 60 周岁以上的老年人口已达 2. 5 亿，占总人口的 17. 9%。由于年轻劳动力不断涌入城市，小孩被带至城里读书，农村原来的老人、妇女和儿童“三留守”正变成“一留守”。此外，农民工的五险一金的参保率不足 20%。就业方面，就业是最大的民生，乡村就业主要是以进城务工为主，目前存在村民就近就业不足、农民工参加技能培训途径有限、农民创业渠道不够宽广等问题。

(二)乡村民生振兴的规划策略

1. 精准定位民生短板的主要表征

实现乡村民生振兴，要加快补齐民生短板，破解民生难题，兜牢民生底线，办好就业、教育、社保、医疗、养老、托幼、住房等民生实事，提高公共服务可及性和均等化水平。要全面覆盖所有人口，让所有农村贫困人口全部实现脱贫；要全面覆盖各区域，不断缩小区域间的经济社会差距。当前我国民生短板所在，从人群看，主要是老弱病残贫困人口；从区域看，主要是深度贫困地区；从领域看，主要是生态环境、公共服务、基础设施等方面短板明显。

2. 聚焦健全各项托底性民生制度

民生制度内容广泛，要加强普惠性、基础性、兜底性民生建设，要侧重于保障群众基本生活。一是做好脱贫攻坚与乡村振兴的有效衔接，聚焦深度贫困地区，重点攻克“三保障”面临的最后堡垒，切实做到一个也不能少。二是加大基础性民生投入，既要着力于解决好上学难、看不起病、住危房等基本生存问题，又要加强农村水电路讯等基础设施建设，健全农村留守儿童、妇女、老年人关爱服务体系，推进易地扶贫搬迁和后续产业发展、社会治理有机统一，为贫困人口和贫困地区长足发展提供充足的动力。三是健全社保兜底机制。对于老弱病残等缺乏劳动能力、无法通过自我努力实现彻底脱贫的特殊群体，要发挥好社会保障的“社会安全网”功能，完善生活托底、大病兜底等保障机制，让最为弱势的群体与全国人民同步进入全面小康社会。

3. 科学开展民生工作绩效评估

通过绩效评估将改善民生转化为具体的工作目标与考核指标，绩效评估既要重视结果运用，又要重视发现问题、改进工作、提升绩效、让人民群众满意，把绩效评估的过程变成不断回应群众诉求与期待、不断改进工作的过程，充分体现群众对政府工作的评价与监督作用。通过完善工作机制、明确评价主体、科学设置指标、加强整改落实、强化结果运用等举措，扎实推进民生工程事前、事中、事后全过程管控，确保各项惠民政策精准落地、惠民绩效巩固提升。

(三)乡村民生振兴的实施路径

1. 优先发展农村教育事业

高度重视农村义务教育，推动建立以城带乡、整体推进、城乡一体、均衡发展的义务教育发展机制。全面改善薄弱学校基本办学条件，加强寄宿制学校建设，实施农村义务教育学生营养改善计划。推进农村普及高中阶段教育，支持教育基础薄弱县普通高中建设，加强职业教育，逐步分类推进中等职业教育免除学杂费。健全学生资助制度，使绝大多数农村新增劳动力接受高中阶段教育、更多接受高等教育。以市县为单位，推动优质学校辐射农村薄弱学校常态化。统筹配置城乡师资，并向乡村倾斜，建好建强乡村教师队伍。

2. 促进农村劳动力转移就业和农民增收

健全覆盖城乡的公共就业服务体系，大规模开展职业技能培训，促进农民工多渠道转移就业，提高就业质量。深化户籍制度改革，促进在城镇有稳定就业和住所的农业转移人口在城镇有序落户，并依法平等享受城镇公共服务。加强扶持引导服务，实施乡村就业创业促进行动，大力发展文化、科技、旅游、生态等乡村特色产业，振兴传统工艺。培育一批家庭工场、手工作坊、乡村车间，鼓励在乡村地区兴办环境友好型企业，实现乡村经济多元化，提供更多就业岗位。拓宽农民增收渠道，鼓励农民勤劳守法致富，增加农村低收入者收入，扩大农村中等收入群体，保持农村居民收入增速快于城镇居民。

3. 推动农村基础设施提档升级

继续把基础设施建设重点放在农村，加快农村公路、供水、供气、环保、电网、物流、信息、广播电视等基础设施建设，推动城乡基础设施互联互通。全面推进“四好公路”建设，加快实施通村组硬化路建设，加大成品油消费税转移支付资金用于农村公路养护力度。推进节水供水和重大水利工程建设，实施农村饮水安全巩固提升工程。加快新一轮农村电网改造升级，制定农村用电规划和可再生能源开发利用。实施数字乡村战略，做好整体规划设计，加快农村地区宽带网络和第四代移动通信网络覆盖步伐，开发适应“三农”特点的信息技术、产品、应用和服务，弥合城乡数字鸿沟。提升气象为农服务能力，加强农村防灾减灾救灾能力建设。

4. 加强农村社会保障体系建设

完善统一城乡居民基本医疗保险制度和大病保险制度，做好农民重特大疾病的救助工作，巩固城乡居民医保全国异地就医联网直接结算。完善城乡居民基本养老保险制度，建立城乡居民基本养老保险待遇确定和基础养老金标准正常调整机制。统筹城乡社会救助体系，完善最低生活保障制度，做好农村社会救助兜底工作。健全农村留守儿童和妇女、老年人以及困境儿童关爱服务体系，构建多层次农村养老保障体系，创新多元化照料服务模式，加强和改善农村残疾人服务。

5. 推进健康乡村建设

强化农村公共卫生服务，加强慢性病综合防控，大力推进农村地区精神卫生、职业病和重大传染病防治。完善基本公共卫生服务项目补助政策，加强基层医疗卫生服务体系建设，支持乡镇卫生院和村卫生室改善条件。加强乡村中医药服务，开展和规范家庭医生签约服务，加强妇幼、老人、残疾人等重点人群健康服务。

中篇　精准扶贫调查研究

第五章　肇庆浪美村与清远下迳村的旅游扶贫调查研究

内容提要：本章立足于社会学、旅游学、地理学等学科视角，基于乡村贫困地理理论和旅游地生命周期理论，以肇庆浪美村与清远下迳村为案例地，围绕产业振兴、生态振兴、文化振兴、乡村治理体系、民生问题、产业效益、政府帮扶力度、旅游资源利用率、村民想法九个维度，综合运用定性与定量分析等方法，获取第一手调研数据，并借助SPSS软件进行数据分析，对两村村民感知和村庄旅游发展效率差异进行了定量分析，结果显示：(1)浪美村是典型的由上而下输血型扶贫，政府资金政策支持力度大，自行造血能力差，乡村振兴的发展短暂，一定程度上助长了“等、靠、要”思想，可持续发展能力较弱；(2)下迳村是典型的由下而上造血型脱贫，村民参与积极性较高，对脱贫起重要作用。对这两个地区旅游发展给出四点建议：一是要充分调动村民积极性，充分发挥党支部、能人带动作用；二是做好顶层设计，做到科学规划统筹管理；三是聚焦产业发展，丰富旅游地的产品与文化内涵；四是整合全村资源，突出带动作用，形成规模效应，从而吸引政府、社会、村民资金投入并产生效益，打造乡村旅游的造血模式。

一、研究区域概况

(一)肇庆浪美村

1. 区域概况

浪美村位于广东省肇庆市怀集县大岗镇，总人口约为1200人。全村居住面积为6800平方米，耕地面积318亩。1474年，孔子四十六代后人由桥头镇旧村迁移到大岗镇浪美村居住，至今已有五百多年的历史。村里建有一座具有非常浓郁儒家文化氛围的孔家文化祠堂。目前村内古建筑保存完好，民风淳朴。近年来，在美丽宜居村庄建设的推动下，村容村貌、基础设施、“两个文明建设”有了很大改善。浪美村 2012 年创建“广东省卫生村”并通过验收，2013 年获“肇庆市宜居村庄”称号，2014 年创建“市生态文明示范村”，2015 年获“广东名村”称号，2016 年获“生态文明示范村”称号。

2. 旅游发展

2016 年，怀集县旅游主管部门与相关旅游企业负责人到浪美村进行了乡村旅游策划，规划了一批乡村旅游建设项目。2017 年大岗镇党委政府按照县“5+3”发展战略要求，解放思想，奋发有为，发动并扶持村民种植 100 多亩油菜花，举行了首届油菜花节，开幕当天吸引近万名游客前来参观。2017 年上半年，省旅游局帮扶 15 万元、县人民政府帮扶 20 万元建设完善村旅游基础设施，如拓宽道路、新建旅游厕所等，给游客提供良好的旅游环境。图 5. 1 为浪美村乡村旅游“输血”发展模式图。

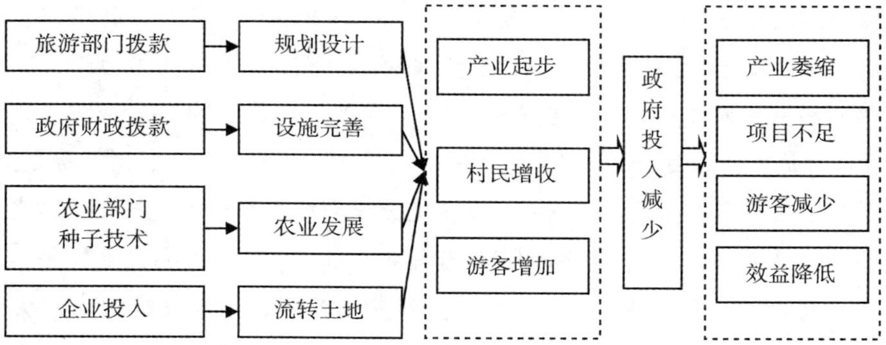

图 5. 1　浪美村乡村旅游“输血”发展模式

图片来源：作者自绘

(二) 清远下迳村

1. 区域概况

下迳村地处广东省清远市清新区浸潭镇东北部，属六甲洞村委会，距离圩镇约 14 千米，接壤九龙镇和浛洸镇。该村属于典型喀斯特地貌，四周群山环抱，景色秀美，被誉为“世外桃源”。明末清初，邹氏入粤始祖、南宋状元邹应龙的第九代裔孙邹福清迁居下迳，成为下迳村肇基始祖，距今已有三百多年历史。2014 年该村人均收入 6380 元，村集体收入为 0 元，是典型的空心村。

2. 旅游发展

2015 年，在党支部带领下，下迳村积极整合土地资源和涉农资金，逐步改善村中环境；2016 年，在村党支部和理事会带领下，积极发展村中经济，共筹资 900 多万元投入景区建设；2017 年，在完善景区建设同时，开展美丽乡村特色村创建；2018 年，引进攀岩、野战俱乐部等乡村旅游发展项目，2019 年暑期项目正式启动。图 5.2 为下迳村乡村旅游“造血”发展模式图。

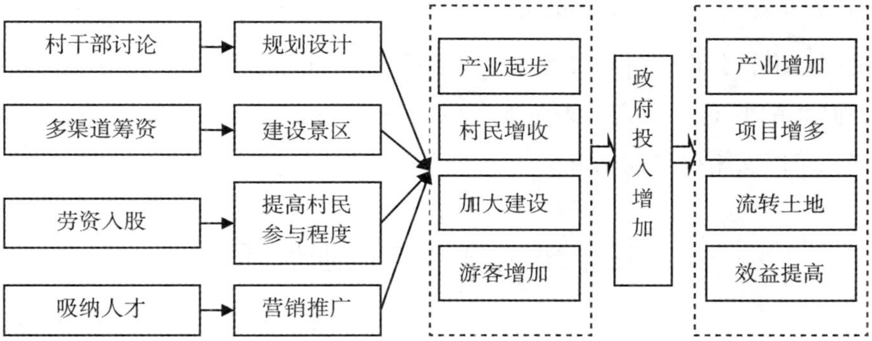

图 5.2　下迳村乡村旅游“造血”发展模式

图片来源：作者自绘

二、调查目的与意义

(一) 调查目的

1. 探索不同旅游模式对乡村振兴的驱动作用

党的十九大提出乡村振兴战略是目前我国“三农”工作的总纲，指明了乡村发展的新要求、新方向。习总书记指出“绿水青山就是金山银山”，为生态保护区旅游开发指明了方向，激活了我国乡村旅游业的发展。部分乡村旅游的发展是由能人带动，但更多的乡村是靠政策支持。在乡村开展旅游产业需要深入调查乡村环境，探索对乡村振兴驱动效率更高的发展模式。

2. 提出旅游驱动乡村振兴可持续发展模式

乡村旅游业需要持续发展，既要充分发挥政府的支持作用，即“输血”，又要充分发挥村民和企业的作用，即“造血”，只有能“造血”的产业发展模式，才能可持续发展。因此本章将探索如何协调“输血”与“造血”的关系，提升旅游对乡村振兴的驱动作用。

(二)调查意义

党的十九大报告针对扶贫过程中出现的贫困户“等、靠、要”现象以及“有体力、无能力”的现实，提出扶贫攻坚的新方法、新手段，注重扶贫与扶志、扶智相结合。本章在旅游业发展的视角上，分析两村旅游发展后对生活各方面的认同程度，进而对旅游驱动的乡村振兴“输血”“造血”进行研究，为各地乡村旅游研究提供思路及借鉴方案，以期对旅游性乡村振兴战略的实施提供优化策略。

三、研究设计与调查说明

(一)研究设计

1. 调查问卷

问卷内容包括三大部分：第一部分为村民的基本信息；第二部分为村民发展的基本情况；第三部分是村民对旅游发展下乡村振兴的感知调查，包括产业振兴、生态振兴、文化振兴、组织振兴、民生振兴、产业效益、政府引导力、村庄旅游资源、村民想法等 9 个维度 32 个因子，采用李克特五级量表计分，分为非常不同意、不太同意、一般、同意、非常同意 5 个等级。

2. 调查方法

本章使用问卷及访谈方式进行调查，调查时间为 2017 年 3 月 9 日至 21 日，前后共发放问卷 220 份，有效问卷 215 份，访谈人数 30 人次。采取结构式问卷，共设置 41 道题目，进行调查时，要求被调查者在问卷上标出在旅游发展以来对乡村建设的感受和了解程度，并要求他们对此 32 个因素做出评价。为最大限度地保证调查结果的可靠性与真实性，事前对问卷发放对象的身份进行排查，事后对每份问卷进行审核，有效地排除无效问卷。除此之外，对村干部、旅游经营者以及当地村民进行深度访谈，以深入了解当地的实际情况。

(二)调查说明

本章主要从“输血”式乡村振兴和“造血”式乡村振兴两种发展模式分析旅游发展效率。“输血”式乡村振兴，即依靠政府给予资助开展乡村振兴建设工作；“造血”式乡村振兴，即依靠村民自身进行村庄建设与自我发展。通过分析两种不同模式乡村旅游发展特征和旅游发展效率差异，揭示这两种模式的可持续发展能力。“输血”式乡村振兴在政府规划下前期收益明显，但未对自身下一步发展做打算，以致政府减少资金投入后，未能及时调整原有发展模式，从而出现资金短缺，发展缓慢甚至停滞的问题。“造血”式乡村振兴前期村民合力投资建设，虽收益不高，但村民建设热情相对较高，对未来发展有进一步设想，加上政府部分资金支持，发展趋势日趋上升，效益增加。

(三)人口统计特征对比分析

本次一共调查了100位旅游地村民，其中浪美村村民53位，下迳村村民47位。被调查村民年龄主要集中为18~64岁，男女比例约为7∶3。从政治面貌来看，两村均以群众为主，党员占比分别为11.3%和2.1%。从学历上看，两村受教育程度偏低，主要为初中及以下学历，比例分别高达88.7%和74.5%。

四、村民感知与村庄旅游发展效率对比分析

(一)信度分析

信度主要是指测量结果的可靠性、一致性和稳定性，即测验结果是否反映了被测者稳定的、一贯性的真实特征，稳定性越大意味着测评结果越可靠。利用SPSS软件进行信度分析，得出Cronbach'α系数为0.944。根据Nually所提出的0.7的临界值标准，说明本问卷村民感知维度可信，具有较好的内在一致性，可用于研究。

(二)两村村民感知对比分析

1. 对乡村振兴总要求的感知对比分析

(1)对产业振兴的感知对比

一般而言，李克特量表等级评分平均值为1.0~2.4表示反对，2.5~3.4表示中立，3.5~5.0表示赞成。为方便查看，本章采用了字母A-I来表示各板块标题，各板块题目在字母旁添加数字，如A产业振兴，则A1为板块A的第一个问题。对产业振兴的感知测度

表明，浪美村村民仅对产业振兴的 1 项指标持赞成态度，为 A2“提高土地利用率”，这一项指标的均值超过 3.5，这说明村民对提高土地利用率这方面的感知最强烈。相比之下，“促进农业现代化”“促使村民和企业都能获益”“对回乡创业具有一定的拉动力”等感知不明显，这三项的均值分别为 2.92、3.38、3.04，均为中立感知状态。下迳村村民对产业振兴的 4 项指标均持赞成态度，四项指标均值都超过 3.5。这表明下迳村的旅游开发相对浪美村更能增加村民的收益和发展机会(见表 5.1、表 5.2)。

(2)对生态宜居的感知对比

村民对生态宜居的感知测度表明，两村村民对生态宜居的 3 项指标均持赞成态度，为 B1“改善污水、厕所环境、垃圾问题”、B2“改善您的居住环境发展使绿化环境、村庄道路、交通环境问题”、B3“提高居住满意度”，这三项指标的均值超过了 3.5，这说明村民对生态宜居这方面的感知强烈，两村旅游的开发能较好地改善农村人居环境(见表 5.3、表 5.4)。

表 5.1　浪美村村民对产业振兴的感知

变量	样本数	均值	结果	赞成率	反对率
A1	53	2.92	中立	34.0%	34.0%
A2	53	3.53	赞成	50.9%	9.60%
A3	53	3.38	中立	52.8%	15.1%
A4	53	3.04	中立	43.4%	34.0%

表 5.2　下迳村村民对产业振兴的感知

变量	样本数	均值	结果	赞成率	反对率
A1	47	3.64	赞成	63.8%	14.9%
A2	47	4.09	赞成	78.7%	6.40%
A3	47	4.23	赞成	89.4%	10.6%
A4	47	3.79	赞成	72.3%	10.6%

表 5.3　浪美村村民对生态宜居的感知

变量	样本数	均值	结果	赞成率	反对率
B1	53	3.62	赞成	64.2%	11.3%
B2	53	3.70	赞成	64.2%	3.80%
B3	53	3.51	赞成	54.7%	20.8%

表 5.4　下迳村村民对生态宜居的感知

变量	样本数	均值	结果	赞成率	反对率
B1	47	4.19	赞成	91.5%	4.30%
B2	47	4.51	赞成	95.7%	0.00%
B3	47	4.23	赞成	87.2%	0.00%

(3)对繁荣乡村文化的感知对比

村民对繁荣发展的乡村文化的感知测度表明，两村村民对繁荣发展的乡村文化的4项指标均持赞成态度，为C1“有利于村庄继承与弘扬中华优秀传统文化”、C2“有利于接触到更多新的想法和新鲜事物”、C3“有利于您意识到提高知识水平和培养专业技能的重要性”、C4“加强村民们的思想道德意识及恪守村规民约”，这四项指标的均值超过了3.5，这说明村民对繁荣乡村文化方面的感知强烈，旅游开发能加强农村思想道德建设，弘扬优秀传统文化，丰富乡村文化生活(见表5.5、表5.6)。

表 5.5　浪美村村民对繁荣发展的乡村文化的感知

变量	样本数	均值	结果	赞成率	反对率
C1	53	3.77	赞成	71.7%	0.00%
C2	53	3.62	赞成	62.3%	9.40%
C3	53	3.70	赞成	66.0%	5.70%
C4	53	3.66	赞成	67.9%	9.40%

表 5.6　下迳村村民对繁荣发展的乡村文化的感知

变量	样本数	均值	结果	赞成率	反对率
C1	47	4.15	赞成	95.7%	0.00%
C2	47	4.06	赞成	87.2%	0.00%
C3	47	4.15	赞成	83.0%	0.00%
C4	47	4.04	赞成	93.6%	4.30%

(4)对健全现代乡村治理体系的感知对比

村民对健全现代乡村治理体系的感知测度表明，浪美村村民对健全现代乡村治理体系的3项指标均持赞成态度，为D2“有利于村干部职责明晰、人尽其才、各负其责”、D3

“有利于加强党支部领导村庄走向繁荣”、D5“促进村里自治法治德治有机结合”，这三项指标的均值超过了3.5，相比之下，D1“文化室的建设提高了党建意识”与D4“更了解法律法规以及当前党建工作等”感知不明显，均为中立感知状态。下迳村村民对健全现代乡村治理体系的5项指标均持赞成态度，这表明两村的旅游开发能促进乡村自治法治德治有机结合，且下迳村相对于浪美村更能加强农村基层党组织对乡村振兴的全面领导(见表5.7、表5.8)。

表5.7　浪美村村民对健全现代乡村治理体系的感知

变量	样本数	均值	结果	赞成率	反对率
D1	53	3.32	中立	43.4%	13.2%
D2	53	3.96	赞成	69.8%	3.80%
D3	53	3.60	赞成	66.0%	58.3%
D4	53	3.30	中立	47.2%	22.6%
D5	53	3.58	赞成	64.2%	9.40%

表5.8　下迳村村民对健全现代乡村治理体系的感知

变量	样本数	均值	结果	赞成率	反对率
D1	47	3.91	赞成	78.7%	4.30%
D2	47	4.32	赞成	91.5%	0.00%
D3	47	4.30	赞成	89.4%	2.10%
D4	47	3.83	赞成	76.6%	6.40%
D5	47	4.04	赞成	87.2%	0.00%

(5)对保障和改善农村民生的感知对比

村民对保障和改善农村民生的感知测度表明，浪美村村民对保障和改善农村民生的1项指标持赞成态度，为E1“有利于改善村里劳动力人口的工作环境”，这说明村民对工作环境这方面的感知最强烈。相比之下，E2“增加村里公共医疗卫生资源和教育资源”、E3“完善社会保障与缓解了留守儿童与空巢老人”的问题感知不明显，均为中立感知状态。下迳村村民对保障和改善农村民生的3项指标均持赞成态度。这表明两村虽能在工作环境方面提升农村劳动力的就业质量，但下迳村的旅游开发相对于浪美村更能加强农村的基础设施建设(见表5.9、表5.10)。

表 5.9　浪美村村民对保障和改善农村民生的感知

变量	样本数	均值	结果	赞成率	反对率
E1	53	3.47	赞成	56.6%	17.0%
E2	53	3.28	中立	52.8%	22.6%
E3	53	3.19	中立	47.2%	35.8%

表 5.10　下迳村村民对保障和改善农村民生的感知

变量	样本数	均值	结果	赞成率	反对率
E1	47	4.32	赞成	91.5%	0.00%
E2	47	3.77	赞成	72.3%	8.50%
E3	47	3.94	赞成	83.0%	8.50%

2. 对产业效益的感知对比

村民对产业效益的感知测度表明，浪美村村民对产业效益的两项指标均持中立态度，为 F1“给您提供了更好的工作条件及待遇”、F2“解决了村民们的就业问题”，而下迳村对这两方面持赞成态度，这两项的均值都超过了 3.5，同时，两村都对旅游业的发展破坏了生态环境持反对态度，这说明旅游开发对两村的生态环境没有威胁，而下迳村相对于浪美村更能增加村民的收益和工作机会(见图 5.3、图 5.4)。

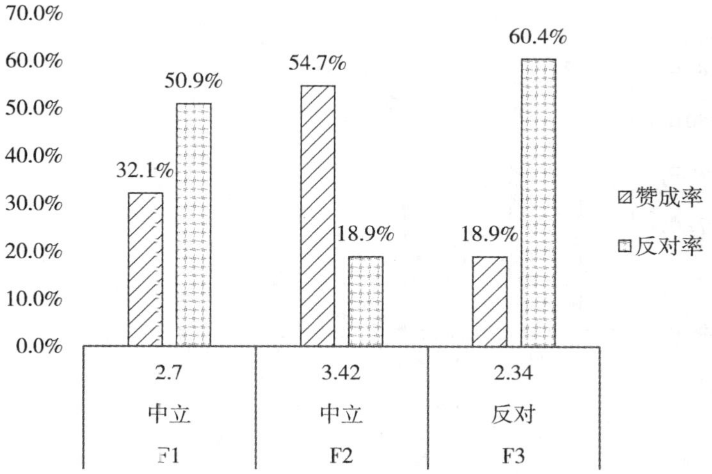

图 5.3　浪美村村民对产业效益的感知

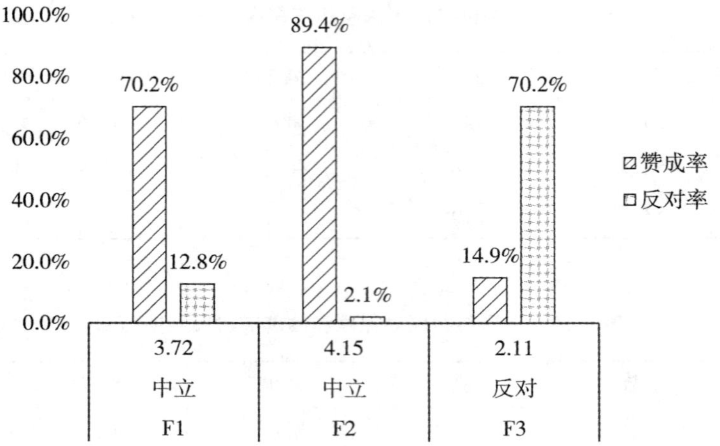

图 5.4　下迳村村民对产业效益的感知

3. 对政府、旅游企业与当地村民对旅游业发展作用的感知对比分析

村民对政府、旅游企业与当地村民对旅游业发展作用的感知测度表明，浪美村村民对政府、旅游企业与当地村民对旅游业发展作用的 3 项指标均持赞成态度，为 G1“政府资金帮扶对村庄发展起到重要作用”、G2“政府实施的旅游帮扶政策符合村庄发展的实际情况”、G3“政府在村庄旅游发展过程中起到示范或引导作用，鼓励和带动了私营部门做普及性开发”，这三项的均值都超过了 3.5，而下迳村对这三方面持中立态度，这表明浪美村的政府旅游支持力度相对于下迳村更大，对当地村民与旅游企业的发展起到重要作用（见图 5.5、图 5.6）。

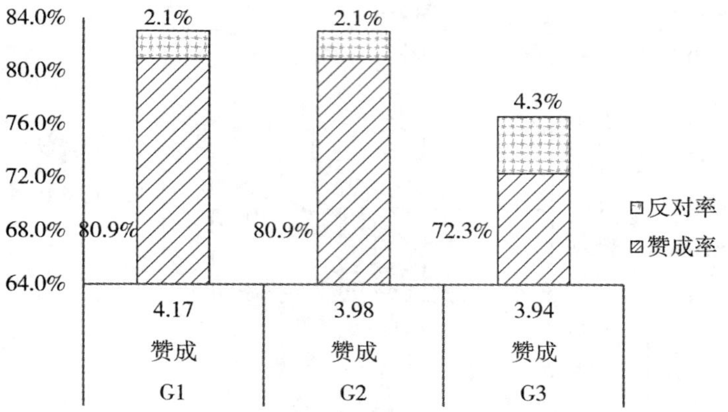

图 5.5　浪美村村民对政府、旅游企业与当地村民对旅游业发展作用的感知

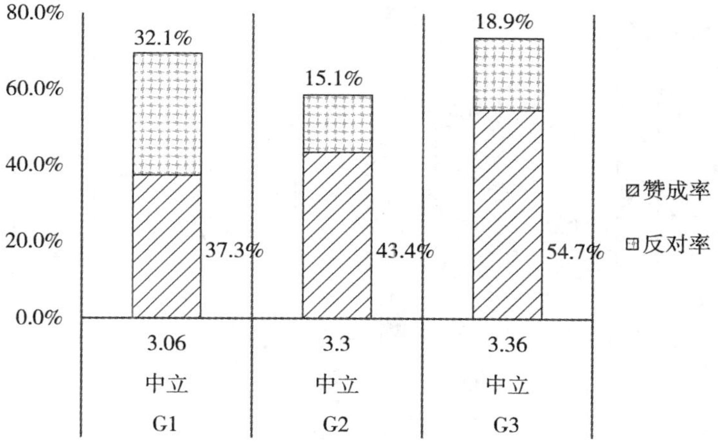

图 5.6 下迳村村民对政府、旅游企业与当地村民对旅游业发展作用的感知

4. 对旅游资源的现状和发展的感知对比分析

村民对旅游资源的现状和发展的感知测度表明，浪美村村民对旅游资源的现状和发展的 4 项指标均持中立态度，为 H2“村庄周边旅游资源的质量较好、周边旅游景区数量较多”、H3“村庄周边旅游业的发展对本村庄的旅游发展起到了促进作用”、H4“村庄的旅游发展有效利用了各项旅游资源”、H5“村庄目前采取的旅游资源组合方式产生了最大的经济效应”，而对 H1“村庄的自然类旅游资源的可持续性状况很好”这方面持赞成态度；下迳村对这 4 方面持赞成态度，这表明浪美村村民认为村庄有一定的自然资源，但周边无其他景区支撑相依靠，而下迳村的旅游资源现状及发展相对较好，对当地旅游发展起到重要推动作用(见图 5.7)。

(三)两村旅游发展效率对比分析

1. 两村产业变化及村民收入对比

旅游开发前，浪美村村民以打工(45.3%)和务农(26.4%)为主，月收入主要集中在 2300 元以下(54.7%)和 2301~4000 元(41.5%)，月收入高于 4000 元的仅占 3.8%。下迳村村民也以打工(59.6%)和务农(21.3%)为主，月收入 2300 元以下和 2300~4000 元分别占比 51.1%和 38.3%，月收入高于 4000 元的仅占 10.6%。总体来看，旅游开发前两村村民收入水平接近。

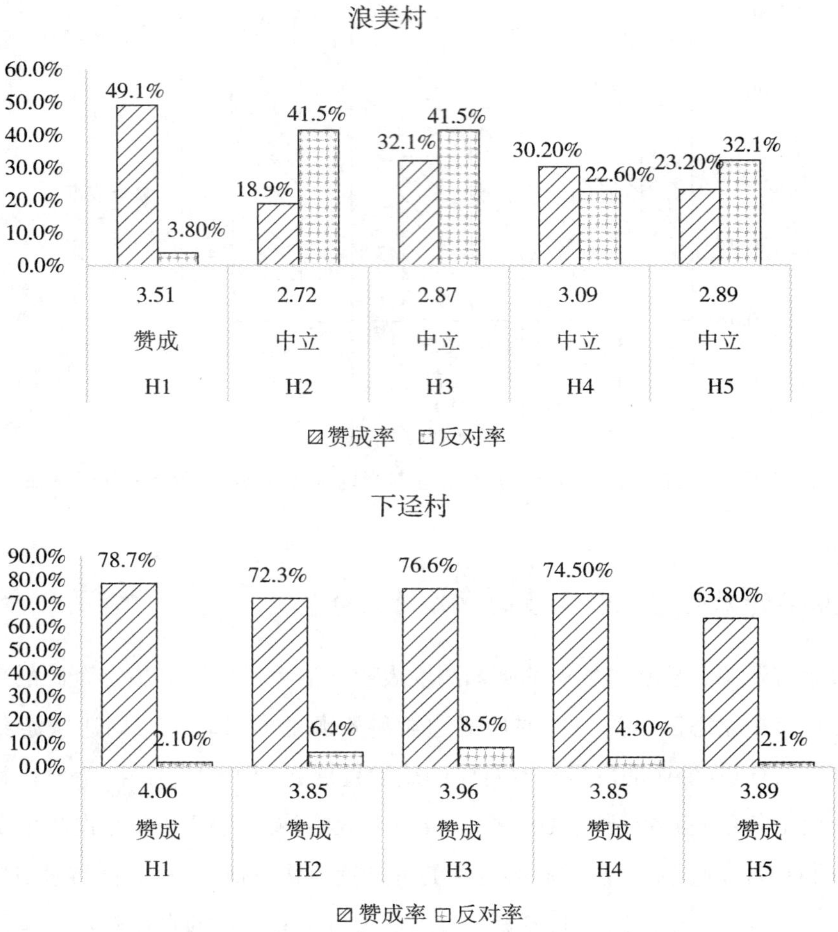

图 5.7　浪美村、下迳村村民对旅游资源的现状和发展的感知

旅游开发后，两村经济收入来源发生了明显的变化。浪美村务农人口减少，务农比例下降 11.3%，5.7%的人口从事旅游业，仍以外出打工为主，外出打工人口占 45.3%。村民经济收入依旧偏低，月收入 2300 元以下占 47.2%，高于 4000 元仅占 3.8%。而下迳村务农人口大为减少，仅占 2.1%，从事旅游业人口大增，占 29.8%，经济收入同样以外出打工为主(44.7%)。下迳村经济发展水平提升，村民月收入 2300 元以下的下降 25.5%，月收入高于 4000 元的上升 34.1%，其中 4001～8000 元占比 19.2%，8001～10000 元占比 10.6%，10000 元以上占比 4.3%。旅游开发后，下迳村村民整体收入水平高于浪美村，浪美村旅游开发前后村民旅游收入差距不明显，但下迳村旅游开发后，村民收入水平显著提升。

对比两村村民收入发现，同样发展旅游业，浪美村经济结构发生了一定改变，但经济收入依旧偏低。下迳村经济结构却发生了很大改变，第一产业农业人口减少，第三产业旅游业得到发展，经济状况得到改善。

2. 两村基层组织能力对比

乡村旅游发展效率的高低需要考虑以下两点：一是规划中对旅游产品是否有持续的投放与开发。浪美村在旅游开发初期对观光农业的资金投放与开发力度较大，但对后期发展的关注度较低。而下迳村旅游产品（如汤泉）有较强的可持续性，且对村未来有较长远的可持续性旅游规划。二是引资问题，充足的资金是村庄旅游业可持续发展的保障。浪美村村干部缺乏吸引企业到该村进行投资、建设、合作的意识，村民们旅游业参与度不高，难以为家乡景区建设贡献力量。

浪美村旅游发展仍处于停滞状态，表明仅靠"输血式"乡村振兴的旅游发展效率较低，而下迳村通过村干部共同商议景区建设，展现村庄发展潜力，村集体向宗亲借款三百多万，鼓励村民加入旅游建设工作，吸引外来企业与该村合作，实现资金的循环利用，促进景区建设。下迳村旅游发展目前处于上升状态，村民们对当前发展状况较满意，由此可见"造血式"乡村振兴的旅游发展效率较高。

五、村民对旅游业的态度及参与意愿对比分析

村民对旅游开发的态度及参与意愿直接影响到旅游驱动乡村振兴的可持续性。近些年，两村获得了一定的发展。由图 5.8 可以看出，浪美村有 43.4%的村民非常同意村民的自组织意识对旅游业发展有决定性作用，有 30.2%的村民比较同意，有 24.5%的村民表示一般，1.9%的村民表示不同意，下迳村有 46.3%的村民对在旅游发展过程中非常同意自组织意识对旅游业发展有决定性作用，有 36.2%的村民比较同意，17.5%的村民表示一般，这表明两村村民均认可当地旅游发展村民的自组织意识起决定性作用。

对于旅游未来发展意愿，是否充满信心，浪美村有 15.1%的村民对当地未来旅游业发展充满信心表示非常同意，35.8%的村民表示比较同意，37.7%的村民表示一般，11.4%的村民表示不同意。下迳村有 61.7%的村民对当地未来旅游业发展充满信心表示非常同意，27.7%的村民表示比较同意，10.6%的村民表示一般，这表明两村村民对未来旅游发展的意愿差异很大（图 5.9）。一方面，浪美村贫困人口受自身的知识、能力等一些主客观因素的影响，很少有村民能参与到较高等级的活动中；另一方面，旅游扶贫没有普及到每个人，收益大多被一小部分人获取。

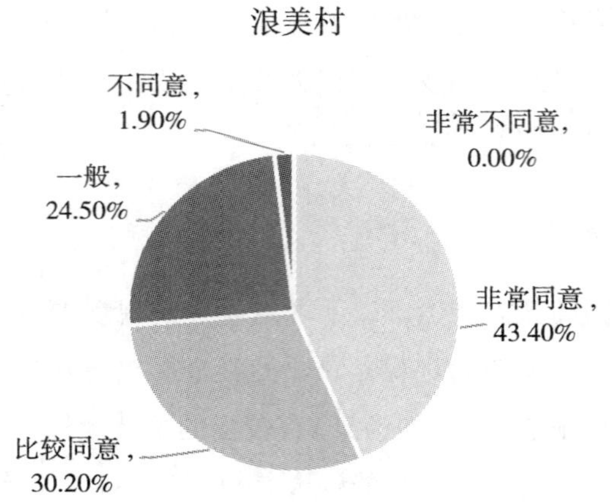

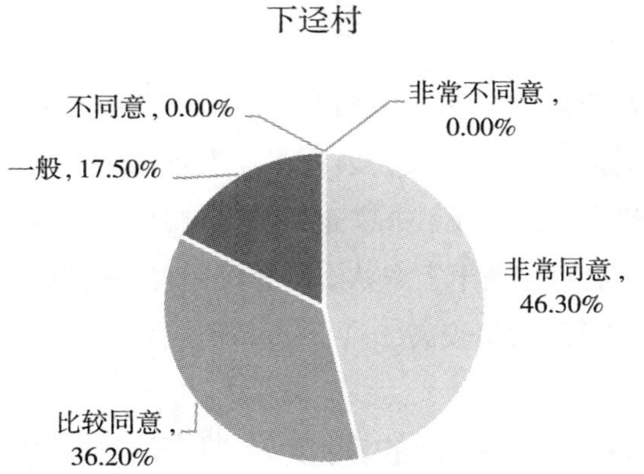

图 5.8 浪美村、下迳村村民的自组织意识对旅游业的发展有决定性作用

六、旅游发展存在的问题及对策

(一)存在的问题

1. 肇庆浪美村

(1)缺乏持续的资金投入

乡村振兴无论是在古建筑修缮、危房拆迁等方面的基础设施建设，还是发展新产业、健全现代乡村治理体系等都需要大量资金投入。根据笔者团队成员对一些村干部的访谈，我们了解到，乡村振兴工作面临着较为严重的资金短缺问题。究其原因，一是因

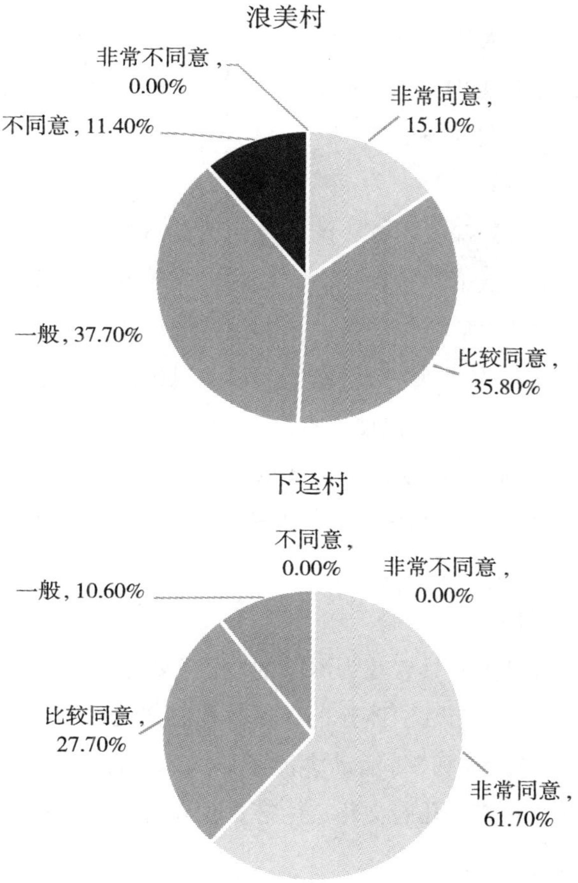

图 5.9　浪美村、下迳村村民对村庄未来旅游业的发展充满信心

为村集体经济较弱，根据村公示数据显示，2018 年村集体收入为 7092. 9 元，难以支撑旅游开发中资金的持续投入。二是由于农村空心化较为严重，医疗、教育等公共服务设施条件不足，外出农民工回乡投资乡村建设的意愿较为薄弱。三是土地等自然资源流转、社会资本参与等机制不畅、政府配套政策供给不足，城市民间资本、工商资本、社会资本难以转移。四是浪美村获得政策扶持后，积极开展旅游产业，但效益不佳，政府扶持资金逐渐减少。

(2)旅游产业开发“一阵风”

旅游业发展初期，在政府大力宣传与扶持下，部分村民收入短期内得到提升，村集体对发展旅游致富之路的信心较强。前任村主任回忆道：“当时有些村民在村里开起自家经营的小店，像汉堡屋等店铺日营业额最高可达 7000 元。”百香果园经营者也提道：“2017 年的油菜花节吸引了很多游客，我的果园收入增加了几十倍。”然而好景不长，由于村级集体经济基础差，脱离了政府扶持，村民难以承担油菜花海的维护费用，因此发展后劲不足，村民深感力不从心。部分人认为发展村级集体经济过程长、见效慢，与其“造血”，不如“输血”。浪美村理事会会长也向我们感叹道：“油菜花是一个季节性的东西，不能维持很久，所以我们更需要一个长期的规划。”

(3)农村产业融合深度不够

目前，浪美村产业融合发展深度不够，产业绿化建设不足，农业现代化水平不高。究其原因：一是农业生产机械化低下，难以提高农业的生产效率，产业收入效益低。二是品牌意识较弱，农产品特色性不强，难以吸引、培养固定的游客及农产品消费群体。三是产业链较短，仍以传统种植业为主，经济效益较低。浪美村曾承接孔府簸箕宴，举办揞白糍民俗体验活动，但参与筹备的村民所获收益有限，村民 A 说道：“我们妇女去帮忙的话，一次人工费 80 块钱。”入驻的旅游企业过于依赖政府支持，不愿投入资金与开发新项目。总体来说，由于产业扶贫项目前期调研不足，缺乏长远产业规划，目前尚未形成“一村一品”的格局。

(4)对乡村传统文化开发不够

浪美村是典型的岭南古村落，具有较为深厚的“孔府文化”，但与其他旅游资源开发结合不够，项目设置单一，缺乏参与性、体验性项目，孔府文化旅游产品没有形成持续性的旅游吸引力。例如，“百人诵读古籍”等活动多流于形式，未深度发掘浪美村的文化内涵。同时，当地文化设施建设不完善，孔府文化、生态文化缺乏有机融合，旅游文化品牌定位混乱，难以给游客留下深刻印象。

(5)乡土人才流失严重

乡村振兴离不开人才，旅游发展也离不开人才。浪美村因地处欠发达地区，生产生活条件较为艰苦，村民收入总水平较低，年轻一代为追求更好的生活外出务工，农村大多以老人和儿童为主，浪美村土地抛荒现象与空心化严重，农村劳动力老龄化、兼业化十分突出，有间小店的经营者在与我们交谈过程中多次说道：“我们缺人才！空有满腔热血，难以施展！”人才流失严重，降低了农村生产发展活力。如何吸引外流人口返乡创业是摆在浪美村振兴发展道路上的一道难题。

2. 清远下迳村

(1)政府支持力度不足

在访谈中，邹氏宗亲会某会长表示：“现在下迳村发展没钱投资了，急需要用钱。”同时，小华山风景区营销经理表示：“政府投入还不够，这边也想搞营销，但是没钱怎么搞呢?”反映出当地政府在旅游景区发展中存在资金、人力等资源支持力度不足的问题。下迳村旅游资源具有一定优势，但景区处于起步阶段，乡村旅游产业特色不够突出，基础设施有待完善，当地政府对于景区扶持力度不足。

(2)旅游宣传营销力度不够

景区宣传方面，政府及相关企业部门对其宣传力度不足，辐射范围较小，特别是旅游景区网络宣传、线路营销、传统媒体的宣传力度不够，一定程度上说明景区旅游规划建设性、系统性不强。

(二)对策建议

1. 潜力型之浪美村

(1)发挥基层党组织的引领作用

一是优化基层党支部结构，以基层党支部“头雁工程”为契机，将想干事、能干事的青年人才吸纳进入基层党支部，壮大基层党支部的治理能力。二是发挥乡贤能人作用，组建乡贤理事会，发挥乡贤能人的带头创业作用，带领村民创业致富。三是积极发挥各种农业合作社的作用，建设“党建+合作社+村民”的治理模式。

(2)推进土地流转与集约化经营

让有知识技术、懂经营管理的新型农民领头，在规范土地转让、租赁等流转形式的同时，创办农村土地股份合作制试点，将土地承包经营权以股量化到全体农民，使农民成为股东，取得土地收益分配权，实现股份分红，提升土地产出效益的同时提高农民的积极性。

(3)强化顶层规划设计

对全村农业产业进行长远规划，立足产业化、规模化，规划高效农业、观光农业、绿色农业。在旅游产业发展方面，优化项目设置，要设计符合市场需求的旅游产品，强化游客的参与性与体验性，推出体验性强的旅游产品，如特色民宿。

(4)吸引能人返乡创业

鼓励大学生回乡创业，为乡村的建设与发展贡献力量。浪美村在发展过程中，根据自身对村庄旅游业发展设想形成统一意见，寻找专业人才进行系统规划，并且根据发展中遇到的问题，适时进行调整旅游产品的开发与投放，逐步从短期农业型旅游产品过渡到长期生态型旅游产品。

(5)提高村民综合素质

对参与旅游发展项目的个人及集体进行培训，提高浪美村村民职业技能，将其培养成为有素质、有道德、有文化的新型农民，实现自我发展。

2. 朝阳型之下迳村

(1)加大资金投入和营销宣传力度

目前下迳村发展速度较快，但资金筹措相对滞后。政府应对村庄中具有发展前景的旅游项目给予资金和政策的大力支持，如对青少年武术基地给予政策扶持。同时，在村庄土地整治、通村道路建设、景区污水处理等基础设施方面给予相应的政策资金支持，助力景区发展。

(2)提高旅游从业人员素质

一方面，要加强技能培训，聘请专业人士进行培训，组织各部门负责人外出学习，为基层工作人员实行示范教学，以提高服务意识与质量。另一方面，要着力引进旅游专业管理人才，与相关院校进行合作，设立旅游服务实践教学基地，同时可通过社会招聘，引进专业景观管理人员，提高景区管理服务水平。

(3)加强区域合作

利用英西峰林、连州地下河、黄腾峡等旅游优势，与周边旅游景区联合，共同造势，加大线路营销力度，实行联票制，开展联合促销，形成串点连线，构建合作共赢的区域旅游发展格局。

3. 旅游驱动乡村振兴“输血”与“造血”协调互动理论模式

在旅游驱动乡村振兴背景下，既要做好“输血”，政府要做好救济式乡村振兴的工作，为村庄的建设发展注入强心剂；又要做好“造血”，村民自行组织，积极建设，做好开发式乡村振兴工作，“输血”“造血”相互促进。乡村振兴工作要保进度但更要重质量，明确工作目标、厘清任务、压实责任，推动乡村振兴。

两村处于旅游地生命周期中的不同阶段，需因地制宜应采取不同旅游发展策略与模式。浪美村正处于探索阶段，旅游产品刚进入市场，其生产设计与配套设施有待完善，难以凭借自身力量发展旅游业以实现乡村振兴，在此阶段仍需“输血”，完善相关旅游基础设施等，为后期旅游“造血”做准备、打基础。下迳村正处于发展阶段，旅游产品在生产设计和相应的配套设施方面基本完善，产品基本定型，以汤泉和民宿为主，在市场上已具有一定的知名度，旅游“造血”效益初见成效。乡村旅游产品处于稳固期，乡村旅游经济被激活，政府应该适时退出，让市场这双无形的手发挥调控作用，完成“输血”向“造血”的转化。图 5. 10 为旅游驱动乡村振兴可持续发展意向图。

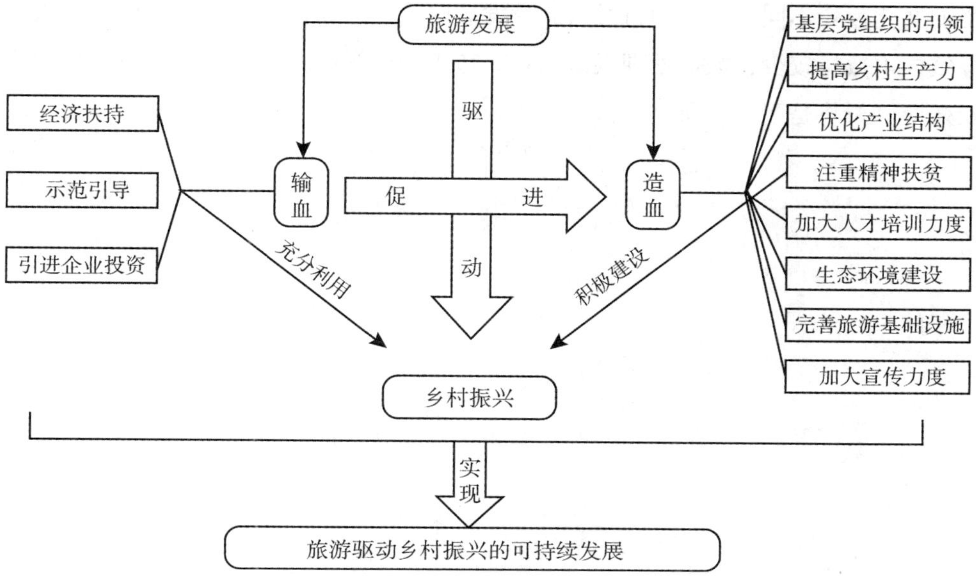

图 5.10　旅游驱动乡村振兴可持续发展意向图

图片来源：作者自绘

七、结论与展望

(一)结论

总结两个村庄的发展进程，浪美村是典型的由上而下“输血型”扶贫，依赖政府资金政策程度高，自行造血能力差。“输血式”乡村振兴的发展短暂，且助长了“等、靠、要”思想，难以持续促进乡村发展。其不足之处在于：资金使用不合理、资金使用分散，缺乏统筹协调，难以形成合力。下迳村是典型的由下而上“造血型”脱贫，村民参与积极性较高。要实现旅游驱动乡村振兴可持续发展，要把握好从“输血”向“造血”的转变，即努力从政府救济式的扶贫转到村民开发式的脱贫，增加脱贫致富的内生动力。

(二)展望

近年来，随着国内居民收入水平的提高，城市居民的出游地偏向于郊县和城市周边的乡村地区，乡村旅游拥有较好的发展契机，已成为部分地区壮大经济的支柱产业和民生产业。本章从村民感知与村庄旅游发展效率进行了对比分析，但仍有以下不足：一是本章仅从九个影响村民感知的维度进行探讨，有待改进并完善；二是村民所处的周边社会环境及所接受的文化教育不同，会影响村民对旅游发展的感知判断；三是由于调研地区人口特征问题导致样本数量较少，数据处理误差问题有待进一步提高；四是村庄旅游发展效率影响因素及效应分析将是下一步研究的方向。

第六章　怀集仁尚里村、上亭村、花石村居民旅游扶贫影响和效应

内容提要：本章以肇庆市旅游扶贫重点村——仁尚里村、上亭村和花石村为例，通过实地走访调查，对当地的旅游业在促进脱贫致富方面的效应进行评估，结果表明：仁尚里村、上亭村和花石村的旅游业在促进当地经济发展、扩大就业以及调整产业结构等方面发挥了重要作用。旅游扶贫政策通过带动当地经济与环境同步发展，从而有效地改变了仁尚里村、上亭村和花石村的贫困人口现状，但也存在政策宣传不到位以及景区的开发建设缺乏科学性的指导等问题。因此，本章提出以下建议：一要基于旅游建设的核心基础，因地制宜制定旅游发展策略；二要把重心转变到旅游扶贫项目的建设上，把“创新招商、引进项目”作为旅游扶贫工作的重点；三要招商创业、储备人才以及培养扶贫智力团，从而推动旅游扶贫从“被动扶贫”向“主动致富”方向发展。

一、研究区域概况

(一)研究背景

旅游扶贫，即通过开发当地的旅游资源，以旅游景点的方式让当地的贫困居民摆脱经济困境。旅游扶贫既能提升当地的经济发展与居民的生活水平，又能提高当地居民的总体素质。2015 年 8 月国务院《关于进一步促进旅游投资和消费的若干意见》提出：实施乡村旅游提升计划，大力推进乡村旅游扶贫。2016 年 3 月发改委等七部门印发《关于金融助推脱贫攻坚的实施意见》：积极支持能吸收贫困人口就业、带动贫困人口增收的特色产业发展。2017 年为贯彻落实中共中央国务院关于扶贫攻坚的战略决策，县委、县政府发布《关于全力实施“3115”脱贫计划坚决打赢脱贫攻坚战的实施意见》：支持贫困村和贫困群众开展乡村旅游创业就业，共享旅游发展红利。

肇庆市政府多次召开旅游工作会议，并先后印发了《肇庆市实施旅游振兴三年(2019—

2021年）“十大行动”计划》《肇庆市促进旅游振兴扶持办法》等文件。文件就扶持旅游新业态发展给予了明确的说明：对非政府性投资并获得由旅游主管部门单独或与其他部门联合设立的省级、国家级各类“旅游+”示范基地，分别给予10万元、20万元一次性资金扶持；对创建为“广东省A级文化旅游特色村”的村落，给予10万元一次性资金扶持。为响应国家及地方政府旅游扶贫政策，肇庆市旅游局高度重视对扶贫重点村仁尚里村、上亭村和花石村的帮扶。

（二）研究思路

运用抽样调查的方式，本章对肇庆市重点贫困地区仁尚里村、上亭村和花石村进行问卷调查，同时选取部分居民进行访谈。通过对调查资料的整理与分析，廓清了肇庆市贫困地区仁尚里村、上亭村和花石村旅游扶贫的现状与影响因素，并提出相应对策与建议。

二、研究设计

（一）研究区域

仁尚里村下辖24个居民小组，总人口3045人，总面积约9平方千米。农业方面：耕地面积4000亩，林地面积9500亩，居民以农业种植和养殖业为主，主要种植桉树、竹子和水稻。交通方面：仁尚里村交通便利，村道实现水泥硬化，地理位置优越，省道连大线贯穿其中。产业方面：仁尚里村地处丘陵山岗地带，村集体经济发展较慢，工业基础薄弱，年轻劳动力大部分选择外出务工，村道冷清，旅游业发展仍处于初始状态。

上亭村位于怀集县大岗镇，总人口4865人，总面积约6.08平方千米。农业方面：耕地面积5116亩，其中水田1399亩，林地3620亩，旱地97亩，居民以传统口粮种植为主。交通方面：上亭村交通便利，距镇中心仅5千米。产业方面：上亭村劳动力主要以外出务工为主，2017—2018年，该村落实产业项目帮扶、就业帮扶、教育、医疗、危房改造“三保障”措施，并实行“圈地规划”的旅游扶贫计划，圈出部分用地，因地制宜，大力发展旅游产业。

花石村位于梁村镇西边，距梁村墟3千米，省道S349途经花石村，“花石洞天”十三峰就在其中，辖16个村民小组，2017年总户数1511户，总人口7501人，其中党员69人，村干部7人。水田面积3360亩，旱地面积130亩，村民以种植水稻与油菜为主。交通方面：花石村交通便利，距镇中心仅4千米，且靠近S349省道。产业方面：花石村近年打造砂糖橘、西瓜和玉米等特色农业产业基地，新农村建设以来，花石村致力于发展休闲观光农业、乡村生态旅游和农家乐等新业态。

自2016年广东省实施旅游扶贫计划以来，作为广东省117个中的旅游扶贫重点村，仁尚里村、上亭村和花石村积极响应政府的扶贫政策，因地制宜寻找旅游脱贫线路，带动各地经济发展，推动就地就业，打响了可持续发展的攻坚扶贫战。

(二)问卷设计

本章通过贫困地区反映的旅游扶贫影响和效应框架对仁尚里村、上亭村和花石村的旅游扶贫现状进行相应的调研。首先从贫困地区旅游扶贫的核心问题出发，构建扶贫效应的基本框架。其次以评价内容、评价方法和利益相关者为基准作为调研的外围框架，其中具体评价内容包括经济、社会和环境；评价方法包括宏观和微观、实际与感知；利益相关者包括当地居民和政府。最后根据仁尚里村、上亭村和花石村旅游扶贫进展的实际情况，设计出"贫困地区居民的旅游扶贫影响和效应调查问卷"。

问卷内容分为三部分：第一部分为仁尚里村、上亭村和花石村居民的基本情况；第二部分为当地居民对"旅游扶贫"概念的认知情况，这是本章的重点调查内容，通过李克特量表法：每个问题的选择分为"非常同意、同意、一般、不同意、非常不同意"5个层次，从"非常同意"到"非常不同意"分别赋值5至1分，从而描述居民对旅游扶贫的感知情况；第三部分为开放性问题，调查居民对实行旅游扶贫政策的态度及意愿。

(三)调查对象和调研过程

本组成员于2018年3月25日至27日对仁尚里村、上亭村和花石村的当地居民进行了调查问卷的派发，发放问卷200份，实际回收186份，回收率为83%，其中有效问卷为172份，有效率为92%。由于调研地区为偏远的山区村镇，居民的文化水平普遍偏低，并且大部分年轻劳动力外出务工，剩下的居民大多为老人与小孩，因此问卷发放受到一定的限制，但有专门的调研人员进行详细解释。

此次调查对象主要有村干部、帮扶驻村工作队以及当地居民。访谈内容主要围绕探索当地旅游扶贫实施的进展、了解当地居民对旅游扶贫的感知以及旅游业的参与意愿进行访谈，从而明确旅游扶贫政策为当地带来的影响和效应。

(四)数据分析方法

数据的分析和处理主要以SPSS 22.0、Excel为分析工具，研究仁尚里村、上亭村和花石村居民的旅游扶贫影响和效应。同时根据访谈的录音进行访谈稿的整理，将访谈记录中比较重要的部分进行编排整合，并结合问卷数据进行旅游扶贫影响和效应的居民感知分析。

三、贫困村旅游扶贫影响和效应评估

(一)问卷基本信息的分析

性别构成方面，男性共75人，占总数44%，女性共97人，占总数56%，由于村里大多数男性选择在外务工，村里男性比例明显比女性比例偏低。年龄构成方面，20岁以下的人数占17%，20~35岁占22%，36~50岁占34%，51~65岁占20%，65岁以上占7%，由于青壮年都选择在外务工，大部分老年人及退休人员则选择在家务农，因此青少年的样本人数明显低于中老年样本。从学历来看，初中、高中的样本比较多，占比分别为33%、37%，本科及以上人数明显偏少，仅占2%，说明当地居民文化程度较低。收入层面，绝大部分居民以务农为主要的收入来源，收入来源比较单一且水平普遍偏低，2000元以下的占比人数为44%。

(二)居民对旅游扶贫的感知分析

1. 当地居民对参与到旅游发展的看法

通过对当地居民的调查，真正参与到旅游扶贫发展中去的人数仅占21.5%，即使居民表示十分愿意支持当地旅游业的发展，但由于目前旅游扶贫计划仍处于很初步阶段，没有形成完整的产业链，居民难以深入当地发展旅游业。另外，当地景点的基础设施并不完善，缺乏较科学的规划，开发力度及宣传力度也不够成熟(图6.1)。

2. 当地居民对参与到旅游扶贫的意愿

据调研数据显示，97.7%的居民表示非常愿意参与旅游扶贫发展，积极配合政府工作，可见当地居民对旅游扶贫政策的参与积极性较高。因此，政府应加大对仁尚里村、花石村和上亭村的旅游发展扶持，可通过加大旅游的人力、物力和财力投入，加强对当地居民旅游扶贫的宣传，从而挖掘一条旅游脱贫致富的道路，同时加强当地基础设施建设，坚持绿色环保可持续发展。

3. 旅游扶贫效果分析

从图6.2可以看出，大部分当地居民认为，旅游扶贫政策实施后，当地的村容村貌发

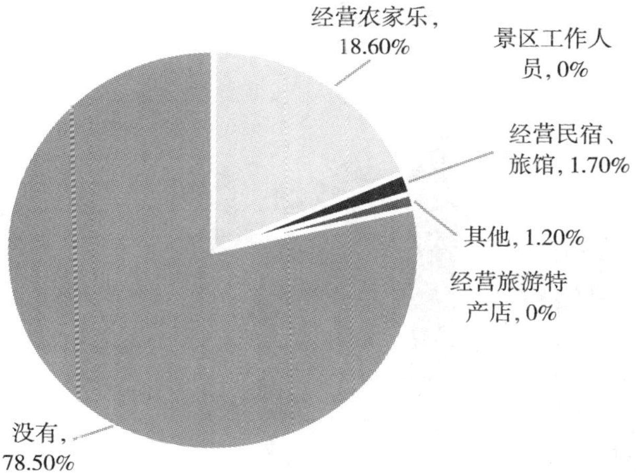

图 6.1　仁尚里村、上亭村、花石村当地居民参与旅游扶贫程度

生了大规模改变，生活水平、居民的素质、经济发展水平均有所提高。只有小部分居民表示不清楚，说明政府还需要加强宣传力度，鼓励当地居民也要积极投入到旅游发展中，争取让旅游发展红利惠及当地的所有居民。

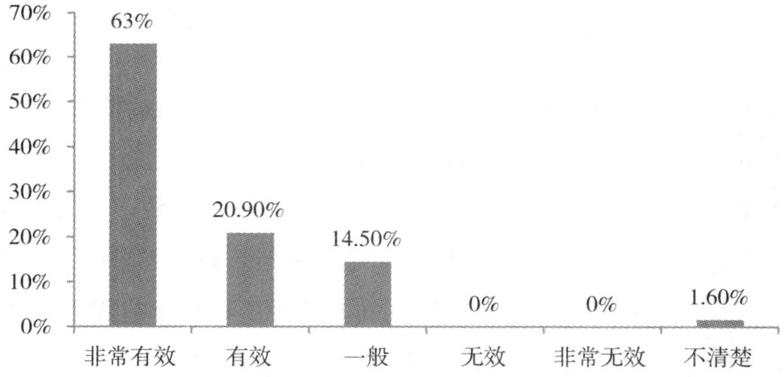

图 6.2　仁尚里村、上亭村、花石村旅游扶贫效果

4. 当地居民对旅游扶贫发展状况的满意度分析

自旅游扶贫政策实施以来，当地居民的居住环境、环境卫生设施都得到较大改善，居民的环保意识也得到了很大的提高。与以往的扶贫方式不同，旅游扶贫针对的对象更具体化，落实到贫困户乃至贫困人口个人，居民切身感受到旅游发展的红利，因此十分支持旅游业的发展，绝大部分居民表示十分愿意付出劳力和资本到旅游业的发展中去。调查显

示，75%的居民表示满意目前的旅游发展现状(见图6.3)。

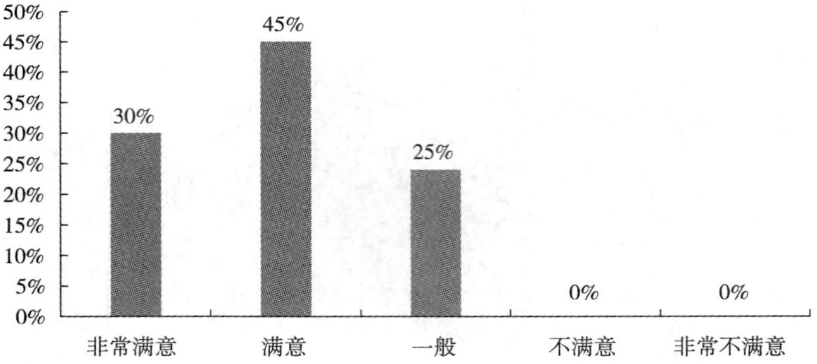

图6.3 仁尚里村、上亭村、花石村旅游扶贫满意度程度

(三)居民的旅游扶贫效应分析

1. 居民的旅游扶贫经济效应分析

李克特量表等级评分平均值为1.0~2.4表示反对，2.5~3.4表示中立，3.5~5.0表示赞成，将表示赞同与反对的样本除以总样本，得赞同率和反对率。居民对经济效应的感知测度(见表6.1)表明，居民对旅游扶贫经济效应的两项指标均表示赞成，具体为："A1 增加了工作机会""A2 拓展了收入来源"这两项指标均超过了3.5，说明增加了就业机会，提高了家庭收入水平；"A3 促进本村经济发展""A4 景区工作人员的增加"，这两项指标的均值分别为3.15、2.80，均为中立感知状态，说明将农产品向旅游产品推进仍有较大的距离，目前旅游业仍没有很好的带动当地的经济发展；居民对"A5 造成物价上涨"这项指标持反对态度，为2.34，表明当地旅游业的发展未对当地的物价造成较大的影响；居民对"A6 景区外来工作人员增加"更多持赞成态度均值为2.70，说明当地旅游的发展增加了外来人员的流动量。

表6.1 居民的旅游扶贫经济效应分析

变量	样本数	均值	结果	赞成率	反对率
A1	172	3.68	同意	59.86%	8.77%
A2	172	3.55	同意	50.88%	7.02%
A3	172	3.15	中立	45.82%	12.28%

续表

变量	样本数	均值	结果	赞成率	反对率
A4	172	2.80	中立	31.58%	12.28%
A5	172	2.34	反对	21.05%	34.56%
A6	172	2.70	中立	35.09%	29.63%

在调查中发现当地的旅游业发展仍处于起步状态，目前三个村落的旅馆和饭店数量较少，且经营情况较差，除了节假日有部分游客自驾游前往外，平时基本没有游客。当地的旅游景区建设不成熟，缺乏系统管理与有效的宣传，吸引力低，无法带动周边经济发展，说明政府应加强对当地旅游景点资源宣传的同时加大资金投入，完善当地基础设施建设。当地居民也要培育旅游发展的意识，积极配合当地旅游开展相关的活动。

2. 居民的旅游扶贫文化效应分析

文化效应包含5个陈述变量，居民对旅游扶贫文化效应的分析(见表6.2)，表明对文化影响呈现良好效应的三项“A7更加重视教育、A8促进文化场所的建设、A9促进居民素质的提高”，居民均持赞成意见，这表明旅游扶贫开展后，文化场所和娱乐项目的建设有所增加，居民的整体素质普遍提高，更加重视教育问题；“A10促进文化的保护”和“A11促进外界文化交流”这两个选项，居民均持中立意见，反映出居民对保护传统文化的意识有所提高。

表6.2　居民的旅游扶贫文化效应分析

变量	样本数	均值	结果	赞成率	反对率
A7	172	3.37	赞成	54.39%	1.75%
A8	172	3.50	赞成	68.42%	3.51%
A9	172	3.37	赞成	56.14%	3.51%
A10	172	3.30	中立	47.37%	4.33%
A11	172	2.99	中立	49.12%	6.56%

在调查过程中发现，当地居民越来越重视下一代的教育问题，教育水平有所提高，居民的道德素养也普遍提高，保护传统文化的意识也愈来愈强。虽然旅游扶贫在一定程度上开阔了眼界，但由于与外来文化接触较少，效果并不明显。

3. 居民的旅游扶贫社会效应分析

居民对旅游扶贫社会效应的分析(见表6.3)表明，“A13 改善了交通条件”“A14 改善了居民条件”这两项陈述变量中居民均持赞成意见，说明居民普遍认为旅游发展改善了当地的交通和居住环境，公共设施更加完善；“A12 增加居民娱乐项目”“A16 拉大了贫富差距”这两项指标居民均持中立意见；“A15 造成社会治安变坏”这项指标超过一半的居民持反对意见，表明旅游业的发展并没有给当地的治安造成混乱。

表6.3　居民的旅游扶贫社会效应分析

变量	样本数	均值	结果	赞成率	反对率
A12	172	2.62	中立	28.64%	14.04%
A13	172	3.65	赞成	71.93%	7.76%
A14	172	3.82	赞成	73.68%	3.50%
A15	172	2.34	反对	18.13%	54.43%
A16	172	2.67	中立	24.56%	21.32%

笔者在实地调查中切身感受到当地交通条件改善了许多，这也给居民带来了便利，当地居民的居住条件也有较大的改善。但当地的娱乐设施建设不完善，居民娱乐项目单一，因此当地政府应注意加大娱乐活动的建设力度，同时需要加强对治安的重视，确保当地旅游业与经济能稳定健康发展。

4. 居民旅游扶贫效应的环境效应分析

居民对旅游扶贫环境效应的分析(表6.4)，表明“A17 促进了环境卫生的改善”“A21 改善了道路水利设施”这两项获得了当地居民的赞成意见，说明旅游扶贫政策的实施一定程度改善了当地的卫生状况和水利设施状况；在“A18 农田、林地减少”“A19 造成用地紧张”与“A20 破坏了当地生态环境”这三项上当地居民持中立态度，说明了旅游扶贫政策也在一定程度上对当地的农田林地及用地生态环境造成了影响，但仍然处于可控制范围之内。

在实地调查中笔者感受到当地的环境卫生状况与之前相比有很大的改进，同时水利设施的建设也进一步促进了当地的经济发展。旅游扶贫政策的实施对部分农田林地以及居民用地造成部分不利影响，因此当地政府应该加强对土地的规划，建立科学的经济战略用地体系。

表 6.4 居民的旅游扶贫环境效应分析

变量	样本数	均值	结果	赞成率	反对率
A17	172	4.13	赞成	89.48%	0.00%
A18	172	2.80	中立	33.33%	29.82%
A19	172	2.65	中立	24.56%	31.58%
A20	172	2.77	中立	20.17%	23.55%
A21	172	3.67	赞成	73.68%	5.56%

四、居民旅游扶贫影响分析

旅游扶贫政策实施后，村里最大的改变为环境设施方面，表现在村内的道路大多都实现硬化，村内的道路建设得以完善。村内建筑风格统一，完善了村容村貌。各个自然村污水需分片收集，集中处理，垃圾采用“村收集、镇转运、县处理”的转运机制，村域范围内共设处垃圾收集站，各村保洁员负责把垃圾收集到转运站，改善了村内卫生问题。每个村都配备相应的清洁人员，大部分清洁人员来自村中贫困户中的有劳动能力者，保证了村落的环境卫生的同时增加了贫困人口的收入。在环境保护方面，居民的环保意识得以整体提高，当地禁止任何单位和个人进行破坏基本农田的活动，禁止任何单位和个人占用基本农田进行发展林果业和渔业类建设活动，农田保护区内禁止乱倒垃圾，不得焚烧秸秆，避免农业对水体以及空气造成污染。旅游扶贫政策的实施给当地居民提供更多的就业机会，促进本村农产品的销售，拓展当地居民的收入来源，从而提高他们的生活水平。

旅游扶贫政策开展以来，仁尚里村、上亭村和花石村充分利用自身的区位优势，借助当地独特的旅游资源，依托丰厚的历史文化底蕴，旅游业得到快速发展。旅游业可以充分吸纳剩余劳动力，通过创造更多的就业岗位，使得剩余劳动力获得就业并取得收入，从而有效改变贫困人口的现状。

五、旅游扶贫效应持续性评价

(一)全面完善旅游扶贫政策，深入实施乡村旅游工程

乡村旅游扶贫工程的主要任务应着重于科学编制乡村旅游扶贫规划，深入实施乡村旅游扶贫工程，充分发挥乡村旅游在精准扶贫、精准脱贫中的重要作用。地方政府着重解决

好乡村旅游扶贫重点村的基础和公共服务设施，加强乡村旅游扶贫人才培训，加大旅游宣传营销力度以及大力开发乡村旅游产品。

(二)加大扶贫资金投入力度，明确财政资金使用流向

国家采取金融支持旅游扶贫专项行动，财政专项扶贫资金的使用必须支持农业、手工业和乡村旅游业的发展，优良农业品种的使用，先进实用农业生产技术的运用。改善农村贫困地区和支持建设小型公益性生产设施，围绕提高农村扶贫对象就业和生产能力，提高贫困户的就业能力。

(三)旅游体制创新取得新进展，社会多元化投资格局完善

仁尚里村、上亭村和花石村在加大对旅游业投资力度的同时，要加强对旅游资源管理权的合理经营和管理，建立多元化的旅游管理体系，创新人才管理机制与经营管理理念，拓宽旅游行业管理经费渠道，从而进一步推动社会多元化。

(四)更深入化的发展空间，更多样化的发展机会

随着社会发展和人们需求的变化，旅游业的发展空间越来越大，仁尚里村、上亭村和花石村应抓住机遇，加快转型，适当增加旅游业的比重，促进其旅游发展。无论是从仁尚里村、上亭村和花石村自身的基础设施建设，还是从整体的经济大环境来看，仁尚里村、上亭村和花石村旅游业的发展均具有持续性。因此，仁尚里村、上亭村和花石村发展旅游业将会带动着经济强县的目标前进，从而摆脱贫困。

六、旅游扶贫存在的问题及对策

(一)旅游扶贫存在的问题

1. 扶贫人才短缺及资金匮乏

即使政府十分重视当地的旅游发展，但在资金问题上支持力度仍不够。当地的旅游资源开发需要大量的财力支持，而资金短缺造成部分工期延误，投资需求不足，因此当地无力进行资源开发与科学规划景区，导致当地旅游资源开发水平不高，形式单一。

2. 景区建设开发缺乏科学性指导

以花石村丹山岩为例，丹山岩位于怀集县梁村镇平原区，掩映于绿树翠竹中，点缀着

方圆百里的农田村舍，景色宜人。在与村干部访谈中了解到，当地本想以丹山为引爆点，打造溶洞景观，但因丹山常年伴有落石，威胁生命，导致丹山景区至今仍未建设完善。政府虽然派出专业的科研团队来解决丹山落石问题，但是贫困地区的景区开发缺乏科学性的指导和有力的管理措施。

3. 旅游发展规划尚未统筹完善

自旅游扶贫政策实施以来，仁尚里村、上亭村和花石村积极响应政策，在帮镇扶村驻村工作队的帮助下，旅游业的管理水平以及规划在一定程度上有所提高，但是当地的旅游发展规划仍未完善。仁尚里村目前还没有具体的旅游开发项目。上亭村实行“圈地规划”的方案来发展旅游业，目前仅有初步的规划，还未有开发用地。花石村相对其他村落而言，旅游业发展更成熟，但没有形成产业链。

4. 旅游业发展宣传力度不足

仁尚里村、上亭村和花石村三个村落，依山傍水，土地肥沃，资源丰富，目前三个村落均在打造农家乐，但没有形成各自特色，反而处于恶性竞争状况。当地的旅游景点宣传力度不够，油菜花园、草莓园是当地重点打造的产业项目之一，但节假日期间无法吸引周边游客前来。当地的旅游景点也没有形成经济辐射效应，宣传力度不足使得当地的旅游发展水平不高。

5. 旅游产品缺乏核心竞争力

仁尚里村、上亭村和花石村都以农产品为主，由于旅游产业的开发和发展水平相对低下，农产品销售渠道狭窄，导致当地的农产品无法转化为旅游产品，因而农产品的产品价值不能达到利益最大化，最终导致旅游产品同质化严重，模式单一，内涵单薄。受当地居民的低文化水平影响，仅靠单一农产品来形成薄利多销的收益，显然市场竞争力薄弱。

(二) 旅游扶贫的提升对策

1. 政企加盟，强化外部“输血”功能

资金缺乏是影响当地旅游发展的一个重要条件，当地政府应该积极响应扶贫政策，在财力上大力扶持仁尚里村、上亭村、花石村的旅游景点建设和基础设施建设，同时也应该吸引外资，提升各村的经济能力。此外，政府应该大力引进人才，助力旅游产业发展。

2. 统筹协调，加强科学性的指导规划

科学性的指导是一个地区发展的关键。仁尚里村、上亭村和花石村尚处于初步发展阶段，在对地方规划上存在盲目的行为。政府应统筹协调，成立相关的工作小组，对各村进行详细的考察后，充分利用当地的资源优势，集中力量挖掘当地旅游资源。同时各村居民也要大力配合政府的工作，合理用地，促进当地经济和旅游的发展。

3. 挖掘特色，加大特色文化宣传力度

对当地的景区与村特色的文化建筑要提供科学性的建设指导，如旅游景区开发规划、文物保护规划等方面，通过严格执行各项规划，使当地的旅游景区得到科学合理的开发，传统的特色居民建筑得到妥善的保护。在开发的同时，全面收集、记录和保存古建筑的信息，深入发掘其中所蕴含的民间文化，增加旅游产品的本地特色，形成新的旅游卖点。同时政府加大宣传力度，进一步提高当地资源的知名度，吸引更多的游客。

4. 开发产品，研发创新旅游营销模式

在旅游产品的研发和创新过程中，一定要根据当地的区域特点，不断植入文化因素、艺术理念。例如，花石村的水果玉米可以作为一种新颖的旅游产品，因为免洗免煮的玉米会给游客新鲜感。当地政府可以与旅行社合作，进行宣传、销售，同时利用新闻媒体和当地的文体活动进行宣传，建立旅游网站，利用网络平台对产品进行推销宣传。

5. 深化改革，增加旅游业产业化比重

从前文的分析中可以看出，仁尚里村、上亭村和花石村旅游扶贫效应不明显，从事旅游行业的人口占总人口的比例仍然很小。因此，仁尚里村、上亭村和花石村应该逐步转移产业重心，增加旅游业的比重，适当减少农业的比重。

6. 转变观念，深入普及旅游扶贫意义

旅游扶贫不仅能带动当地的经济发展，同时能促进就业。相关部门要把扶贫方式在贫困地区有条件有步骤地扶持实施，再进一步对当地居民进行思想上培训，让他们了解到旅游扶贫的优势，逐步提高当地居民的生活水平。

七、结论与展望

(一)结论

本章以广东省肇庆市仁尚里村、上亭村和花石村为例，就旅游扶贫效应进行了相关探讨。研究表明，仁尚里村、上亭村和花石村经济落后、贫困人口较多以及城乡居民收入在全省排名中均居后，是全国范围内扶贫任务较重的地区。虽然经济欠发达，但仁尚里村、上亭村和花石村的旅游资源丰富，可以通过旅游发展帮助当地居民脱贫。对当地的旅游业在促进脱贫致富方面的效应进行评估，结果表明仁尚里村、上亭村和花石村的旅游业在促进当地经济发展、扩大就业以及调整产业结构方面具有重要作用。

(二)展望与不足

旅游业在促进产业结构调整方面具有很大的优势，它通过自身的发展带动其他服务性部门的发展，从而起到调整三大产业在国民经济中的比重作用，并最终使第三产业成为国民经济的支柱产业。在乡村振兴的战略中，乡村旅游是实施农业供给侧结构性改革的重要途径之一，把农产品变成旅游商品，把农村变成旅游区，带动农民致富是乡村旅游的核心目的，也是实现乡村振兴发展的重要抓手。放眼当下，国家及政府对旅游扶贫的重视、人民解决温饱后对精神的需求以及地大物博的旅游资源全都表明“旅游+政策”符合当今经济发展的规律。本章对肇庆市旅游扶贫研究工作具有以下几点不足：一是被调查者受教育水平较低，调查数据仍存欠缺。二是问卷回收率、有效率有待提高。三是由于存在大量外出务工人员，调查结果可能存在一定量误差。

第七章　德庆官圩镇红中村“美丽乡村”建设路径探析

内容提要：本章以肇庆市德庆县官圩镇红中村为研究区域，围绕“美丽乡村”建设主题，综合运用问卷调查与访谈、定性与定量分析等方法，对美丽乡村建设路径进行了调查分析。调查发现：(1)在美丽乡村认知情况方面，村民对美丽乡村建设持肯定态度，但对美丽乡村建设的内容及相关政策了解不深；(2)在道路交通方面，村道老化狭窄，改善进出村的交通条件是村民最为迫切的需求；(3)在卫生环境方面，村内环卫设施缺乏，超过一半的受访者认为保持村落卫生是急需解决的首要问题；(4)在公共服务设施方面，乡村文化基础设施不完善，加上乡村地理位置偏远，村民精神文化生活的开展得不到有效保障；(5)在文物保护方面，文化古迹保护及修缮工作不到位。本章围绕红中村美丽乡村建设过程中存在的问题，提出加大宣传力度、优化资金保障、推动产业发展、完善公共设施、强化遗产保护、完善道路系统等建议。

一、研究区域概况

(一)红中村基本概况

红中村位于肇庆市德庆县官圩镇西北部，距官圩镇5千米，气候温和，下辖珠江、高埌、新村、车田、筋竹、马迹河等7个自然村(见图7.1)。2016年，红中村共有551户人家，共2125人，村集体年收入1.2万元，村民每年人均纯收入1.8万元，是广东省省级贫困村。其中，珠江村为调研重点村，共有361位村民，村庄四面环山，冲源河流经村口，河岸屹立着一块高6米的巨型圆柱石，名为珠义石，至今有着200多年历史。珠江村的入口屹立着一座拥有近200年历史的“贞寿牌坊”(见图7.2)，它是珠江村的文化象征和名片，保存基本完整，是肇庆地区唯一的清代贞寿牌坊。珠江村产业基础薄弱，相对贫困人口较多，村庄建设滞后，但生态环境良好。

图 7.1　红中村风貌图

图片来源：作者自摄

图 7.2　贞寿牌坊

图片来源：作者自摄

(二)官圩镇美丽乡村建设背景

1. 国内美丽乡村实践模式

自安吉模式提出以来，许多学者基于不同的研究视角，提出了多种融合地方特色的美丽乡村建设模式。本章通过文献调研，对不同类别的美丽乡村建设模式进行了归纳总结，大致可以分为产业发展型、生态保护型、城郊集约型、文化传承型、休闲旅游型五类(表 7.1)。

表 7.1　不同美丽乡村建设的模式总结

模式	特点
产业发展型	分布于东部沿海等经济相对发达地区，其特点是特色产业优势明显。
生态保护型	分布于生态优美、环境污染少的地区，其特点是自然条件优越，生态资源丰富，具有传统的田园风光和乡村特色，生态环境优势明显。
城郊集约型	分布于大中城市的城郊，其特点是经济条件较好，公共设施较为完善，交通便捷，农业集约化、规模化经营水平高，土地产出率高，农民收入水平相对较高。
文化传承型	分布于具有特殊人文景观的地区，其特点是乡村文化资源丰富，具有优秀民俗文化以及非物质文化遗产，文化展示和传承的潜力大。
休闲旅游型	分布于旅游景区周边或自身旅游资源丰富的地区，其特点是旅游资源丰富且品质较高，旅游接待服务设施完善齐备，内外交通便捷，发展乡村旅游潜力大。

基于以上研究，本章将美丽乡村建设模式归纳为三类：第一类是根据产业发展的特点

分类，如特色农业产业类乡村、休闲旅游类乡村等；第二类是根据不同地区资源禀赋和特征分类，如生态保护型乡村、文化传承型乡村等；第三类是根据当地不同的发展水平分类，如传统保护性乡村、现代产业型乡村等。

2. 红中村乡村发展现状

产业发展方面，红中村以种植业为主，主要种植黄皮、荔枝、贡柑、火龙果等特色水果，这为建设“旅游+观光农业”特色产业奠定了一定的基础。历史文化方面，珠江村拥有清朝时期的“贞寿牌坊”和特色祠堂，具有一定规模的岭南特色的民居，存在一定的历史文化价值。生态环境方面，红中村生态环境良好，各自然村均保留有百年老树，是红中村极具特色的乡村景观。

二、调查意义

德庆县红中村委管辖下的 7 个自然村位于德庆县西北部，是一个典型的省级贫困村。本次调研对肇庆及类似地区的乡村建设具有现实指导意义。

(一)丰富德庆县美丽乡村建设的理论体系

近年来，国内有不少学者对美丽乡村建设进行了探讨。但由于各个地方的自然环境、人文和社会经济发展情况各不相同，每个乡村的现实状况更是千差万别，使得不同地方的美丽乡村建设具有一定的差异性。因此，本次调研针对红中村开展，期望通过对个案进行分析总结，为省内其他地区美丽乡村建设提供参考和借鉴，同时也有利于丰富德庆县美丽乡村建设的理论体系。

(二)提高德庆县美丽乡村建设决策的科学性

近年来，德庆县通过开展“五改五有”(即改水、改路、改厕、改灶、改造住房，有建设规划、有垃圾处理设施场地、有禽畜饲养栏、有篮球场、有生态小公园)、“六大行动”(即乡村风貌改造行动、乡村清洁行动、乡村移风易俗行动、乡村道德建设行动、乡村健康生活行动、乡村文化行动)、“大清洁，乡村美”等一系列行动工程，显著促进了美丽乡村建设，金林村、金西村等广东省级新农村示范片区的建设初具规模。但同时也存在农民增收乏力、乡村空心化严重、文化遗迹保护不善等问题。因此，对红中村进行系统的调研，提出针对性的对策与建议，有助于提高相关部门在美丽乡村建设过程中所采取决策的科学性。

三、调 查 方 法

(一) 问卷调查法

通过阅读借鉴相关资料形成初步问卷，经过多次修改—预调研—修改，确定了最终问卷。问卷发放采取现场发放、现场填答、现场回收的方式，发放对象为珠江村、高埌村、车田村、新村和筋竹村五个自然村的村民。本次调查共派发问卷 215 份，回收 215 份，回收率为 100%，有效问卷 200 份，有效率为 93.02%。问卷包括村民的基本信息、村民对美丽乡村的认知、村内环境状况、道路交通和公共服务设施等内容。

(二) 访谈法

为了获取更深层次的信息，弥补调查问卷题目不可变的局限性，调查组在开展问卷调查的基础上进行访谈。为了保证访谈信息真实可靠，访谈的对象涵括了德庆县相关主管部门干部及村干部，以及随机抽取的不同年龄段的当地居民。在访谈中根据他们的职位、身份和文化程度，提出不同的问题。其中，针对镇政府官员及村委会工作人员，重点围绕如何建设美丽乡村、解决美丽乡村资金不足的问题以及如何调动村民参与美丽乡村建设的积极性等方面开展访谈；针对当地村民，主要围绕对美丽乡村的感知、对美丽乡村建设的态度以及美丽乡村建设给村里及个人生活带来什么变化等方面开展访谈。访谈采取笔记记录和手机录音两种方式。

(三) 调研过程

本次调研以肇庆市德庆县官圩镇红中村下属的珠江村、高埌村、车田村、新村和筋竹村为主要调研点，于 2017 年 7 月 10—16 日对当地村民进行书面问卷与访谈相结合的调查。在调研中，虽然有村干部带领调查组进村做问卷调查，村民的配合度也很高，但正值农忙时节，所以问卷派发受到了一定限制。为获取更多的样本信息，调研时间调整至中午，并将调研队伍分成五队以扩大调研覆盖范围。在访谈过程中，官圩镇镇长、红中村委书记、村干部以及当地村民等积极配合参与访谈。

四、调查数据分析

在形成正式问卷之前，对问卷进行了测试，并对试测结果进行了信度和效度分析，根据部分试测结果对选项进行筛选调整，进一步完善调查问卷，从而保证问卷具有较高的可靠性和有效性，提升问卷的质量。

(一)调查问卷信度分析

信度是指测验或量表工具所测得结果的一致性、稳定性及可靠性，信度系数越高即表示测验的结果越一致、稳定与可靠。选取调查问卷中可进行信度分析的变量，利用 SPSS 22 中的可靠性分析，用 Cronbach'α 信度系数来评价结果。基于标准化项目的 Cronbach 的 α 利用斯皮尔曼-布朗校正公式计算得出，一般来说，$\alpha>0.7$ 时，量表的信度是可以接受的，本调查问卷的 α 为 0.784，调查问卷的信度是可以接受的，表示可以进行相关研究。

(二)调查问卷效度分析

效度检验指的是检验问卷测量结果对相应客观现实的反映程度(李姣好，2013)。常用的效度指标有内容效度、结构效度和校标效度。本章采用因子分析评价问卷的结构效度，利用 SPSS 22 中的因子分析计算结构效度，选择 KMO 和 Bartlett 的球形度检验。KMO 值在 0.9 以上，表示非常适合；0.8~0.9，很适合；0.7~0.8，适合；0.6~0.7，尚可；0.5~0.6，表示很差；在 0.5 以下应该放弃。经过检验，KMO 值为 0.829，问卷可靠度较高。

(三)问卷调查结果描述性分析

1. 调查对象的人口学特征分析

对调查对象基本信息的数据进行分析，发现在调研对象性别结构中，男性所占比例较高，男性调查者占比为 58%，女性的比例为 42%。被调查者的年龄主要集中在 46~60 岁，占总样本的 27.5%，这与乡村空心化和老龄化密切相关。调查者的文化教育程度普遍比较低，处于小学及以下和初中、高中两阶段的人数所占比例高达 90%，具有大专、本科学历的人数占比 10.5%。家庭年收入在 1 万元以下的人数占比高达 63%，家庭主要收入来源为务农的人数占 68.5%。

2. 美丽乡村认知情况

如图 7.3 所示，有 33%的人选择“不了解”，有 31%的人选择“不太了解”，只有 5.5%的人选择“非常了解”，这说明村民对于美丽乡村建设的了解程度不深。在访谈中也发现，没有人知道美丽乡村建设的具体内容和目标，村民对于美丽乡村建设的理解还停留在“整齐划一的房屋、整洁的村容村貌、收入提高”层面，而对村落传统文化的传承、村民自治制度等方面认识不深。

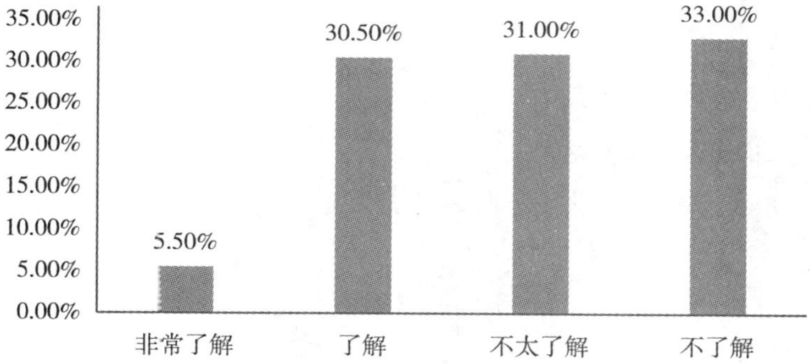

图 7.3　美丽乡村建设知晓程度

美丽乡村建设是一项惠民利民工程，但建设过程中存在各种客观和主观的影响因素，若处理不当，可能引起村民的反感乃至抵触。由图 7.4 可以看出，在"您是否支持美丽乡村建设"题目中，有 53%的村民选择了"大力支持，农房和土地纳入规划"的选项，仅有 6%的村民选择了"不支持，农房和土地不纳入规划"的选项，这说明村民对于美丽乡村建设总体上持肯定和支持态度。在美丽乡村建设过程中，政府做好美丽乡村建设的规划、落实项目建设的同时，也要关注并重视村民的直接利益，开展使村民受益的行动，比如拓宽村道、完善相关农田水利设施。

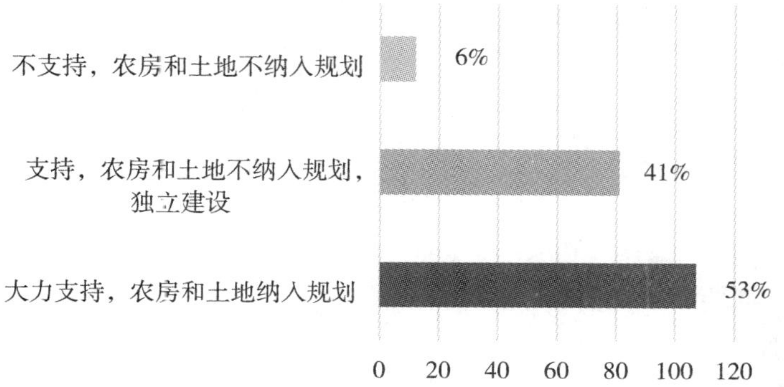

图 7.4　美丽乡村建设支持程度

从村民家庭年收入范围来看(见图 7.5)，家庭年平均总收入在 1 万元以下的人数占比高达 63%；家庭年平均总收入在 5 万元以上的被调查者仅占 3.5%。从家庭收入来源来看(见图 7.6)，多数人的收入来源为务农，所占比例为 68.5%，其次为打工收入，所占比例为20.5%，家畜等养殖业、零售业、农家乐、旅游和其他总重比仅为11%。结果表明，大部分村民家庭收入低且收入来源结构单一，间接反映了当地农业特色产业发展不足，农业生产效益低。

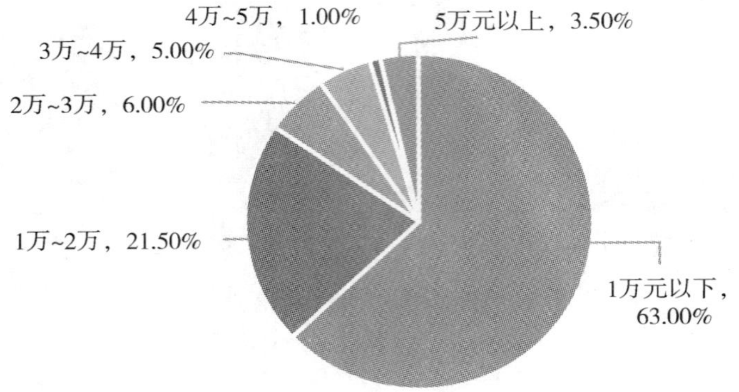

图7.5　家庭年平均总收入

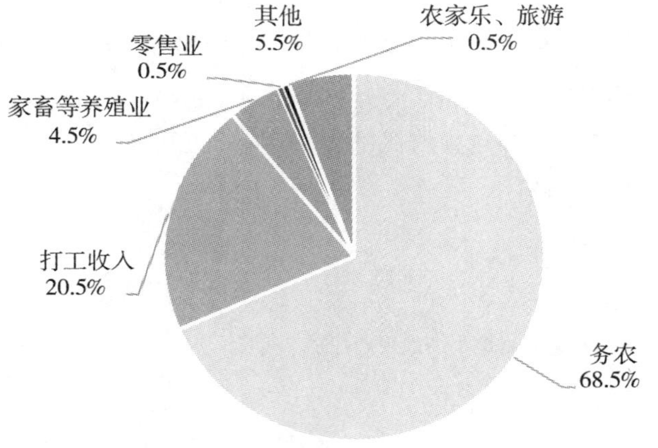

图7.6　家庭收入来源

3. 道路交通

由图7.7可知，村民等人进出村的主要交通方式以摩托车为主，占比为54%，长途汽车占8%，公交车仅占6%。关于道路交通规划方面，如表7.2所示，村民认为规划非常合理的人数仅有3.5%，认为合理的占总人数的36%，认为不太合理的有48.5%，所占比重较大，认为非常不合理有12%。结果表明，对于红中村的道路规划，大部分村民认为不太合理，因此有必要对村庄道路的建设进行规划和重新考量。在道路状况方面，被调查者中有53%的村民认为村道“有少部分破损，还满意”，有40%的村民认为“村道多处破烂，不满意”。

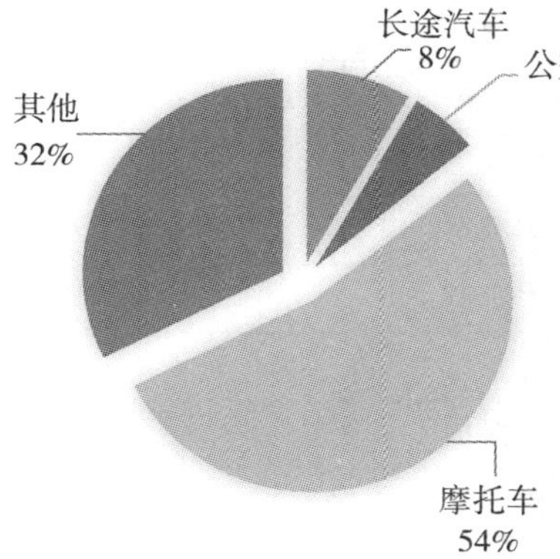

图7.7　进出本村主要交通方式

表7.2　道路交通

项目	变量类型	样本数/人	百分比
道路规划感知	非常合理	7	3.5%
	合理	72	3.6%
	不太合理	97	48.5%
	非常不合理	24	12%
道路状况	平整无损，很满意	14	7%
	少部分破损，还满意	108	53%
	多处破烂，不满意	78	40%

4. 环境状况

如表7.3所示，关于村庄水质保护状况，对此非常满意的人数占比为16%，基本满意者占比42.5%，不满意和不太满意的人数占总人数的41.5%，总体满意度不是很高。在环境保护方面，54.5%的被调查者认为应该首先从村落卫生着手，说明村落的卫生条件较差。在环保意识方面，认为自身环保意识非常好和好的人数占比56%，认为不太好和很差的占比44%，说明村民的环保意识仍有待提高，也需要村委会加强相关宣传和引导工作。

在环境污染来源的问题中，43%的村民认为来源是生活垃圾，36%的村民认为是生活污水，说明生活垃圾和生活污水处理是本村需要解决的重点问题。

表 7.3　环境状况

项目	变量类型	样本数/人	百分比
水质保护满意度	非常满意	31	16%
	基本满意	85	42.5%
	不太满意	57	28.5%
	不满意	26	13%
环境保护从何着手	水土保护	42	20.5%
	村落卫生	110	54.5%
	生活污水处理	22	11%
	提高绿化	6	3%
	控制工业污染	10	5%
	其他	10	6%
环境保护意识	非常好	21	10%
	好	93	46%
	不太好	71	36%
	很差	15	8%
环境污染来源	生活污水	101	36%
	生活垃圾	118	43%
	农药化肥	33	12%
	工业污染	24	9%

5. 公共服务设施方面

由图 7.8 所示，41%的村民表示所在村从未开展过群众性文化活动；30%的村民认为很少开展群众性文化活动；仅有 3%的村民认为经常开展群众性文化活动，反映了群众性文化活动没有得到管理者的重视，村民并未切身感受体会到相关基础设施的利民性，珠江村的精神文化建设较为滞后，应提高相关基础设施普及率，保障文化活动的有效开展。

6. 村文物保护情况

如图 7.9 所示，63%的被调查者认为本村的文化符号是牌坊，村内的文化特色点比较

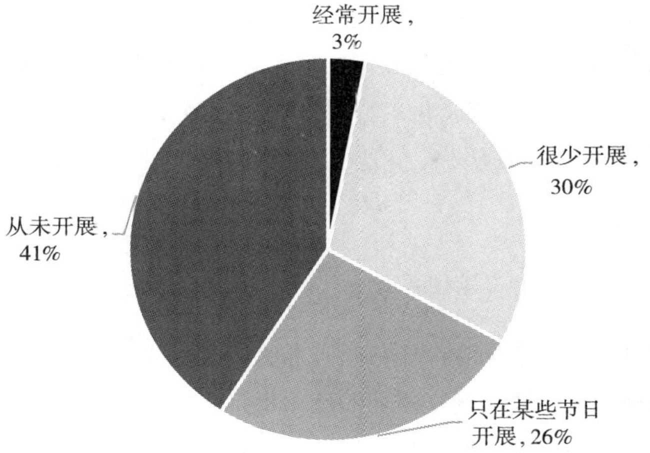

图 7.8　群众性文化活动开展频率

单一及认同度不太高。但本村的牌坊(图 7.2)没有得到很好的保护，其原因有两点：一是由于保护资金的匮乏，难以组建一支技术队伍进行修缮维护；二是村民的文化古迹保护意识薄弱，忽略了其经济文化价值，使得文化古迹没有得到较好的保护。

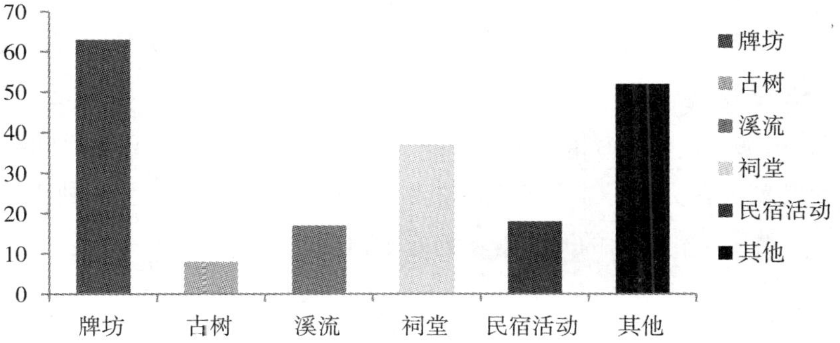

图 7.9　本村的文化特色

五、美丽乡村建设存在的问题及建议

(一)红中村美丽乡村建设存在的问题

1. 村民支持程度高，但政策了解程度低

在调查过程中，村民对美丽乡村建设表示了较高的支持度，但是对美丽乡村的相关政

策了解程度却很低，在200个调查样本中，仅有11人对相关政策是非常了解的，比例仅占总体的5.5%。村民对美丽乡村建设政策的理解匮乏与偏差，一方面会影响他们参与美丽乡村建设的积极性，不利于达成共建、共治、共管的美丽乡村建设模式；另一方面不利于规划的实施，特别是对农房建设和农田建设的规划实施，增加了乡村资源整合的难度。

2. 建设资金匮乏，创收渠道单一

在访谈官圩镇红中村委书记时，他向调研小组表达了难处："村里打算建立一个核心的产业，但红中村建设的主要问题是资金不足。我们也打算进行乡村旅游的开发，然而基础设施的建设资金尚未拨下来，所以我们很难迈开步伐搞建设，而且新农村的建设资金分配不均匀，资金到位时间不确定，建设难度较大。"说明资金匮乏阻碍了红中村的发展，珠江村美丽乡村建设资金的来源主要是政府拨款，即政府"输血型"的发展模式，乡村建设过程中存在严重的"等、靠、要"思想。

3. 文化基础设施滞后，精神文化生活匮乏

在"美丽乡村"建设过程中，应注重当地文化的融合，挖掘当地文化特色、寻求文化融合点、彰显文化元素，丰富和提升"美丽乡村"内涵，让美丽乡村更具魅力。通过开展实地深度访谈和问卷调查发现，珠江村等乡村的村民精神文化生活比较匮乏，村主任表示："平时没有文化活动，只有在春节才会举办一些活动，比如舞狮，其他时间都没有举办。"村中很少会开展文化活动，同时，在地理位置更为偏远的自然村，由于缺少图书馆、篮球场等基础设施，村民文化生活的开展得不到有效物质保障。

4. 文化古迹保护不善，修缮工作不到位

农村与城市最大的区别是农村有代表着当地文化特性的牌坊、祠堂、民居建筑、古树等具有乡愁的文化符号和记忆。个人与农村的情感联系很大程度上是通过这些特殊符号来维系的。珠江自然村有着历史悠久的贞寿牌坊，极具历史考察价值与意义，但由于村民及管理者保护意识薄弱，牌坊损毁较为严重。村落中具有岭南建筑特色的祠堂，也受到了不同程度的损坏，且年久失修。

5. 村民环保意识较低，村容村貌有待提高

由于村庄污水处理设施的缺失，村民生活用水通过村庄地表的沟渠直接排放到河流中，影响了河流水质和村庄容貌。经实地调查发现，红中村缺少垃圾分类的垃圾桶，且存

在生活垃圾随地丢弃的现象。同时，村中果树较多，容易招引蚊虫，掉落的果子没有得到及时清扫，也影响了村容村貌。

6. 交通道路老化，村庄可进入性较低

关于村庄交通问题，村主任明确表示：“村里的交通条件是村民最想改善的，村里只有一条公路与外界连通，且公路狭窄，与外界交往极其不方便。”根据调查问卷所反映的信息可见，40%的村民认为村庄道路有多处破烂，应该对道路进行维修。受访的村民也表示：“道路太窄，孩子骑自行车去上学遇到小轿车都不敢走，因为路实在是太窄了。一辆小轿车过就还可以，一辆小轿车和一辆摩托车一起过都不敢呀，太危险了。”由此可见，红中村在发展过程中，交通的建设与完善是一个重要问题。

(二)红中村美丽乡村建设的对策建议

1. 加大宣传力度，深入普及美丽乡村内涵

根据问卷调查和实地考察发现，村民知识文化水平较低，对美丽乡村的相关政策了解甚少。实施红中村美丽乡村建设，必须要调动村民参与其中的积极性，因此要加大宣传力度，以通俗易懂的方式对相关政策进行解读。通过张贴海报、开设宣传栏、发放宣传资料等多种形式，生动形象地展现美丽乡村建设的内涵与外延，让村民认识到美丽乡村建设的重要性。另外，将美丽乡村相关政策恰当地融于村规民约之中，得到村民的理解并认同。

2. 强化资金保障，保障助力美丽乡村建设

第一，政府要加大“美丽乡村”建设投入，管好用好“美丽乡村”建设资金，提高资金使用效率。第二，发展村集体经济，做好“以地生财，筑巢引凤”的工作，招商引资，推进农村工业化，增加集体经济收入。第三，加强农业产业化发展，繁荣农村经济，为美丽乡村建设奠定经济基础，并为其提供有力的资金支持。第四，不断创新融资方式，引导金融部门加大对美丽乡村建设的重视度和支持度，创新信贷方式，减低信贷门槛，解决农户贷款难问题，满足美丽乡村建设和产业发展的需要。

3. 以产业为支撑，构建村企合作模式

首先，以产业为支撑，打造“一村一品”，每个自然村有一到两个主导产业，以此来带动红中村经济的发展。其次，加大招商引资的力度，为农村构建村企合作营造良好的招商

环境和建设环境。同时，加强村集体经济发展，繁荣农村经济，立足于本村现有的资源条件，开发特色农业经营性项目，注重农村土地集中流转，实现规模种植。最后，加强村企合作力度，实现乡村产业与企业产品的无缝对接，为当地村民提供就业岗位。

4. 完善基础设施，繁荣农村文化

首先，要完善农村文化设施建设。重视农村公共文化建设，建设相关文体娱乐设施，如文化室、篮球场、乒乓球场等；坚持“送”文化与“种”文化相结合；提倡送书下乡，建立农家书屋，引导和激励广大文艺工作者和文艺院团积极参与公共文化服务体系建设。其次，与慈善机构及个体捐赠“搭桥”，通过吸引企业和个人捐资来完善基础设施，获取相关资源。例如，利用慈善捐赠资金为红中村的儿童建设图书馆、篮球场等基础设施，以改善教育条件。最后，引导村民开展业余文化活动，充分利用重大民族传统节日以及农闲时间，大力开展节庆民俗活动，举办各种形式的文艺汇演等群众性文化活动，营造浓厚的群众文化氛围，激发群众参与热情。

5. 创新保护手段，文化活态传承

红中村富有岭南特色的祠堂、极具历史韵味的贞寿牌坊和黄砖灰瓦的特色古屋极具有文化魅力。但由于缺乏修缮资金、村民对历史文化古迹保护意识薄弱，许多具有旅游开发价值和研究意义的人文景观均受到不同程度的损坏。第一，要强化村民保护历史景观意识，正确处理拆旧与建新的关系，做到科学规划、合理使用现代科学技术保护传统建筑，因地制宜，把依山傍水、青砖黛瓦、小桥人家体现在乡村建筑中，保持传统乡村美。第二，设立乡村文化保护专项基金，用于老化古建筑的保护与修缮、文化遗产的普查存档、文化传承人的培养等方面。第三，发展文化产业，经济社会发展是文物保护的基础，保护文物是经济社会可持续发展的需要。因此，需加强文物保护，发展文化产业，留存城乡古韵，彰显地域特色。

6. 优化村庄道路，改善村民出行条件

道路状况影响当地的可进入性和通达性，进而影响村庄的经济发展效益。红中村道路存在某些路段多处破损的状况，因此，亟需优化村庄道路，利用国家对贫困村的扶持基金进行道路维修，同时，与相关的慈善机构“搭桥”，利用慈善机构的资金对道路进行修整。鼓励富起来的人民出资出力，共同维修道路，助力村庄发展。

六、结　论

本章基于村民视角，通过问卷、访谈等多种形式对红中村美丽乡村建设的情况进行调查和分析，主要结论如下：(1)在美丽乡村认知情况方面，村民对美丽乡村建设持肯定态度，但对美丽乡村建设的政策及内容了解程度较低；(2)在道路交通方面，村道老化狭窄，改善进出村的交通条件是村民最为迫切的需求；(3)在卫生环境方面，村内环卫设施缺乏，超过一半的受访者认为保持村落卫生是急需解决的首要问题；(4)在公共服务设施方面，乡村文化基础设施滞后，加上乡村地理位置偏远，村民精神文化生活的开展难以保障；(5)在文物保护方面，文化古迹保护及修缮工作不到位。本章围绕红中村美丽乡村建设过程中存在的问题，提出加大宣传力度、优化资金保障、推动产业发展、完善公共设施、强化遗产保护、完善道路系统等建议。

第八章　高要区回龙镇古村落研学旅行资源评价与基地策划

内容提要：本章立足旅游学、地理学等学科视角，通过对高要区回龙镇古村研学旅行的基本情况进行分析，对研学旅游资源进行梳理，共归纳了5主类、8亚类、31种基本类型。科学规划旅游线路，注重古村研学旅行资源保护与开发，充分挖掘古村落文化特色，确定了四个不同主题的研学旅行基地：一是以“领略科技魅力，体会古村韵味”为主题的黎槎村；二是以“畅游新农村，享受好风光”为主题的赤水塘村；三是以“闲居华侨古村，研习醒狮文化，弘扬爱国主义”为主题的澄湖村；四是以“体会指尖上的岭南建筑，品味舌尖上的回龙茶果”为主题的槎塘村。最后，围绕回龙镇研学旅游开发中的重点打造项目、古村落研学课程设计以及开发研学旅行的保障措施做了详细分析，为促进回龙镇古村落可持续发展以及落实乡村振兴战略提供借鉴。

一、绪　　论

(一)调查背景

2017年10月，习近平总书记在党的十九大报告中提到农业农村农民问题是关系国计民生的根本性问题，必须始终把解决好“三农”问题作为全党工作的重中之重，实施乡村振兴战略。因此，结合当前乡村旅游发展新形势和研学旅游新战略，对古村落研学旅行开发进行研究，有效整合利用当地特色资源，发展旅游经济，促进乡村繁荣，是全面贯彻实施乡村振兴战略的重要体现。随着社会经济的发展，中国的旅游产业体系也在逐渐走向成熟。人们不仅希望在旅行中获得良好的旅游体验，还希望能在旅行中提升自我，古村落安逸宁静的环境让游客放松身心的同时，能在这趟旅行中汲取相关的知识。因此，古村落研学已逐渐成为重要旅游产品，具有较大的潜在旅游市场。高要区回龙镇自然风光优美，历史文化底蕴浓厚，以黎槎村、澄湖村、赤水塘村为代表。该辖区内村落内建筑以岭南风格为主，独具文化特色，具有较高的观赏游览及研学价值，可供研学旅行开发的资源丰富，具有开发建设空间大、可塑性强的特点，可承接系统化、主题化、特色化的改造建设与开发。

（二）调查意义

近几年国内研学旅行需求旺盛，学界对研学旅行的研究数不胜数，但在乡村振兴战略视域下，深入挖掘古村落研学旅行资源，带动全域旅游发展的研究较少。本章以肇庆市高要区回龙镇四个古村落为例，探讨古村落资源发展研学旅行的可行性和可开发性，以美丽乡村建设作为乡村振兴发展的着力点，深挖历史人文资源，发展乡村特色产业，集中资源重点打造美丽乡村，以产业振兴与文化振兴共振促进乡村振兴，为政府部门及旅游企业在回龙镇发展全域旅游提供决策参考，亦可为其他传统村落的可持续发展提供借鉴和启示。

（三）调查基本情况

本次古村落研学旅行调研时间为 2019 年 7 月 10—13 日，共 4 天。调研对象是高要区回龙镇黎槎村、赤水塘村、澄湖村和槎塘村四个古村落。调研期间，课题组成员访谈了游客、村民、村干部三类对象，最终获得了 167 份问卷调查，10 份访谈报告。

二、回龙镇古村落研学旅行基本情况

（一）回龙镇古村旅游发展概况

1. 高要区旅游现状

高要区内拥有众多著名景点，如宋隆小镇、紫云谷。景区旅游接待量逐年增多，旅游收入以稳定的态势增长，但其古村落旅游业发展较为落后，开发程度较低，旅游设施建设落后。古村落有南岸镇的上清湾村，白土镇的坑尾村，回龙镇的黎槎村、槎塘村、赤水塘村和澄湖村，以黎槎古村最为出名。

2. 回龙镇古村落旅游现状

回龙镇位于肇庆市高要区东南部，该镇自然风光优美，历史文化底蕴浓厚，于 2016 年 10 月成为住建部公布的全国首批 127 个特色小镇之一，辖区内古村落保存较为完整，可供研学旅行开发的资源丰富。其中黎槎村建筑布局独特，房屋、街巷的分布走向呈八卦图状，又被称为“八卦村”，该村落古址遗迹保存完好，知名度较高，于2016年被列入第四批中国传统村落名录。赤水塘村凭借城镇的地理优势振兴乡村，致力于发展新农业和第三产业，是肇庆市新农村建设示范村。澄湖村为高要区著名的侨乡，被中国民间协会授予“中国古村落”称号，该村南洋文化和岭南文化底蕴丰厚，村落内建筑以岭南风格为主，兼备中西文化特色，具有较高的观赏游览及研学价值。槎塘村是广东省古村落，该村落自然与人文资源兼备，具有开发建设空间大、可塑性强的特点，可承接系统化、主题化、特色化的改造建设。

(二)回龙镇研学旅游资源分类及评价

1. 研学旅游资源分类

根据中华人民共和国国家质量监督检验检疫总局发布的国家标准《旅游资源分类、调查与评价》(GB/T 18972—2003)，以回龙镇古村落研学旅游资源本身的特性作为分类标准，对区域内各基本类型的代表性资源进行较为系统的整理，如表8.1所示。

2. 旅游资源定性评价

(1)村落布局特色突出，具有独一无二的岭南村落风貌

高要回龙镇的四个古村落都有着深厚的岭南传统文化底蕴，其中黎槎村、槎塘村的村落布局特色尤为突出。黎槎村村民提道：“这些房屋的确是按照八卦起的。”黎槎村房屋紧密，按照周易八卦圆形而建，四周环水；槎塘村的房屋统一采用青砖瓦片建造，聚落以一条条横平竖直的巷道隔开，建筑物排列规整，是明清时期广府村落典型的“梳式布局”。

(2)资源空间组合较好，具备联动开发条件

黎槎村布局体现中国传统哲学内涵；澄湖村空间资源优势突出，建筑风格融合了广府文化和南洋文化；赤水塘村和槎塘村可在后期建设中发挥资源配套优势。古村落间形成的环状的地域空间组合，为回龙镇提供了区域联动化建设、一体化发展的基础条件。

(3)古村落整体风貌一般，需要进一步优化提升

在历史的变迁中，回龙镇古村落的祠堂、书屋、民居、桥梁等受到了不同程度的毁坏，同时部分古建筑内部存在通风性不佳、设施残旧破败等问题。外围现代化住房与古建筑距离较近，违和感较强，易影响游览及研学体验。古村落内路灯、路牌、垃圾桶、电线杆、座椅等公共服务设施的质感、图案、色彩等搭配混乱，难以与古建筑形成相互映衬的效果。

表 8.1　肇庆市回龙镇研学旅游资源分类

主类	亚类	基本类型	代表性资源
C 生物景观	CA 植被景观	CAA 林地	翠竹园
		CAA 独树与丛树	细叶榕古树群，三星榕、龙凤榕、祈福树、相思树、岗榕树
E 建筑与设施	EA 人文景观综合体	EAA 社会与商贸活动场所	小卖部
		EAC 教学科研实验场所	广州美术学院写生基地、党员创业示范基地、澄湖小学教学楼
		EAD 建设工程与生产地	农田、养殖场
		EAE 文化活动场所	敦善书舍、儒教园、竹居书室、福吉书屋、回龙书院、谦和家塾、裕勇书舍
		EAG 宗教与祭祀活动场所	祖堂、吴氏宗祠、李氏宗祠、苏氏宗祠、回龙祖庙、水星庙、广利宫、文武宫、朝龙社坛
		EAI 纪念地域纪念活动场所	蔡德超故居、吴象福祖祖厅、蔡氏四进祖厅、苏氏上间、蔡氏上间
	EB 实用建筑与核心设施	EBA 特色街区	别墅街
		EBB 特性屋舍	碉楼、妹子屋、邓甲楼
		EBC 独立的厅、室、馆	绍安酒堂、兴义酒堂、清代民居、旧烟馆、楼塘村综合性文化服务中心
		EBE 桥梁	镇龙桥、坑仔桥
		EBK 景观农田	油菜花基地
		EBM 景观林场	翠竹园
		EBN 景观养殖场	养鸭场
	EC 景观与小品建筑	ECA 形象标志物	村名石碑
		ECB 观景点	清心亭
		ECG 牌坊牌楼、影壁	兴仁里、柔顺里、赤水塘牌楼广场碑记、岐阳里、永安里、紫秀里、瑞华坊、仁义里
		ECI 塔型建筑	鸿运台、苏氏楼
		ECJ 景观步道、甬路	石板巷、阡陌巷
		ECL 水井	周家井、进士井、绍安井
		ECN 堆石	福居门、红砖屋

续表

主类	亚类	基本类型	代表性资源
F 历史遗迹	FA 物质类的文化遗存	FAA 建筑遗迹	十里一坊、灵气石狗、春草石、接龙门、椿墙、福吉书屋、黎雄才“三同户”旧址、春草石群、观望台
		FAB 可移动文物	70 年代手绘全村平面图
		FBB 地方习俗	高要春社、茶果节
		FBD 传统演艺	舞龙、高要醒狮、武术
G 旅游购品	GC 手工工艺品	GCB 织品、染织	编织花席、竹篮
H 人文活动	HA 人事活动记录	HAA 地方人物	蔡木思、蔡瑞修、黎雄才、邓慕周、邓政熙、苏维亨
		HAB 地方事件	2019 广东春节联欢晚会、电视剧《跟红顶百大三元》
	HB 岁时节令	HBA 宗教活动与庙会	祭祖、婚嫁、丧葬、庙庆日
		HBC 现代节庆	茶果节，三乡会，寿宴、敬老节、春节、元宵、端午、中秋、清明

(4)村落文化凸显不够，缺乏高品质文化设施载体

黎槎村村民提道：“国家级的古村落是八卦村最大的资源，民风淳朴的村民作为八卦村的‘活物’资源起到了很好的支撑作用。”回龙镇现存古村落皆具备传统岭南风韵，具有较为深厚的广府文化与儒家文化根基。然而，由于缺乏相应文化建设载体及活化手段，大多数旅游项目及产品与其文化背景融合度不高，游客缺乏参与性和体验性，现存的浅层次观光游览活动也难以形成持续性的研学旅游吸引力。

(三)研学旅游市场调查分析

1. 整体研学旅游市场

2016 年 12 月，教育部出台了推进中小学生研学旅行的意见，要求各地要重视且推动研学旅行的健康快速发展。此外，随着我国居民家庭收入稳步增长以及家长教育理念的转变，“旅游+教育”双结合的研学产品受到用户的欢迎。据 2018 年前瞻产业研究院调查，约 3/4 的受访者表示了解研学旅行，80%左右的人表示对研学旅行很感兴趣，60%左右受访者参加过研学旅行。从参加研学旅行的意愿调查来看，70%的人期望旅行时长是 6~10 天，

人均花费能接受在3000~10000元的所占比例达88%，64%的人认为目前市场上的研学旅行产品能满足需求。

2. 回龙镇古村研学旅游市场

(1)信度分析

信度主要是指测量结果的可靠性、一致性和稳定性，即测验结果是否反映被测者的稳定的、一贯性的真实特征。稳定性越大，意味着测评结果越可靠。本调查利用SPSS21.0对问卷进行信度分析，可得Cronbach'α系数为0.883。根据Nually所提出的0.7的临界值标准，说明本问卷可信度较高，具有较好的内在一致性。

(2)游客基本特征分析

游客基本情况包含了性别、年龄层次、文化程度、收入水平。从性别上来看，男女比例为50.9：49.1，反映出受调查人员男女占比差异较小，具有一定的代表性；从年龄上来看，20岁以下的样本所占比最多，达34.1%，次之为21~30岁(24.6%)，说明游客市场具有年轻化的趋势；从学历上来看，初中、高中、大学学历的样本较多，所占比例达86.8%；从家庭月收入上来看，33.5%的居民月收入2001~5000元，30.5%在5001~10000元，反映当地的旅游消费以中低端为主。

3. 客源市场分析

(1)客源分析。从图8.1可以看出，回龙镇的游客大部分来自肇庆，占比50.9%，其次为广州、佛山、珠海等周边城市，还有小部分来自广西、湖南、江苏等其他省份。由此可推断出，回龙镇的旅游市场以肇庆市内旅游市场为主，市外周边城市为辅，小部分来自省外城市，可打造周末经济，设计短期旅游产品。

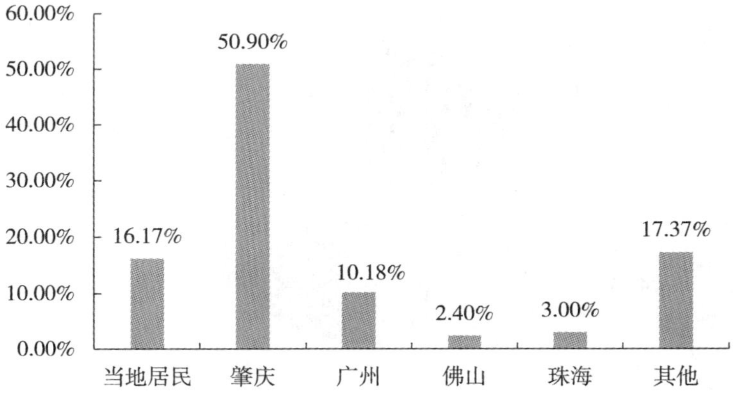

图8.1　被调查者客源地

(2)游客出行方式分析。从图 8.2 可以看出，在出游方式上，58.08% 的人选择自由行，20.96% 的人选择跟团游或学校组织出游，3.590% 的人选择其他方式旅游。可见，大多数人更喜欢灵活自主且经济实惠的自助游。大部分的被访者不喜欢随团旅游主要是因为旅行社提供的旅游产品在服务质量、服务水平上难以满足需要，针对性的旅游项目极少。

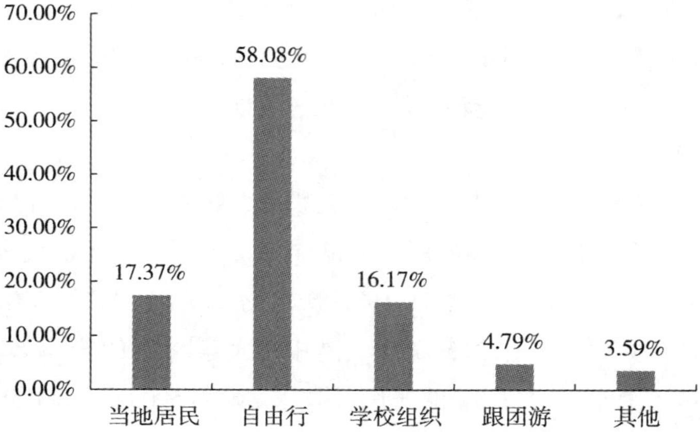

图 8.2　游客出行方式

(3)旅游停留时间分析。调查结果显示(图 8.3)，在停留时间方面，愿意在基地停留一天的人数最多占 33.53%，停留三天以上的人数占 24.55%，停留 2 天的人数占 19.79%，停留 0.5 天的人数占 13.17%。可以看出大部分人的停留时间都在三天以内，根据这一特点，可针对短期的旅游产品进行开发。

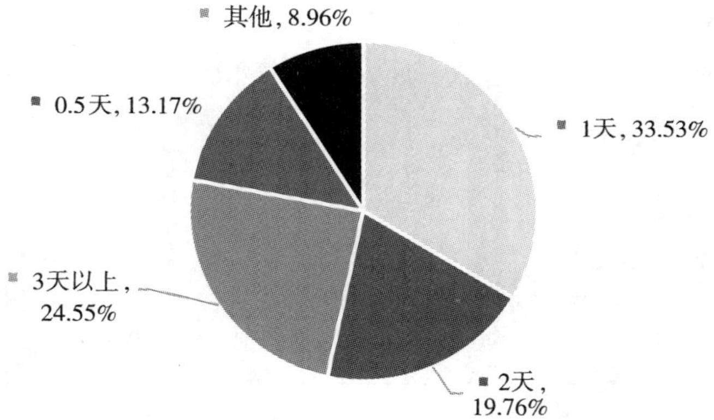

图 8.3　愿意停留时间

4. 对于旅游资源偏好、期望分析

一般而言，李克特量表等级评分平均值为 1.0~2.4 表示反对，2.5~3.4 表示中立，3.5~5.0 表示赞成。

(1)调查结果显示(表 8.2)，游客对于研学旅游的自然景观、遗址遗迹、旅游商品、人文活动以及历史文化这五项指标的均值均大于 3.5，可看出回龙镇的资源丰富，尤其是自然景观资源和遗址、遗迹资源，在开展研学旅行时，可针对这两项资源着重开发。在访谈中有游客表示："八卦村历史文化悠久，资源价值凸显，民风淳朴，村民为八卦村的'活起来'起到了很好的支撑作用。"

表 8.2　研学旅行资源调查

项目		自然景观资源丰富(如农田、树木、草地、花卉等)	遗址遗迹资源丰富(如宗祠、书院、酒堂、名人故居、古井、特色布局)	旅游商品资源丰富(如饮食、传统手工产品与工艺品等)	人文活动资源丰富(如民间习俗、节庆活动等)	历史文化资源丰富(如端砚、武术)
N	有效	167	167	167	167	167
	缺失	0	0	0	0	0
均值		4.41	4.55	3.95	4.27	3.89
结果		同意	同意	同意	同意	同意

(2)在游客线路偏好中的调查中(表 8.3)，所有变量的均值都远大于 3.5，均表示对于房屋建筑、民俗活动、民俗文化、古村落的传统技艺以及学习农业知识等项目感兴趣。在 F08 村民访谈过程中，有村民表示："建筑是比较有价值的，大多数是清砖，从以前留存下来的，历史也长。它是文化的承载体，现在婚娶一些仪式还得回到老屋中来举行，有文化价值。"

(3)在旅游产品策划及品牌建设调查中(表 8.4)，游客对于当地古村落开展研学旅行的期望值很高，对赤水塘村的新农村优势、澄湖村的文物古迹特色以及高要区发展研学旅行拓展旅游产业的方式表示赞成，说明高要区的研学旅行开发被游客接受和认可。

表 8.3 游客线路偏好

项目		愿意参观、了解、学习古村落的房屋建筑	愿意参观古村落供乡民拜祭的祖堂和文化古迹，参加民俗活动，了解民俗文化	愿意参观、了解、学习古村落文化的传统技艺	愿意通过古村落来了解田园生活、学习农业知识
N	有效	167	167	167	167
	缺失	0	0	0	0
均值		4. 59	4. 60	4. 59	4. 51
结果		同意	同意	同意	同意

表 8.4 旅游产品策划及品牌建设调查

项目		觉得高要的古村落适合开展研学旅行且具有较高的期望	觉得高要的古村落研学旅行内容很全面，如八卦村的自然地理优势，赤水塘村的新农村优势及澄湖村的文物古迹特色等	觉得高要区发展研学旅行拓展了旅游产业的方式
N	有效	167	167	167
	缺失	0	0	0
均值		4. 46	4. 50	4. 47
结果		同意	同意	同意

(4)游客兴趣偏向。调查结果显示(图 8. 4)，被调查者中 35. 71%的人对于体会当地独特的生活方式感兴趣、35. 0%的人偏向于深入了解当地的习俗文化，22. 14%的人以游玩为重，缓解压力为主，由此可知游客以体会当地的生活方式和了解当地的习俗文化为主，游玩、缓解压力为辅开展研学旅行。

(5)景点完善。调查结果显示(图 8. 5)，游客认为景点所需完善部分中，挖掘文化内涵占 36. 6%，改善、建立配套设施占 35. 29%，增强体验化占 24. 18%，可见游客对于景区文化内涵比较感兴趣，对于景点的设施要求较高。在访谈 F06 中，当地村干部表示：“当地配套设施还不完善，吃住跟镇上相连，到镇上吃饭很方便。如果想在村里吃住，可以借用村民的房子，但是村里现在还没有这个条件。”这说明当地的配套设施还不够完善。

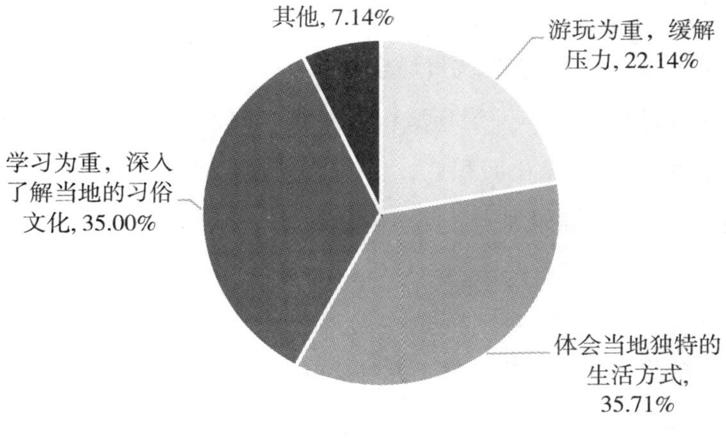

图 8.4　游客兴趣偏向

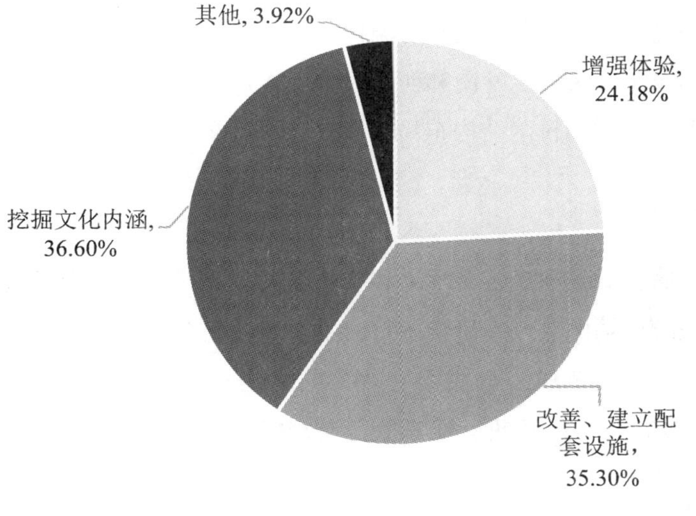

图 8.5　景点改善建议

三、回龙镇研学旅行开发 SWOT 分析

(一) 优势 (Strengths)

1. 区位优势

回龙镇地处珠江三角洲西部，位于高要区东南部，距高要市城区 20 多千米，毗邻佛

山市高明区，镇内的古村落水碧山青，清新俊逸、环境宜人，地理条件十分优越。回龙镇具有较完备的交通网络，省道 S272 线贯通全境，江肇高速公路途经回龙镇，江肇高速公路、省道肇江公路也已建成通车，肇环城快速路自东向西贯穿回龙镇。回龙镇总面积达 113.87 平方千米，所覆盖的绿化面积广，自来水覆盖率达 100%。综上，优越的地理位置，便利的交通条件以及完备的基础设施共同构成回龙镇的区位优势。

2. 资源优势

回龙镇资源优势集中在古村落建筑、古村落民俗和古村落历史文化三个方面。古村落建筑规模较大、保存较完整，凸显出典型的岭南特色，具有重要的建筑价值和文化价值。古村落民俗中，醒狮武术是当地民俗活动的典型代表，茶果节则是当地民俗文化的重要载体，极具趣味性和观赏性。古村落历史文化则体现在广府文化的底蕴和华人故里的事迹，两者结合形成了回龙镇特有的历史文化资源优势。其中，黎槎村的八卦文化和特色手工艺品、赤水塘的农田乡土和融合了岭南和西洋风格的古建筑、澄湖村特有的闯南洋文化和村内的碉楼建筑以及槎塘村的村落结构布局等都是各村特有的资源优势。

3. 市场优势

近年来，研学旅行受到越来越多学生和家长的关注，国家也出台了相关政策，因而研学旅行逐渐成为旅游市场的热点。研学旅行的主要用户是全国中小学生，2018 年全国教育事业统计数据显示：全国普通小学在校生 10339.25 万人，初中在校生 4652.59 万人，普通高中在校生 2375.37 万人。可见，研学旅行潜在用户数量庞大。经采访政府工作人员得知，目前回龙镇共有中小学九所，研学旅行的目的地靠近客源市场，具有一定的市场优势。

(二) 劣势 (Weaknesses)

1. 景区建设滞后

古村落景区建设滞后，难以满足研学旅行开展所需，当被问及古村落发展研学旅行所面临的问题时，村支书回答道："交通，一个是村内通达性，小汽车能不能开。还有一个是停车场，小汽车开了后放在哪。"由此反映出，古村落道路和停车场这两个大基础设施都不够完善。此外通过 F11 村民了解到："我觉得需要改造修葺的地方有很多，安全警示的工作不到位，自由行的游客在游行过程容易发生安全事故，比如下雨后的青苔路对老人和小孩来说比较危险。”可见景区内安全警示和路线标志不到位、游客休息区数量也不足以支持古村落景区的需求，也成为景区建设滞后的原因之一。

2. 市场口碑较差

问卷调查结果显示愿意在古村研学基地停留一天的人数占总人数的33.53%。被调查者中，希望改善当地旅游设施、建立配套设施的人数占35.29%。F07村民表示：“个人觉得这个村没有什么旅游项目，没有资源，没有人流搞不起来。”这说明大多数游客并不愿意花更多时间在古村落游玩，并希望古村加强对旅游配套设施的建设，回龙镇古村落景区需实施有效措施以建立良好的市场口碑。

3. 旅游产品单一

回龙镇古村落景区旅游购物品种样式缺乏多样性，景区的管理与服务有待完善。调查数据显示，30.2%的受访者希望在产品牌化过程中注重古村落旅行产品内容的新颖性和丰富性。实地调研发现，除澄湖村和黎槎村有出售由村民制作的草编织物及市面上常见的简单装饰品之外，其他古村落景区中旅游购物品种较少。此外，景区缺乏讲解、带领游客的工作人员，管理和服务水平总体较低。

4. 旅游配套较弱

古村落景区的旅游配套较弱，有待补充和加强。通过F06当地村干部了解到：“配套设施不完善，吃住跟镇上相连，到镇上吃饭很方便，如果想在村里吃住，可以借用村民的房子，但村里现在还没有这个条件。”说明村落景区在食、住的配套设施建设方面有待完善。关于行和游，目前游客的游览方式以自驾和步行为主，可提供给游客选择的交通方式有限，此外，村内公共厕所数与环境也有待改善。

(三)机遇(Opportunities)

1. 国家要求开展研学旅行的政策机遇

2016年12月，教育部就关于中小学研学旅行发表意见，其中便提到了“开展研学旅行，有利于学生培育和践行社会主义核心价值观”等研学旅行的多项积极作用。2017年教育部印发《中小学综合实践活动课程指导纲要》指出，要以优秀传统文化、革命传统教育、国情教育、国防科工、自然生态等为主题，打造研学旅行精品课程。在政策鼓励下，研学活动成为素质教育领域的重要赛道之一。2019 年，我国研学旅行市场规模约为 164 亿元，主要参与研学旅行业务的企业有 7300 多家，研学旅行的发展逐渐走上了快车道。

2. 肇庆市开展旅游振兴的历史机遇

调研期内，肇庆市正在创建 5A 级旅游城市，市政府高度重视肇庆市旅游业发展。2019 年 5 月肇庆市召开旅游发展大会，并发布《肇庆市实施旅游振兴三年(2019—2021 年)“十大行动”计划》《肇庆市促进旅游振兴扶持办法》，旨在系统提升全市旅游产品供给和旅游配套服务，着力构建“一核一线一带”全域旅游发展格局，激发旅游市场主体活力，全面推动旅游振兴，肇庆市正迎来旅游振兴发展的历史机遇。

(四)挑战(Threats)

1. 古村研学旅游产品同质化竞争

黎槎村和槎塘村的村落形态有一定特色，但与广东省其他地区古村落的古屋、建筑风格和形态样式大同小异，缺乏明显的差异性与吸引力。黎槎村的八卦状村落与浙江兰溪诸葛八卦村、新疆特克斯县八卦城布局类似，如何克服旅游产品同质化竞争，具有较大挑战。

2. 如何筹措充足的建设资金

F02 村民指出：“现在政府在精神上没有注重，资金也不够，承包给旅游开发商后，开发商也不作为。”F10 村民认为：“现在是承包的第二年了。一年 45000 元，但是现在还没怎么规划，没有进行实质性的建设，现在都是村内自我建设。”这反映出古村落的完善和维修具有紧迫性，但由于政府的支持资金有限，难以满足村落的建设需要。因此如何通过多种方式筹措大量资金，对回龙镇的研学旅行发展是亟待克服的挑战。

3. 如何协调村民与开发商的利益关系

F02 村民表示：“承包给旅游开发商后，开发商不作为。群众对开发商都不信任。人人都想把这个地方拿去圈钱，但是都没有实际的投入，所以现在没有什么收益。”可见村民与开发商之间存在利益冲突。在回龙镇古村研学旅行开发中，村民与开发商都是利益相关者，为提高该区域研学旅行开发的可行性，需要就“如何协调村民与开发商的利益关系”这一问题进行深度思考，充分考虑村民的权益，提出有效可靠的解决措施。

四、研学旅行基地开发与设计

(一)总体定位

研学旅行是乡村振兴的重要助力，乡村是开展高质量研学旅行的重要空间。近年来，多地乡村被研学旅行点亮、激活，“研学+乡村”成为巩固脱贫攻坚战成果，助推乡村振兴的重要方式和有效载体，并不断总结出新的学生综合素质提升方式和乡村发展模式。反观回龙镇古村落的研学旅行发展，在市场定位方面，可将古村研学旅行基地的一级、二级、三级市场分别确定为肇庆、粤港澳大湾区和其他省份地区，做到立足于肇庆，面向粤港澳大湾区，并争取拓展到广东省其他地区乃至其他省份。在形象定位方面，应立足于自身文化，塑造百年文化特色古村落的形象，在保留古村落特色的同时，整合多种资源，打造岭南特色古村落旅游群。宣传方面，以“高要古村，带你重返旧时光”为口号，开发以学习古村历史文化为主题的研学旅行基地。

(二)研学旅行基地策划

1. 空间布局

推动研学旅行与乡村振兴融合发展、高质量发展，需要充分挖掘和展示乡村所蕴含的经济价值、社会价值、文化价值和生态价值，跳出单一的旅游思维，促进研学旅行与乡村在经济、生态、文化、治理等方面深度融合。下文基于高要区回龙镇古村研学旅游资源禀赋，结合各个古村落的地理位置、区位交通条件和行政区划等空间基础，依照“科技古村—生活古村—风情古村—美食古村”的总体策划思路，规划高要区古村研学旅行的空间结构为“一核、一环、多点”，形成“核心驱动、环线辐射、多点贯通”的研学旅游发展空间布局(图8.6)。

(1)核心驱动：黎槎村历史悠久，知名度高，建筑布局特色鲜明，可用于古村研学的资源较为丰富，因此黎槎村适宜作为高要区回龙镇古村落研学旅游发展的核心与引擎。进一步发掘黎槎村始于南宋嘉定年间的村落历史渊源，发挥源于《周易》中“八卦”形态的古建筑布局的独特优势，寻求“以水为脉、以屋为墙、以石为基”建筑风格的展现及活化手段。

(2)环线辐射：黎槎村、赤水塘村、澄湖村，槎塘村古村落研学旅行环线，回龙镇地处珠江三角洲西部，毗邻佛山高明区，外联端州主城区，区位优势显著。珠三角外环江肇高速公路、省道肇江公路、肇庆环城快速路等组成了便利的交通网络，使得高要古村落研学旅行基地具有良好的可进入性。优越的区位条件与交通条件为基地提供了打造研学旅行精品环线的基础，使得古村研学旅行环线辐射白土镇、蚬岗镇、蛟塘镇等地区，扩大周边乡镇的旅游影响力。

（3）多点贯通：古建筑观赏研学点（黎槎村、槎塘村）、授课研学点（黎槎村儒教园、赤水潭村竹居书室、澄湖村回龙书院）、农耕体验研学点（赤水塘村党员创业示范基地）。

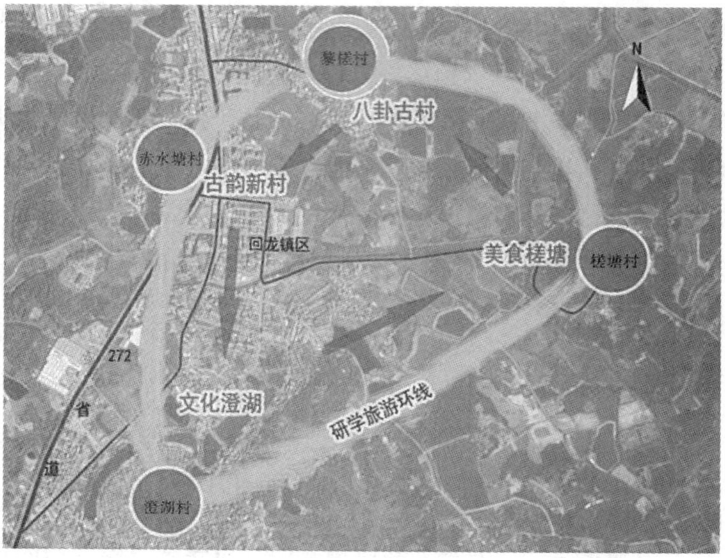

图 8.6　回龙镇古村研学旅行基地空间布局

图片来源：作者自绘

2. 产品策划

研学旅行与乡村文化融合，通过展演、手工技艺现场展示和学生即时制作等活动，充分发挥乡村文化作为独特课程资源的功能，就地实现文化传承。结合各村资源特色、客源市场等调查数据以及研学旅行产品开发等相关资料，参考相关案例确定以古村落为主线，延伸出农耕文化、非遗文化、岭南文化等研学主题。

（1）黎槎村：领略科技魅力，探索古村新知

一是打造 VR 体验中心。引入当前热门的 VR 技术，在景区中心的鸿运台附近建造 VR 体验中心，用 VR+古村落纪录片或 VR 热气球环游八卦村等形式将传统的静态观赏升级为新颖的沉浸式体验，带领研学者从更多角度认识八卦村。二是实现“AR 游古村”。与科技

公司合作开发“AR游古村”手机程序，研学旅行者可通过手机扫描二维码进入AR体验程序，使用导航、实时讲解功能，将实现图像、动画与实时摄取画面交融呈现，最大程度为研学者还原古村落旧时生活场景。三是开发古村探路者游戏。设计一种将古村落的历史文化知识与户外活动相结合的体验游戏，给研学者提供初始线索，每到达一处目标点得到新的探路线索，目标点即关键景点，线索即关键景点的历史文化信息。四是打造传统手工艺研学基地。可租用村内残旧的酒堂，翻修打造成为花席制作工艺研学基地，聘请当地的手工艺者逐步教授花席制作技术。

(2)赤水塘村：畅游新农村，享受好时光

一是建设生态农业研学基地。设置农耕体验区、高科技农业展示区以及休闲野炊区，研学者可在农耕体验区学习和实践播种、耕种、防治虫害等农耕知识，采摘蔬果。在高科技农业展示区参观学习无土栽培、立体农业等新型作物栽培技术以及智能机械自动化技术。二是打造田园书吧，内设落地玻璃打造全开放视野，田园美景尽收眼底。三是策划风情别墅街步行街。规划风情别墅街步行街，注重古村落情景打造，对街区建筑的体量、材料、色彩等要素做出系统规划。增设秀才酒肆、进士茶馆、举人商店等休闲购物设施，满足研学旅行专项旅游市场与大众市场需求。

(3)澄湖村：闲居华侨古村，弘扬爱国主义

一是建造村史研学馆。在保护澄湖村古建筑原有特征的基础上，对外墙进行修缮、装潢以建造村史研学馆，于古村落建筑内部增设情景雕塑，复现学童在书社、私塾学习的情境，定期排演展示邓政熙、邓慕周英勇事迹的历史剧，并系统策划专题节庆活动，打造研学旅行新亮点。二是发展醒狮文化研学馆，成立南狮研究与保护机构，设置醒狮技法课程，聘请村中有名狮队轮流担任指导老师，让研学者从中感受到源远流长的醒狮文化，领略中华民族的精神气节。三是打造具有岭南风情的生活综合体，打造具有镬耳形封火山墙、灰塑等岭南建筑特色的大型民宿群，在靠近乡镇主干道处配套建设岭南古村主题综合休闲街区，为本地村民和游客提供购物、娱乐等休闲服务。

(4)槎塘村：体会指尖上的岭南建筑，品味舌尖上的回龙茶果

一是成立岭南建筑文化研学馆。综合发挥观赏、游览、研究和教学功能，与岭南建筑学术委员会发展友好合作关系，聘请学者开展课程讲授，开展岭南建筑主题沙龙。二是打造茶果制作体验区。将村广场开辟为茶果制作体验区，池塘里种植荷花观赏，池塘边种植柳树遮阴，设凉亭休憩，聘请当地村民为茶果师傅向研学者传授制作茶果的手艺。三是发展“小棋盘”文创园。在古建筑外围按照梳式布局的思路打造“小棋盘”文创园，园内种植大量花草营造愉悦安宁的氛围，建筑内部空间要方便设计师工作、展示作品并有一定的游

客体验区。用福利政策吸引文创设计团队入驻，邀请专业团队开设灰塑制作、棋盘村模型制作课程，加深研学者对岭南文化及岭南建筑的认识。

3. 重点打造项目

(1)游客服务中心。主要包括游客接待中心大厅、景区管理办公室、医疗急救室、小型超市、警务室等。屋顶采用中式的有坡度的灰瓦来呈现，墙体采用现代材料混凝土来建设，墙围采用不规则突兀的青砖。在古文化的氛围内添加现代设计的风格，使其建筑华而不奢，体现古村的独特风格。

(2)生态停车场。应用透气、透水性铺装材料铺设地面，并间隔栽植一定量的乔木等绿化植物，将停车空间与绿化空间有机结合。遵循乔灌草相结合的原则，一方面给研学游客提供高质量的视觉观赏性，另一方面可有效遮阳避光、降低近地面温度、减小噪音、最大程度的维护古村落的生态环境，同时绿化可作为碳汇直接吸附作为碳源的汽车尾气。

(3)古村研学主题会馆及展馆。在保护古建筑原有特征的基础上，对建筑外观、内部进行修缮。基于会馆遗址保存完整，在清理修整、原貌恢复的基础之上，一部分会馆设计情景雕塑，复现旧时学童在书社、私塾学习的情境；一部分可以展示古村历史的图片、影像、文献及文化艺术品。

(4)古村特色街区。将回龙镇干道周边商铺进行古村风格的统一改造，增设古村主题的茶楼、酒楼和戏楼展馆。如建设秀才酒吧、进士茶馆、举人商店等休闲购物设施，满足研学旅行专项旅游市场与大众市场需求。做好道路美化和亮化工作，对街区建筑做出系统规划，保证风格协调统一。

4. 古村落研学课程设计

当前传统学科教学往往重知识、轻能力，重理论、轻实践。学科教育强调了学科知识的体系化、学科问题分析的系统性，但忽略了真实生活场景中的问题是更复杂和灵活多变的。本章根据回龙镇传统村落的资源现状，拟定回龙镇古村落研学项目与课程安排，通过体验式教学，实现理论与实践的统一，开拓研学者思维，提高其核心素养(表 8.5)。如今参与研学旅行的主力群体为中小学生，而研学旅行被纳入中小学教育教学计划也意味着未来研学旅行课程评价成绩将成为中小学生综合素质测评的依据之一，因此各研学基地也应根据开设的课程完善配套评价体系，供研学者及校级组织参考。

表 8.5　回龙镇古村落研学课程设计

基础学科	古村落研学课程名称	评价维度	课程实施载体	课时
建筑学	岭南古建筑的奥秘	理解探究	槎塘村岭南建筑文化研学馆	6
	灰塑制作、棋盘村模型制作	设计思维		
	古建筑雕花装饰鉴赏	观察探究	赤水塘村风情别墅街	
美术学	黎雄才山水画鉴赏理论课	审美鉴赏	黎槎村儒教园（暨广州美术学院写生基地）	4
	户外写生实践课	创作		
哲学	易经·八卦·万象变化	理解探究	黎槎村鸿运台 VR 体验中心	2
农学	农作物生长规律理论课	理解探究	赤水塘村生态农业研学基地（现党员创业示范基地）	6
	田园农耕记实践课	社会参与		
历史学	抗战英雄——邓政熙	情境认知	澄湖村邓甲硐楼	4
	民主革命践行者——邓慕周	情境认知		
民俗学	中华醒狮基础训练实践课	理解协调	澄湖村醒狮文化研学基地	4
	回龙茶果制作实践课	合作	槎塘村“小棋盘”文创园	

（三）研学旅行开发的保障措施

1. 强化组织保障

建立政府统筹、教育部门主管、相关部门联动、学校主体、家长支持的研学旅行工作协调机制，共同推进古村研学旅行的有序、健康发展。设立专门机构，具体负责古村研学旅行工作的开展，结合当地实际，建立制度，制订计划，组织实施。村干部要大力宣传及组织古村研学旅行，并积极配合政府的工作。

2. 提升资金保障

建立政府、学校、社会、家长共同承担的多元化经费筹措机制，相关服务机构要适当降低价格或减免费用，减轻古村研学旅行的经济负担。回龙镇政府应大力宣传并主动联系当地海外侨胞，吸引海外侨胞回乡建设及投资，使古村能更快更好地发展。

3. 促进要素整合

将古村的“食、住、行、游、购、娱”六大要素结合起来，可在村里修建民宿、商铺、休闲设施、游玩场所等配套设施。在开展学生古村研学旅行的过程中做好安全保障工作，相关部门制定安全出行标准，建立安全审查、安全监督检查制度，保障出行安全。

4. 加强人才保障

一是着力提高从业人员素养。政府应积极组织从业人员学习了解回龙镇古村旅游概况和规划，熟悉古村旅游文化的历史和现状，组织从业人员到典型的研学旅行基地学习，提高综合素质。二是建立旅游教育培训基地。充分利用回龙镇当地的教育资源，开设旅游专业，定向招生，培养古村研学旅游人才，与专业旅游学校联系，打造产学研合作基地。

五、结　　语

研学旅行具有社会、经济、文化、生态、人才等综合效应，对于乡村全面振兴具有重要推动作用。在乡村振兴战略实施的关键时期，挖掘乡村资源禀赋、深入发展研学旅行、创新乡村业态，有助于推动乡村产业振兴、文化振兴以及生态振兴。肇庆市高要区回龙镇古村落研学旅游资源丰富，村落布局特色突出，具备较好的联动开发条件，但目前古村落存在整体风貌不佳、基础设施不完善、旅游项目及产品吸引力不足等问题。在对国内研学旅行基地进行案例分析的基础上，结合回龙镇实际情况，提出古村落研学旅行基地策划方案，以期丰富研学旅游产品体系，为旅行者特别是中小学生这一特定旅行群体提供较为专业及全面的沉浸式研学体验。

下篇　乡村振兴规划研究

第九章　肇庆市高要区水南镇乡村振兴规划案例

内容提要：本章以高要区水南镇为案例地，以乡村振兴规划为主题，通过全面系统分析水南镇发展现状及发展环境，科学谋划水南发展定位、发展目标与发展战略，针对性地提出总体空间布局、构建现代优势产业体系、建设绿色美丽宜居乡村、打造现代乡村文化体系、提升乡村治理水平、开展乡村育才引智行动、补齐乡村振兴民生短板七大规划举措，夯实水南镇乡村振兴土地保障、人才保障、资金保障、宣传保障、督导保障五大保障。

一、项目基础

(一)规划范围

水南镇乡村振兴规划范围为水南镇辖区范围(图 9.1)，包括 14 个行政村(坳兰村、大播村、对口村、分界村、江背坑村、坑告村、坑口村、山寮村、社坑村、双波村、水南村、西牛村、下坪村、洲村村)和一个社区居委会，规划区域总面积 123 平方千米。本规划年限为 2021—2035 年。

(二)发展基础

1. 基本概况

水南镇隶属于广东省肇庆市高要区，地处高要区西北部，北与广宁县、四会市毗邻，南与小湘镇相接，西与乐城、禄步镇相连。下辖 92 个自然村，130 个村民小组，共 4636 户，户籍人口 15696 人，常住人口 4991 人。水南镇交通便利，县道 X435、X413 线贯通全镇，辖区内汕湛高速、肇明高速纵横交错并设有出口。水南镇以农业为主导产业，其中肉桂种植、茶油种植、灵芝种植、沃柑种植、蜂蜜养殖等产业均有一定规模。

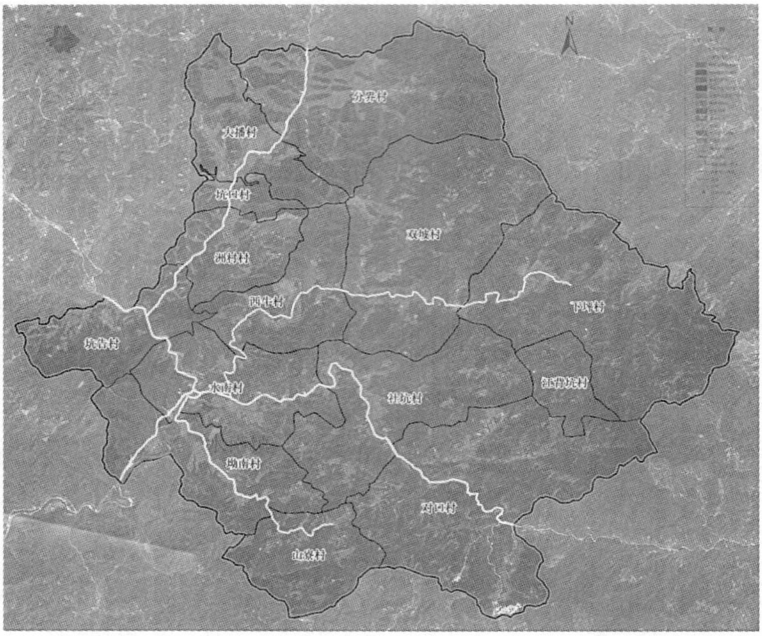

图 9.1　水南镇镇域乡村振兴规划范围图

图片来源：作者自绘

2. 山水格局

水南镇四周环山，海拔为 142～885 米，相对高差较大，最高点位于对口石牛头村石牛头山。大迳河由西至东横贯全镇，全长 56.18 千米，流域面积 458.3 平方千米。有清湾河、社坑河、坳兰河三条支流，它们自南向北流向大迳河，形成以“水作带、山环水”的山水格局。

3. 旅游资源分析

(1)旅游资源类型与数量

根据《旅游资源分类、调查与评价》(GB/T 18972—2017)对水南镇旅游资源进行分类，包括 9 个主类、16 个亚类、40 个基本类型，资源单体总数为 176 个，具体如表 9.1 所示。

(2)旅游资源概况

如图 9.2 所示，从旅游单体类型结构看，水南镇旅游资源以人文历史建筑资源为主，占资源总数的 37%，其中以人文景观综合体为主，占比约 45%。

表 9.1　水南镇旅游资源分类

主类	亚类	基本类型	资源单体	数量
A 地文景观	AA 自然景观综合体	AAA 山丘型景观	七星顶、石牛头山、太平顶	3
	AC 地表形态	ACE 奇特与象形山石	棺材石、石仙人	2
B 水域风光	BA 河系	BAA 游憩河段	大迳河、社坑河、清湾河等	13
		EAB 瀑布	飞天马瀑布	1
	BB 湖沼	BBB 潭池	石浪矿仙女潭、棺材潭、水南平湍溪流等	4
	BC 地下水	BCA 泉	大石坑下窝天然矿泉、山珠坑天井潭温泉	2
C 生物景观	CA 植被景观	CAA 林地	太平顶森林景区、盆石坑森林公园	2
		CAB 独树与丛树	国家古树一级保护木荷树、国家古树三级保护橄榄树等	14
E 建筑与设施	EA 人文景观综合体	EAB 军事遗址与古战场	坑告战壕、冷水顶战壕	2
		EAD 建设工程与生产地	蔬菜种植基地蜂蜜养殖基地、灵芝种植基地等	6
		EAE 文化活动场所	滨水公园、桥底公园、生态小公园、文化广场等	7
		EAG 宗教与祭祀活动场所	叶氏祠堂、甘氏祠堂等	10
		EAH 交通运输场站	水南村汕湛高速服务区	1
		EAI 纪念地与纪念活动场所	分界烈士纪念碑、水南花果山革命烈士纪念碑等	3
	EB 实用建筑与核心设施	EBB 特性屋舍	客家屋群、清湾村祖屋等	18
		EBC 独立厅、室、馆	罗家书院、合利书房等	3
		EBD 独立场、所	分界村爱国主义教育基地、花果山爱国主义教育基地	2
		EBG 堤坝段落	大坪石洋降电站、水南发电站大坝水库	2
		EBM 景观林场	十五亩桃花	1
		EBN 景观养殖场	蜜蜂养殖合作社	1

续表

主类	亚类	基本类型	资源单体	数量
E 建筑与设施	EC 景观与小品建筑	ECB 观景点	七星顶、石头牛顶	2
		ECC 亭、台、楼、阁	民意亭、民乐亭	2
		ECD 书画作	长圳坑村叶氏祖训	1
		ECG 牌坊牌楼、影壁	分界村牌坊	1
		ECL 水井	水南村水井、坑口村水井等	3
F 历史遗迹	FA 物质类文化遗产	FAA 建筑遗迹	东江纵队绥贺支队驻地遗址	1
	FB 非物质类文化遗产	FBA 民间文学艺术	掌故、民间传说、客家山歌	3
		FBB 地方习俗	哭嫁、观音旦、药王日等	4
		FBE 传统医药	肉桂、鸡血藤、菖蒲	3
G 旅游购品	GA 农业产品	GAA 种植业产品及制品	灵芝、沃柑、柑橘、石槁等	6
		GAB 林业产品与制品	鸭脚木、松树、杉树等	5
		GAC 畜牧业产品与制品	小家禽、猪、牛养殖等	4
		GAD 水产品及制品	淡水鱼养殖	1
		GAE 养殖业产品与制品	肇绿健蜂蜜等	2
	GC 手工艺品	GCB 织品、染织	箩筐、刀篓、鱼篓等	8
		GCC 家具	床、桌子、椅子等木制品	4
H 人文活动	HA 人事活动记录	HAA 地方人物	乡贤：何金泉；运动健将：甘百强、钟秀清；革命烈士：何水群、甘维熙等	11
		HAB 地方事件	1947 年 6 月 26 日，在分界岭中共党组织领导的游击队河西大队绥贺支队与国民党温树德部队激战；1949 年 10 月 26 日，中国人民解放军部队与国民党残余部队激战	2
	HB 岁时节令	HBC 现代节庆	祭拜大王坛、百公坛等	13
I 乡村建设	IA 美丽乡村	IAA 特色乡村	西牛、分界、对口村等	3

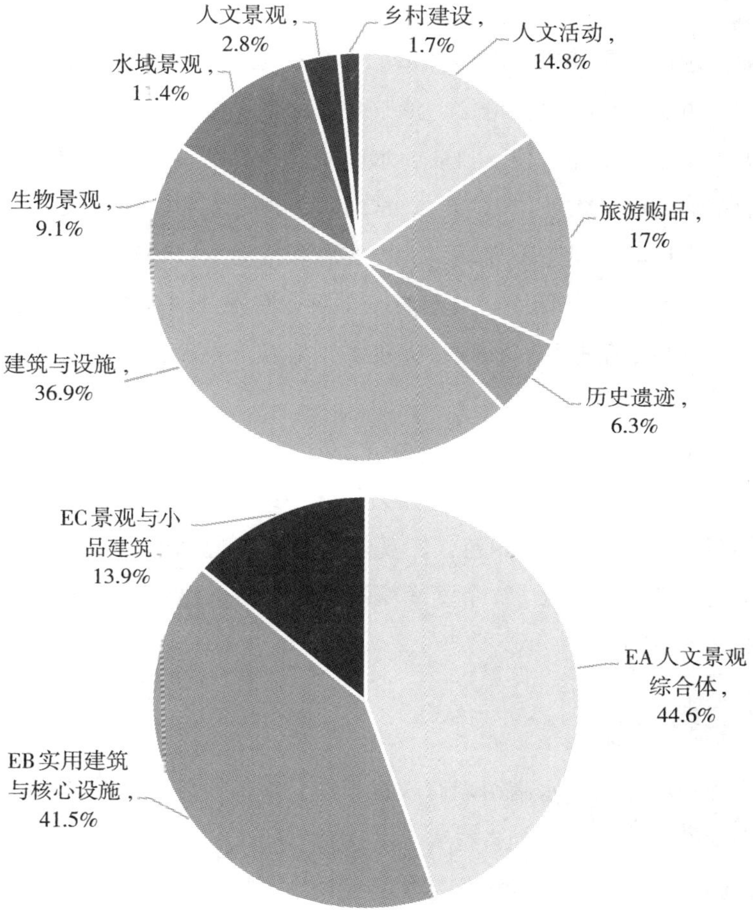

图 9. 2　水南镇旅游资源占比图

一是客家文化资源。水南镇是客家人集中聚居镇，90%以上人口均为客家人，客家文化底蕴深厚，有客家故事、客家风俗、客家屋、客家山歌等。

二是红色文化资源。水南镇爱国主义教育资源丰富，红色文化和革命文化积淀深厚。如县级文物保护单位水南花果山革命烈士纪念碑，广东省革命老区分界村革命烈士纪念碑及革命老区标志石等。

三是自然旅游资源。水南镇自然旅游资源丰富，旅游资源价值高，发展潜力大。双波村的飞天马瀑布是水南镇自然旅游资源中最富有魅力的绮丽景观，该瀑布高达 56 米，在丰水期，溪水像从马口上倾泻而出，飞流直下，飞溅的水花如云雾翻腾，气势磅礴，蔚为壮观，故称之为“飞天马瀑布”。

4. 产业发展基础

一是种植业。水南镇是高要区肉桂种植的重要产地，全镇肉桂种植面积达 9 万多亩，在全镇农民收入中占有十分重要的地位。油茶是水南镇乡村振兴的重点产业，在水南的农业经济产业发展中占据着重要地位。目前，水南镇油茶种植面积多达 10000 多亩，促进了水南镇农业产业结构调整和农业增效增收。水南镇大播村农业以重点发展特色高效项目为主，成立高要区水南镇华弘灵芝种植场，大力实施和推动了以种植灵芝为主的“一村一品”农业产业项目。2020 年，水南镇引进广东省一丰农业有限公司在水南村和分界村投资建设现代智慧农业蔬菜种植示范基地。该项目促进了当地经济发展，带动附近村民就业，增加农民收入。

二是养殖业。水南镇是高要区的蜂蜜主产区，近年来，水南镇多措并举发展蜜蜂产业，以实现绿色发展、提质增效、农民增收为目标，助力乡村振兴发展。通过“合作社+农户”的方式带动村民积极参与蜂蜜养殖，实现村民就近就地就业，促进村民稳定增收。目前水南镇有 4 个蜜蜂专业合作社，2 个蜜蜂养殖家庭农场，约有 1233 户农户养殖蜜蜂，林下养蜂数量达 2. 8 万群。

5. 村庄设施现状

一是公共服务设施方面，水南镇现有教育设施、文体设施、医疗设施等公共服务设施基本齐全，下辖的部分行政村也配备村委会、医疗室、文化室、商业点等基础公共服务设施。二是基础设施方面，水南镇各村落基本完成集中供水工程建设，补齐了镇域供水设施的短板。水南镇部分区域采取污水集中处理的方式，将农村污水和城镇污水收集到污水设施处集中统一处理，目前水南镇域内建成水南镇水质净化中心，日处理 1000m/d，但绝大部分行政村未实现污水集中处理。

6. 人居环境现状

一是村庄绿化方面，水南镇部分村落在村内道路和广场及房前屋后种植绿色植物，构建四季常青、花绿相映、错落有致的景观格局，有效改善了村民居住环境。二是垃圾处理方面，水南镇采取村收集、镇转运、区处理一体化方式处理村镇生活垃圾，每个自然村建成一座生活垃圾收集点，镇级专门的环卫车清运到镇级垃圾中转站，再由区统一运到环保能源发电项目部处理，每天清运垃圾量 4~5 吨。

7. 文化发展现状

水南镇不断完善圩镇及各行政村文化设施建设，目前建有镇级文体广场1个，篮球场3个，村级体育场地14处。利用传统节日、农闲季节进行政策宣传，举办爱国主义教育活动、蜂蜜科技培训班、读书交流会等文化科技活动。通过举办书法比赛、篮球赛、拔河比赛等文体活动吸引村民参与乡村文化建设，增加村民的集体感、责任感和荣誉感。加强农村群众基本道德教育，通过举办座谈会，宣讲党的方针政策，培养村民执法守法，勤劳善良，孝敬老人等良好品质，逐步形成和谐融洽的村民关系，绿化整洁的村容，安定有序的村貌，生态宜居的新农村，让广大农民有更多的归属感、获得感。

8. 基层治理现状

水南镇建有镇委党校1所，"初心堂"7个，村级新时代文明实践站15个，修缮村级党员活动室8个，建设有水南村党群服务中心。组织23个党支部开展理论中心学习，开展"不忘初心、牢记使命"主题教育和党史学习教育。开展"基层党建提升年"和"提升组织力，筑坚强堡垒"试点活动，推进15个村级公共服务中心(站)规划建设，深入实施"头雁"工程和"培青推优"工程，选优配强"两委"班子集体，整顿软弱涣散基层党组织。同时，落实暗访、查处、追责、曝光"四管齐下"的监督机制，开展基层农村干部违纪线索大排查等，全面从严治党助推党风政风持续好转，营造风清气正的良好政治生态。

(三)发展问题

1. 乡村人力资源匮乏。乡村人力资源的匮乏严重制约水南镇乡村振兴的发展。一是大批中青年劳动力流入城市，农村人口锐减，出现空巢老人和留守儿童的社会问题。现有数据显示，水南镇常住人口约4991人，仅占全镇户籍总人口的31.8%；二是人才队伍建设不足，水南镇乡村实用人才较少，后备人才力量缺乏。

2. 乡村产业体系不完善。水南镇现有的养殖业、种植业、旅游业均有一定的发展，但发展质量和效益不高，产业转型升级乏力。主要表现为：一是农业产业链条不长，农产品附加值和商品转化率不高；二是缺乏龙头企业，目前水南镇以农产品出售为主；三是品牌意识薄弱，水南镇在南药种植、油茶种植方面初具规模，但品牌化格局尚未形成。

3. 乡村基础设施薄弱。在实地走访中发现，水南镇在农村农业基础设施建设方面作了很大的努力，农村农业基础设施也得到明显改善，但仍然存在很多的问题和短板，如给水、排水、电信等基础公共设施配套有待完善。

4. 乡村生态环境欠佳。改善农村人居住环境，建设美丽宜居乡村，是实施乡村振兴战略的一项重要任务。近年来，水南镇乡村人居环境已得到了明显改善，农民的获得感、幸福感不断提升，但仍存在不足之处，如乡村风貌有待进一步提升。

二、目标与定位

(一) 总体定位

水南镇乡村振兴规划对水南镇的总体定位是将其建成粤港澳大湾区生态农业基地与康养休闲目的地。建成森林小镇、南药产业园和生态农业基地，在建设中更要保留并深挖水南镇浓郁的客家文化风情。要完成水南镇建成粤港澳大湾区生态农业基地与康养休闲目的地的目标，需要以“五位一体”为水南镇乡村振兴的总体框架，即以农民为主体，以产业为引领，以山水人文为特色的美丽乡村振兴模式，其中包括以群众为本的社会治理方式、以产业为要的产业结构、以生态为基的生态休闲产业、以文化为魂的生活方式和以富裕为标的生活水平(图 9.3)。

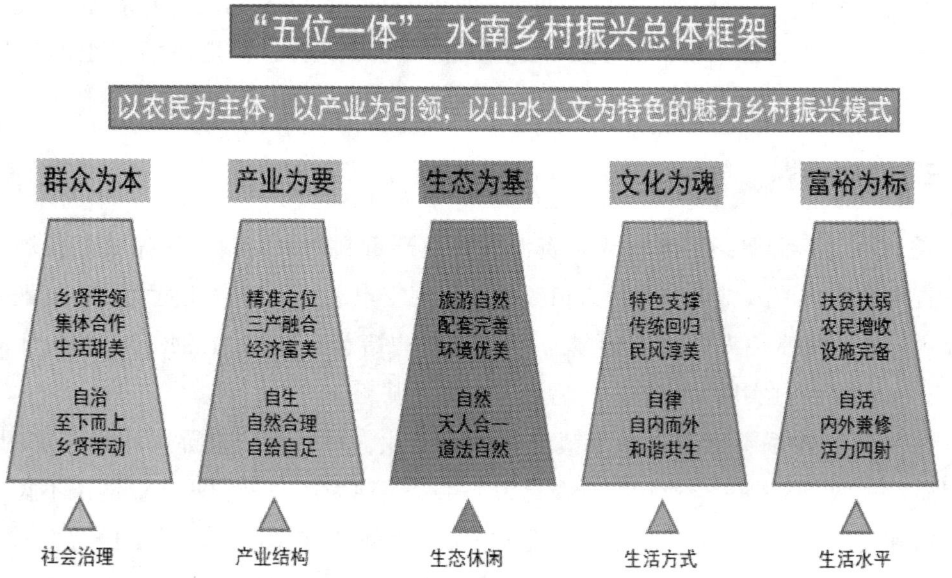

图 9.3　水南镇乡村振兴总体框架

图片来源：作者自绘

(二)发展目标

水南镇乡村振兴的目标定位可以分为总体目标、具体目标和阶段目标。(1)总体目标是：将水南镇打造为肇庆生态发展区乡村振兴样板镇和省级乡村旅游示范点。(2)具体目标包括：产业兴旺、生态宜居、乡风文明、治理有效和生活富裕五个方面，建立现代化乡村产业体系、生产体系和经营体系，形成一、二、三产业融合发展格局；全面完成农村人居环境整治，持续改善农村基础设施和公共服务，形成具有高要特色的乡村振兴模式与经验；传承和发展乡村优秀传统文化，使乡风文明再上新台阶；党建引领基层治理作用明显，建立现代乡村治理体系；拓宽农民增收渠道，力争农村居民人均可支配收入超过5万元。(3)阶段目标分三步走：第一步是到2025年，乡村振兴取得重大进展，政策体系基本形成，美丽乡村示范带基本建成，建成四大农业基地，成功打造市级现代农业产业园；第二步是到2030年，乡村振兴取得显著成效，农业农村现代化基本实现，成功打响森林小镇品牌，现代农业产业体系基本构建，引领高要创建国家乡村公园；第三步是到2035年，乡村全面振兴，农业强、农村美、农民富全面实现。

(三)发展模式

1. 沟域生态经济发展模式

沟域经济是山区发展的新模式，在对水南镇沟域经济发展的空间布局特征指向及其影响进行研究后，建立了水南镇沟域生态经济发展模式(图9.4)。该模式不以行政区域界限为边界，而是串联山区的大部分村庄，并与主要交通线走向重合，因此至少能在山区产业结构调整、城乡统筹发展等方面会对山区生态保护和经济发展产生积极影响。

2. 整体开发原则指导下的沟域经济开发模式

如图9.5所示，水南镇沟域系统布局，要建设好水南镇沟域生态经济发展模式离不开整体开发原则指导，包括以下六个方面：一是建立相应的组织机构和协作关系即针对沟域行政区划的特点，建立统一的沟域管理机构来协调整个沟域的各种关系。二是做好科学的规划和专家论证，要对沟域情况进行深入研究，包括沟域资源调查，沟域生态与环境承载能力分析和确立沟域资源开发优势等。三是促进沟域上中下段的统筹开发，沟域呈带状分布，包括上中下段，跨越范围较大，不同地段的自然、经济和社会资源差异较大，应根据不同地段的资源优势，合理调整产业结构，使整个沟域达到优势互补。四是系统的全面开发，沟域是一个复杂的经济系统。不仅要包括自然资源开发，还要对人力资源等其他经济

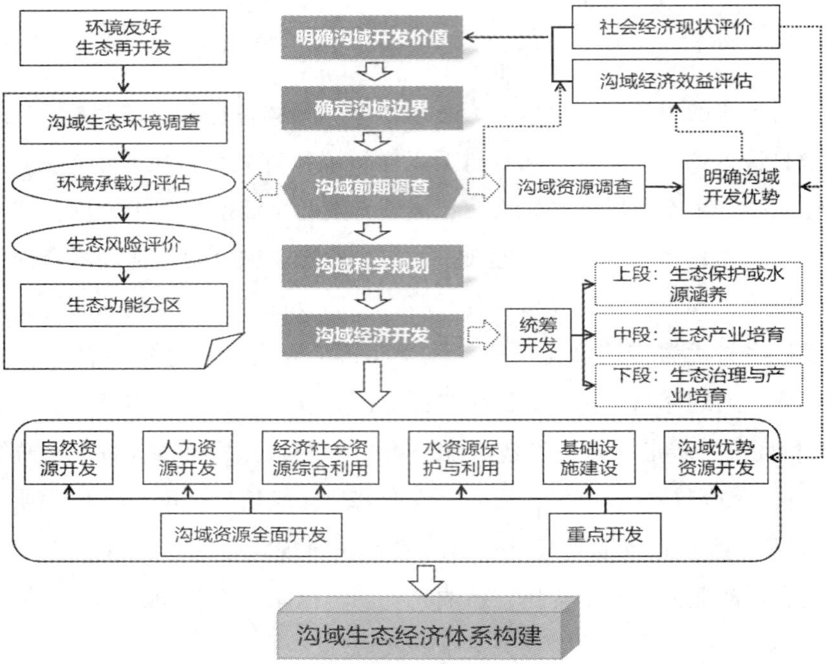

图 9.4　水南镇沟域生态经济发展模式

图片来源：作者自绘

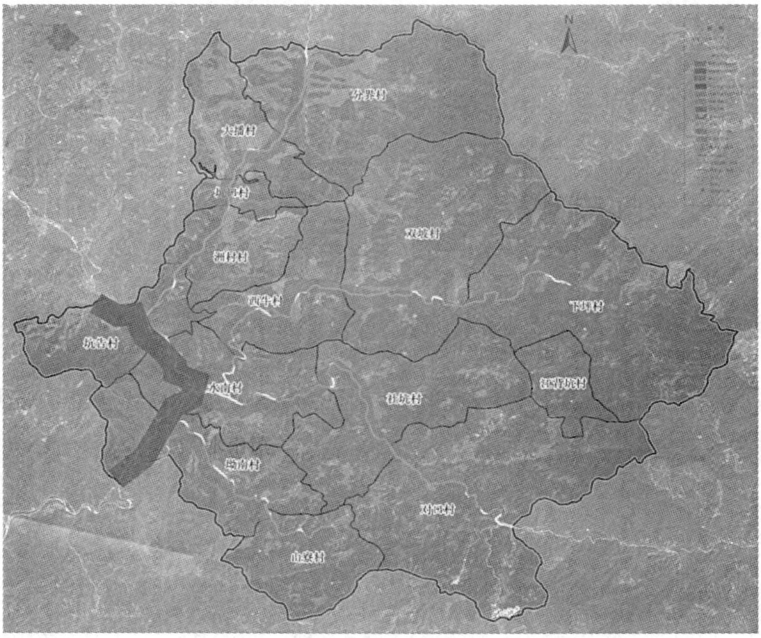

图 9.5　水南镇沟域系统布局图

图片来源：作者自绘

社会资源进行全方位的综合开发利用。五是重点开发，要重点做好水资源利用、交通等基础设施以及沟域优势产业资源的开发，在此基础上针对各区段的资源禀赋特征，选择开发条件好、符合沟域整体发展要求的区段进行重点开发。六是着力构建沟域绿色经济体系，从某种程度上说，沟域经济建设就是沟域绿色经济体系建设。

三、总体空间布局

(一)优化全域发展格局

优化水南镇全域发展格局，需着力打造“一核 · 两轴 · 两区”镇域乡村振兴空间布局(图 9.6)和乡村振兴项目体系(图 9.7)。其中“一核”指将水南圩镇社区作为集镇综合服务核；“两轴”指以旅游走廊、天合康养、运动探险、山居人家和美丽乡村等为主的东西产业发展轴和以乡风野道、绿水青山、缤纷田园和红色基地为主的南北产业发展轴；“两区”指将坳兰村、水南村、西牛村、洲村村、坑口村、大播村打造为西部现代生态农业发展区以及将山寮村、对口村、社坑村、江背坑村、下坪村、双波村、分界村打造为东部现代林旅融合发展区。

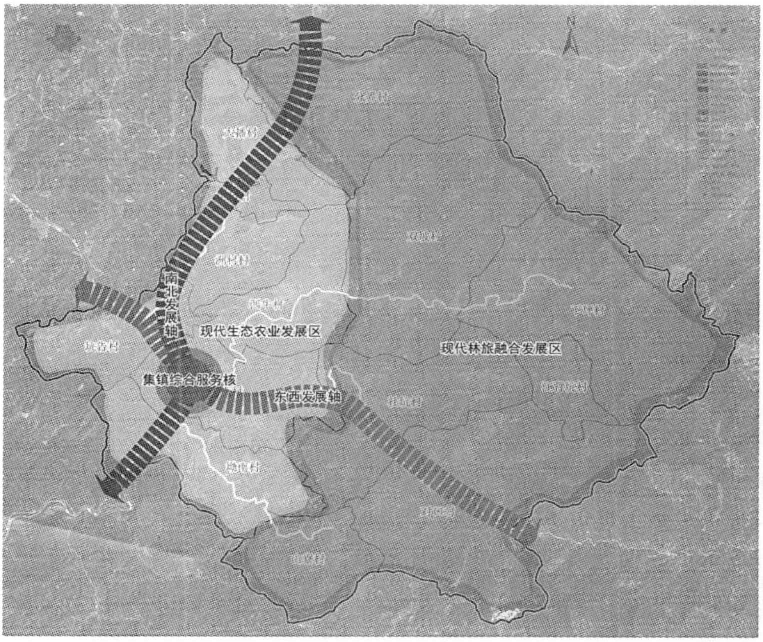

图 9.6　水南镇镇域发展空间布局图

图片来源：作者自绘

图 9.7　水南镇镇域发展项目体系图

1. 构建城镇综合发展核心

加快推动圩镇全面提升，围绕绿色康养水南建设，打造综合服务核心。推进街面风貌提升，聚焦客家风格，对沿街外立面进行整治提升。优化河流景观风貌，按照旅游景观的标准，推进集镇一河两岸景观带建设，提升旅游氛围。优化完善集镇服务功能，开展农贸市场改造提升工程，加快推进闲置土地的改造利用，推进停车场、游客接待中心、集镇景观节点建设，提升集镇集散功能，构建具有水南特色的集镇标志性景观节点。适应未来乡村振兴和旅游产业发展的需求，积极完善相关旅游餐饮住宿设施，增加特色餐饮店、特色农庄的数量，新增主题酒店，积极培育特色民宿、客栈等网红业态。

2. 推动东西两翼协同发展

(1)西部现代生态农业发展区

西部现代生态农业发展区以坳兰村、水南村、坑告村、西牛村、洲村村、坑口村、大播村组成，主导发展方向是以现代农业和休闲旅游为主，推动重点产业基地发展，打造现代农业产业走廊和美丽乡村展示走廊，加快推动现代农业发展(图 9.8)。

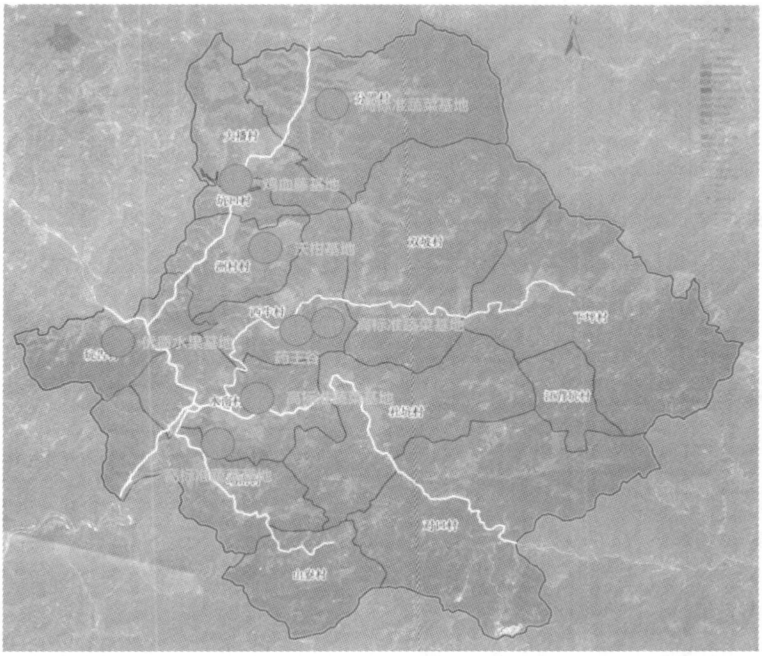

图 9.8　水南镇西部片区重点产业基地规划布局图

图片来源：作者自绘

①重点推进五大产业基地建设。围绕现代生态农业发展，加快推动乡村特色产业集聚发展，重点打造现代蔬菜种植基地、有机粮食种植基地、特色水果基地、优质蜂蜜养殖基地、竹荪种植基地、南药加工基地，围绕 435 县道，打造“一村一品”的现代农业产业走廊。

②加快推动特色乡村旅游区建设。按照农旅融合发展思路，加快推动民俗文化旅游资源的挖掘和开发，依托罗独村、百亩蔬菜基地、古树群、社坑河等优质旅游资源，打造以水南客家民居为主题的田园综合体旅游项目，重点发展集艺术家社区、摄影基地、水上娱乐、田园采摘于一体的休闲观光旅游区。依托水南圩镇社区旧仓库改造，发展南药加工文化创意旅游，同时依托水南花果山革命烈士纪念碑、分界革命烈士纪念碑，积极发展红色旅游。

(2)东部现代林旅融合发展区

东部现代林旅融合发展区以分界村、双波村、下坪村、江背坑村、社坑村、对口村、山寮村组成，主导发展方向以高效林下经济和康养旅游为主，依托山寮村千亩油茶基地、对口村的千亩大南药基地，加快做大做强三大产业板块，推动现代农业、观光农业的发展(图 9.9)。

①重点推动产业基地建设。建设山寮村千亩优质油茶基地、对口村千亩南药基地。加快形成以“油茶+”“南药+”的高效林下经济发展格局，推动林下经济多元发展。积极探索茶叶、珍稀苗木繁育等林下经济发展，改变以往单一低效的林下经济发展模式。

②加快形成生态康养旅游发展格局。以对口村为带动，打造石牛头运动休闲度假基地、世外桃源主题村落等景区，促进山寮、社坑、江背坑等村旅游产业发展。积极推动分界村红色旅游资源的宣传和开发工作，打造肇庆红色教育、党建主题活动的重要基地。围绕飞天马瀑布，双波村和下坪村后期可以积极发展户外探险、溯溪项目，推动旅游产品多元发展。

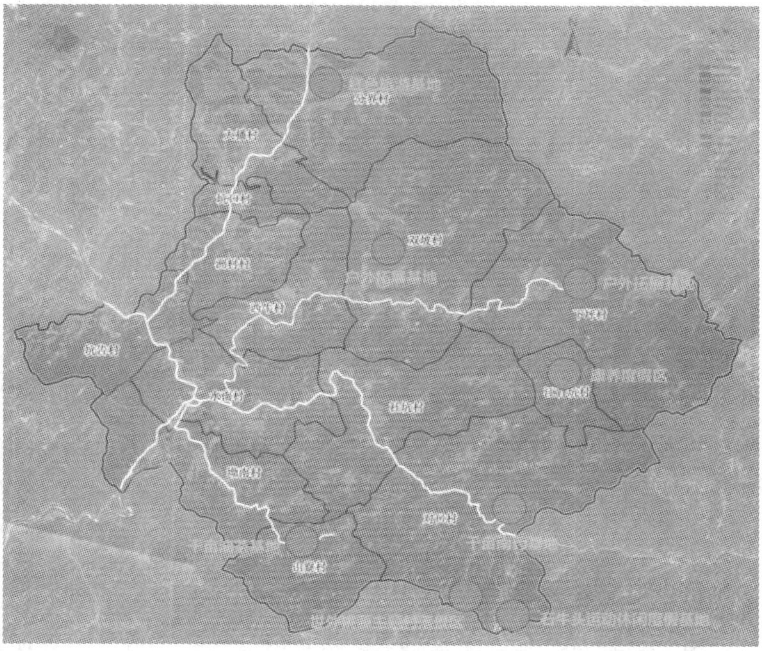

图 9.9 水南镇东部片区重点产业基地规划布局图

图片来源：作者自绘

3. 镇域发展轴

①南北产业发展轴。以 435 县道为依托，打造西部南北向综合发展轴。串联坳兰村、水南村、水南社区、坑告村、洲村村、大播村、分界村。全面提升产业发展的集聚力、辐射力、带动力，联通多个村庄、多个现代农业产业基地，构建水南镇现代农业产业振兴示范廊道。重点推动 435 县道改造，推进路面提档升级，按照二级公路和旅游公路的标准推

进道路改造提升，增设道路标识系统，推进道路美化、亮化工程。

②东西绿色发展轴。以 413 县道为主轴，以通村道路为依托，串联对口村、西牛村、社坑村、江背坑村、下坪村等。打造特色沟域经济，推进集生态治理、新农村建设、种植养殖业、民俗旅游业、观光农业发展于一体的山区乡村振兴发展新模式。开展沟域人居环境整治行动，优化道路景观，推进 413 县道改造升级和道路拓宽，打通至鼎湖梗阻路段，全面提升通行效率。大力发展山林经济、立体农业和乡村旅游，打造为水南镇绿色产业发展走廊和旅游度假观光走廊。积极推动 S118 省道提升工程，推动线路延伸至四会市。

(二)推动村庄分类发展

水南镇应将村庄分类规划以推进乡村振兴发展。如图 9.10 所示，示范引领型村庄为西牛村、对口村、水南村、水南圩镇社区；特色突出型村庄为江背坑村、坑告村、分界村；改造提升型村庄为双坡村、下坪村、洲村村、大播村、坑口村、山寮村、坳兰村。建设内容为：(1)示范引领型村庄通过打造优秀示范乡、优秀示范村等一大批乡村振兴优秀示范村，切实起到典型引路，示范带动作用。应抓紧编制村庄规划，抓住主要问题，聚焦

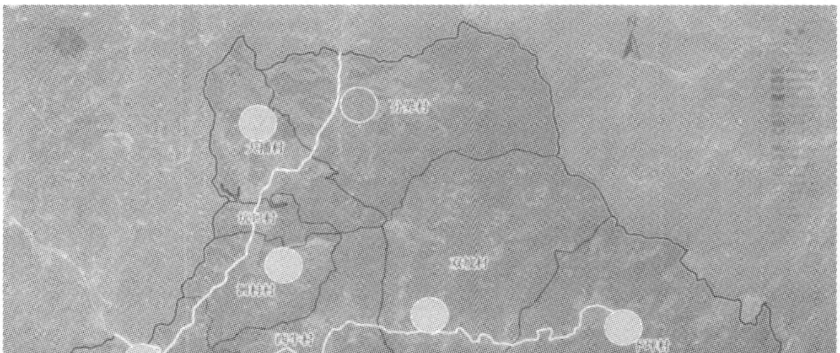

图 9.10　水南镇乡村振兴村庄分类发展规划图

图片来源：作者自绘

重点、紧扣需求，合理确定村庄规划的内容和深度。(2)特色突出型村庄展示了自己的乡村文化品牌，提升了美丽乡村文化内涵。村庄根据实际情况，统一规划、统一打造，并建立长效保洁机制，对照上位国土空间规划要求，通过规划修改、局部调整等方式落实各类管控底线与约束性指标，优化村庄空间布局，调整村庄建设边界。(3)改造提升型乡村在县、乡镇级国土空间总体规划中划定村庄建设边界，明确村庄国土空间用途管制和建设管理要求，制定管理通则，作为实施国土空间用途管制、核发乡村建设项目规划许可的依据，同时在城镇详细规划中明确村庄地块用途、开发建设强度、公共服务配套设施、市政基础设施及建筑高度等空间形态管控要求。

四、构建现代优势产业体系

以生态康养产业为核心，带动其他产业发展(图 9.11)。具体包括现代农业、多元林下经济和旅游产业三大产业发展方向；休闲农业区、水果集聚区、高效山林区和康养旅游区四大发展区域；“一村一品”创建工程、农产品品牌建设工程、现代农业经营体系、农产品物流渠道畅通工程和多元融合发展工程五大产业支撑体系。建设过程中要贯彻多元融合发展和产业全域覆盖的两大方针，以期实现“3+4+5”的水南全域产业振兴之路。

(一)产业发展空间布局

水南镇应重视生态康养产业，实行全域振兴发展，并着力打造四大产业发展片区(图 9.12)。其中四大产业发展片区具体如下：(1)现代休闲农业发展区：西牛村、水南村、坳兰村、分界村；(2)现代水果集聚区：坑告村、洲村村、坑口村、大播村；(3)高效山林经济区：双波村、下坪村、社坑村、山寮村；(4)森林康养旅游区：对口村、江背坑村。

(二)三大产业发展方向

1. 推进现代农林经济发展

(1)建设有机蔬菜走廊。大力发展无公害、有机蔬菜的生产，逐渐形成专业化的生产基地；改善蔬菜品质，提高水南镇蔬菜的知名度和竞争力；加快设施农业建设，巩固扩大喷灌等设施蔬菜基地；利用现有的蔬菜基地，逐步形成休闲农业观光园。蔬菜生产基地主要包括西牛村、水南村、分界村、坳兰村。至 2035 年，全镇有机蔬菜种植达 1000 亩，亩产超 10000 元。其中水南村、分界村、坳兰村可依托一丰蔬菜基地，全力打造“公司+基地”订单式现代农业发展模式；西牛村可结合罗东村，打造深层次休闲、体验、观光田园

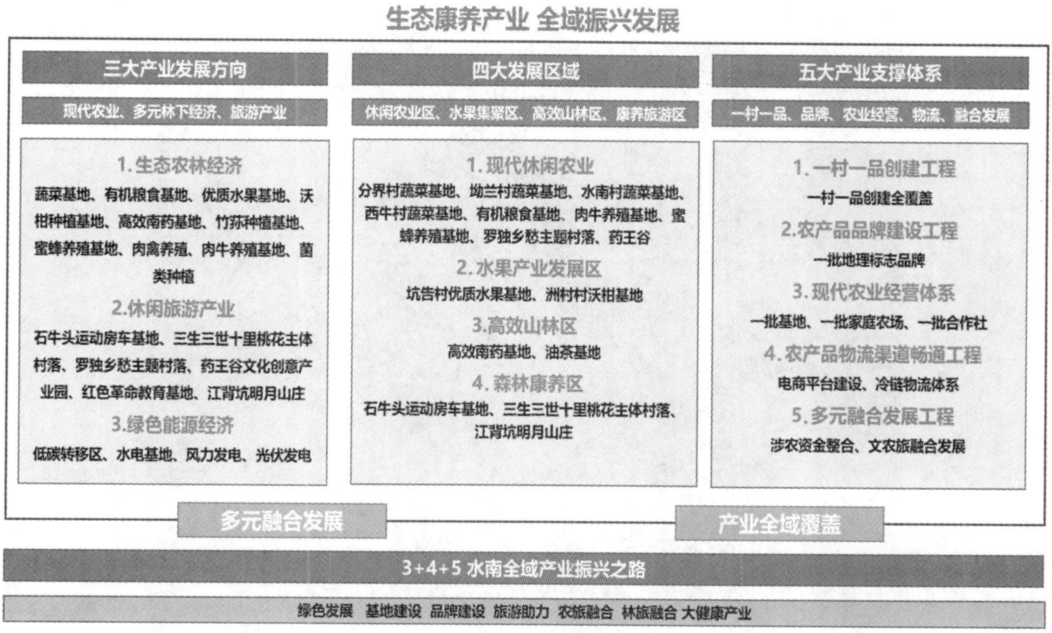

图 9.11　构建现代优势产业体系概述图

综合体。

（2）建设健康水果基地。水南镇未来发展应坚持走基地化生产、标准化管理、品牌化经营、市场化运作之路，积极完善有机、山地、无公害果品生产示范基地的建设，逐渐形成专业化的生产基地；全面实施标准化生产技术，逐步建立和提高水南沃柑和鹰嘴桃等优质水果的品牌知名度，按照产业联动发展的思路，发展果园观光等休闲旅游业态。其中洲村村可依托沃柑扶贫基地，扩大种植面积，打造洲村村水果产业品牌；坑告村可加快推进鹰嘴桃优质水果种植基地建设。

（3）建设特色南药基地。依托本区域桂皮种植基础，引入多家优质企业，推动与大南药等公司的合作，全力打造大南药公司在肇庆的主要生产基地、种苗繁育基地，进一步丰富南药种植品种，推动岗梅、铁皮石斛、鸡血藤、菖蒲等特色南药种植，实现各村高效南药基地全覆盖。至 2025 年，至少每个村有一个高效南药生产基地，千亩以上的南药生产基地达 5 个以上。其中对口村可全力推进千亩岗梅种植基地建设，打造肇庆南药标准化种植示范村；其他村可逐步减少桂树的种植面积，通过优质山林地进行集约经营，逐步推动南药基地的建设。

（4）提升优质油茶种植基地。稳步扩大红花油茶的种植面积，打造山寮村千亩油茶种植基地，积极推动优质油茶加工基地建设，打造具有水南特色的健康养生茶油品牌，支持

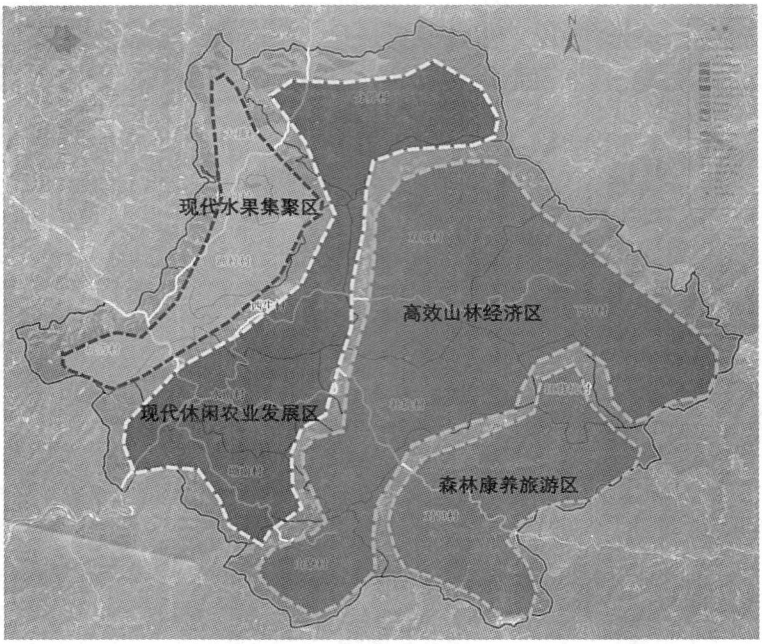

图 9.12 水南镇产业发展布局图

图片来源：作者自绘

山寮村打造茶油综合开发基地，后期围绕千亩茶油基地，积极开展乡村旅游、生态旅游的开发建设。至 2035 年，打造集茶油生产、加工、观光、体验于一体的现代茶油风情园。

(5)建设多元林下养殖基地。依托分界、西牛村蜜蜂养殖基地，推进水南镇蜂蜜品牌建设，构建地理标志产品，成立全镇蜂蜜产业协会，通过协会力量，推动蜂蜜产业集约高效发展，并围绕重点村打造若干重点养殖基地，推动农家乐等产业的发展，打造乡村休闲旅游点。借助水南镇便捷的对外交通方式，依托水南村竹林资源，积极引进竹荪等特色种植产业。

2. 大力发展生态旅游

(1)大湾区生态康养度假目的地

水南镇可依托良好的生态环境资源，高标准建设至四会、鼎湖的连接通道，加强与四会、鼎湖、端州联动发展，打造优势互补、业态创新的旅游发展新格局，全力打造大湾区生态康养度假旅游目的地，打响“绿色康养谷，十里画廊悦”主题形象。具体建设方式可阐述为“一轴一环四片区多节点”(图 9.13)，“一轴”即东西产业发展轴线；“四片区”即打造以对口村、山寮村和江背坑村为核心的生态康养旅游区、以分界村、水南圩镇社区为核心的红色旅游区、以西牛村为核心的休闲农业旅游区、以水南圩镇社区为核心综合服务旅游区；“多节点”即打造多个游玩项目，包括石牛头运动休闲房车营地、三生三世十里桃花客家主题村落、罗独乡愁主题村落、南药康养文化创意产业园和山顶部落主题生态基地。

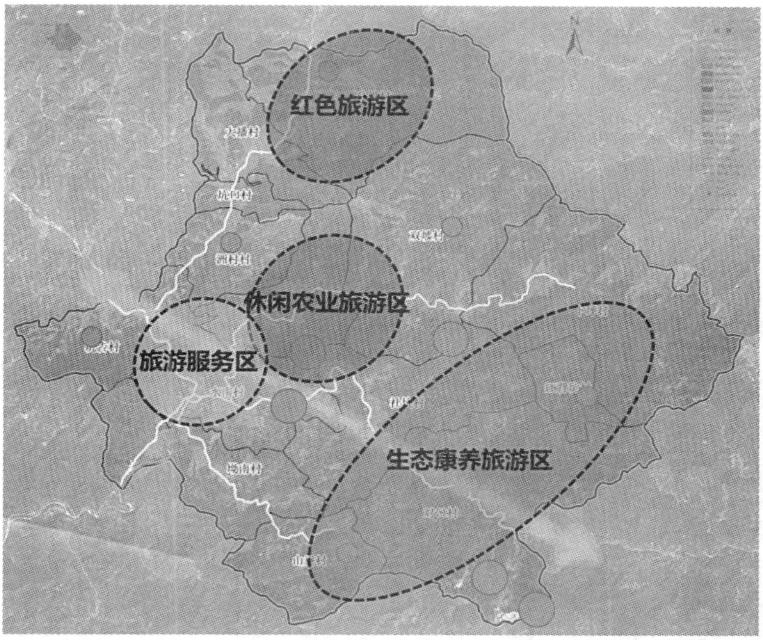

图 9.13　水南镇旅游发展空间布局图

图片来源：作者自绘

(2)旅游发展主轴线

打造旅游发展主轴线的主要思路为推动道路提档升级，打造水南“0 号公路”，联动东西旅游发展，特别是与连通鼎湖 0 号公路，推动自行绿道建设；加强对口村等重点旅游村落的建设，推动沿线村容村貌的改造升级；同时推动 S118 延伸至四会，打通水南至四会的通道。重点工程包括道路提升工程、自行车赛道建设、沿线村容村貌改造和重点景区建设，可定位发展为肇庆市最美旅游公路。

(3)四大旅游发展重点区域

一是打造以对口村、山寮村、江背坑村为核心的生态康养旅游区。具体规划为以石牛头、桃花尾开发为重点，以南药基地为依托，打造以生态、运动、康养为主题的产业发展区；重点项目包括桃花尾主题村落开发、石牛头运动房车营地、对口村综合服务中心建设和南药康养旅游谷建设。二是打造以分界村、水南圩镇社区为核心的红色旅游区。具体规划为依托分界村和水南圩镇社区的红色旅游基地，挖掘红色旅游文化，积极打造党史教育基地、红色革命研学基地；重点项目包括党史教育基地和红色革命研学基地。三是打造以西牛村为核心的休闲农业旅游区。具体规划为以罗独村为核心，打造小桥·流水·人家原乡主题古村落，开发周边优质农田，建设蔬菜采摘基地，积极发展水上娱乐活动，开发逍遥康养水上漂流项目；重点项目包括古村建设、采摘园、大地景观和水上漂流。四是打造以水南圩镇社区为核心综合服务旅游区。具体规划为推动水南客家主题风情街建设，促进圩镇风貌整体改造提升，推动旅游基础服务设施提档升级；重点项目为风貌改造、游客服务中心、樱花谷和一河两岸景观提升(图 9. 14)。

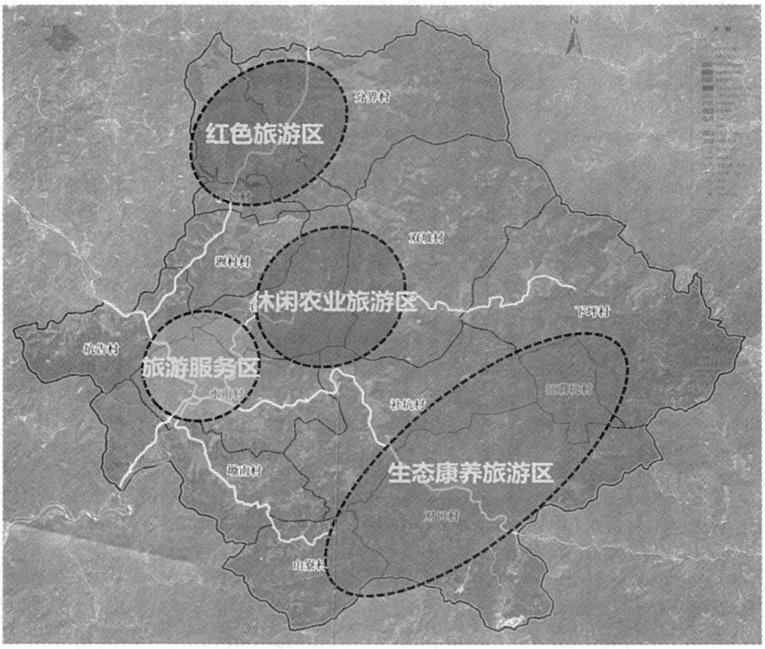

图 9. 14　水南镇四大旅游区示意图

图片来源：作者自绘

3. 绿色能源产业

(1)打造绿色碳汇基地。对接国家“碳达峰”“碳中和”发展战略，践行“绿水青山就是金山银山”理念，坚持生态优先、绿色发展战略，扎实推进碳汇产业发展。利用水南镇全域绿色产业发展优势，打造碳排放洼地，对接碳排放市场，积极开展碳排交易。(2)提振水电能源产业。加大对本地小型水电设施的修复，提升储水蓄能水平，提升水利发展电量。此外科学评估本区域新建小型水电设施项目，稳步推动小型水电项目建设，提振传统能源产业的发展。(3)发展光伏风电产业。大力发展其他清洁能源产业。积极布局光伏发电项目，依托原有光伏扶贫产业，推动大型光伏产业基地建设，优化光伏发电；积极争取政策支持，推动大型风电设施建设，打造风力发电基地。

(三)多个重点产业项目

(1)十里桃花三生三世主题村。可开发桃花客栈、客家民居、桃花酒肆和桃园探秘，融入主题文化如桃园故事汇、客家文化馆和宗祠文化中心等。(2)石牛头运动房车营地。可开发房车基地、泡泡屋营地、特色木屋、卡丁车基地、赛马场、攀岩基地、帐篷基地和星空客栈等。(3)药王谷文化创意产业园(水南圩镇社区)。可开发养生文化展示、文化创意和养生保健等。(4)罗独乡愁主题村落田园综合体(西牛村)。可开发客家民居住宅如艺术家社区、客家民宿、村史馆和趣味木屋，可引入探寻乡愁活动如小桥探幽、古村探秘和阡陌纵横，可建设田园综合体如趣味田园、水上漂流和观景平台等。(5)建设红色研学教育基地。(6)开发一条国家级山地自行车骑行运动环。对标国家级山地自行车骑行运动，对骑行道、景观节点、服务设施进行建设引导。依托旅游环线打造乡村马拉松和定向越野比赛。(7)打造两条绝美享乐观光漂流。建成两条享乐逍遥漂流，推出竹筏观景、漂流体验，并将竹筏作为重要的旅游交通串联方式。

(四)五大产业支撑体系

1.“一村一品”创建工程

开展“一村一品”创建工程，实现全镇以“南药”为主导，以现代农业和康养旅游业为重点支撑的现代产业发展格局，力争到2025年，创建全国“一村一品”示范镇。

2. 品牌化提升工程

加快推动农产品品牌认定建设工作，推动水南南药、水南蜂蜜、水南茶油、水南蔬菜四大地理标志产品发展，做强区域公用品牌，提升农产品附加值。

3. 现代化经营工程

集中力量，推动集约化、规模化、高效化经营模式，打造“公司+合作社+农户”的发展模式，到2035年，村均合作社数量达到4个，全镇至少打造出10个以上家庭农场。

4. 标准生产工程

全力推进标准化生产方式，推动绿色清洁生产方式，重点发展有机农业。逐步推动化肥、农药减量增效，促进农业绿色发展。强化标准化基地建设，打造标准化有机蔬菜生产基地、有机粮食生产基地和健康南药生产基地。

5. 农产品渠道建设工程

加快推动水南农产品进城，引入专业化企业运作，结合农民专业合作社拓展渠道，激活水南镇电商平台开展直播带货等销售活动，建设农产品冷链物流体系。

五、建设绿色美丽宜居乡村

（一）生产空间治理

1. 高标准农田建设工程

开展高标准农田建设工程，加快推进土地整理工作，对现有耕地进行平整改造，至2025年，逐步完成对现有耕地的整理工作，打造水南镇高质量基本农田。进一步开展农田基础设施建设，完善农田小型水利设施建设。强化对农田周边滑坡、洪涝的防治工作，强化山体保育功能，完善村级农田排水工程，及时化解农田内涝灾害，促进农业空间有效利用。

2. 推进绿色生态农业生产方式

推进无公害蔬菜基地、有机水稻基地建设，全面推广测土配方施肥技术，强化化肥、农药、兽药、饲料添加剂等投入品使用管理，推进病虫害统防统治和绿色防控。大力实施种养业循环一体化工程，加快规模化畜禽养殖场区粪污处理基础设施建设与标准化改造，散养密集区要逐步实现畜禽粪便污水分户收集、集中处理利用。

（二）生活空间治理

1. 着力打造两条美丽乡村特色走廊

（1）保护乡村风貌多样性。建设立足乡土社会、富有地域特色、承载田园乡愁、体现现代文明的水南美丽乡村。实施美丽乡村省级示范村、市级示范村、县级示范村“三级联创”，到2025年，50%以上达到市级美丽乡村建设标准；到2035年，100%以上的村庄建成美丽乡村。集中力量打造两条美丽乡村特色走廊，集中打造2~3个在省内有一定影响力的美丽乡村特色村。

(2)开展“美丽庭院”创建行动。开展“美丽庭院”创建行动，到2025年，新增10个以上全市美丽庭院；2035年，打造50个美丽庭院。开展“四小园”建设工程，把农村“四小园”建设作为农村人居环境整治和生态宜居美丽乡村建设的一项重要工作内容。合理利用乡村闲置土地、闲置空间，建设房前屋后小菜园、小果园、小花园、小公园。至2025年，各村至少建设3~5个“四小园”，至2035年，各村至少建设10个以上“四小园”。

2. 加强人居环境整治力度

以垃圾、污水和村容村貌整治提升为主攻方向，实施水南镇农村人居环境提升工程三年行动。实施改善农村人居环境工程，提升农村路水电气房厕及垃圾污水处理等基础设施水平，推进乡村“五化”。建立农村卫生厕所长效管护机制，实施厕所粪污治理，引导人口规模较大村庄配套建设公共厕所。推进剩余57个自然村污水处理设施建设，根据村庄规划，用地条件，建设一体化或人工湿地污水处理设施，力争到2025年，自然村污水处理设施实现全覆盖，农村生活垃圾无害化处理实现全覆盖。加快解决农村饮水安全问题，推进农村新型社区集中供水。

3. 提升人居环境保障力度

坚持“建管并重”，探索政府支持与村民自治、市场化运作相结合的农村环保设施管理体制，将管理主体、经费保障、人员配备等内容制度化、规范化，确保运行维护长效管理。推行环境治理依效付费制度，健全服务绩效评价考核机制。规范推广政府和社会资本合作(PPP)模式，通过特许经营等方式吸引社会资本参与农村垃圾污水处理项目。依法简化农村人居环境整治建设项目审批程序和招投标程序，降低建设成本，确保工程质量。探索建立垃圾污水处理农户付费制度，完善财政补贴和农户付费合理分担机制。加大对农村环保支持力度，财政部门积极统筹各类相关资金，对农村环保基础设施建设给予奖补。

4. 分类实施村庄人居环境整治

(1)重点村人居环境整治工程。因地制宜推进乡村建设行动、农村人居环境整治、农村一、二、三产业融合发展等有较多开发建设，且有修复整治任务的村庄，集中力量、加快村庄规划优化提升工作，为各类空间开发建设活动提供空间载体。重点推进水南村、分界村、西牛村、对口村等的人居环境整治工作，全面提升村容村貌，加快旅游村落建设工作。推进三大工程：一是村容村貌提升工程，如外立面改造提升、四小园建设；二是基础设施提升工程，如道路、公厕旅、停车场建设；三是旅游项目建设工程，如游客接待中心、民宿、农家乐等项目。

(2)一般村人居环境整治工作。聚焦人居环境优化提升，打造和谐共生美丽乡村。推进双波村、山寮村、社坑村、大播村、坑口村、坳兰村、洲村村、江背坑村等村庄的人居环境整治工作，重点围绕村容村貌改造提升、基础设施提升两大方面，开展系统整治。落实两大工程：一是村容村貌提升工程，包括外立面改造提升、四小园建设；二是基础设施提升工程，包括道路绿化、美化、亮化。

(三)生态空间治理

加大对生态环境的治理力度。加强野生动植物的保护工作，禁止非法捕杀珍稀物种，维护村庄物种多样性。加强对山丘生态林地、鸟类、兽类等野生动植物资源的保护。推进观光体验旅游，开展打造旅游休闲大环线，构建环镇生态旅游环，推进沿线景观整治，建设自行车绿道和观景平台，提升景观价值和旅游吸引力；开展生态休闲旅游，依托森林资源，建设休闲观光、康养度假、主题村落等项目，落实生态旅游开发和生态修复两大工程。

六、打造现代乡村文化体系

(一)深入开展乡村文明行动

1. 加强思想道德建设，树立乡村文明新风

以培育和践行社会主义核心价值观为根本，深化群众性精神文明创建活动，培育社会文明新风，为建设现代化水南镇提供坚强思想保证。坚持教育引导、实践养成、制度保障三管齐下，加强农村思想政治工作，在农村思想领域进行观念更新，帮助农民理解、掌握党的方针、政策，激发农民群众的积极性、主动性和创造性，投身于乡村振兴建设。重视社区(村委)教育作用，做好宣传农村道德榜样与典型，积极推进农村社会公德、家庭美德和个人品德建设，让思想道德建设为农村物质文明和精神文明的发展提供动力。依托乡村文化建设，开展群众喜闻乐见、形式多样、丰富多彩的文化文艺活动，丰富农村群众文化生活。

2. 积极推进移风易俗，广泛开展宣传教育

推动移风易俗，整治大操大办、厚葬薄养、人情攀比和封建迷信等陈规陋习，推行村规民约，进行道德评比，成立红白理事会等。教育农民改变大操大办婚丧酒席、搞封建迷信活动等陈规陋习，重新树立勤俭节约的文明新风，焕发乡村文明新气象。推进农村“扫黑除恶”基层站点规范化标准化建设，广泛开展宣传教育活动，提升群众对扫黑除恶专项斗争的认识。

3. 创新宣传引导方式，提升农民文明素养

创新文化宣传形式，强化农村精神文明建设宣传引导。在加强农村公益广告刊播、社会主义核心价值观景观建设、文化墙绘、宣传栏、乡村“小喇叭”等载体的同时，针对农村群体的特点，充分发挥网络、微信群、抖音等新传播载体的作用。用通俗易懂的语言、农民喜闻乐见的形式，多角度、全方位深入宣传中国特色社会主义思想，大力弘扬民族精神和时代精神，加强爱国主义、集体主义、社会主义教育。推进道德和诚信建设，强化农民的社会责任意识和主人翁意识，弘扬劳动光荣、诚信重礼、勤俭节约、尊老爱幼、敦亲睦邻等优良社会风尚。开展寻找最美乡村老师、医生、村干部、人民调解员、道德模范等活动，做好“高要新乡贤”宣传推广。

(二)健全公共文化服务体系

1. 大力实施文化惠民工程，加强公共文化设施建设

水南镇要充分发挥公共文化机构的辐射作用，加快推动镇级综合文化站、村级综合文化活动服务中心等文化场所建设，持续推进优质公共文化资源向基层、向农村延伸，打通公共文化服务“最后一千米”。积极推进乡村公共体育设施建设，不断完善乡村健身设施，加快推进水南乡村“15 分钟健身圈”实现全覆盖。

2. 增加公共文化产品供给，丰富群众文化生活形式

支持“三农”题材文艺创作生产，深入开展文艺家深入农村地区开展惠民演出活动，鼓励各级文艺工作者不断推出反映农民生产生活尤其是乡村振兴实践的优秀文艺作品。深入开展形式多样、各具特色的宣传教育、科普和文化娱乐活动，丰富人民群众的文化生活，发展农村文化事业。例如，结合水南客家文化开展“唱响客家山歌、传承非遗文化”展演活动，弘扬优秀客家文化传承经典文化与精神，传承客家山歌，打造特色客家文化品牌。

（三）弘扬乡村特色红色文化

大力挖掘水南镇特色红色文化，尤其是革命老区、革命烈士纪念碑以及东江纵队绥贺支队驻地旧址等红色文化资源，激活红色乡土文化，涵育乡村文明新风尚，推进红色文化与乡村振兴战略有机结合。一要深挖乡村红色文化资源，激发乡村群众保护和利用红色文化资源的主体积极性。二要大力创作以农村相关主题为背景、能引发广大农民群众思想共鸣的红色优秀文化艺术作品，开展红色教育主题实践活动。三要创新红色宣传方式，构建立体化、智能化的传播渠道，大力构建展现红色乡土文化特色的载体平台，建设乡村红色文化示范教育基地。

（四）挖掘客家乡村民俗文化

在实施乡村振兴战略过程中，水南镇要重视挖掘本土文化资源，将自然风光、人文风情以及客家民俗等元素与旅游相结合，实现文化与旅游互动相融。在客家民俗文化挖掘方面，要对传统客家风格民居进行保护性开发，最大限度地保留乡村本土建筑风貌，尊重历史、尊重文化，切合城市消费者对“乡愁”的追忆和精神追求，创建一条独具客家风情的农旅融合发展之路。一是将宗族文化变身为村规民约，客家宗族文化中有很多积极向上、团结互助的内容，可以作为引导客家人慈善体恤的精神道德标杆，利用宗族文化来制定村规民约，更易理解、便于操作；二是将闲置的客家祖屋、宗祠改造为民情馆、纪念馆、村部理事所，充分利用祠堂、祖屋，使之与文化振兴有机结合，既能节约成本，又能达到宣传教化和开发旅游场所的目的；三是将乡村旅游与民间习俗有机融合，组织形式多样的民俗活动，增强游客参与性和体验感；四是建设水南客家文化博物馆，将客家的故事、山歌、民谣提取为旅游要素，“讲好故事，事半功倍”，一个村落就是一段历史，要讲好美丽乡村的发展故事、传统故事。

七、加快提升乡村治理水平

（一）加强基层党建和党组织领导能力

1. 加强农村基层党组织建设

把加强基层党的建设、巩固党的执政基础作为贯穿社会治理和基层建设的主线，以改革创新精神探索具有水南特色的党建阵地为抓手，提升党群服务中心，扎实推进抓党建促乡村振兴；切实加强基层党员队伍建设，高标准、严要求，提高农村发展党员质量，加强农村党员教育培训，强化先锋引领作用，健全党员岗位创先争优长效机制；完善基层党组织制度建设，扩大组织覆盖和工作覆盖，积极推进党务村务财务公开，全面升级打造集政治、文化、服务功能于一体的村级党群活动中心。

2. 强化基层党组织领导能力

充分发挥镇和村党委农村工作领导小组(实施乡村振兴战略领导小组)牵头抓总、统筹协调作用，完善书记抓乡村振兴工作机制，成立专项小组或工作专办，建立任务落实台账，定期调度工作进展，规范水南镇农村工作领导小组办公室机构设置，强化人员配置，加强人员的交流和培养，宣传党的历史、文化，打造党建示范点，建好党史展厅，初心堂等。

(二)完善村民自治法治德治建设

1. 提升村民自治水平

完善村民自治组织民主制度，发挥村民自治章程、村规民约的积极作用，实现以制度管人、按程序理事的工作目标；大力推进村务公开，深入实施“村级事务阳光工程”，做到“四个规范”，规范公开内容、规范公开程序、规范公开时间、规范公开形式；创新基层管理体制机制，实行网格化管理，逐步完善乡村便民服务体系，引导农村居民参与社区公共事务和公益事业管理。

2. 规范乡村法治建设

深入开展法治宣传教育，弘扬社会主义法治精神，建设社会主义法治文化，广泛开展依法治理活动，加大农村普法教育和实践，采取多种形式组织“法律进乡村”宣传教育活动，广泛开展“民主法治村”创建；推进覆盖农村居民的公共法律服务体系建设，加强对农民的法律援助和司法救助，深入开展“一村一法律顾问”工作，完善农村信访工作制度，加强乡镇基层法治机构建设，强化基层法治队伍；建立健全农村重大群体性事件、重大公共卫生事件、重大治安和刑事案件、重大自然灾害风险评估制度，大力推进“雪亮工程”建设，逐步实现监控上屏，健全农村公共安全体系，打好扫黑除恶专项斗争三年攻坚仗，依法加强宗教事务管理。

3. 实施乡村德治工程

积极开展道德教育实践活动，坚持德治为先，发挥道德引领、规范、约束的内在作用，增强乡村自治和法治的道德底线，以德治实现善治；发挥村规民约在乡村治理、村内公益事业和公共设施管护中的作用，弘扬公序良俗，将道德规范融入乡规民约，外化为人们的行为自觉；促进乡村移风易俗，积极引导广大村民崇尚科学文明，传播科学健康生活方式，充分发挥村民理事会等群众组织的作用，广泛开展乡风评议活动，深化农村科普工作，提高农民科学文化素养。

(三)规范引导农村公共服务水平

1. 提升镇政府公共服务能力

优化镇级公共服务职能，推进乡镇基本公共服务延伸到村。加强乡村便民服务中心规范化建设，完善综合便民服务功能。加强乡镇农业站、农业服务中心建设，加强农业科技人才队伍建设，加大农业科技经费的投入，提升科技服务乡村的能力。完善乡镇机构职能，增强在发展现代农业、乡村旅游业、生态保护和环境治理等方面的服务能力。完善乡镇基本公共服务清单，推进公共服务规范化、标准化、信息化，打造镇村“一门式办理”“一站式服务”公共服务平台。

2. 深化乡镇行政体制改革

加快乡镇政府职能转变，强化机构和职责整合，规范机构设置，理顺权责关系，完善决策权、执行权、监督权既相互制约有相互协调的运行机制，推动农村综合服务站建设，提高农村综合服务能力，整合基层审批、服务、执法等方面力量，探索整合相关职能设立综合性机构，实行扁平化和网格化管理。完善乡镇考核工作机制，加强考核管理，科学设置考核指标体系，侧重考核乡镇政府在基本公共服务、社会管理、生态发展、农民增收和农村稳定等方面取得的实绩，严格控制对乡镇设立不切实际的“一票否决”事项，促使乡镇政府从管理型向服务型转变。

八、开展乡村育才引智行动

(一)农村人才队伍建设

打造水南农业技术大讲堂。围绕水南镇产业发展特色，结合产业人才发展的需求，积极培育水南本地农业科技人才队伍。围绕美丽乡村建设、山林经济、蔬菜产业、水果种植等特色产业，开展相关的人才培育工作。重点抓好各村两委干部、合作社、家庭农场主的培训工作，每次大讲堂邀请本镇优秀产业带头人、市内外优秀的农业技术专家、农村领域学者开展培训。每季度至少开展一次农业技术讲座。积极开展本地农业技术专家遴选工作，围绕重点产业，聚焦合作社骨干成员，建立水南镇农业技术人才专家库，壮大农业技术人才力量，并为推动相关产业发展提供智力保障。争取上级支持，定期组织村两委干部、种植大户、合作社成员外出考察，现场学习先进地区产业发展新经验、新做法。

(二)专业人才引进行动

1. 打造水南返乡创业示范区

聚焦水南镇在外乡贤、大学毕业生、务工人员，积极宣传水南产业发展新方向，重点以南药、康养旅游、特色养殖、农产品品牌建设等方面，吸引水南籍人员返乡创业，建立水南镇农民返乡创业中心，为水南乡村发展注入持久人才动力，打造肇庆市农民返乡创业示范区。做好返乡创业人才的服务工作，符合条件的积极支持申请区、市两级相关人才项目，落实人才补贴及相关人才待遇。

2. 以合作平台多方引智

围绕水南镇主导产业发展，积极推动现代南药繁育基地建设，与肇庆市农科所、肇庆学院共建南药检测研发平台，引入产业发展专业人才队伍。借助农村科技特派员计划，加强与市科技局对接，围绕南药、蔬菜、水果、旅游四大方向，推进一村一科技特派员，实现科技特派员各村全覆盖。积极与大南药、一丰公司等企业合作，建立合作基地，加强与企业专业技术人才的交流与合作。

九、补齐乡村振兴民生短板

(一)完善农村基础设施

1. 道路工程设施

规划区域内交通系统由车行交通、步行系统(慢行系统)和静态交通组成。车行交通：以乡道、县道为骨架，在现有道路的基础上，拓宽、铺设新道路，形成交通环线。步行系统(慢行系统)：新建、拓宽、美化规划区域内的入户路、滨水景观道路、登山步道，林间步道，村域巷道等。静态交通：在规划区域内布局停车场，结合停车场布置自行车租车管理点，支撑生态骑游项目发展。

2. 给水工程设施

镇域范围内主要通过圩镇自来水、村小组自来水、自有自来水官网三种方式实现村民自来水的供应，基本满足水南镇村民对日常用水等需求。远期规划对现有的给水设施进行升级改造以保证水南镇村民对日常用水的需求。

3. 电力工程设施

规划镇域范围内供电方式由水南电站和广东电网公司肇庆高要供电局乐城供电所直接供给，2020 年全年售电量为 739. 234(kW・h)，基本满足镇域内村民用电需求。远期规划考虑，水南电力设施规划：保留现有变电站及中高压配电线路；新建配电变电房，推进农村电网改造，采用电缆下地敷设，提高供电的安全性和经济性。

4. 排水工程设施

根据水南镇地形条件，采取高水高排，低水低排，充分利用地形地貌，尽量采用自流排泄。对城镇污水集中处理，污水处理厂建设采取大型化、集中化、分期建设的原则。规划对镇域内进行雨、污废分流，污水管道布置应沿道路铺设，沿路收集污水，通常设置在污水量较大或地下管线较少一侧的人行、绿化带或慢车道下。远期规划在完成雨、污废分流的基础上，提升雨污废水部分实现综合利用。

5. 电信工程设施

通讯电缆由广电宽带引入，规划区内 85%村民已使用电信宽带业务，15%的用户使用移动、电信电视等，水南镇各自然村基本实现有线电视“村村通”全覆盖。远期规划中，在有线电视、宽带等通信线路全覆盖的基础上，逐步完善电力、通信、电视、给水等市政管线入地敷设。

(二)完善农村公共服务

建立“镇区—行政村—自然村”三级公共服务设施体系，形成多层次、全覆盖、功能完善的城乡公共服务设施体系。以实现城乡基本公共服务设施全覆盖、均等化配置为总体目标，确保城乡居民能便利平等地享受教育、文化、体育、医疗等公共服务。镇层面：推进改善幼儿园中小学、医疗服务机构、文化活动中心、社区服务中心、专项运动场地、养老设施、综合商场、农贸市场等设施改进和升级。村域层面：构建邻里街坊生活圈，完善文化设施、医疗服务、运动健身、农家书屋、阅览室等公共设施的配置，提高优质公共服务覆盖率。完善城乡道路客运一体化发展水平评价指标体系，进一步规范完善水南农村公交接驳系统，方便村民出行。

(三)加强农村社会保障

1. 科学设定基本社会保障的目标与方式

养老保险要实现法定人群的全覆盖，农村低保要做到应保尽保并适当提高标准。在适当提高农村居民基本医疗保险财政补助的同时，在充分考虑农村居民承受能力的前提下，进一步合理划分政府与个人筹资责任，逐步建立起与经济发展水平、各方能力相适应的稳定筹资机制，切实提高参保面和缴费面。

2. 提高社会保障服务的精准度与便利性

加强农村低保对象动态精准管理，提高低保等社会救助水平。严格把握低保相关政策要求，开展逐户核查，进行全面精准数据核对，坚持民主评议结果、镇政府审核结果、区民政局审批结果公示，真正做到低保工作动态化、精确化管理。强化服务能力，改善服务设施，改进服务方式，拓宽服务领域，实现“一站式服务、一窗口办理、一单制结算”，不断提高城乡居民基本医保、大病保险、医疗救助经办服务水平。

十、保障措施

(一)土地保障

一是发动农户入股企业或合作社，流转土地承包经营权，推广“土地托管、代耕代种，联耕联种、农业共营制”等发展多种形式的适度规模经营；二是完善土地流转政策激励机制，制定统一的土地流转扶持政策，健全土地流转服务体系，积极探索通过市场调节土地流转的长效机制；三是充分利用城乡建设用地“增减挂钩”政策，通过“金土地”“拆院并院”“土地综合整治”等项目来解决新村建设的资金短缺问题。在稳定和明晰农村土地产权制度的基础上，发展农民土地股份合作社，实现多样化的土地规模经营，有效提高土地利用效率。

(二)人才保障

一是培优育新，壮大乡村振兴。水南镇应围绕本地“种植业、养殖业、旅游业”三大支柱产业和农民培训的需要，采用现场教学与外出实训相结合的方式培育本土人才，加强水南镇人才载体建设；二是人才回归，助力乡村振兴。要“引”能人回村，积极鼓励支持有资金、有技术、懂管理、善经营的外出务工人员，参与到乡村产业发展和乡村治理中；三是筑巢引凤，助推乡村振兴。完善农村各类人才激励机制，引进林学、畜牧、农业等相关专业人才回乡就业，结合“三支一扶”等基层服务项目，吸纳引进优秀人才到基层工作，夯实人才基础。

(三)资金保障

一是推进涉农资金统筹整合，实现“多个渠道引水、一个龙头放水”，确保每年乡村振兴工作投入只增不减；二是创新乡村振兴多元投入机制，鼓励引导金融机构、社会资本共同参与，积极向上争取项目、资金支持，充分发挥资金使用效益。

(四)宣传引导

一是把握宣传导向，要高度重视乡村振兴宣传工作，把乡村振兴贯穿到日常宣传当中，瞄准乡村振兴工作亮点，多形态、多角度、全方位地宣传乡村振兴工作中的优秀经验、先进做法，全面助力乡村振兴；二是聚焦宣传重点，持续发挥宣传优势，加大对乡村振兴政策的宣传力度，着重对乡村振兴重点工作及社会关注的焦点问题进行宣传，扎实做好乡村全面振兴这篇大文章；三是创新宣传模式，在乡村振兴宣传过程中，水南镇采取线上+线下相结合的宣传方式，综合运用新闻媒体、电子屏幕、宣传标语、宣传手册、入户走访、群众会等多种宣传手段，切实有效提高村民对有关乡村振兴的知晓率和满意率，营造全民参与乡村振兴的浓厚氛围。

(五)督导考核

一是加强对乡村振兴工作推进情况的督导检查，把乡村振兴工作纳入年度工作重点任务，作为对村、部门考核的重要内容，制定综合评价考核办法，制定考核奖惩、追责问责等制度；二是畅通监督渠道，运用各种形式向人民群众公开乡村振兴各项政策等事项，确保乡村振兴各项涉及群众切身利益事项实现决策公开、过程公开，接受人民群众的监督。

第十章　肇庆市四会市罗源镇乡村振兴规划案例

内容提要：本章基于肇庆市四会市罗源镇的基本条件和发展现状，对罗源镇进行镇域乡村振兴规划。规划主要分为六大板块，分别为构建现代优势产业体系、建设绿色美丽宜居乡村、打造现代乡村文化体系、加快提升乡村治理水平、开展乡村育才引智行动、补齐乡村振兴民生短板，最后提出具体的保障措施。从而构建乡村振兴示范镇、乡村旅游示范点、现代农业产业园、生态发展区，提升罗源镇的发展水平，也为全国其他地区的乡村振兴规划提供参考借鉴。

一、规划框架

四会市罗源镇乡村振兴规划共分为三个阶段(图 10.1)，以五年为划分；规划的四大方向分别为有机粮食、多元精致农业、农业深加工以及乡村旅游；五大基地分别为有机蔬菜基地、有机水稻基地、特色水果基地、农业科技基地以及现代工业基地；九大工程分别为一村一品工程、产业融合工程、品牌认证工程、农业经营工程、物流渠道工程、农田建设工程、农业设施工程、绿色农业工程以及资金整合工程；规划的具体实施包括党建引领、文化铸魂、人才支持、环境整治、治理提升以及机制优化。

(一)规划范围

本次规划范围为罗源镇全域，包括五个行政村(罗源村、石寨村、洞心村、红旗村、铁坑村)及一个社区(罗源社区)，实施范围为 26.1 平方千米，涉及 64 个自然村。罗源镇隶属于“中国玉器文化之乡”四会市，位于四会市东北部，与清远城区接壤。在四会市“一核一轴一廊”的发展格局中，罗源与威整、地豆、黄田、石狗镇，以及迳口、江谷、下茆镇的山区地带构成生态发展绿色长廊。本规划年限为 2021—2035 年。

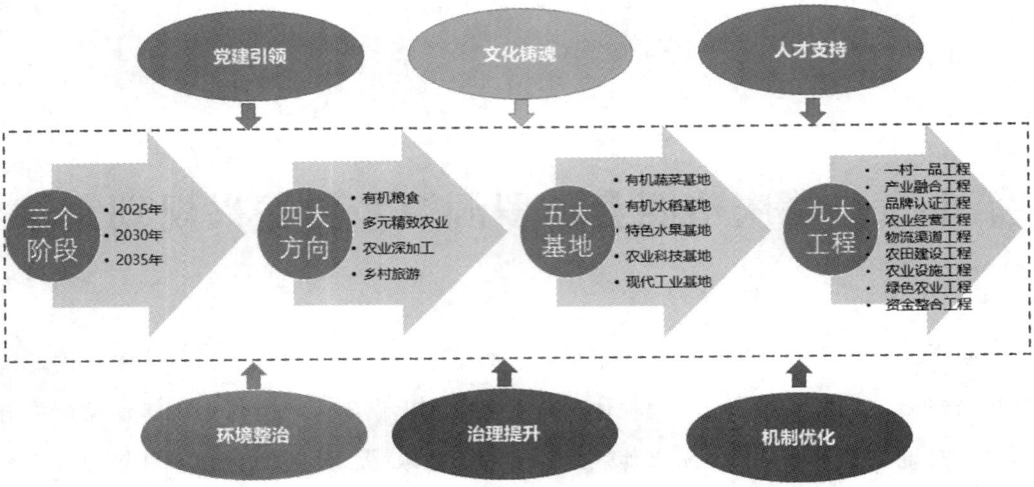

图 10.1　四会市罗源镇乡村振兴路线与规划框架

图片来源：作者自绘

(二)基础情况分析

1. 交通区位分析

罗源镇位于四会市东北部的四(会)清(远)接壤之处，交通优势明显，四清公路(S354)贯通四会、清远城区。罗源往西距四会市区 30 千米，可通过省道 260 与四会市区联系；距肇庆市区 75 千米；往东北方向距清远市 28 千米，与 106、107 国道相连；距广州 90 千米。

2. 罗源镇基本概况

罗源镇辖 5 个行政村，1 个社区居委会，分别为铁坑村、石寨村、洞心村、红旗村、罗源村、罗源社区，共有 64 个自然村，共有家庭户 2652 户，户籍总人口约 9016 人，常住人口约 2893 人，占比 32.1%。林地总面积约 21799 亩，其中造林面积 416 亩，抚林面积 5172 亩，耕地面积 8635 亩。罗源镇以农业为主导产业，其中水稻种植、水果蔬菜种植、五谷种植、水产养殖、花卉等产业都有一定规模，乡村旅游发展已取得初步成效。

3. 各行政村基本概况

(1)铁坑村

铁坑村为广东省古村落、广东省十大美丽乡村之一，也是肇庆市宜居乡村、四会市历史名村。其以种植业和养殖业为主，主要种植葡萄、南药。养殖业以镏金金鱼养殖为主，主要是外地人承包。铁坑村历史悠久，文化底蕴深厚，民俗资源丰富，村落建筑保存完好，被评定为第二批“广东省古村落”“广东省十大美丽乡村”和“四会市历史文化名村”。主要文化资源有四会市文物保护单位和第三次全国文物普查不可移动文物名录，包括闻乔曾公祠、衍荣曾公祠、秀水书室，古民居。基础设施上，建有约300平方米的游客公共服务中心、1300多平方米的共享活动中心、健身广场等公共活动场所，同时还建设有铁坑村传统儒家文化展馆，着力发展铁坑村曾子儒家文旅项目。

(2)石寨村

石寨村为肇庆市历史文化名村、四会市历史名村、中国最美古树、广东十大最美古树。以种植业和养殖业为主，种植业有学村苹果蕉基地、东三村霸王花种植基地(约60亩)、华农1号木瓜种植基地(约30亩)、西瓜种植基地(约30亩)，养殖业有江泽林乌鬃鹅养殖场。石寨村引进四会市古树森林康养旅游度假有限公司，积极开发旅游产业。石寨村的自然景观有皇帝岭森林公园、仁面子古树群、沙美古树公园。人文景观有南宋古城墙、古民居、古巷道、古井、江氏宗祠、沙美村祖祠等古代建筑。

(3)洞心村

洞心村为广东省卫生村，以种植业和养殖业为主，当地成立了四会市贤稻种植专业合作社，成功创建了“罗源镇洞心竹稻种植示范基地”，大力推广种植“中华竹稻”，建设了韭菜种植基地。洞心村民俗资源丰富，文化底蕴深厚，现存多座历史悠久的传统建筑，如曾传国祠堂、伯英公书室、开杜宗祠、成公范宗祠、黄氏书室、镇龙庙和古井、集鸣家塾、王氏宗祠、晴波书室等。文体设施上，目前拥有村级文化室2个，农家书屋2间，驿站1间，并建有集绿色生态、户外健身、休闲娱乐于一体的文体广场2个、配套各类健身器材100余件。

(4)红旗村

红旗村以种植业和养殖业为主，目前村内有3个合作社，分别是润丰蔬菜农民专业合作社、强记蔬菜农民专业合作社、彭细芸花卉农民专业合作社。4个种植基地，分别为姹紫嫣红薯种植基地、剑花种植基地、稻鱼混养种植基地、“七彩花田”种植基地，同时还有意向开发项目——“香水柠檬”种植项目。红旗村还有丰富的自然资源和人文资源，其中人文资源有“镬耳屋”“古井”，自然资源有大坑口村土名“大井”(天然出水池)、在乌石岗至营脚下村一带，经初步勘查具有形成地热的基础地质条件，蕴含极大的温矿泉开发潜力。

(5)罗源村

罗源村以种植业和养殖业为主，其中种植业以香芋、蔬菜、蕉苗居多；养殖业典型的有连禾坑村瘦身鱼养殖基地。有较丰富的文化要素，如曾子文化、南宋文化、农耕文化、民俗民风文化、古村文化等。罗源村通过举办“九月九重阳”“外嫁女回家”等民俗活动，传承敬老爱亲好家风好家训。通过召开村民大会，制定了符合村情、民情的村规民约，形成了人人“讲公德、讲卫生、讲文明”的良好氛围。位于罗源镇罗源村委会的壮坑水库，是罗源村委会重要的生态旅游资源，周边自然环境优美，空气清新，山溪流水潺潺，湖光山色相映，形成一片原生态的自然景观，有“天然大氧吧”之美称。

(三)发展优势

1. 旅游资源丰富

一是生态环境优美。近年来，罗源大力推进“绿美南粤”三年行动计划，全面实施乡村振兴战略，积极推动森林小镇建设，并结合省级新农村示范片建设项目，加强城镇增绿、生态环境整治、休闲场所建设等项目，目前，罗源镇的森林覆盖率达 55.42%，2018 年罗源镇被评定为“广东省休闲宜居型森林小镇”，同时共创建了 30 多条省级卫生村、肇庆市生态文明村和四会市“美丽乡村”。

二是历史文化悠久。罗源镇铁坑村古村落开埠于清代，现已有 300 多年历史，该村现存古民居 20 座，布局统一、纵横分布，兼具历史古韵与现代美感，与门前干净平坦的巷道交相辉映，形成一道古色古香的风景线，拥有“广东省古村落”“广东省十大美丽乡村”“肇庆市宜居乡村”“四会市历史名村”等头衔。而罗源镇石寨古村落开埠于南宋末年，现有 700 多年历史，据史料记载：“南宋祥兴元年(1278 年)，宋元两军在新会崖海大战，激战数日，南宋灭亡，驸马江日新偕公主赵氏循踪避难于四会，明举人江洋、江纪皆其后裔也。”石寨村历经数百年风霜，南宋古城墙、江氏公祠、同所书室都兼具历史古韵与现代美感，石寨村古村落被评为肇庆市历史名村，四会市历史名村。

三是古树群资源丰富。罗源镇石寨仁面子古树公园是广东省古树公园建设试点之一。千百年来，石寨村村民一直延续着栽种仁面子树的传统，因此，该村素有“仁面子之乡”的美誉。现今石寨村共有 261 棵仁面子古树，数棵古树树梢蜿蜒，纵横交错，枝繁叶茂。仁面子古树公园入选省建设试点后，当地古树群得到进一步的保护，如今石寨村仁面子古树被评为“中国最美古树”和“广东十大最美古树”。

2. 产业发展见成效

“十三五”期间，罗源镇大力发展现代农业，盘活弃荒土地，加强宣传发动，加快推进土地流转，发展现代农业基地。各村党支部牵头成立专业合作社，建立各类种养基地 10 余个，如罗源清水鱼养殖基地、南塘蔬菜种植基地、洞心韭菜种植基地、红旗剑花种植基地等。现代农业的发展有效推动了土地流转，增加了农民收入，壮大了集体经济，为现代农业产业发展奠定了基础。此外，当地还打造了特色鲜明的农副产品，如中华竹稻、华农1号木瓜等。

3. 基层治理有良方

罗源镇紧扣基层党组织建设，不断加强组织力量，发挥党建引领作用，为乡村振兴提供了坚强的组织保障。一是镇村干部通过入户走访、发放倡议书、签订责任状等多种形式，大力宣传引导群众参与村庄清洁行动，自觉维护村道巷道和房前屋后卫生，大大改善了当地农村环境卫生。二是切实履行抓基层党建"第一责任人"的责任，抓实抓好党建主业，着力培养乡村"领头羊"，完成了村(社区)党组织书记履职情况摸底排查，并组织村(社区)党组织书记参加年度轮训，积极开展党代表履职活动。三是让党员干部带头参与"三清三拆"、人居环境整治、疫情防控等工作，以实际行动支持乡村振兴，实现党建引领下社会治理和公共服务的提升。

4. 村庄建设可示范

罗源镇以推进省级新农村示范片建设为契机，大力开展农村人居环境整治工作，不断补齐农村基础设施短板，着力改善农村人居环境，使农村面貌得以提升；大力推进农村基础设施建设，全镇各自然村实现了集中供水，完成率达100%；全面完成村道硬底化建设、雨污分流管道工程、文化室主体工程、驿站和村庄公共活动中心建设工程，12千米主环线道路已建设完成，铺设村道约107千米；持续推进"三清三拆三整治"行动，组织开展全镇范围内清拆基数摸底调查，召开专题会议研究讨论制订清拆计划，并结合工作推进的实际情况，不断补充完善。全面完成农村"厕所革命"任务，截至目前，全镇共建设公共卫生厕所30座，完成农村家庭户厕改厕累计2209户，改厕率达100%。

5. 文化发展有特色

罗源镇积极落实各项文化惠民措施，先后改造了文化服务中心，配备公益文化公园、露天剧场、篮球场、羽毛球场、儿童游乐园、图书阅览室等设施。同时还成立了书画协会、文化艺术团2个专门组织，利用9个功能室，积极开展文艺演出、诗书画艺术培训、狮子武术培训、农业科技培训等多个公益服务项目。此外，当地大力培育文明乡风，常态化开展志愿服务活动，引导群众讲文明、树新风，不断提高群众文明素质。2019年9月圆满举办肇庆市"中国农民丰收节"主会场庆祝活动，丰富了群众文化生活。

6. 人才发展有基础

罗源镇坚持实施“项目+产业+人才”战略，聚集高端专业人才，突出引培并举，优化职能服务，为罗源镇的创新发展、乡村振兴提供强有力的智力支撑和人才保障；加强镇村干部队伍建设，通过开展理论、业务知识培训班，组织参观学习、参加上级部门培训，鼓励参加学历提升等，提高镇村干部队伍的综合素质；鼓励促进优秀人才返乡创业，加大返乡下乡创业支持力度，落实优惠政策扶持返乡创业，实施返乡下乡创业培训专项行动，帮助返乡下乡创业者提升创业素质能力；充分利用闲置资源，因地制宜，扶持建设返乡创业孵化基地，罗源镇与四会泰隆村镇银行合作开展“党建+金融+信用”乡村振兴金融服务共建项目，给予30多名党员金融授信1000多万元，全力支持农村党员创业致富。

(三)问题与瓶颈

1. 乡村风貌缺乏整合

乡村自然环境优美且旅游资源丰富，但资源种类单一且同质性较强，缺乏特色，村庄截面零碎，村庄用地集约化程度不高，乡村综合环境有待进一步重塑和提升。

2. 产业发展效益不高

罗源镇在果蔬生产方面已有一定的产业基础和品牌口碑，但生产规模仍停留在传统种植方式上，向高效、优质且增益的现代农业生产方式转变将成为罗源产业发展趋势。此外，现阶段区域内农产品的物流配套设施建设仍属空白，与市区产业融合和协同发展仍显不足，亟需增补完善。

3. 公共服务设施还不足

村庄设施配套同质化建设，如各个村庄均建有文化大院，存在形式相仿、空间空旷、绿化不足、人本关怀不够等问题，面向留守老弱妇孺群体的医疗、卫生、养老、教育、文娱等设施仍需予以关注。

4. 乡建机制相对单一

乡村建设仍以政府主导为主，建设主体单一，政府社会多元共建机制仍需完善。乡村振兴归根结底还是机制创新，科学合理的发展机制能有效地鼓励社会力量和民间资本流入农村。应加强与政府联合，共同促进农村的综合发展。2020年，罗源镇顺利通过了省卫生镇复评，镇文化站通过“广东省特级文化站”复检。

5. 旅游资源开发不足

罗源镇虽集合了曾子文化、南宋文化、古村文化、农耕文化等多种文化要素，但对现有文化挖掘的深度和广度仍不够，缺乏鲜明的文化个性。目前举办的民俗节庆活动并非罗源镇独有，加之民俗活动内容缺乏创新元素，难以对游客形成较大的吸引力。

二、目标与定位

(一)总体定位

罗源镇乡村振兴规划总体定位为广东省乡村振兴示范镇，着力打造“特色农业+生态休闲+文旅融合+体旅融合+森林小镇”。乡村振兴总体思路为以农民为主体，以产业为引领，融合生态休闲、文旅产业和特色农业。

(二)规划目标

1. 总体目标

罗源镇乡村振兴的总体目标是打造成为广东省乡村振兴示范镇。建立现代化乡村产业体系、生产体系和经营体系，形成一、二、三产业融合发展的格局。全面完成农村人居环境的整治、农村基础设施和公共服务的改善，形成具有肇庆特色的乡村振兴模式与经验。传承和发展乡村优秀传统文化，促推乡风文明再上新台阶。党建引领基层治理作用明显，建立现代乡村治理体系。拓宽农民增收渠道，当地农村居民人均可支配收入达到5万元以上。

2. 阶段目标

到2025年，乡村振兴取得重大进展，美丽乡村建设实现全覆盖。到2030年，乡村振兴取得显著成效，农业农村现代化基本实现。到2035年，乡村全面振兴，农业强、农村美、农民富全面实现(见图10.2)。

(三)发展模式

罗源镇乡村振兴形成以生态休闲、文旅产业、特色农业三位一体相互融合的发展模式(见图10.3)。

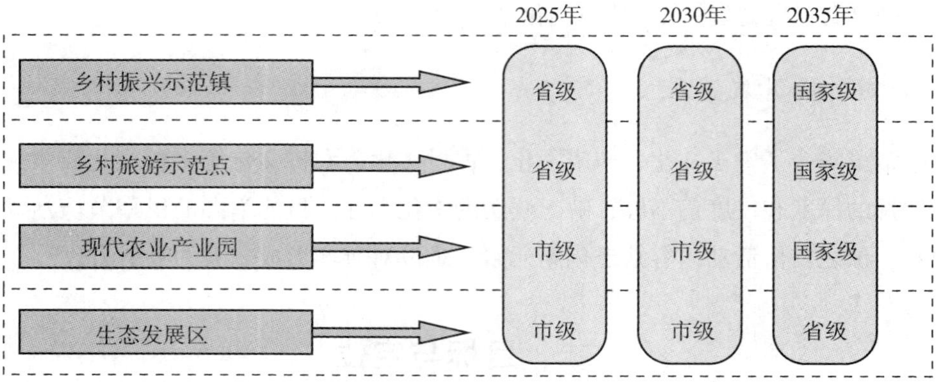

图 10.2　罗源镇阶段目标图

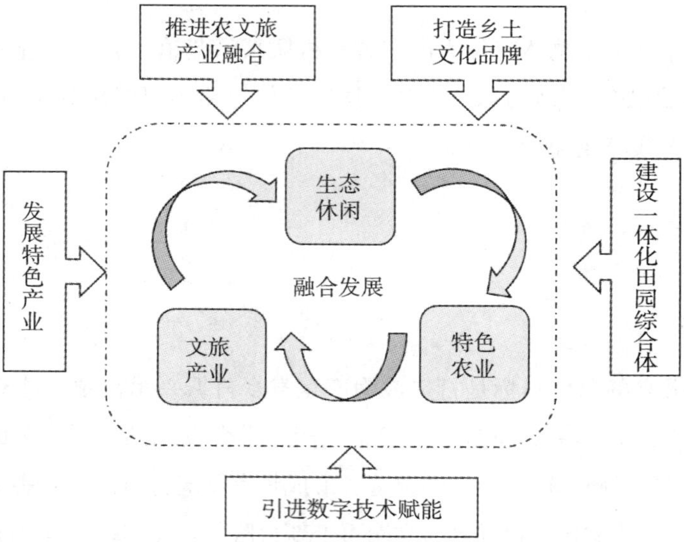

图 10.3　罗源镇发展模式图

图片来源：作者自绘

1. 推进农文旅产业融合

打造“新六产”，即乡村景观、乡村休闲、乡村度假、乡村产业、乡村娱乐、乡村联动这六大乡村发展新业态，实现乡村传统产业的转型升级和产业结构重构。对村庄进行分类发展引导，构建乡村+旅游、特色产业、研学、交通、电商、度假、康养、体育、艺术、便民十大发展模式。

2. 发展特色产业

突出大健康、大旅游、大数据、大农业这四大产业发展，大力发展特色产业。打造“一村一品”“一村多品”产业发展格局。以“富裕党员、合作社、公司等+贫困户”方式发展特色产业。

3. 引进数字技术赋能

将数字技术与乡村实体经济深度融合，催生新业态、新动能。通过数字技术打造可视化治理体系，构建“数字乡村一张图”。

4. 建设一体化田园综合体

依托山水资源，盘活农村集体建设用地，立足“稻田+”农创体验，建设稻海田园综合体，推进第一产业现代化发展，打造水稻全产业链发展模式，建立产业新村。

5. 打造乡土文化品牌

以乡愁、乡情、乡望为主题，集中展示罗源镇知名古建筑、古文化、古风俗、古技艺等，弘扬农耕文化和中原文明。大力发展乡村特色文化产业，如农耕文化产业，深入挖掘曾子文化、宗祠文化等特色民俗文化。

三、总体空间布局

(一)优化全域发展格局

根据罗源镇地理条件、交通基础，着力打造“一核一轴一环三区”的空间发展结构(图10.4)，推动乡村全域振兴。其中，一核为集镇综合服务核；一轴为区域发展轴；一环为产业发展环；三区为美丽乡村示范区、生态保育区、工业集聚区。

1. 构建集镇综合发展核心

推进集镇整体风貌提升，加快建设配套基础设施，优化集镇形象。按照旅游小镇的标准，对沿街外立面进行集中整治，不断完善集镇环卫设施。推进完善集镇服务功能，开展综合商贸步行街建设工程，加快推进旅游综合服务中心、助农服务中心、农民返乡创业服务中心的建设。配套建设停车场，旅游公厕等设施，进一步优化集镇文化体育设施，以适

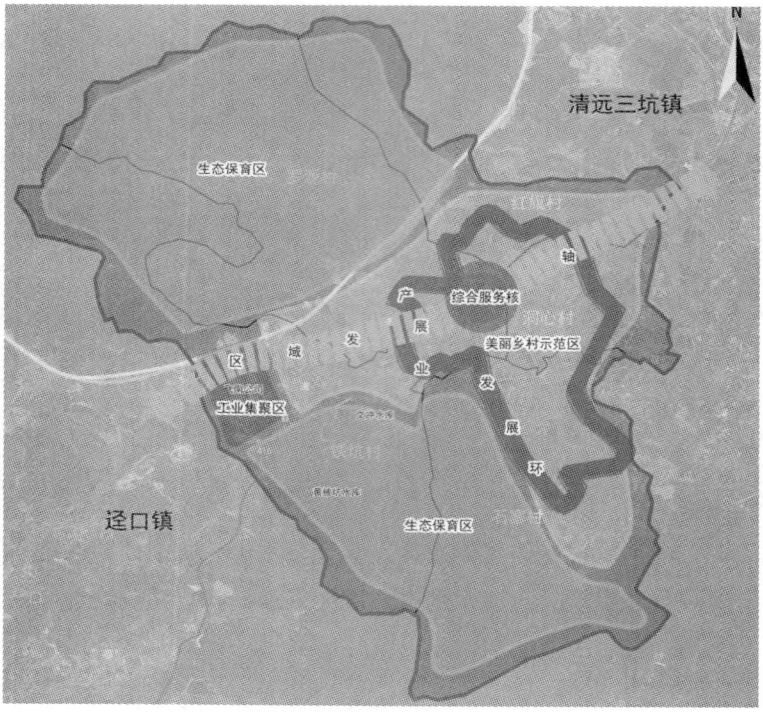

图 10.4 罗源镇空间发展结构图

图片来源：作者自绘

应未来乡村振兴和旅游产业发展的需求。完善旅游资源的基础道路建设和相关旅游餐饮住宿设施的建设，结合特色农业产品，打造特色餐饮店、特色农庄，培育特色民宿、客栈等网红业态。

2. 构建环镇公路产业发展环

依托现有环镇公路，串联石寨村、洞心村、红旗村、罗源村，以各村特色产业为发展载体，构建环镇公路产业发展环。加快建设环镇公路产业发展环线，通过“一村一品”建设，构建互有侧重、移步异景现代产业发展走廊，形成集现代农业、休闲观光、采摘体验于一体的综合性产业发展环线。

3. 打造三大镇域功能区

(1)打造美丽乡村示范区

东片文农旅融合发展板块由红旗村、罗源村两大行政村组成。主要发展方向是与现代农业结合，发展生态旅游。依托罗源村香芋基地、红旗村姹紫嫣红薯基地、剑花基地、稻鱼混养种植基地四大基地，积极发展姹紫嫣红薯、荔浦芋头等特色农产品，同时发展香水柠檬等高品质水果产品；推动乡村旅游发展，依托壮坑水库森林公园生态资源基础，在水源地保护前提下，发展慢行观光旅游，结合森林公园建设要求，打造罗源森林小镇核心载体。

西片现代精致农业板块由铁坑村、洞心村、石寨村三大行政村组成，以现代农业、乡村文化旅游为主导，依托石寨村霸王花种植基地、洞心村中华竹稻种植基地、韭菜种植基地，发展现代精致农业；依托铁坑村葡萄种植基地，积极发展高品质水果种植，构建出“一村一品”精致农业发展走廊。

(2)提升生态保育区

落实“绿水青山就是金山银山”的发展理念，推动罗源镇生态保育区发展，将两翼作为生态涵养区，推动罗源镇乡村振兴“展翅高飞”。持续改善壮坑水库、黄帝岭森林公园的环境质量，坚持精准治污、科学治污、依法治污，推动生态保育区的发展。

(3)做强工业集聚区

稳定工业集聚区发展规模，推动现有工业用地的集约高效发展，围绕飞南公司做大做强，积极推动公司上市。科学谋划废弃水泥厂用地，引进与金属加工相关联的重点龙头企业，打造产业集群。

(二)分类推进乡村发展

以各个自然村户籍人口数进行分类，分为示范引领、特色突出、改造提升三类(表10.1)。

表 10.1 罗源镇自然村分类发展

级别	村 名
示范引领	乌石岗村、营脚下村、格坑园村、沙美村、铁坑村、马车崀村、连群村、军田村、仓丰村、门口洞村、南塘村、下王村、岗边寨村
特色突出	稔水夫村、洞三村、洞四村、十干村、石寒村、新民村、淡桥村、瓦窑塘、陈辰村、叶辰村、花山村、长岭咀村、连禾坑、学村、姓蓝赛村、瓦窑头村、塘角村、沙南九村、三桂堂村、礼堂村、新开田村、田心村
改造提升	大坑口村、蟠龙村、田寮村、胜利村、丁塞村、黄一村、黄二村、何宅村、曾宅村、冲一村、冲二村、洞一村、洞二村、洞六村、洞七村、松布村、红光村、桥子头、牛角龙村、沙沥村、长尾坑村、叶寨村、新村、坑迯村、禾景村

1. 示范引领型

主要指产业基础好、经济实力强、地理位置优、生态环境美以及位于城市近郊的村庄。要高起点定位、高标准建设、高水平打造，建设成为全省一流的样板示范村。到2025年，示范引领型村庄要率先基本实现农业农村现代化，充分发挥旅游项目作用，打造旅游驱动乡村振兴的新模式、新示范。进一步增强产业优势、环境优势、组织优势，提升经济发展水平、环境卫生水平和村容村貌水平，建设成为设施齐全、功能完善、环境优美、村容整洁、产业兴旺、乡风文明、制度健全、组织有力、生活富裕的现代化新农村。

2. 特色突出型

主要指文化资源丰富、自然风光独特、村庄风貌突出、产业特色较强的村庄。这类型乡村需充分发挥特色资源价值，推进文旅融合、农旅融合发展，打造文化特色型、生态特色型和产业特色型村庄。强化生态风光村的打造，充分利用山景、水景等资源，优化村庄布局，整治乡村风貌，打造宜居宜业宜游宜养的生态特色村。推进特色农业、手工业、商贸流通业等特色产业发展，提升产业发展水平，促进产业融合，建设农业特色小镇，打造产业强村、对外展示新窗口。

3. 改造提升型

主要指产业基础薄弱、生产生活条件一般、空心化比较严重的村庄。加快农村人居环境整治，完善基础设施配套，使其达到美丽乡村建设标准。加强空心村改造，对残旧房屋、废弃宅院进行合理利用，用于社区养老、社会救助等公益性设施配套。加快推进垃圾、生活污水和村容村貌等的整治，持续提升人居环境质量。进一步强化产业培育，推进“一村一品”建设，发展优质林果、生态养殖、高效农业、乡村旅游等特色产业，激发乡村活力，提振人气。

四、构建现代优势产业体系

(一)做大做强做优制造业

深入开展“暖企行动”，推动飞南公司环保治理、技改创新，加快推进飞南一期技改和三期扩建项目建设进度，积极协调解决用地、用电、用水等问题，力争打造成为产值超百亿元企业；加大对规下企业的扶持力度，助力企业逐步做大做强并上规模。积极盘活现有厂房、土地资源，引进新的高科技项目，壮大罗源镇镇工业经济规模。利用广东飞南资源利用股份有限公司制造业发展基础，带动本地村民就业，提高村民就近就业率。持续推动以工促农、以城带乡的乡村振兴发展模式，建立飞南乡村振兴专项奖补资金，助推罗源镇乡村振兴。

（二）聚焦现代农业四大方向

1. 做大有机粮食产业

稳定粮食产业，提升粮食产出品质，加快发展有机健康粮食生产，拓展有机粮食新品种，集中打造1~2个广东省有机粮食种植示范基地。持续扩大洞心村中华竹稻种植面积，并在全镇范围内推广，积极推动"公司+基地+农户"发展模式，打造罗源镇中华竹稻特色农产品品牌，力争将罗源镇打造为广东省中华竹稻种植基地。依托竹稻种植，积极推广稻鱼共生生态循环现代种养农业。此外，依托红旗村，积极培育姹紫嫣红薯等杂粮作物，打造具有罗源特色的地方农产品品牌，力争将姹紫嫣红薯打造为罗源的旅游商品、网红农产品。

2. 打造多元精致农业

积极融入四会原乡现代农业走廊，积极打造小而精、小而美的现代精致农业。围绕精致农业高新、高效、特色三大方向，重点发展有机蔬菜、特种水果、特色花卉苗圃等，打造现代农业产业体系。重点依托南塘村蔬菜基地、洞心村的韭菜种植基地，推动蔬菜种植的转型发展，从规模化种植向有机健康集约化种植方向发展，打造有机健康蔬菜基地，引入现代农业企业，推动有机蔬菜认证，打造自有品牌。

3. 积极发展农业深加工

依托全镇仁面果树资源，积极发展仁面果酱深加工产业，引入和培育优质食品加工企业，推动仁面果酱加工基地的建立，并推动加工工艺、存储工艺、包装工艺技术的提升，加快推动品牌建设并积极申请全国地理标志产品，从而带动罗源镇特色食品加工业发展，至2025年，力争实现仁面果酱规模化生产，成功申请全国地理标志品牌。积极推动有机蔬菜、有机粮食等农副产品加工，加快对接广州、深圳、佛山等蔬菜配送企业，打通有机蔬菜粮食销售渠道，建设农产品分拣、包装物流中心，打造特色农副产品加工基地，加快构建具有罗源特色的现代农业加工体系。

4. 大力发展乡村旅游

(1)打造“一核一环四区”旅游发展空间结构。依靠罗源镇“森林乡村”和“最美乡村”的称号，结合古村、古树、石山、石屋乡村旅游资源，依托广东省人居环境整治示范村优势，打造“114”的旅游空间发展结构(图 10.5)，重点打造四大旅游产品、六大旅游基地，着力完善五大服务体系，将罗源镇打造为集乡村体验、研学旅行、温泉度假、运动休闲于一体的综合性乡村旅游目的地。其中，一核为旅游综合服务核；一环为镇域旅游发展环线；四区为古村与农事体验区、水上运动休闲区、温泉度假小镇区、生态观光体验区。

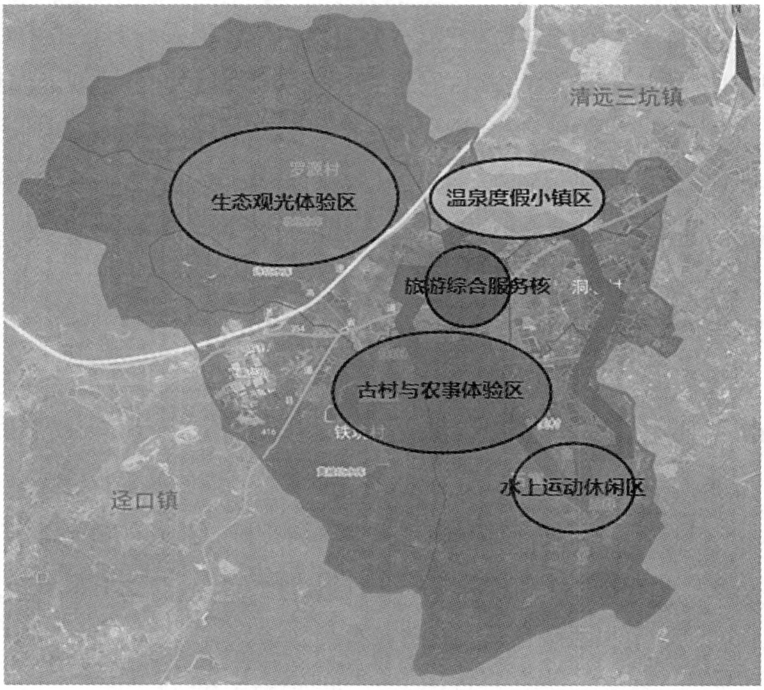

图 10.5　罗源镇旅游发展空间结构图

图片来源：作者自绘

(2)打造四大旅游产品。深入挖掘古村文化、民俗文化资源，打造三大乡村文化体验区：将铁坑村打造为广东省最美乡村，将石寨村打造为南宋文化主题村落，打造罗源民俗文化系列旅游节庆产品。打造现代农事体验产品，围绕特色农业产业基地，积极推动缤纷果园、花海寻踪、稻田观景、农事体验、农博展示五大旅游产品，构建多样化的体验式、参与式、炫耀式农业体验项目。依托石寨村四季果园项目，盘活石山水体资源，提升蓄水能力，打造环湖休闲栈道、水上摩托艇、水上蹦极、水上儿童乐园等运动休闲旅游产品。围绕红旗村温泉旅游资源，对接清新区三坑镇温泉度假区，实行差异化发展，打造具有乡村景观特色的温泉度假旅游产品。

(3)打造六大文旅项目。一是打造铁坑村乡村旅游项目。打好广东省美丽乡村牌，依托其良好的基础设施和古村风貌，结合现代农业产业基地建设，深入推进古村文化探秘、古村风情演绎、现代农事体验、乡村振兴展示中心等建设。二是打造石寨乡村旅游项目。挖掘南宋江氏驸马文化，根据村庄发展格局，打造南宋文化主题村落，建设村史博物馆，展示村庄发展变迁与江氏文化。做好古树公园项目，完善古树公园的导览系统，挖掘仁面子树的特征和文化，丰富科普展示内容，增强可游性，结合仁面子酱加工，打造加工体验项目。三是开发水上运动项目。提升罗源镇乡村旅游核心吸引力，重点打造环湖休闲栈道、水上摩托艇、水上蹦极、水上儿童乐园等运动休闲旅游产品。四是打造温泉旅游小镇。围绕红旗村温泉旅游资源，加快探测和开发工作，聚焦乡村振兴和乡村旅游，注重差异化发展，打造“特色民宿+温泉旅游”产品，建立具有浓厚乡村特色的温泉度假小镇。五是打造竹稻主题公园。围绕竹稻种植核心区，建设木质栈道、观景平台、钓虾基地、摸鱼池等项目，推动稻田景观建设。六是打造生态观光项目。依托森林公园资源，打造集生态旅游、摄影基地、户外露营基地。

(4)着力完善旅游接待、特色餐饮、网红住宿、旅游交通、旅游购物五大服务体系。推动镇区步行街建设，重点推动游客服务中心、停车场、助农服务中心、农民返乡创业中心等服务机构的建设。培育壮大罗源镇农家乐，围绕特色农产品如有机米、剑花、小龙虾、稻花鱼等，打造特色农家美食，开展标准化服务建设，推动申请星级农家乐和乡村旅游示范点。加快培育网红民宿项目，引入知名民宿投资运营企业，围绕石寨古村、铁坑古村、石山运动基地、红旗温泉村，打造古村民宿、现代观景民宿、温泉度假民宿三类民宿产品。

(5)打造环镇慢性游览绿道。积极推动环镇公路建设，优化环镇公路的绿化景观，建设特色鲜明的景观节点，打造自行车和步行慢行系统，并积极串联重点基地游步道。依托镇区步行街建设，打造旅游购物中心，积极开发具有罗源特色的农业产品，如竹稻有机米、姹紫嫣红薯、剑花等。

(三)打造产业支撑五大基地

1. 打造有机蔬菜生产基地

依托铁坑村和石寨村资源条件，以绿色有机蔬菜为主打产品，对接广州、佛山、深圳等大城市蔬菜配送企业，形成“公司+基地+合作社+农户”的生产模式，积极种植绿色时令蔬菜，开展订单化种植，大力发展设施农业，全力打造现代化规模化蔬菜基地。积极开展有机蔬菜品牌认证工作，推动蔬菜分拣、包装等加工工作，提升蔬菜产业附加值。

2. 有机水稻基地

依托洞心村、红旗村中华竹稻的发展基础，重点建设中华竹稻种植基地，推动农田标准化建设和连片种植，着力打造千亩竹稻种植基地。开展品牌建设，着力打造罗源镇特色的中华竹稻大米品牌。推动竹稻省级现代农业产业园申报工作。

3. 特色水果种植基地

整合门口洞村蕉苗基地、石寨村学村苹果蕉基地、铁坑村惠广集团葡萄种植基地、石寨华农 1 号木瓜种植基地，系统打造以特色高收益型水果为特色、以本地水果为支撑的环镇特色水果产业带，形成“四季有果”的发展格局。

4. 农业科技培训基地

加快与高校、科研院所或大型龙头农业企业合作，建设现代农业培育基地。围绕农业科学试验、农业高新技术产业和现代农业展示三大功能，开展农作物育种、高产高效栽培、植物营养、植物保护、精准农业等学科的试验研究；开展种子加工、工厂化育苗、农副产品加工；开展农产品标准化生产、节水农业、生态农业等现代农业技术集成与示范、农业科技教育培训和农业观光等。

5. 金属资源综合利用基地

聚焦工业做大做强，做好企业服务工作，重点将广东飞南资源利用股份有限公司做大做强，加快推进三期扩建项目启动建设，努力将其打造成为华南地区年产值超百亿元的龙头企业。

(四)构建产业升级八大工程

1. 推进“一村一品”体系建设工程

总体思路：加快实现以现代农业为主导，以乡村旅游业为重点支撑的产业发展格局。聚焦四大产业发展方向，五大产业发展基地，结合五个行政村发展特色，构建“一村一品”产业发展格局，具体发展思路见表 10. 2。

表 10.2　罗源镇"一村一品"创建思路

村名	发展现状	发展定位	发展思路
罗源村	壮坑水库森林公园，罗源村香芋基地，南塘村蔬菜基地，门口洞村蕉苗基地，连禾坑村瘦身鱼养殖基地，花卉采摘基地	现代农业型	以罗源村香芋基地、南塘村蔬菜基地、连禾坑村瘦身鱼养殖基地三大基地为主，积极引进荔浦芋头种植技术，大力发展现代农业产业，结合门口洞村蕉苗基地，扩展本村水果产品，同时做好对壮坑水库森林公园的水源保护和周边环境整治，积极发展乡村休闲旅游业。
洞心村	中华竹稻种植，韭菜种植基地	现代农业型	以现代农业加生态发展为主导，积极发展中华竹稻，稻虾共作笔牛杰循环农业发展横式，推进标准化基地建设，打造肇庆市循环农业发展基地。
石寨村	学村苹果蕉基地，华农1号木瓜种植基地，东三村露王花种植基地，沙美古树公园(天然氧吧)，皇帝岭森林公园，锅耳青砖屋	农旅融合型	结合特色精品农业产业和农村旅游业，带动当地经济发展，依托东三村霸王花种植基地和"仁面子"古树产品"仁面果"，发展精品农业产业；同时扩展苹果蕉基地，华农1号木瓜种植基地。"四季里园"为主导的高品质水果产品。以沙美古树公园(天然氧吧)，皇帝岭森林公园为主，结合260多棵百年以上"仁面子"古树和7座大小不一的天然石山，打造古树群、石山群、古村藩群，形成独具特色古村文化旅游区和网红打卡点。
红旗村	姹柴嫣红薯基地，剑花基地，稻鱼混养种植基地、稔水夫村蔬菜基地	农旅融合型	以农旅融合促进旅游目的地的农产品品牌建设，结合大片农业种植实现精细化农业生产与乡村旅游联动发展，形成可持续发展动力，积极发展传统民歌，对具有保护价值的建筑遵守修旧如旧的原则，结合街巷院落，非物质文化资源与周边环境，创建特色旅游项目，配套相应基础设施，发展特色人文旅游产业，积极发展现代化精品农业产业、将乡村旅游资源与农业产业，非物质文化等相结合，打造农旅融合型乡村。
铁坑村	惠广集团葡萄种植，镏金金鱼养殖	农旅融合型	以农旅融合促进当地旅游业与农业产业的共同发展。对传统建筑"公祠"等进行保护，在不破坏原有建筑的基础上，对村路新旧建筑混杂，风貌参差不齐，危旧房较多的现象进行规划整治，结合曾子儒家文化、孝文化等文化积淀，发展以曾氏宗祠为基础的宗祠文化体验区，结合现有产业项目惠广集团葡萄种植，镏金金鱼养殖，发展特色农业，将以传统建筑为主的乡村旅游业和特色产业项目相结合。

2. 产业多元融合发展工程

以特色强农、科技强农、品牌强农、质量强农、产业融合强农为手段，充分发挥罗源镇的区位优势、资源优势、文化优势，深化农业供给侧结构性改革，开拓农业新功能，创新农业新业态。加快发展“农业+旅游业”，积极发展“农业+文化”，振兴乡村文化，发展乡村文化旅游；加快推进现代农业与乡村旅游产业的融合发展，依托乡村民俗文化、古村文化、生态资源、温泉资源，推动文农旅融合发展，打造休闲农业新业态，设计体验型乡村旅游产品，推动文化旅游与乡村旅游融合发展。积极发展农业深加工，加快农业产业链双向延伸，积极发展现代农业深加工，依托特色农业产业，积极发展有机粮食、水果、蔬菜的深加工体系，重点延伸仁面子、有机稻米、有机水果产品的深加工；推动“农业+科技”，建立现代农业培育基地，强化科技助农，科技兴农。

3. 农产品品牌体系认证工程

为更好地推进现代农业发展、保障农产品质量安全、增强农产品市场竞争力，罗源镇应强力推进“三品一标”认证工作，依托中华竹稻种植基地、惠广集团葡萄种植基地、华农1号木瓜种植基地等现代农业生产基地，从生产领域和经营领域着手，加强智慧农业技术与装备研发，探索农业物联网技术的示范应用，打造一批优质农村电商品牌，提升姹紫嫣红薯、罗源仁面果、中华竹稻等农副产品的电商营销水平，大力推进农业电子商务发展，力争构建农业大数据与服务平台，提高农产品上行的稳定性和可持续性，推动农业实现高质量发展。

4. 现代农业经营体系建设工程

打造罗源镇现代农业经营体系，依托现存的、多种形式的农业适度规模经营模式，发挥其引领作用，形成有利于现代农业生产要素运用与创新的体制机制。大力发展形式多样且规模适度的农业经营模式，积极培育新型农业经营主体，引导和支持种养大户、家庭农场、农民合作社、龙头企业等经营主体发展壮大，并使其逐步成为推动现代农业发展的坚实力量。至2025年，力争建成五个家庭农场和十个农民专业合作社。

5. 农产品物流渠道体系完善工程

一是加强罗源镇邮政体系建设，提升农村邮政基本公共服务水平；二是健全末端共同配送体系，整合罗源镇邮政、快递、交通、供销、商贸流通等相关资源，形成共同配送模式；三是优化协同发展体系，建设罗源镇电商快递协同发展示范区，深化农村寄递与电商、交通的协同共进；四是构建冷链寄递体系，鼓励邮政快递企业和社会资本在罗源镇建设冷链仓储与加工设施，着力增强基础服务能力，强化资源共享，提高农产品的流通效率。

6. 农业发展设施建设工程

对接罗源镇的产业发展需求，对原有的乡村水利、道路、电力、通信、供水以及垃圾处理等基础设施提档升级，强化与乡村产业发展相结合的智慧农业、物联网、质量安全追溯体系、物流终端等新型农业生产设施建设，为乡村产业振兴提供重要支撑。发挥区位优势，坚持因地制宜，以适度规模经营提标扩量，推进绿色生产，推动产业发展规模化、标准化、品牌化，加大科技投入，跟进产业保险，强化对特色农产品初加工、精深加工的扶持，持续在提质增效上下功夫，做强做大特色产业。

7. 高标准农田建设工程

一是加快推动土地流转，实现集中连片管理，充分发挥规模效益；二是加快推动高标准农田建设工程，推进低效农业的改造工程；三是提高基本农田质量，完善生产、生态、景观的综合功能；四是建立保护和补偿机制，提高基本农田的利用效率。实施土地平整工程、灌溉与排水工程、农田防护与生态环境保护工程；开展撂荒耕地整治，“消灭”连片可复耕撂荒耕地，到2023年可复耕撂荒耕地全部复耕。推进残次果园及符合高标准农田建设选址条件的地块恢复为耕地。

8. 绿色高效农业发展工程

积极推动有机农业发展，以建设优质、高产、低耗的农业生态系统为目标，坚持可持续发展的理念，合理使用有机肥和微生物，保持土壤的活性。积极推动有机稻谷、有机番薯、有机蔬菜等产业发展。发展循环农业，通过种植业、畜牧业、渔业等与加工业之间的有机联系，形成整体生态链的良性循环，提高产出效益。强化畜禽粪污资源化利用，规范畜禽养殖禁养区划定与管理。推行秸秆综合利用和农膜回收，落实最严格水资源管理制度及“双控”要求，实行农业取水许可管理。

五、建设绿色美丽宜居乡村

(一)全面推进村庄规划编制

根据《广东省村庄规划全面优化提升三年行动计划》的要求，结合乡村振兴战略规划，完成镇级国土空间规划编制。在前期人居环境整治规划的基础上，进一步明确集聚提升、城郊融合、特色保护、撤并消失等村庄类型的发展，严格控制村庄搬迁撤并范围，严禁违背农民意愿强行撤并村庄。推动有条件、有需求的村庄重新编制“多规合一”实用性村庄规划。开展宅基地“三权分置”探索，推进农村闲置宅基地和闲置住宅盘活利用，实施闲置宅基地复垦试点项目，探索规范闲置宅基地管理的方法。

(二)持续实施人居环境提升计划

全面巩固提升农村环境基础整治成果，全面完成全域自然村“三清理、三拆除、三整治”任务，农村人居环境基础设施管护机制基本建立。落实美丽圩镇建设攻坚行动，深入推进圩镇人居环境整治，扩大农村人居环境整治范围。扎实推进“厕所革命”，全面提高农村卫生厕所改造质量。健全农村生活垃圾收运处理体系，持续推进源头分类减量、资源化处理利用。在符合国土空间规划前提下，推动低效闲置建设用地功能升级，鼓励对依法登记的宅基地等农村建设用地进行复合利用。

(三)补齐乡村突出短板

实施农村生活污水治理攻坚行动，推进农村改厕和农村生活污水、黑臭水体治理，全面开展农村生活污水治理情况摸查，因地制宜，分类推进农村生活污水治理。实施农村违法乱占耕地建房的整治攻坚行动，深入开展农村违法乱占耕地建房的专项整治，继续推进农村危险破旧泥砖房、削坡建房风险点整治以及“两违”建筑整治清拆，完善农房建设质量安全标准，健全监管体制，完成农村房屋安全隐患排查整治，深入开展农村“三线”整治，实施农村供水保障攻坚行动，加强中小型水库等稳定水源工程建设和水源保护。

(四)开展全域乡村风貌提升行动

在前期人居环境整治的基础上，进一步推进剩余村庄的人居环境规划设计工作，制定村庄风貌提升指引，强化农房规划选址、用地管理和风貌风格管控。推进存量农房微改造，深化“千村示范、万村整治”行动，鼓励各村因地制宜梯次创建美丽宜居村、特色精品村。鼓励企业和公益性团体参与推动乡村风貌提升，支持乡贤反哺家乡，参与家乡建设。实施乡村风貌带建设工程，连片连线建设美丽乡村。围绕环村公路，打造乡村风貌示范带，到2025年，乡村风貌示范带得到进一步提升，乡村风貌走在全省前列。深入开展“四小园”建设和美丽庭院示范创建，加强铁坑村、石寨村重点村落传统建筑、传统村落保护。

(五)完善乡村公共服务设施

推进乡村文体娱乐生活设施建设，规划建设农村社区党群服务中心、文体活动广场、村级办公场所、公园、停车场等村落公共生活空间，配套完善乡村菜市场、快餐店、配送站等大众化服务网点。推进乡村电子商务服务体系建设，充分满足农民休闲、娱乐、消费等多方面需求。适应老龄化发展态势，加快幸福院、老年活动室等老年设施建设。加快补齐自然村文体设施短板，力争到2025年实现各自然村文体基本设施全覆盖。

六、打造现代乡村文化体系

(一)深入开展乡村文明行动

一是加强农村精神文明建设。践行社会主义核心价值观，坚持教育引导、实践养成、制度保障三管齐下，深化中国特色社会主义和中国梦宣传教育；加强农村群众性思想政治工作，健全人文关怀和心理疏导机制，培育自尊自信、理性平和、积极向上的农村社会心态。二是开展整治低俗文化和作风。运用积分制、道德评议会、红白理事会、村规民约等方式开展移风易俗，破除陈规陋习；深入开展"扫黄打非"进基层活动，营造健康文明、风清气正的文化环境。三是强化和创新宣传引导方式，提升农民文明素养。加强农村公益广告刊播、社会主义核心价值观景观建设、公共场所文化墙绘制作，推动社会主义核心价值观融入农业生产发展、农村社会建设、农民工作生活当中；利用"初心堂"、农民夜校、图书室、公告栏等形式，大力弘扬民族精神和时代精神，加强爱国主义、集体主义、社会主义教育；开展精神文明建设示范村创建，广泛开展好媳妇、好儿女、好公婆等评选表彰活动，举办寻找最美乡村老师、村干部、道德模范等活动，做好宣传推广。

(二)健全公共文化服务体系

一是加强公共文化服务设施建设。充分发挥罗源镇公共文化机构辐射作用，加快推进村级综合性文化服务中心建设，促进优质公共文化资源向乡村延伸。实现农村广播电视、农家书屋、新媒体等公共服务覆盖体系。加强农民文化基础设施建设，兴建(改建)农村文化广场，增加农村健身服务设施覆盖率，丰富村民休闲娱乐生活。二是增加公共文化产品供给力度。深入推进文化惠民，为农村地区提供更多优质公共文化产品和服务。支持"三农"题材文艺创作生产，鼓励文艺工作者推出反映农民生产生活，尤其是乡村振兴实践的优秀文艺作品。开展形式多样的宣传教育、科学普及和文化娱乐活动，丰富农民文化生活的同时。全面开展戏曲进乡村活动，逐步实现“每年在每个行政村至少有一场戏曲演出”目标。鼓励开展群众性节日民俗、传统体育等活动。

(三)弘扬乡村优秀文化传统

一是活化优秀传统文化，充分利用古村落、古建筑群等特色资源，大力挖掘罗源曾子文化、南宋文化、古村文化、农耕文化等历史文化内涵，结合省级新农村示范片建设成果，加快传统文化活化示范区建设，大力谋划美丽乡村游，打造“美丽乡村游专线”，推进传统文化与乡村振兴战略有机结合。加快推动曾子文化祠堂、南宋文化古屋等特色资源的整合，打造优秀传统文化基地。二是促进乡村旅游与民间习俗有机融合，罗源民俗文化内容丰富多彩，形式多样，通过提取当地特色鲜明的文化基因，组织形式多样的民俗活动，有助于增强游客参与性和体验感。深入开展乡村文化节、丰收节等品牌节庆活动，促进现代文化与传统文化和谐融合。

(四)强化时代党建文化建设

大力挖掘罗源镇特色党建文化，要激活党建文化，涵育乡村文明新风尚，推进党建文化与乡村振兴战略有机结合。一是激发乡村群众争当党员的主体积极性。二是大力创作以党建相关主题为背景、能引发广大农民群众思想共鸣的红色优秀文化艺术作品，开展红色教育主题实践活动。三是不断丰富红色文化产品，形成新时代具有示范意义的乡村红色文化产业链。四是创新党建宣传方式，构建立体化、智能化的传播渠道，大力构建展现红色乡土文化特色的载体平台，建设乡村红色文化党建教育基地。

七、加快提升乡村治理水平

(一)深化“党建+治理”模式

深化党建基层治理，以“开放式党建”引领基层治理。在基层推进“党建引领共治和自治”的过程中，要以更开放的战略决策，采取现代化的技术方法，持续地嵌入到社会治理中。通过党组织的开放式建设，引领和整合社会多方力量与资源，切实发挥党的引领功能。基层党建要实现“引领”，需要有效地“嵌入”到具体社会治理中，有效地建立三个“自下而上”机制，即自下而上的自治和共治议题形成机制、自下而上的问题解决机制、自下而上的考核评价机制。

(二)推广“党建+金融”模式

打造“党建+金融”平台，深入践行新发展理念，将党建优势、金融优势转化为促进乡村振兴优势。在各级党组织的领导下，通过党委协作、支部共建、党员行动，形成了包括乡镇、村级、村民小组的逐级传导、协调联动的三级工作体系，构建“城乡居民—城乡商户—企业及其上下游和企业职工”三位一体的信用评定体系，结合普惠金融建设、经济信息发布、农业科技推广、精准金融扶贫、慈善公益事业、金融知识宣传、信用环境治理等措施推进发展。

(三)探索“党建+基地”模式

探索构建“党建+基地”模式，推动党建赋能乡村经济发展，让基地种植成果成为连接广大民生的致富之路(图 10.6)。

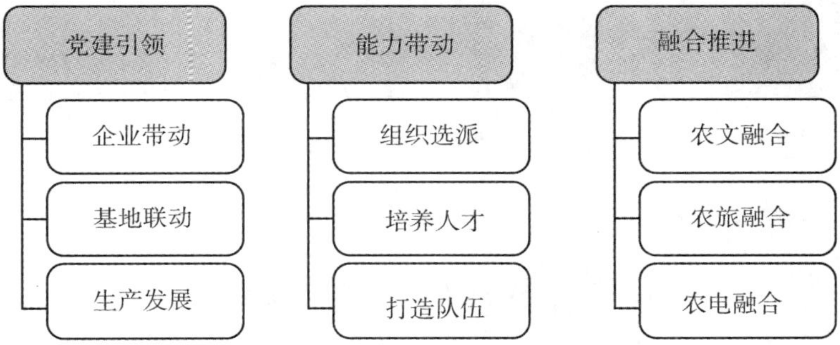

图 10.6　罗源镇“党建+基地”模式图

1. 强化党建引领。按照“党建大引领、龙头企业大带动、基地乡村大联动、生产大发展”思路，在种植基地形成“党建示范带、种植体验区、快乐采摘区、农产品展示区”“一带三区”基地布局。把党小组设在田间地头、农业产业链上，设置党员责任区、党员示范岗，充分发挥党组织战斗堡垒作用和党员先锋模范作用，让党旗在乡村振兴战场高高飘扬。

2. 依靠能人带动。引导党组织选派专业人才在乡村振兴战场建功立业，培养一批懂技术、会带头、能致富的农村实用人才队伍，造就一支懂农业、爱农村、爱农民的“三农”工作队伍。以基地为中心，打造种植核心区，带动形成千亩示范片、万亩辐射区，培育形成具有特色效应、集群效应的绿色农业，为村民带来更多经济收入。

3. 突出融合推进。按照全域党建融合推进、产业融合发展思路，形成农文融合、农旅融合、农业电商融合发展的闭环产业文化生态圈。实施农文融合联动，促进一、二、三产业协同发展，实现产业间优势互补，形成“党建+基地”核心种植区并促进产业种植和乡村观光体验游紧密衔接，建成春、夏、秋、冬“四季有为”的农旅融合乡村文化体验园。

(四)发展“党建+电商”模式

充分发挥基层党组织在乡村振兴中的引领作用。形成“党旗领—党员带—支部推”的工作模式，充分利用当地特色资源优势和电商新技术。村支部可成立电子商务协会，采取“党支部+协会”模式，为电商产业导航，开展电商培训，解决村民技术难题，引导电商产业规范经营、健康发展。强化农村电商网络基础建设。加强农村电商人员培训，加快推进电子商务进农村示范工程、农村电商物流配送、地方农特产品品牌培育和网络销售、地方农特产品质量溯源体系建设等，扩大支柱产业的规模效应和辐射效应(图 10.7)。

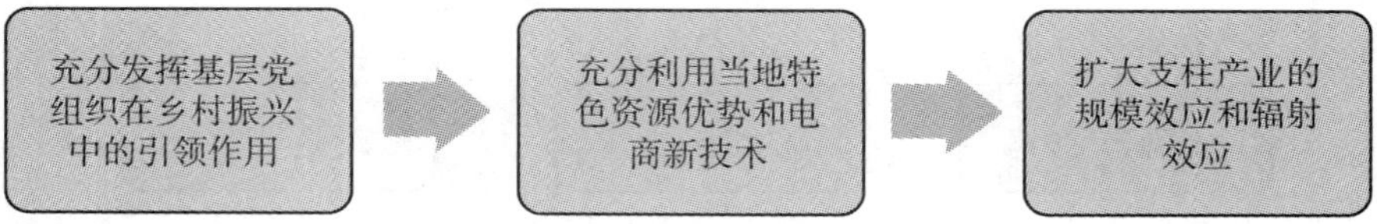

图 10.7　罗源镇“党建+电商”模式图

八、开展乡村育才引智行动

(一)农村人才队伍建设

围绕罗源镇产业发展特色，结合产业发展的需求，建设罗源镇本地农业科技人才队伍。围绕蔬菜产业、水果种植等特色产业，开展相关的人才培育工作。开展本地农业技术能手遴选工作，通过农民夜校、网络教育等方式，提升农民的基础文化水平与学习理解能力，为接受并采纳新技术奠定扎实基础。因地制宜制订实施专项培育计划，根据地方人才短缺情况，有所侧重地制订符合实际情况的人才培育计划，合理有效地将人力资源、财政资金分配到最需要的地方；围绕全面推进乡村振兴需要，根据各地资源禀赋与特定农时开展专项培训项目，全方位培养各类人才。

(二)专业人才引育工程

一是打造罗源镇返乡创业示范区。聚焦罗源镇在外创业乡贤、大学毕业生和务工人员，积极宣传罗源产业发展新方向，重点以现代农业、乡村旅游、农产品品牌建设为主导，吸引罗源籍人员返乡创业，建立罗源镇农民返乡创业中心，为罗源乡村发展注入持久人才动力，打造肇庆市农民返乡创业示范区。二是以合作平台多方引智。围绕罗源镇主导产业发展，积极推动现代农业科研基地建设，与肇庆市农科所、肇庆学院共建农业产业科研平台，引入产业发展专业人才队伍。积极引导毕业生回乡就业创业。向高校毕业生推送乡村企业招聘信息，推送人才政策宣传短信，开展网络招聘活动之乡村振兴专场，吸引毕业生回流，帮助企业招揽紧缺人才和产业人才，为乡村发展注入新的活力。

九、补齐乡村振兴民生短板

(一)改进农村卫生服务

1. 改善乡村医疗条件

推进镇卫生院标准化建设，改造提升村卫生室环境，形成以镇卫生院为主体、村卫生室为网络的互动体系，搭建"互联网健康管理"远程平台，促进医疗资源上下贯通，共享医疗健康信息，从整体上提高医疗救治条件。

2. 加强农村基层医疗设施

人民群众的健康水平反映全面小康的水平，因病致贫、因病返贫是全面小康的最大变量。要以做好百姓健康"守门人"为目标，切实加强农村基层医疗卫生服务体系建设，打造应对公共卫生突发事件的基层堡垒，保障农民群众健康生活，加强农村基层医疗卫生服务。

3. 扎实推进人居环境整治

加大健康教育理念的宣传力度，教育引导群众养成良好的卫生习惯和生活方式，发动群众开展环境卫生专项整治，支持农民群众开展村庄清洁和绿化行动，推进美丽家园建设。全面推进农村生活垃圾治理，开展农村黑臭水体整治，推进农村厕所无害化改造、畜禽粪便管理与农村生活污水治理，营造安全的卫生环境。

(二)完善农村基础设施

1. 树立产业发展与农村基础设施建设相结合的治理理念

产业发展是保障，引导农民发展本土特色产业，积极挖掘市场信息、拓宽销售渠道。

根据产业发展需求，建设相应的农村基础设施。随着城镇化进程的推进，更多农村人口将被吸引到城镇，从事农业生产的人口将更少，因此发展现代农业将成为趋势。

2. 以城乡一体化理念指导和推进农村基础设施建设进程

公共财政和城市资源更多地流入农村，农村基础设施建设水平应与城镇基础设施建设水平均等，农村基础设施建设与城镇基础设施建设应形成合力。

3. 完善农村基础设施建设管理机制，实现资金效益最大化

要统筹使用财政资金，合理安排农村基础设施建设项目。镇政府、村委会和村民小组要建立一个科学有效的决策机制，从源头上保证农村基础设施项目的效益(实用性)，行政村或自然村应成立理事会或者监督小组来监督建设资金的使用，同时要建立基础设施维护常态化机制，包括专项资金配套和专门人员的管理。

(三)加强农村社会保障

1. 推进基本社会保障制度建设

建立合理的基本养老、医疗、工伤、失业、生育保险制度，促进农村社会保障多层次、可持续发展，养老保险要实现法定人群的全覆盖，优化养老保险制度的责任分担机制，同时要加大医疗保障力度，强化村医业务培训，提高村医慢病防治技术，发挥好基层医疗卫生保障兜底职能。

2. 提高社会保障服务的便利性

提升参保率和续保率，强化社会保障服务，从便民利民方向主动发力，通过大力宣传社会保障相关政策、养老保险便民缴费方式等，提升人民群众的知晓率，要在加大财政投入力度的同时，引入社会力量，建立多元主体筹资模式，全面提高农村社会保障水平。

(四)巩固脱贫攻坚成果

1. 强化现有帮扶政策衔接

统筹推进巩固拓展脱贫攻坚成果同乡村振兴有效衔接。强化工作体系衔接，在工作力量、组织保障、规划实施、项目建设、要素保障等方面一体化推进。强化财政投入政策衔接，统筹用好中央有关涉农资金、省级涉农统筹整合资金、帮扶资金及自身可支配财力

等，重点支持欠发达地区乡村振兴帮扶工作。保持现行帮扶政策、资金支持、帮扶力量的总体稳定。加强与驻村帮扶工作队的工作衔接，做好分工安排。

2. 分层分类落实帮扶政策

健全防返贫困动态检测和帮扶机制，巩固“两不愁三保障”成果，对脱贫不稳定户、边缘易致贫户以及刚性支出较大，或收入大幅度缩减导致基本生活出现困难户，分层分类及时落实帮扶政策，守牢不发生规模性返贫底线。广泛开展农产品产销对接活动，深化拓展消费帮扶。健全扶贫资产管理台账和制度体系，加强扶贫项目资金资产管理和监督。

3. 加强对农村低收入人口分类帮扶

健全农村低收入人口主动发现、定期核查、动态调整机制，实施社会救助，完善养老保障和儿童关爱服务，健全基本医疗保险、大病保险、医疗救助三重保障制度体系。继续加大公益性岗位开发力度，对就业特别困难的人员，以公益性岗位进行托底安置。做好扶贫产业项目后续帮扶，规范加强扶贫资产管理。

十、保障措施

（一）组织保障

坚持党建和发展同谋划、同部署、同考核，突出基层党组织在乡村振兴发展中的核心地位，以党建引领城乡大融合。坚持党建工作与中心工作同频共振、同步推进，充分发挥基层党组织引领发展的“火车头”作用，广泛动员各方力量参与农村改革发展，以核心作用促进融合发展，以融合发展巩固核心地位。健全党建责任体系，发挥镇党委“龙头”作用，强化镇抓村的直接责任，切实把工作重心转移到服务农村改革发展上来，提高做好农村工作的水平。发挥村级党组织“战斗堡垒”作用，强化对群众的教育引导和对村级各种组织的统一领导，引领城乡融合发展取得新进步。

（二）产业保障

深化农业供给侧结构性改革，对传统乡村产业体系进行现代化、多元化的创新，使乡村产业得到更全面、更高效的发展，产业发展才得以高效的保障。一是打造高质量精深加工产业链，延长农产品产业链，提升价值链。二是探索乡村产业多元融合发展新模式。跟随数字经济发展的大浪潮，大力推进网络直播、线上卖货等销售模式，以线上自有销售平台、与各大网络平台进行合作等方式，提升销量。三是不断发展壮大乡村特色旅游产业。立足当地自然旅游资源特色，开展生态旅游，将农村乡土文化与当地的风景和特色资源相结合。

（三）土地保障

土地流转对于优化农村土地资源配置、充分发挥土地价值，带动农村经济具有重要作用。一是要坚持规则先行，重点保障乡村振兴发展用地，统筹土地资源要素配置，灵活运用预留城乡建设用地规模使用方案等规划调整政策，保障落实乡村振兴项目建设用地需求。二是要推进农村土地综合整治，大规模推进农村土地整治和高标准农田建设，严守耕地红线，实现耕地数量、质量、生态"三位一体"保护。三要完善农业设施用地管理政策。对农产品冷链、初加工、休闲采摘、仓储等设施用地，停车场、厕所、餐饮等配套用地，应实行更灵活宽松的管理政策。

（四）人才保障

一是强化政策保障。加强乡村人才振兴投入保障，支持涉农企业加大乡村人力资本开发投入。二是搭建乡村引才聚才平台，加强现代农业产业园、农业科技园区、农村创业创新园区等平台建设，支持入园企业、科研院所等建设科研创新平台，完善科技成果转化、人才奖补等政策，引进高层次人才和急需紧缺专业人才。三是制定乡村人才专项规划。对标实施乡村振兴战略需要，评估乡村人才供求总量和结构，细分乡村人才供求缺口，探索建立乡村人才信息库和需求目录。在摸清罗源镇乡村人才现状基础上，制定乡村人才振兴规划，明确乡村人才振兴的总体要求、重点任务、政策措施，推动"三农"工作人才队伍建设制度化。

（五）资金保障

健全相关资金投入体系，为乡村产业振兴提供资金保障。一是持续优化财政支农资金投入，科学调整财政支农结构，强化支农资金管理，建立健全财政支农资金管理机制。二是完善农村金融服务体系，针对不同经营主体开发多元化的金融产品，充分发挥"小额贷"和针对新兴农业经营主体相关贷款产品的作用，面向乡村产业龙头企业加大金融支持力度。三是着力提升涉农金融机构服务水平和服务效率，在线下优化资源、设置网点的同时，充分发挥互联网金融优势，充分借助大数据、云存储、人工智能等科技手段，全面提高农村金融服务质量。

第十一章　肇庆市德庆县官圩镇谢村村乡村振兴规划案例

内容提要：本案例基于肇庆市德庆县官圩镇谢村村良好的发展前景和实际情况，进行了村庄乡村振兴规划，探索适合该村的发展之路。结合该村“一村一品”鸳鸯桂味荔产业，提出了进一步打造省级桂味荔枝产业园的目标定位。以肇庆市德庆县县域乡村振兴规划为指导，贯彻落实“三大行动、四大战略、六大产业、九大工程”的发展策略，丰富乡村振兴研究的实践基础。本章共分为九个部分，在综合分析和借鉴成功经验的基础上，认真把脉找准该村的发展定位，分别从产业、文化、乡村治理等方面剖析和规划了其发展路径，以问题为导向，从不同维度制定了谢村村的村庄振兴规划。

一、综合分析与借鉴

(一)现状分析

1. 基本概况

德庆县官圩镇谢村村始建于清康熙年间，因谢氏太公迁徙到此地，而取名谢村村，该村下辖 3 个自然村，现有农户 167 户，共 720 人，总面积为 3. 8 平方千米，其中耕地面积 819. 7 亩，林地面积 3720 亩。

2. 区位条件

谢村村位于官圩镇东边，距离镇政府约 1. 3 千米，县政府 14 千米。谢村村区位优势明显，交通便利，村庄沿 S352 省道分布，距广佛肇高速公路德庆入口仅 10 分钟车程，距肇庆市中心 80 分钟车程。位于珠江三角洲 2 小时经济圈内，往南通过省道与云浮接壤。

3. 自然条件

(1)地形地貌

谢村村属于低山丘陵地形，位于山间谷地，村中有一条官马河流经。地势起伏较大，中北部相对平坦，居民点集中分布在西北部谷底，耕地资源狭小，分散，主要沿着中部谷地、台地分布，山林面积较大。

(2)气候水文

该村属于亚热带季风气候区，夏长冬短，雨热同季，雨量充沛，光照充足，气温适宜，四季分明。年平均气温 23℃，最高气温 36℃，最低气温 5℃。累计平均日照数为 10 小时，无霜期 358 天，平均相对湿度 80%。

4. 产业发展现状

谢村村以发展农业为主，曾经大规模种植砂糖橘、贡柑等经济作物，但近年来，由于黄龙病等问题，果树产量下降，经济收益不乐观。谢村村现在主要种植荔枝、水稻、花生等农产品，其中荔枝种植已逐渐发展为谢村村种植业的主要方向，截至 2017 年底，荔枝种植面积约 500 亩，年收入 7000~8000 元/亩。2017 年村集体经济收入 6.2 万元，年人均收入 2.2 万元。

5. 人居环境现状

(1)建筑现状

谢村村住宅建筑质量参差不齐，建筑质量及风貌有待进一步提高，部分建筑年久失修，容易发生倒塌事件。

(2)道路交通

村庄对外交通：主要依靠省道 352、广佛肇高速，从而便利到达周边各地。

村庄内部交通线：主要由居民点道路构成，道路网络呈线状，主干道(>3 米)、次干道(2~3 米)、巷道(1~2 米)，部分道路虽已实现硬化，但路面状况普遍较差，道路狭窄，道路两边杂乱，缺乏必要的交通标志、路面缓冲带等设施，村民的出行依旧存在较大的安全隐患。村民对于桥梁修缮、道路硬化、环通、道路拓宽的需求较为强烈。

(3)公共服务设施

受资金、场地等方面的限制，谢村村公共服务设施仅有一处卫生服务站、文化广场和休闲健身场所(图 11.1)。

(4)市政工程设施

图 11.1　谢村村公共服务设施

图片来源：作者自摄

环卫设施：有一个医疗卫生站，村内卫生条件良好，每家每户设有垃圾桶，垃圾统一回收到村里固定点，再由专门的垃圾车统一运输到镇上(图 11.2)。

供水系统：村庄设有集中供水系统，统一接用自来水，已覆盖至全村。村路口有一古井，供少数人用水。

供电系统：比较完善，已实现每家每户通电。

排水系统：农田有排水沟渠，村内修有排水管道。每家每户有化粪池，暂无完善的污水处理系统。

图 11.2　谢村村环卫设施状况

图片来源：作者自摄

6. 文化发展现状

从调查情况来看，村民的文化程度偏低，大部分村民只有小学和初中水平。受限于文化形式的经济性、便利性和可获取性，村委曾举办过象棋、乒乓球比赛等活动。目前村民业余文化活动较少，且对传统民间文化活动的兴趣正在逐步降低。村内公共服务站配备农家书屋，陈列着各种各样的书籍，提供数台电脑上网阅读，也可作为电子阅览室和家长学校，每年定期开展道德讲堂。此外，现存文化主要分为以下三类。

一是历史建筑。现存历史文化建筑主要有1处破旧的民国时期“东山豪宅”，有一定的历史渊源，可结合荔枝文化进行修复；1处荒废残旧的祠堂。

二是宗祠。谢村村目前正在使用中的祠堂有1处，名管禄宫。每年清明节前后两天，全村各姓氏后人上山祭祖，集中在宗祠或族中大屋或族人屋中聚餐。

三是荔枝文化。官圩镇是德庆县主要的荔枝生产基地，已有数百年种植历史，荔枝文化浓厚。近年来，每年六月底在谢村村鸳鸯桂味园举办荔枝文化节，为游客提供荔枝采摘、品尝，同时举办诗画楹联活动、现场“品荔”大赛、电商、收购商与种植户签约仪式等，形成了旅游节的雏形。

7. 基层治理现状

谢村村“两委”干部4人，大学生村官1人，村级代办员1人，党员16人。广东省发布实施“三清三拆三整治”工作后，谢村村党组织积极响应政策，村委、村干部带头，首先拆除自家的危旧房子。随着工作的不断推进，农民参与积极性不断增强。遇到矛盾纠纷，党组织成员及时出动，通过与村民协商处理问题，做好村民的思想工作，保证工作的顺利开展。

谢村村不断提高村级管理服务水平，新建有党员会议室、人社服务站、初心堂等党组织活动空间。完善村级组织工作制度，坚持党务、村务公开，实现工作透明，增强了广大党员、群众对村“两委”班子的信任度，促进了各项工作的顺利开展。成立村民理事会、乡贤理事会、村务监督委员会等带领全村加快推进美丽乡村建设，广泛发动老党员、老村长、乡贤的先锋模范作用，基层治理水平稳步提高。

8. 准扶贫工作现状

(1)贫困户现状及致贫因子

谢村村共有贫困户13户，其中低保贫困户7户。

(2)扶贫工作进展和措施效果

2015年底，中央扶贫会议明确精准扶贫工作任务后，谢村村“两委”召开党支部会议与村民大会，理顺精准扶贫工作思路和任务方向后，结合该村村情制定了“精准扶贫精准脱贫三年攻坚”的发展目标。随即成立领导小组，通过广播、走访入户、发放明白纸等方式强化宣传，让精准扶贫相关政策家喻户晓。贫困户识别以农户收入为基本依据，综合考虑住房、教育、健康等情况，采取农户申请、民主评议、公示公告和逐级审核的方式进行(图 11.3)。

图 11.3　贫困户识别步骤

为尽快解决贫困村、贫困户脱贫致富需求，谢村村“两委”通过贫困户建档立卡、致贫原因分析，确立了各自然村领导小组以及由肇庆市土地储备中心和由县社工、县渔政大队主要进行帮扶的帮扶单位，通过购买医疗保险及养老保险，重大节日慰问，提供果苗、种苗、禽兽苗、农药化肥饲料等物资种养帮扶，技能教育帮扶，帮其申请低保金等方式落实帮扶工作。

截至 2018 年，谢村村委会 5 个村小组，共有贫困人口 13 户、31 人，通过三年的脱贫攻坚，实现全面脱贫，其中 2016 年底实现脱贫 10 人(32%)，2017 年底累计实现脱贫 24 人(77%)，2018 年底，累计实现脱贫 31 人(100%)。

9. SWOT 分析

(1)优势

鸳鸯桂味荔枝产业特色突出、基础设施相对完善、村庄沿 S352 省道分布，交通便利。

(2)劣势

劳动力素质不高、空心化严重，青壮年劳动力流失严重、村庄基础设施发展不均衡。

(3)机遇

党的十九大提出实施乡村振兴战略，解决好“三农”问题成为全党工作重中之重，精准扶贫政策给贫困乡村发展带来希望。全省各地，从粤东西北到珠三角陆续编制乡村振兴方案(规划)；德庆县高度重视乡村规划，谢村村已被列入 13 个村庄规划的名单，争取建成全县美丽乡村规划整治示范村。

(4)威胁

面临周边金林水乡的旅游竞争，乡村振兴遍地开花，产业发展同质化，广东省下拨乡村振兴项目资金有限。

（二）案例借鉴

1. 浸潭镇下迳村——小华山汤泉度假村

下迳村三面群山环抱，是典型的客家围村，有400多年历史，清朝时出过进士和举人，历史文化底蕴深厚，与谢村村有着相似的自然和区位条件。在发展乡村旅游之前，该村每年收益仅为2.3万元。2016年，下迳村借发展乡村旅游的东风在党支部和村民理事会带动下，全村村民团结一致，利用本村的生态资源禀赋，自筹资金约900万元，打造了浸潭第一个特色汤泉旅游综合度假村，现村集体月收入已达20多万元。近年来，在上级党委政府的支持和下迳村党支部带领下，下迳村全村群众团结一心，务实创新，大力开展耕地整合整治，发展生产，制定村规民约、移风易俗，并在改善村容村貌及建设美丽乡村方面，取得了显著成效。

2. 清新民宿创客空间——有居民宿

“清新民宿创客空间”孵化平台建于风景秀丽的太和古洞景区内，该民宿由乡村旅游规划展示馆、民宿学校和民宿体验中心三部分构成，为广大民宿投资者提供了集展示、交流、体验、招商等四个功能于一体的孵化和推广平台。项目建设目的是全面推介清新秀美的山水，提升农村青年创业积极性，激发农村发展内生动力，并通过发展乡村旅游和民宿，促进一、二、三产业融合发展，从而实现农业更强、农民更富、农村更美。

3. 三坑镇安庆围村——农家乐注入新活力

安庆围村以创建清远市美丽乡村示范村为契机，发动群众积极参与创建，聘请专业设计人员对村小组资源、环境等进行考察，因地制宜，科学规划，大力实施环境整治，发展乡村旅游产业。2016年，通过实施“旅游+种养”模式，新兴自然村的乡贤斥资800万，回乡创业，资助家乡建设，通过农综改土地整合流转后村集体年收入达16万元，村民年均收入1.6万元。2017年通过公共资源入股“安庆·兴农乐”乡村旅游小综合体项目，村集体收入达到30万元。通过村民自筹资金、创建美丽乡村奖补和一事一议政策资金，投入100多万元，实施硬化、净化、绿化、美化、亮化工程，建设污水处理系统、村前小公园、小公厕、停车场、种植绿化树、安装路灯、鱼塘改造等工程，成功创建了2016年清远市美丽乡村示范村，村容村貌不断改善，基础设施不断完善，群众幸福感显著提升。安庆围村的变化，带动了周边新兴、新乔等自然村村民的建设热情，新兴、新乔等自然村也积极申请并实施创建工作，各项基础设施建设及村容村貌有很大改观。借助农家乐的红火势头，安庆围村着力完善周边设施，相继开发更多特色游玩项目。从狮王表演到家庭柴火烹饪大赛，三坑安庆围这个新生乡村旅游景点正在以蓬勃的生机，努力生长。

二、总体定位与规划

(一)总体定位

建设成为省级桂味荔枝产业园、省级乡村振兴示范村、国家乡村公园示范点。

(二)规划目标

本规划年限为2018—2022年。

2020年，乡村振兴取得重要进展，制度框架和政策体系基本形成，成功打造市级桂味荔枝产业园；到2035年，乡村振兴取得决定性进展，农业农村现代化基本实现，成功打造省级桂味荔枝产业园，引领国家乡村公园建设；到2050年，乡村全面振兴，农业强、农村美、农民富全面实现。

三、产业定位与发展

(一)规划思路

以大力发展亚热带作物优势特色产业为主，积极推进土地流转，引入专业公司投资，推行“公司+合作社+基地+农户”的模式，扩大种植业基地，同时引进农副产品加工企业，开展水果加工，延伸产业链，形成一、二、三产业融合发展格局，将资源优势转化为产业优势。着力抓好基础设施建设、经营主体培育、投融资平台搭建、品牌创建和市场开拓等工作，加快现代农业跨越式发展，实现农业提质增效农民持续增收。在现有产业特色基础上，依托官圩镇—马圩镇—高良镇—武垄镇公路边的休闲观光农业带建设，整合官圩镇生态休闲旅游区资源，发展乡村体验旅游，建立乡村旅游综合体，延长产业链条。努力将谢村村亚热带作物种植综合示范园打造成为德庆现代山地高效农业发展引领区、农业科技集聚创新区、绿色农业先行发展区、乡村旅游发展示范区。

(二)产业定位

规划确定谢村村未来产业发展目标定位如下：依托便捷的区位交通优势，打造德庆鸳鸯桂味荔枝产业基地和芭蕉、黄皮、山楂特色种植基地，构建较为完整的产业链条，包括种植、加工、销售、乡村旅游等环节，形成具有谢村村特色的乡村种植园和文化园示范点。

(三)发展策略

重点打造亚热带精品水果种植产业带，紧紧围绕旅游线产业带，布局荔枝、芭蕉、山楂、黄皮标准化种植基地，配套布局农产品加工厂、气调保鲜库、农产品交易市场，打造集种植、示范、加工、仓储、交易、物流和休闲娱乐为一体的亚热带作物种植示范园区。

1. 提高农业产业的整体竞争力，构建现代农业产业体系

(1)鸳鸯桂味荔枝文化园

荔枝作为“一村一品”示范建设的龙头项目，通过土地流转，集中连片发展，提高荔枝种植集中度。推进荔枝实施产业化经营，以质量效益和品牌效益为主攻方向，加快采购、生产、加工、运输、销售和反馈等环节全链条标准化体系建设。推进“互联网+农业”，充分利用移动互联网、物联网、大数据和云计算与农业跨产业融合，促使农业“种得好”与“卖得好”，促进荔枝产业多业态融合发展。同时，积极开发生态保护、休闲观光、文化传承、乡村旅游等产业潜力，增进经济社会效益。在区域内部依托资源比较优势形成乡村观光旅游休闲体验精品路线，满足城市居民短期休闲需要，促进乡村旅游蓬勃发展。

(2)香蕉种植园

香蕉、芭蕉标准化种植基地主要布局于谢村村西侧，充分利用山坡地及水田种植芭蕉、香蕉示范，把资源优势转化为经济优势，辐射带动当地村民找到一条增收致富的新路子。建立农产品网络营销团队，充分利用电子商务平台，实现香蕉产业的产销一体化。进一步完善芭蕉、香蕉加工产业链，形成品种多元化的芭蕉、香蕉产业深加工体系和格局，增加产品附加值，提高芭蕉、香蕉的利用率。

(3)柑橘种植园

柑橘种植园主要布局于谢村村东侧。德庆贡柑栽培距今已有1300多年的历史，是广东肇庆地区的优稀柑橘品种。贡柑营养丰富，富含多种维生素、微量元素、矿物质、有机酸等，其色香味兼优，既可鲜食，又可加工成以果汁为主的各种副产品。柑皮也可适当晒干保存当药用，具有败毒抗癌、理气化痰的作用，对癌瘤积毒、气逆痰滞癌症患者尤为适用。德庆县独特的地理环境及气候条件，使贡柑的果皮着色和组织软化程度更佳，让果肉的糖分与有机酸巧妙结合。因此，充分发挥当地自然资源优势，促进柑橘种植业，朝着“种植→保鲜→科学培育→深加工→系列食品开发”一体化发展，将当地的环境优势、资源

优势转化为商品资源、市场资源、经济资源。

(4)黄皮种植园

在谢村村以南地区，创办黄皮苗圃，发展黄皮林下养殖产业，打造黄皮种植基地，推广农家黄皮鸡，开发黄皮茶、黄皮蜜等新产品，培育特色产业，发展乡村旅游，把谢村村建设成为家庭游、自驾游的休闲胜地。

2. 做强一产、做优二产、做活三产，促进产业融合发展

(1)促进农业市场化发展，做强第一产业

第一，夯实农业生产基础，严格执行耕地保护制度，加快土地复垦复产，加强基本农田保护，扩大优质粮食种植面积；大力发展生态循环农业，开展畜禽粪便、农膜、秸秆基本资源化利用，实现农业资源合理配置；不断增加投入，加强农田水利设施和农业机械化建设，全面改善生产条件。

第二，立足资源优势，优化种植养殖结构，宜粮则粮、宜牧则牧、宜林则林、宜渔则渔，充分发挥区域比较优势；推动农业标准化生产，不断推广专业化、规模化和标准化的农业生产基地和亚热带水果种植基地，开发无公害绿色有机农产品，进一步扩大荔枝、芭蕉、山楂、黄皮等种植规模；加强农产品质量安全链式监督，提高农牧产品质量安全意识。

第三，根据市场需求引进适合谢村村发展的经济作物和加工项目，强化和延长产业链条，增加产业附加值。

(2)发展农产品加工业，做优第二产业

大力支持发展农产品产地初加工。引进食品加工企业进行荔枝初级产品加工，争取德庆县政府相关部门支持，为谢村村桂味荔枝产业园招商引资提供优惠政策。从桂味荔枝的引育、种植到后期深加工，建立桂味全产业链，丰富产品结构，同时加快旅游业与产业园的融合发展，开展工业旅游与生态旅游融合发展，形成多家省级农业龙头企业，成功创建省级桂味产业园。

全面提升农产品精深加工整体水平。培育荔枝、芭蕉、山楂、黄皮等特色农产品加工产业集群，研制一批营养、安全、美味、健康、方便、实惠的多元化水果加工品。加强与健康、养生、养老、旅游等产业融合对接，开发功能性及特殊人群膳食相关产品。

努力推动农产品及加工副产物综合利用。重点开展水果皮渣等副产物梯次加工，建立副产物综合利用技术体系，研制新技术、新产品、新设备。发展循环经济，促进综合利用企业与农民合作社等新型经营主体有机结合，调整种植业主体生产方式，使副产物更加符合循环利用要求和加工标准。鼓励中小企业建立副产物收集、处理和运输的绿色通道，实现加工副产物的有效供应。

(3)打造乡村旅游品牌，做活第三产业

①文化。在现有诗词文化发展的基础上，利用现代传媒手段实现诗词娱乐化、大众化，深入挖掘和培育百年荔枝文化，做大做强鸳鸯桂味荔枝产业。大力吸引学校、家庭体验传统诗词文化的教育，传承古典诗词，弘扬传统文化。

②景观。借助四园(荔枝文化产业园、芭蕉园、黄皮园、山楂园)，展示古荔枝树和其他种植园的特色风貌，开发采摘、观光、拓展、科普教育等旅游休闲活动的中心区域。

③娱乐。加大配套设施建设的投入，提升旅游环境，探索体验式乡村旅游新模式，鼓励发展农家乐，大力开发采摘、烹饪、亲子游等娱乐项目，把谢村村打造成为家庭游、自驾游的休闲胜地。

④民宿。特色民宿区位于鹅寮村，通过盘活闲置农房，建设富有特色的民宿群，在保持原有外部风貌基础上进行屋内装修，每间装修贴合谢村村文化特色，主题不一，给游客留下美好回忆。

⑤餐饮。注重农产品从田间到餐桌的无缝对接，让游客在餐桌上品尝该村特色美味，促进农副产品的宣传和消费。

3. 发挥农业适度规模经营引领作用，优化现代农业经营体系

首先，推进农村土地“三权分置”改革。理清“三权分置”与“长久不变”的关系，让土地制度改革利益惠及村民；发展适度规模经营，提高劳动生产率，增加农民收入；释放土地经营权，发挥市场在农村土地资源配置中的决定性作用，促进土地规范流转。

其次，积极培育新型经营主体，壮大现代农业力量。发展农民合作社，大力培育土地股份、农村社区、资金互助、民主监督、利益共享风险共担等新型合作社；培育家庭农场，开展认定工作，限定主体类型并统一登记方式，营造平等的市场环境；培育职业农民，抓培育工作，促进科学技术水平与农业生产经验结合。

最后，大力发展供应链服务，健全农业社会化服务体系。积极发展种子、种苗、薄膜、肥料统配统施等生产资料供应的产前服务；鼓励发展耕种技术、栽培技术、饲养技术、病虫害统一防治、农机承包作业、养殖业粪污专业化处理等生产服务，支持开展粮食烘干、农机场库棚、仓储物流等配套设施服务；发展农机跨区作业、农事全程代管等经营性服务。

四、功能定位与规划

(一)主体功能区划

按照“促进生产空间集约高效、生活空间宜居适度、生态空间山清水秀”的总体要求，

划定谢村村生产、生活、生态三类空间范围，以指导谢村村空间开发与建设。结合该村的地形地貌、土地利用现状、汇水条件等因子，开展生态敏感性分析，根据生态敏感性因子划分谢村村生产空间、生活空间、生态空间(图 11.4)。

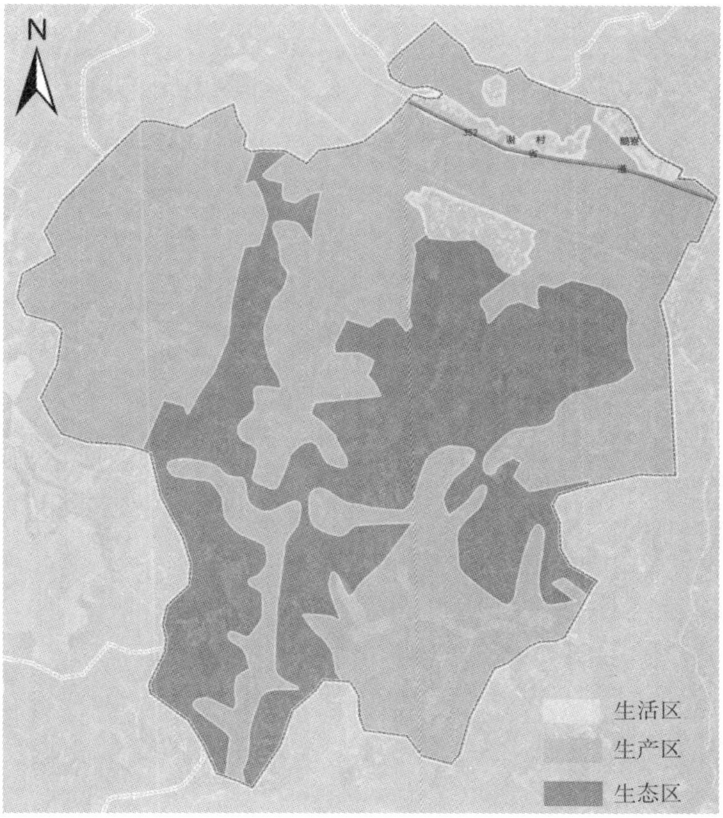

图 11.4　谢村村三生空间规划图

图片来源：作者自绘

(二)空间发展战略规划

结合谢村村的实际情况，制定了“一心、两轴、两区、四园基地”的空间发展结构(图 11.5)。“一心”即村庄公共服务中心，位于谢村村委附近，为村庄综合服务功能和旅游接待功能。“两轴”分别为村庄交通发展轴和村庄产业发展轴，村庄交通发展轴线为沿省道轴线，对外连接胜敢村和四村村；村庄产业发展轴线串联特色民宿区、荔枝文化产业园、香蕉园、黄皮园、柑橘园，是村庄特色产业发展的中轴线。“两区”分别为特色民宿区和农耕体验区，特色民宿区位于鹅寮村，打造富有特色的民宿群；农耕体验区位于谢村村稻田区域，建设集稻田绿道、泥地娱乐活动、农耕体验等于一体的新型综合体。“四园”分别是荔枝文化产业园、香蕉园、黄皮园、柑橘园，荔枝文化产业园主要展示古荔枝树的特色风貌，是开展采摘、观光、拓展、科普教育等旅游休闲活动的中心区域；香蕉园、黄皮园、柑橘园分别依托村内广阔的山地，种植香蕉、黄皮、柑橘等果树。

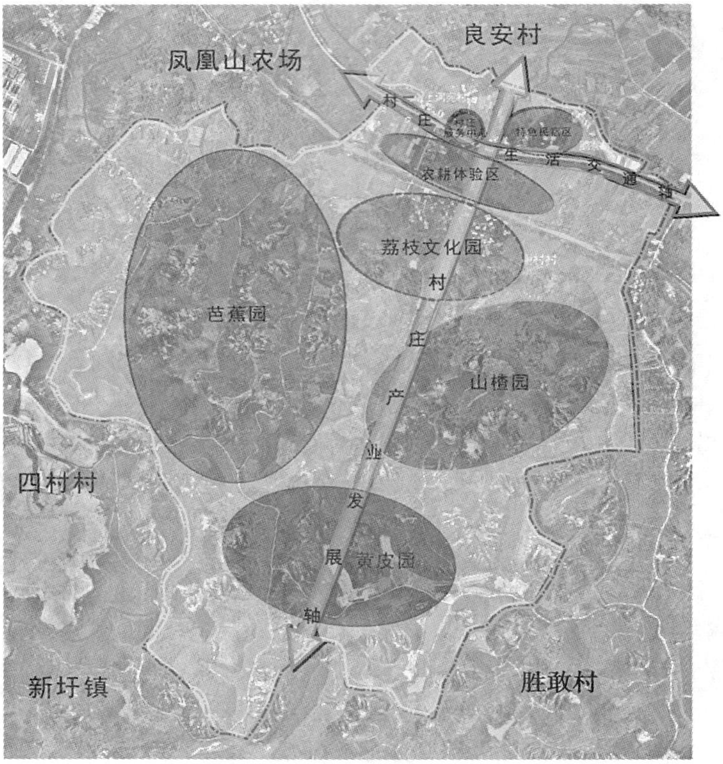

图 11.5　谢村村空间发展战略规划图

图片来源：作者自绘

(三)生产区整治规划

1. 推进示范农田建设工程

进一步推进土地整理工作，对现有耕地进行平整，到 2022 年，逐步完成对耕地的平整工作。同时进一步开展农田排灌工程建设，完善农田小水利设施建设，推进农田灌溉渠硬化和清淤工作，加快推进农田小型泵站建设，推进“一路两渠”工程建设，构建完善的排灌工程系统，解决一直以来的内涝问题。强化对农田周边滑坡、洪涝的防治工作，强化山体保育功能，完善村级农田排水工程，及时化解农田内涝灾害，促进农业空间有效利用。

2. 推进绿色生态农业生产方式

突出绿色生态发展理念，积极推进绿色生态发展方式。推进有机水稻基地建设，全面推广测土配方施肥技术，加强化肥、农药、兽药、饲料添加剂等投入品使用管理，推进病虫害统防统治和绿色防控，大力实施种养循环一体化工程，加快规模化畜禽养殖场区粪污处理基础设施建设与标准化改造，散养密集区要逐步实现畜禽粪便污水分户收集、集中处理利用。开展农业废弃物资源化利用试点，推广秸杆高效利用模式，到2022年主要农作物秸杆综合利用率达到94%。开展地膜使用全回收、机械化免膜生产、消除土壤残留等试点工程。

3. 推进农业面源污染防治工程

加强农业面源污染治理，实施源头控制、过程拦截、末端治理与循环利用相结合的综合防治。开展土壤污染状况详查，切实摸清农产品产地重金属污染底数，深入实施土壤污染防治行动计划。加强渔业养殖污染治理，探索实施渔业养殖总量控制制度，全面取缔内河、湖库非法养殖。推广生态养殖模式，加强养殖尾水排放监管，池塘和工厂化养殖实行达标排放。划定畜禽禁止养殖区、畜禽控制养殖区和畜禽适合养殖区，推进畜禽养殖废弃物收集、转化、应用三级网络建设，推广畜禽生态养殖和畜禽废渣无害化、资源化利用。

(四)生活区整治规划

1. 深入推进人居环境整治工程

分步开展村庄空间整治行动。提升村内路水电气房厕及垃圾污水处理等基础设施水平，加快推进村内主次街道硬化，到2020年实现村内道路“户户通”。建立卫生厕所长效管护机制，实施厕所粪污治理，将厕所粪污、畜禽养殖废弃物一并处理并资源化利用，全村建设1~2座公共厕所。构建“农户—垃圾桶—转运点”的三级垃圾回收系统，推进雨污分流和生活污水治理工程，到2022年实现全村生活污水处理率达到95%。推进村内黑臭水体和纳污坑塘的治理工作，实施清淤、填埋两种方式相结合，实现水体净化。继续深入推进全村“三清三拆三整治”工程，2019年完成存量危房改造任务。

2. 开展村庄风貌提升工程

拆除乱搭乱建房屋，增加村庄公共空间。对管禄宫祠堂等传统建筑开展有效的修缮保护工作，突出村庄传统文化，到2020年完成全村传统民居修缮提升工作。推进墙绘工作，提升村庄整体风貌，到2020年实现村内主干道墙绘率达到80%，按照岭南民居建筑示范引导村民新建民居。推进各自然村村庄绿化工作，开展主要道路、广场公共空间绿化、美化、亮化工程，鼓励村民种植绿化树木，提升村庄绿化率，力争到2020年创建成为全省生态宜居村庄(图11.6)。

图11.6　村庄风貌前后对比

(五)生态区整治规划

1. 推进山林生态修复工程

推进山区村庄绿化建设。进一步加强生态保护力度，强化滑坡、泥石流等自然灾害的防控力度，逐步缩减经济林规模。加强生态林建设和管理，保护野生动物栖息地，培育森林生态系统，打造“山清水秀、林水相融”的蓝绿生态景观。对原有砂糖橘基地，还原生态林基地，种植生态苗木，力争到2022年实现村域山体生态修复全覆盖。

2. 推进生态资源保护和利用工程

加强野生动植物的保护工作，禁止非法捕杀珍稀物种，维护村庄物种多样性。推进观光体验旅游，推进景观整治，建设自行车绿道和观景平台，提升景观价值和旅游吸引力。开展生态休闲旅游，依托森林资源，建设拓展基地等。

(六) 建设项目布局规划

结合上述关于谢村的生产—生活—生态区整治现状与规划设想，将谢村建设项目进行归纳整合，形成谢村村建设项目布局规划图(图11.7)，其中序号1到13分别对应各项建设项目。

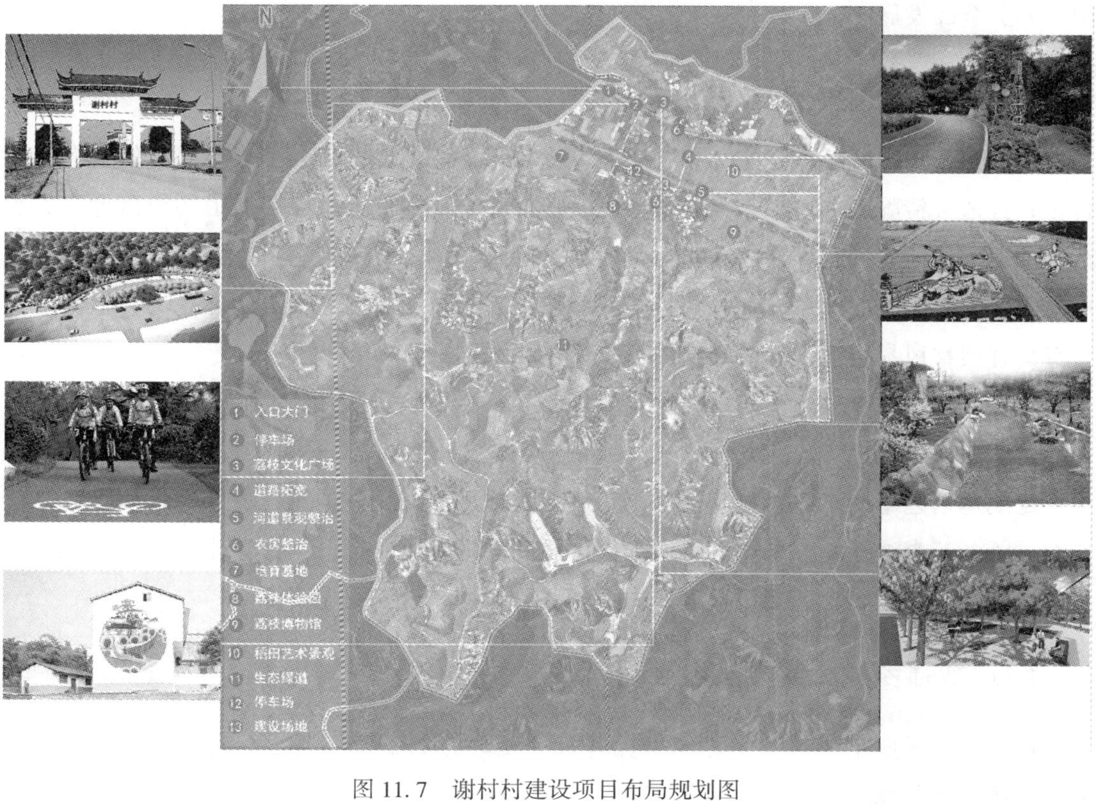

图11.7　谢村村建设项目布局规划图

图片来源：作者自绘

五、推进现代乡风文化建设

(一)规划思路与目标

1. 规划思路

加强农民的主体性，客观对待传统文化和现代文化，努力推进乡风文明建设，围绕乡风文明要求，坚持物质文明和精神文明一起抓、弘扬乡村优秀传统文化和加强乡村公共文化建设这三大方面着手，塑造乡风文明新风尚。

2. 规划目标

繁荣振兴本土文化，焕发乡风文明新气象。丰富农民生活，提高农民素质，促进村民德智体美全面发展。

(二)深入开展乡村文明行动

积极开展中国特色社会主义和中国梦宣传教育，通过建设社会主义核心价值观专题公告栏和打造宣传牌匾等途径，大力弘扬民族精神和时代精神。积极开展道德模范评比表彰活动，发挥示范先进典型作用，以点带面，弘扬正能量。统筹推进村规民约建设，充分发挥村规民约对村民的作用。加强精神文明建设，广泛开展爱国主义、集体主义、社会主义教育，开展移风易俗活动，倡导红白事从简。

(三)弘扬乡村优秀传统文化

定期邀请艺术团来谢村村开展演出，传播优秀传统文化，丰富村民的精神生活。组建妇女舞蹈队、书法社、象棋比赛等增加村民之间友好交流，提升村庄艺术气息。活化当地古井、古屋文化资源，适当改造还原古井样貌、挖掘其潜在文化资源。

(四)加强乡村公共文化建设

修缮祠堂、庙宇建筑，使之成为提升村民凝聚力的重要场所。配套建设村民休闲公园，完善相关的休闲健身设施，促进村民身体素质发展。建设特色化荔枝文化广场、村道绿化场所、祠堂文化广场等，为村民提供休闲、交流、运动的公共场所，促进和谐村风生成。

六、加快乡村治理体系建设

(一)规划思路与目标

1. 规划思路

基层治理的核心是基层民主，只有实现基层治理的民主化、法制化，才能使基层治理符合现代政治的标准，适应现代社会的发展要求。谢村村基层治理要坚持“自治、法治、德治”三治结合，走共建共治共享的乡村善治之路，确保农村社会充满活力、和谐有序。

2. 规划目标

进一步加强农村基层治理，不断完善农村社会治理结构和基本公共服务平台建设，全面推广“自治、法治、德治”三治融合，持续推行以“文明联创、卫生联洁、治安联防、应急联动、困难联帮、致富联带”为主要内容的“六联机制”，形成群众自我管理、自我服务、自我教育、自我监督，形成党组织领导、党员干部引导、人民群众互动的基层系统治理模式，进一步推进基层治理体系和治理能力现代化，为推动改革发展、民生改善、依法治理提供强有力保障。

(二)提升基础党组领导能力

把加强基层党的建设、巩固党的执政基础作为贯穿社会治理和基层建设的主线，以改革创新精神探索加强基层党的建设引领社会治理为路径，扎实推进抓党建促乡村振兴。坚持以村党组为核心、村民自治和村务监督为基础、集体经济组织和农民合作组织为纽带、各种经济社会服务组织为补充，建立和完善农村组织体系，充分发挥各类组织在乡村振兴中的积极作用。加强基层党员队伍建设，提高农村发展党员质量，加强农村党员教育培训，强化先锋引领作用，健全党员岗位创先争优长效机制。完善基层党组织制度建设，扩大组织覆盖和工作覆盖，积极推进党务村务财务公开，全面升级打造集政治、文化、服务功能于一体的村级党群活动中心。

(三)完善村民自治机制建设

村民自治是健全乡村治理体系的核心。坚持自治为基础，加强农村群众性自治组织建设，健全和创新村党组织领导的充满活力的村民自治机制。完善村民自治组织民主制度，发挥村民自治章程、村规民约的积极作用，实现以制度管人、按程序理事的工作目标。大力推进村务公开，深入实施“村级事务阳光工程”，做到“四个规范”，规范公开内容、规范公开程序、规范公开时间、规范公开形式。创新基层管理体制机制，实行网格化管理，逐步完善乡村便民服务体系，引导农村居民参与社区公共事务和公益事业管理。

治理经验参考

近年来，全国不少地区涌现了许多关于基层民主治理的创新探索，如四川成都的“村民议事会”、浙江宁海的“五议决策法”、河南邓州的“四议两公开”、湖北秭归的“幸福村落建设”等，为谢村村丰富基层民主治理提供了宝贵经验，主要经验和做法是将自上而下的基层治理调整为自下而上的基层治理体系。

秭归县从2012年开始推行“幸福村落建设”，其核心是成立“村落理事会”，由“两长八员”带领村民参与村落公共事务，组织群众修果园路等村落内道路，并对村内道路进行划段维护等，该运行模式已经比较成熟，并且初见成效。村落理事会与村委会之间相互独立，理事会有自主权，村委会对之“参与不干预、指导不领导、监督不监管”。从“幸福村落建设”的实践情况来看，理事会是发挥作用的主体，而村“两委”在其中只是起到协调和辅助的作用。例如，在村落修路过程中，村干部只是负责向上级跑项目，而具体这个项目在村落中如何实施，线路如何规划，占地如何补偿，如何平衡各种利益等，都由理事会召集村落群众开会商量。村“两委”也可以列席会议，但所有的决议都是由村民自己讨论决定。

(四)提高农村基层法治水平

法治是健全乡村治理体系的根本保证。首先，要强化法制宣传教育。深入开展“法律进乡村”宣传教育活动，加强土地征收、承包地流转、生态保护、社会保障等方面法律法规的宣传教育，增强农民群众尊法学法守法用法意识。其次，要健全农村法律服务体系。推进公共法律服务热线平台建设，抓好农村法律顾问工作，落实“一村一法律顾问”，为群众提供方便快捷的法律咨询和法律服务。最后，创新社会治安综合治理。落实社会治安综合治理领导责任制，建立立体化社会治安防控体系，深入推进综合行政执法改革向基层延伸，推动执法队伍整合、执法力量下沉，提高执法能力和水平。

（五）发挥乡村德治积极作用

德治是健全乡村治理的重要支撑。坚持德治为先，以德治滋养法治、涵养自治、实现善治，让德治贯穿乡村治理全过程。首先，强化道德教化引领。以社会主义核心价值观为引领，结合时代要求进行创新，引导农民向上向善、孝老爱亲、重义守信、勤俭持家，利用祠堂、村民休闲广场、户外墙体喷绘等载体，宣传道德模范、身边好人的典型事迹，建立新乡贤文化，引导人们讲道德、守道德。其次，发挥村规民约功能。按照国家宪法、法律法规和党的方针政策规定和要求，规范村规民约的制定修改工作，充分发挥村规民约在解决农村法律、行政、民事纠纷等领域突出问题中的独特功能，弘扬公序良俗，促进自治、法治、德治有机融合。

七、促进物质生活富裕富足

（一）实施精准扶贫

乡村振兴，生活富裕是根本。坚持在发展中保障和改善农村民生，围绕农民群众最关心、最直接、最现实的利益问题，加快补齐农村民生短板，满足农民群众日益增长的民生需要，把乡村建设成为幸福美丽新家园，让农民群众有更多实实在在的获得感、幸福感。

开展精准扶贫工作，必须要抓住重点，靶向施策，确保帮扶效果。对于那些拥有技能的贫困户，积极引导他们就业，使他们有稳定的经济来源。对于那些“老弱病残”人群，则要建立健全基本生活保障制度，解决他们生活难、看病难等问题，使他们的生活得到保障。对于思想观念落后、好逸恶劳的贫困户，必须加强思想教育工作，引导他们形成正确的思想观念，首先要在思想上“脱贫”，同时进行专业技能培训，让他们掌握一技之长，引导他们就业，实现脱贫致富。

（二）提高农民收入

通过发展旅游、水果等产业，同时实施产业升级计划和延链补链计划，联农带农，促进农民增收。

1. 增加农民农业产业收入

建立健全企农利益联结机制，推广“龙头企业+专业合作组织+农户”“龙头企业+科研院所+农户”等经营模式，完善集体建设用地入股发展农产品加工业，租金分红的机制，探索农民以耕(林)地入股，然后以现金、实物等方式分红模式，让农民在现代农业发展中长期受益、充分受益。规划到2022年，人均年收入增加1000元。

2. 增加农民旅游经营性收入

鼓励农民发展农家乐、特色民宿，鼓励农民依靠旅游景点就近发展以特色餐饮、住宿、农业体验等于一体的农家乐，推广“旅行社+旅游景点+农家乐”“旅游节庆+农家乐”的发展模式，农民可直接经营农家乐、特色民宿增加收入外，还可通过门票收益和贩卖土特产收益分成，增加农民旅游收入。同时，要加大对农家乐的资金扶持力度和人员技能培训力度。

3. 增加农民务工收入

大力发展农产业加工业和农产品物流业，为农民提供就业岗位，增加农民非农收入，抵抗农业收入的季节性，依托农业产业化发展，建立“公司+农户”的发展模式，农户在农忙季节为公司务工。同时，乡村旅游产业的发展，需大量旅游从业人员，因此可为本村居民提供旅游就业岗位，促进外出务工人员返乡就业，解决村庄空心化的问题。

(三)完善社会保障

1. 提供完备的基础设施服务

全面完善谢村村基础设施建设，为村民提供完备的基础设施服务，是谢村村新农村面貌的展示，也是未来谢村村发展旅游产业的必要条件。要求到2022年，所有聚居点实现水电全通，改善居民用电用水环境，种植区建设储水设施；村内道路全部实现硬化到户，方便村民出行；提供有线电视、有线电话到户服务，村内实现网络进村，实现宽带接入，建设移动通信基站，实现移动4G或5G网络覆盖；推广使用电能、太阳能和沼气，减少对于薪柴和罐装液化气的使用。

2. 强化农村生产力保障功能

推动农业发展，提高农业生产力，是促进农村经济全面发展，保障农民生活的根本。对于谢村村而言，充分利用乡村振兴的契机，全面提升农产品深加工整体水平，加大农业科技投入，同时建立荔枝、黄皮等特色产业加工集群，研发优质实惠的文化水果。

3. 完善生活保障和社会医疗保险制度

适当提高农村居民最低生活保障标准，完善失地农民的养老保险和失业保险制服，积极推进政府补贴基金用于农村社会保险的投入，加快农村新型合作医疗制度建设的步伐，着力完善政府推进，农民互动，社会参与的工作机制。加快以大病医疗统筹为主的农村新型合作医疗制度，不断提高农民的医疗保障水平。

4. 健全社会优抚、社会救助体系

积极吸取其他村庄成熟的经验和做法，并结合谢村村的具体情况加以调整。在社会救助上，拓展社会保险基金的筹资渠道，加快社会保障筹资体系的建立。充分发挥慈善组织在社会救助上的作用，积极引导慈善组织扶贫济困，开展志愿服务等。做好社会优抚工作，为谢村村的优抚对象在农业户口、医疗待遇、住房、抚恤金等方面做好保障。

八、荔枝生态文化主题旅游区专项规划

(一)规划思路与目标

1. 规划思路

品牌突围、重塑形象。以谢村村百年荔枝文化为切入口，从旅游红海中突围，塑造荔枝文化度假的全新品牌形象。

文化铸魂、情景再造。寻找荔枝文化的精髓并注入其中，与自然融合。注重景观的创意性重塑，诗情画意，整体串联。

空间整合、主题串联。整合空间，实现功能元素的合理配置，通过水陆游线串联各片区，形成生态文化体验环。

产业延伸、产旅互融。紧抓荔枝资源，以荔枝的种植转化为加工、生态旅游、文化旅游，形成产旅互相促进的互动链条。

市场引领、产品创新。瞄准较为高端的文化体验与休闲度假市场，针对需求创新开发特色产品。

2. 规划目标

打造荔枝主题生态文化旅游示范区。

(二)发展战略

1. 改善基础设施，建立新的栽培管理模式

加大扶持力度改善分散经营状态，促进小农经济向集约经济转变，减少农户盲目种植。首先，加大资金投入力度，完善交通、通信、电力、水利等基础设施，着力提升荔枝园的基础设施水平。其次，组建荔枝行业协会、服务公司等平台，为农户提供廉价优质的专业服务，如机械修剪、喷药、割草、灌溉、施肥等，改善传统生产中过度依赖劳动力的不足，提高荔枝产业的机械化程度。最后，强化农户与企业之间的合作，鼓励和引导农户、企业间建立多种合作关系，把农民组织起来，实行统一标准化生产规范与统一市场销售。

2. 倡导绿色环保，提高食品安全生产意识

食品安全一直是消费者关注的热点问题，绿色、无公害、有机食品成为人们选购时的首要标准，同时也是当今国际农产品市场的主潮流。协助荔枝种植户积极推行荔枝的绿色种植及绿色营销，积极研究和推广无公害、绿色、有机荔枝标准化生产，加强肥水管理，增施有机肥。大力推广高效低毒低残留农药，推广生物农药、生物防治，以虫治虫、以菌治菌，安全用药，生产绿色荔枝，确保荔枝质量安全无公害。通过推广无伤采摘、分级、洗果、打蜡、标注标识、标准化包装等，在技术服务、信息咨询、产品促销、市场开发、标准化生产、规范经营行为、行业损害调查等方面发挥作用，提高荔枝的商品率和商品价值。

3. 打造荔枝品牌，开发深加工产品

借助谢村村悠久的荔枝历史文化打造品牌，以品牌促进消费，以消费拉动生产，形成传统文化赋能传统荔枝生产的新模态。延伸荔枝产业链条，发展荔枝深加工产业，解决荔枝的易腐性难题，增加荔枝产业附加值。例如，将荔枝果加工制成干、汁、醋、酒、糖水、罐头、蜜饯肉等，而荔枝花多花期长，为上乘的蜜源植物；荔枝绿叶婆娑树姿美轮美奂，亦是优良的绿化景观树，荔枝制作的盆景，荔枝树木材坚固耐用，可制作家私器皿；荔枝根具有治疗小肠疝气等药用效应；古荔树老根可用于手工雕琢茶台、茶盘、坐凳、花架、屏风、摆件等众多特色艺术品。此外，还可以把荔枝加工成保健品、荔枝酒等高附加值的产品。

(三)空间结构

结合主图荔枝文化旅游区的实际情况，构建“二核、二轴、七区”的旅游空间结构。二核分别为综合服务核、娱乐体验核。二轴分别为形象展示轴和综合发展轴线。七区：分别为综合接待服务区、农事体验娱乐区、荔枝主题民宿区、荔枝培育区、荔枝科普教育区、荔枝采摘体验区、山地拓展健身区(图 11.8)。

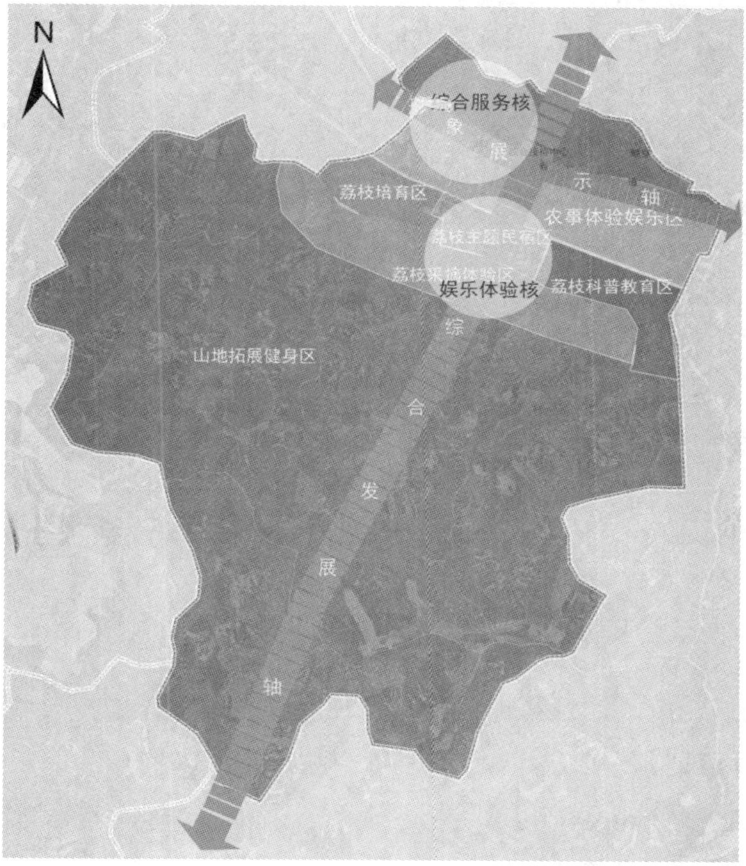

图 11.8　谢村村旅游空间布局图

图片来源：作者自绘

(四)功能分区

根据空间结构和现行资源进行功能分区，将村域分为七大功能区，分别为接待服务区、农事体验区、主题民宿区、培育科研区、科普教育区、采摘体验区、山地拓展健身区

(图 11.9)。

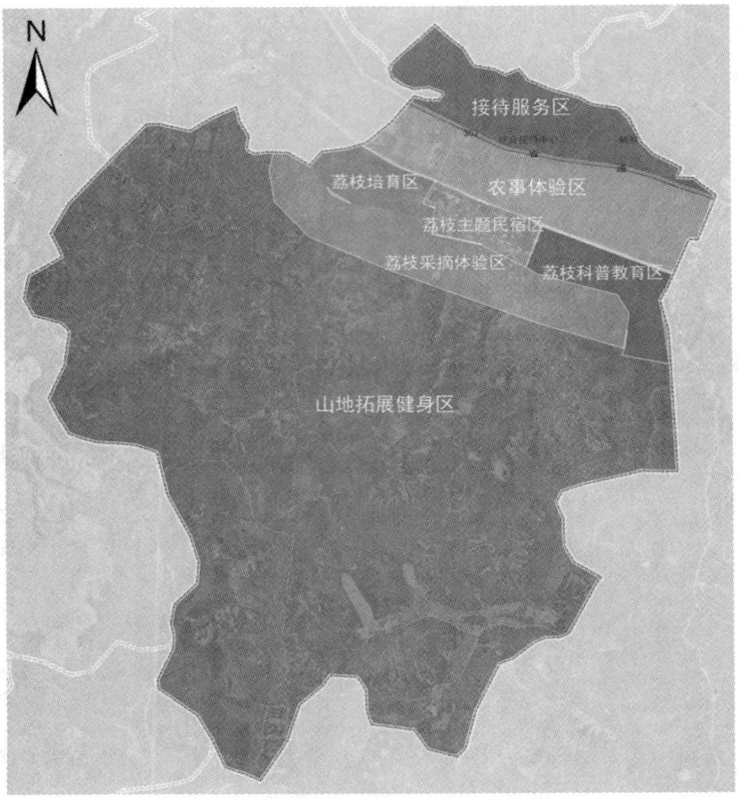

图 11.9　谢村村功能分区图

图片来源：作者自绘

(五)项目策划

1. 接待服务区

位于省道以北区域。主要建设景区大门、景观小品、游客服务中心、生态停车场、荔枝文化长廊等。

2. 农事体验区

位于省道以西的水稻田区域。主要建设稻田艺术景观、景观小品、农事体验、娱乐活动。

3. 主题民宿区

位于谢村村旧村部分。主要对村庄景观进行美化亮化，完善村庄服务设施，发展精品民宿。

4. 荔枝培育科研区

位于谢村村旧村以西。主要建设科研中心，推广无公害荔枝栽培技术，荔枝育苗与研发。

5. 荔枝科普教育区

主要建设荔枝博物馆、荔枝文化长廊。

6. 荔枝采摘体验区

主要建设荔枝小品、景观打造、标识系统完善，开展荔枝文化采摘节。

7. 山地拓展健身区

主要建设小型绿道，开展定向越野、迷你马拉松、户外拓展等建设活动。

九、加强保障体系建设

(一)制度保障

1. 完善地方法规和贯彻落实国家政策

谢村村的发展离不开政府和各部门单位的支持，因此，谢村村想更好地开展荔枝产业、打造荔枝生态旅游等战略，必须得到地方政府的政策支持以及国家政策的保障。

2. 加大宣传引导和示范带动力度

除了需要完善交通、通信、电力、水利等基本设施外，还要提高新型生产模式、管理机制的宣传和示范作用，为各农户提供专业示范，提高机械化程度，从而实行统一标准化生产规范与市场销售。

3. 营造良好的招商引资环境

针对谢村村现代农业发展情况，可进行专项招商，开展荔枝生产基地、亚热带水果基地、乡村生态旅游等。地方政府可加大招商引资的政策支持，给予引进企业在土地出让、建设手续办理、立项审批、税收方面一定程度的优惠，营造良好的营商环境。

(二)人才保障

1. 加大人才引进力度

发展需要人才的支撑，把人力资本开发放在首要位置，加大人才引进力度，积极争取高校人才、激励各类人才在谢村村施展才华，积极投身美丽乡村建设事业。

2. 吸引乡贤能人返乡创业

谢村村当前面临的一个困境是人才后备资源欠缺，为解决这一难题，要通过政策优惠补贴、助学计划等政策支持鼓励和引导当地大学生返乡就业、创业，以乡情乡愁为纽带，吸引各类人才投身于谢村村的现代农业发展，为谢村村的发展打造一支强大的人才队伍。

3. 加大专业技术培训力度

根据实地调查，农民在现代农业技能上的了解参差不齐，应开展多形式、多层次、多渠道的专业技术培训，使谢村村的专业技术水平提高，提升生产效率，不断发展。

(三)资金保障

1. 政府给予优惠政策补贴

谢村村各项的发展，都需要政策的支持，不仅县、乡政府要给予各项优惠政策去发展谢村村，而且省、市政府也要落实国家的“三农”政策，给予相应部分补贴资金的支持。

2. 整合各项建设资金

谢村村的基层组织要积极整合财政、农业、旅游、扶贫等方面资金，争取广东省或肇庆市的配套资金，利用各项资金开展相关项目的建设。

3. 鼓励招商引资

谢村村应该积极拓宽渠道，并鼓励外界的多方参与，鼓励招商引资，为外商投资创造优良的环境，从而广泛吸引社会资金。

4. 统一标准化市场销售

谢村村的荔枝产业和其他种植业、养殖业发展的分散化比较大，销售仍以零售为主。因此，谢村村可采用承包制，由政府或其他相关企业单位进行统一收购农产品，从而使农民提高销售量，增加农民收入。

第十二章　肇庆市德庆县播植镇文定村乡村振兴规划案例

内容提要：本章基于德庆县播植镇文定村基本条件、实际情况及发展现状，对文定村进行了乡村振兴规划，因地制宜提出规划建议。产业方面，打造以“稻—鸽”循环产业基地为主，巴戟、肉桂基地为辅的三大种养基地，形成具有文定村特色的乡村种养基地示范点；空间规划，形成“一核、两轴、两片、三基地”的空间发展结构；乡风文明，积极繁荣农村新文化，加强思想道德建设及丰富农民文化生活；乡村治理，创建党员积分制度，构建“党建+贫困户”、村民理事会、乡贤理事会三大模式；生活水平，实施精准扶贫、促进农民就业及完善社会保障。最后形成研究专题，依据“以种带养、以养促种”的种养结合循环发展理念，建立种养结合循环农业发展示范村，建设“稻—鸽”生态循环农业示范点，实现作物秸秆、畜禽粪便的综合利用，提高畜禽粪污综合处理利用率及秸秆综合利用率，并详细说明规划思路及发展方案。

一、项目基础

(一)基本概况

文定村位于肇庆市德庆县播植镇东部，距离播植镇约 4.5 千米，距广佛肇高速公路播植出口约 10 千米。其总面积为 5.2 平方千米，下辖 3 个自然村，即围墩村、对面村和罗陈村。全村总人口 1106 人(其中全村贫困人口 28 户，贫困人口 86 人)，总户数 234 户。文定村共有水田面积约 867 亩，林地面积约 6000 多亩，人均耕地 1.2~1.3 亩。村民经济收入主要靠种植肉桂、水稻等。

自然条件方面：文定村地势起伏较大，以丘陵为主，中北部相对平坦，居民点集中分布在西北部谷底，耕地面积偏小，分散，主要沿着中部谷地、台地分布，山林面积较大。该村属亚热带地区，太阳高度角大，辐射强烈，具有热量丰富、阳光充足、雨量充沛、水热同季、夏长冬短的气候特点。

(二)发展现状

1. 产业发展现状

文定村产业以传统种植业为主，山地出产肉桂、巴戟等。该村初步建立了优质水稻示范基地，成立了畜牧饲养专业合作社，优质水稻及牛羊鸡养殖业初具规模。2016 年，村集体经济收入 6500 元，人均年可支配收入 2 万多元。村内以第一产业为主导产业，第二、三产业薄弱，缺乏大型工厂企业，旅游业发展滞后(见图 12.1)。

(1)种植业：一是水稻产业。文定村水稻产业历史悠久，基础良好，主打定裕富硒米，稻鸭稻羊式种植，人工除草，不使用农药，属于绿色健康环保项目。全村种植水稻由 20 亩发展到 100 亩，每亩产量 500~600 斤米。每亩纯利润 1500~2000 元，收益较为可观，但目前发展尚不成熟，多以农户零散的种植售卖，规模化程度不高。技术方面，主要采用机械收割，收割完毕后，秸秆碎化返田发酵当作有机肥。二是肉桂产业。肉桂采取规模种植，一年一收，以桂皮售卖为主，亩产约 400 斤，每年亩产值约 2000 元，收益较好。三是蔬菜种植。主要为零散种植自给自足。

(2)养殖业：多为零散的养羊、鱼、牛的农户，与养鸽相比，效益一般，大多是农户自家的副业。村委与中山帮扶单位多次研究，计划在文定村东边设两个鸽场，一是贝来得公司裕村合作社合作的鸽场，规模是 2.1 万对种鸽，每年固定回报率按投入资金的 8%计算，每年固定回报 16.8 万元，合作期 25 年。另一个是贝来得公司自营的鸽场，规模 4.9 万对，同意招收村里夫妻饲养员，预计每对夫妻饲养员月薪为 7500 元，可解决文定村 60~80 人劳动就业。

2. 土地利用现状

全村耕地面积 1091.43 亩，林地面积 5719.9 亩。村庄建设用地中，居民住宅用地占总建设用地的比重接近 85%。只有少量的公共设施用地和辅助设施用地。在非建设用地中，农田及林地占了相当大的比例，村域农林发展特征显著。

3. 建筑质量分析

文定村 3 个自然村新旧民居建筑混杂，危房率、空置率均较高。其中，围墩村、罗陈村历史较久远，传统民居比重较大，危房率较高，分别达到 9%、14%；而对面村民居建筑质量较高，近 60%为新建民居。

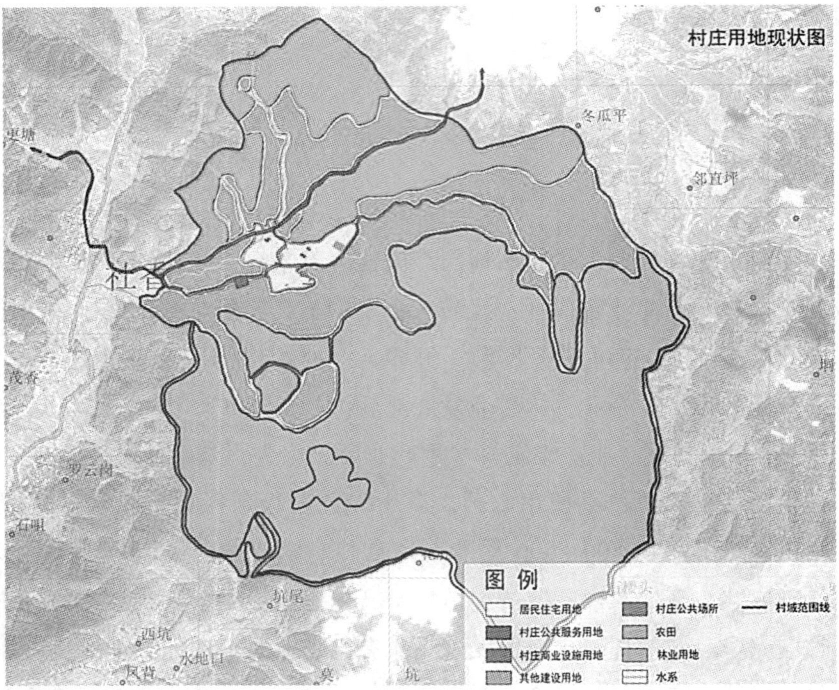

图 12.1　文定村土地利用现状图

图片来源：《广东省肇庆市德庆县播植镇文定村新农村示范村建设规划》

4. 人居环境现状

文定村作为省定贫困村，前期完成了社会主义新农村整治规划设计，对村庄建设进行了系统的规划，加上目前正在实施的“三清三拆三整治”和德庆县农村垃圾处理、农村厕所改造等行动，人居环境有了明显改善，目前道路、排水、文体设施等工程都在抓紧实施。

一是垃圾处理。每户配备 2 个垃圾桶，每 50 户人家配备 1 名保洁员，每户人家的屋子订有五包责任牌。以“自家垃圾桶—村的垃圾中转站—县的垃圾收集点”，初步形成了“农户—垃圾收集点—垃圾转运站”的三级回收系统。二是农房建设。目前缺乏管控，建筑密度较大，新建风格不统一，低压配电通信线路架空铺设影响环境，没有小公园，空地杂草较多。三是污水处理。中山市帮扶基金帮扶该村建设用水净化池，目前尚在施工中。四是自然灾害。最大的农业灾害问题主要是柑橘的黄龙病，另外，每年会出现不同程度洪涝灾害。五是村容村貌。目前整治初见成效，绿化工作初见雏形，部分墙体已经完成美化工程。

5. 文化发展现状

（1）文化氛围：文定村文化氛围较好，村民文化活动参与度较高。妇女参与广场舞活动，老人参与粤剧、二胡活动，此外，该村粤剧在播植镇范围有一定知名度，粤剧爱好者会私下组织粤剧演出，代代相传。在舞狮文化方面，村里设有专门的少年舞狮队，以小学生为主，组织定期培训，逢年过节村里会组织演出。

（2）乡风民风：文定村民风淳朴，村民互帮互助，孝敬老人。人情往来费用较为合理，婚丧嫁娶费用不高。另外，村庄尤为重视村民当兵，深刻认同一人当兵，全家光荣的理念，并会采用舞狮打鼓方式迎送当兵人员。

（3）传统文化：主要为农耕文化。村内有几处保存尚好的传统民居，分别是一个文保单位柱峰书室、一个未挂牌历史建筑仕登书室、一个保存良好的古牌坊以及村中具有百年历史的古榕树。

（4）文化活动：由于人力、物力等资源限制，文定村的精品文化活动相对匮乏。群众喜闻乐见，丰富多彩的文化活动形式没有被充分地挖掘和利用，只有重要的节日才会组织娱乐活动（如篮球赛等）。村内文化活动中心与村委广场合在一处，村民主要文化活动围绕广场进行，文化设施仍显不足。

6. 基层治理现状

（1）两委班子：村里共有 26 名党员，设党支部 1 个，村里党建工作较好，基层两委班子凝聚力较强，有强烈的带头意识。在“三清三拆三整治”工作中，村委干部和党员带头自拆，并主动动员群众，分工明确，效率较高，基本没有村民上访问题，邻里关系较好，村民对服务办理效率较为满意。

（2）村民自治：一是文定村的三个自然村均有乡规民约，内容基本一致，并以届为时间节点进行适当修改，民约从八十年代开始到现在，已经不断成熟完善。二是乡村管理系统以大队—乡—管理区—村委会小组为主线，三年一届民主选举。在重大事务决策上，如关于村里的拆迁，村集体大额经费的开支，村里重大项目的开展，都会及时召开村民代表大会。三是公共的财政收支也会及时公布。四是民主选举采取直播，差额和无记名投票，公平公正。

7. 扶贫工作现状

文定村建档立卡的贫困户有 28 户，占全村人口的 12%，精准扶贫帮扶单位为中山市司法局、信访局、流动人口办。在帮扶单位的努力下，该村扶贫工作取得了良好的效果。

(1)概况：村里28户贫困户中，有劳动能力的一般贫困户13户，五保户有10户，低保户有5户。三有保障中，住房上：贫困户已经全部住上新改造的房子，其中五保户人均住房面积30平方米。有劳动能力的补贴50万每户，人均住房面积13~18平方米。医疗上：县里已经统一为贫困户购买了150元的全额大病医疗保险。教育上：凡是建档立卡的贫困户，在小学一年级到中专，每年人均补贴3000元，大专以上补贴7000元，本科以上一次性10000元。

(2)扶贫工作：对于一般贫困户采用产业补助，以集体共有的方式，聘请他们进行养殖鸡、牛、羊等，给予劳务费，另外除去成本和相关费用后，还会按人口对有劳动能力的贫困户进行利润红利发放。五保户每个月有996元的补贴，并按年龄高低不同发放养老补贴。低保户，按人均年收入6000元进行补差，同时，按市里最低工资标准1350元人均每月进行补差。

二、发展背景

(一)优势分析

1. 生态环境优越。文定村是播植镇最西边的村庄，以低山丘陵为主，森林覆盖率较高。

2. 政府政策扶持。文定村在产业发展过程中，得到了各级政府的引导和支持，有一定的资金来源。

3. 产业基础特色。塑造了定欲富硒米的品牌，为文定村发展“一村一品”战略奠定了良好的基础。

4. 地理位置良好。地处德庆莫村—永丰—播植—凤村综合经济带、肇庆千里慢行带，以及德庆休闲旅游环道，发展前景大。

(二)劣势分析

1. 缺乏青壮年劳动力。年轻人员外流率高，村庄空心化严重。

2. 基础设施不完善。交通设施落后，与外界联系不足。雨污同流，缺乏必要的污水处理设施。老年活动室、小公园等公服务设施缺乏。

3. 农业产品结构单一。农业新经济发展不够充分，科技创新对农业发展的贡献不够大，机械化水平较低。

4. 村集体经济较薄弱。村干部年龄老化，乡村治理能力和体系亟待强化。

（三）挑战分析

1. 农民积极性问题。乡村振兴的主力是农民，但囿于农民文化水平普遍不高，如何让农民深入理解乡村振兴的内涵，更好地配合政府的工作，激发人民群众的参与热情，是一个任重而道远的任务。

2. 发展同质化问题。在德庆县规划中，整个播植镇被定位为农业示范区。文定村需要考虑如何规避同类村庄的竞争，发展特色农业，提高农业产业竞争力。

3. 可持续发展问题。文定村在发展过程中，需要平衡环境保护与经济发展，特别是农业主导型发展，应注重农药化肥的使用量以及秸秆的处理问题。

（四）机遇分析

1. 政府政策支持。实施乡村振兴战略，是党的十九大作出的重大决策部署，解决三农问题是全党工作的重中之重，广东省的“精准扶贫，精准脱贫”一系列政策，为文定村的发展提供了机遇。

2. 对口帮扶企业的品牌和技术输出。把对口帮扶企业贝德来鸽业有限公司先进的种植技术及管理理念融入文定村的特色产业，提升特色产业发展的效益，切实提高农民收入。

3. 德庆实施农业转型战略。播植镇充分利用荒废的柑橘园发展辣木、巨菌草等新品种，发展多元化的种植业，从而优化农产品种植结构。

三、目标与定位

（一）定位

成为全省乡村振兴示范村、全省循环农业产业示范基地。

（二）规划目标

本规划年限为 2018—2022 年。

2020 年：文定村乡村振兴取得重要进展。制度框架和政策体系基本形成，农业综合生产能力稳步提升，农业供给体系质量明显提高；“稻—鸽”循环产业基地建成，巴戟、肉桂、南药种植基地不断扩大，乡村旅游顺利起步；农民务农收入增加，工资和经营性收入有了突破，农村常住居民人均可支配收入接近广东省平均水平；现行标准下全村贫困人口全部脱贫；成功创建社会主义新农村。

2022 年：文定村乡村振兴取得阶段性进展。农业科技贡献率不断提升，建立了一、二、三产业深度融合的现代农业产业体系；人居环境进一步改善，村庄风貌得到有效治理，生态环境明显好转；成功建设全省基层文化示范基地；乡村治理更加规范有效，基层党组织的凝聚力显著增强，乡村自治、法治、德治相结合的治理体系初步确立；农村居民收入持续增长，农村常住居民人均可支配收入超过全省平均水平。

2035 年：文定村乡村振兴取得决定性进展。农业农村现代化基本实现，成为美丽德庆先行区；农业产业结构得到根本改善，乡村旅游业成为全村主导产业，西江乡村旅游节点建成；乡风文明达到新高度，乡村治理体系更加完善；农村生态环境根本好转，美丽宜居乡村建设基本实现。

四、构建现代优势产业体系

(一)规划思路

推进乡村的产业兴旺，以产兴农，以农带产，产融一体，助力乡村振兴战略落地实施。一是推行“公司+合作社+基地+标准”的产业化生产模式，推进土地流转，引入专业公司投资富硒水稻、巴戟、肉桂等农产品的种植与初加工。同时，以养殖肉鸽为龙头带动观光、旅游、餐饮等产业链协同发展，形成一、二、三产业融合发展格局，将资源优势转化为产业优势。二是着力抓好基础设施建设、经营主体培育、投融资平台搭建、品牌创建和市场开拓等工作，加快现代农业跨越式发展，实现农业提质增效农民持续增收。三是加大力度创建品牌示范，努力将文定村富硒“水稻—肉鸽”养殖基地打造成为德庆生态循环农业发展引领区，农业科技集聚创新区，乡村旅游发展示范区。

(二)产业定位

基于以上分析，规划确定文定村未来产业发展目标定位如下：依托便捷的区位交通优势，打造以“稻—鸽”循环产业基地为主，巴戟、肉桂基地为辅的三大种养基地，构建较为完整的有机循环产业链，包括种植、养殖、加工、旅游等环节，形成具有文定村特色的乡村种养基地示范点(图 12.2)。

(三)发展策略

产业兴旺的核心是要加快构建与现代农业相适应的产业体系、生产体系和经营体系，

图 12.2 文定村产业定位图

图片来源：作者自绘

全力推动农业进一步向高效、优质、绿色、安全、融合方向迈进，为乡村振兴提供强有力的产业支撑。重点打造“稻—鸽”循环产业基地，充分发挥本村的自然环境优势，合理布局巴戟和肉桂种植基地，配套布局农产品加工厂、农产品交易市场，打造集种植、养殖、示范、加工、仓储、交易、物流和休闲娱乐为一体的农产品生态循环种养示范基地。

1. 构建现代农业产业体系，培育特色优势产业

(1)稻—鸽循环产业基地

“稻—鸽”循环产业基地以富硒水稻种植和肉鸽养殖为主，作为文定村“一村一品”示范建设的重点项目。在富硒水稻种植方面，加强生产能力建设，通过土地流转的方式，进一步扩大种植规模，提高农业生产的集约化程度，严格按照富硒米种植、加工标准，确保富硒水稻的高品质。在肉鸽养殖方面，按照肉鸽养殖技术标准和规范，建立肉鸽养殖合作社和技术推广中心，引进相关加工企业，开展肉鸽初加工。并且积极开发“肉鸽—肥料—水稻—饲料”循环产业模式，进一步优化产业结构，提升产业效益。

(2)巴戟基地

把文定村巴戟种植项目打造成特色种植品牌，以基地为基础、经济为纽带、科技为依托，建立中药材骨干品种商品生产基地，促进中药农业的发展。同时，巴戟种植基地的建设将作为调整农业产业结构，发展农村经济，促进农民增收致富的重要途径，由此形成的生产、购销、加工一体化的农业产业，将确保南药巴戟生产的“安全、有效、稳定、可控”。

(3)肉桂基地

文定村可利用先天自然环境优势，发展肉桂种植，实行“公司+基地+农户”为主的生

产经营方式，形成产业化生产基地；加强技术指导，做好病虫害防治工作；完善产前、产中、产后一条龙服务机制，确保高产、优质、高效的肉桂基地化生产。

2. 构建现代农业生产体系，提升农业专业化水平

(1)强化基础设施建设

加大农业基础设施建设，力争粮食生产功能区全部建成旱涝保收、高产稳产的高标准农田；鼓励新型农业经营主体发展设施农业和工厂化农业，提高单位面积产出率；提高农业智慧化、信息化水平，加大引进现代高新技术力度，实现农业现代化。

(2)发展农产品精深加工

大力支持发展农产品产地初加工，鼓励农业龙头企业和农产品加工企业向文定村集聚。依托文定村三大种养基地建设，引进水稻、肉鸽、巴戟和肉桂加工厂，发展富硒米、肉鸽、巴戟、肉桂等产成品。同时，发展特色农产品展示馆、观光台等项目，吸引游客到基地旅游观光，购买加工产品，使农产品生产与旅游观光相结合。按“以产业化带动为核心，以土地流转为基础，以金融改革为支撑，以协同共治为方法，以全面推进生态文明建设为目标”的“五位一体”要求进行建设，延伸产业链，辐射带动农民致富(图 12. 3)。

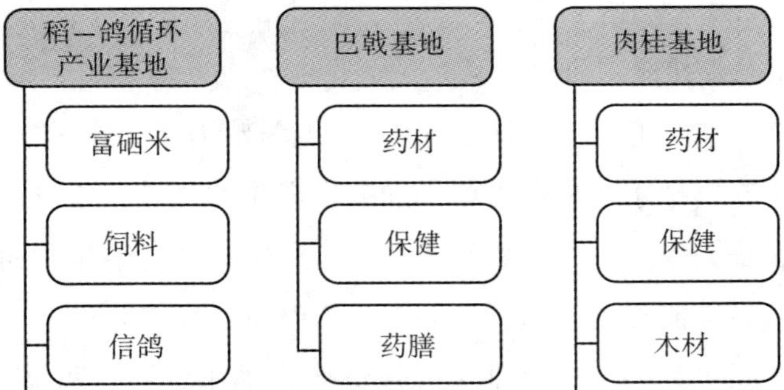

图 12. 3　文定村农产品谱系图

图片来源：作者自绘

(3)培育农村发展新业态

一是要发展龙头企业、家庭农场、家庭牧场、农民专业合作社等，创新农业经济的微观经济基础。二是要加快培育有文化知识、技能水平高、创新创业能力强的新型职业农

民，同时支持农民工、职业院校毕业生等人员加入新型职业农民队伍。三是要加快培育标准化生产基地，以农产品基地、合作社、服务公司等为主要平台，全面实行标准化和组织化。四是要坚持实施适度规模化经营战略，积极发展生产、供销、信用、电商的综合合作关系。

3. 构建现代农业经营体系，促进农业高产高效

(1)发展农业新型经营主体

多种形式适度规模经营体系的建立涉及土地、劳动、资本、技术这些生产要素的优化配置以及产业组织形式的合理选择和专业化分工的效率呈现。当前，文定村发展最大的难题是土地流转不顺，导致土地经营集中度不高，土地撂荒现象严重。为解决以上问题，建议文定村采取“公司+基地+农户”的模式，提高农业劳动生产效率，增加农民可支配收入。同时，要继续深化农村土地制度改革，进一步完善土地所有权、承包权、经营权“三权分置”方案，发展土地流转、土地托管、土地入股等多种形式的适度规模经营。

(2)健全农业社会化服务体系

按照“主体多元化、服务专业化、运行市场化”的要求，围绕农业产前、产中、产后等环节，初步构建起覆盖全程、综合配套、便捷高效的新型农业社会化服务体系。充分发挥公益性农技推广机构主体作用，进一步加强新型职业农民培育，通过制定完善的人才引进优惠政策，加大从高等农业院校选聘专业技术人员力度，引导返乡农民工和大学生到农村创业，加快构建一支有文化、懂技术、善经营、会管理的新型职业农民队伍，充实基层农技人员基础；大力培育多元化市场主体，加大对农民专业合作社等新型农业经营主体的培育支持力度，鼓励农技人员、大学生村官、返乡农民工、种养大户等领办创办种植、农技、植保、产品营销等专业化服务组织，逐步实现社会化服务组织全覆盖；培育金融、信息、农机和技术服务等服务主体，推进农业社会化服务体系的专业化发展，大力发展公益性农业服务机构，加强新型生产经营或服务主体之间的合作，提高农业社会化服务的综合效益。

五、打造生态宜居美丽乡村

(一)主体功能区划

按照“促进生产空间集约高效、生活空间宜居适度、生态空间山清水秀”的总体要求，以生态适宜性分析理论为基础，根据文定村的地形地貌、土地利用现状、汇水条件等因

子，开展生态敏感性分析，根据生态敏感性因子划分文定村生产空间、生活空间、生态空间(图 12.4)。

生态空间：占据了全村大部分土地，主要位于村庄西南部山丘地区。总面积为 381.34 公顷，所占比重为 73.34%。

生产空间：位于村庄中北部耕地区域，分为水田和旱地两类，水田主要种植水稻，旱地主要种植肉桂和蔬菜，总面积为 130.07 公顷，占村域面积比重为 25.01%。

生活空间：位于目前村庄建设用地区域，总面积为 8.59 公顷，占村域面积比重为 1.65%。

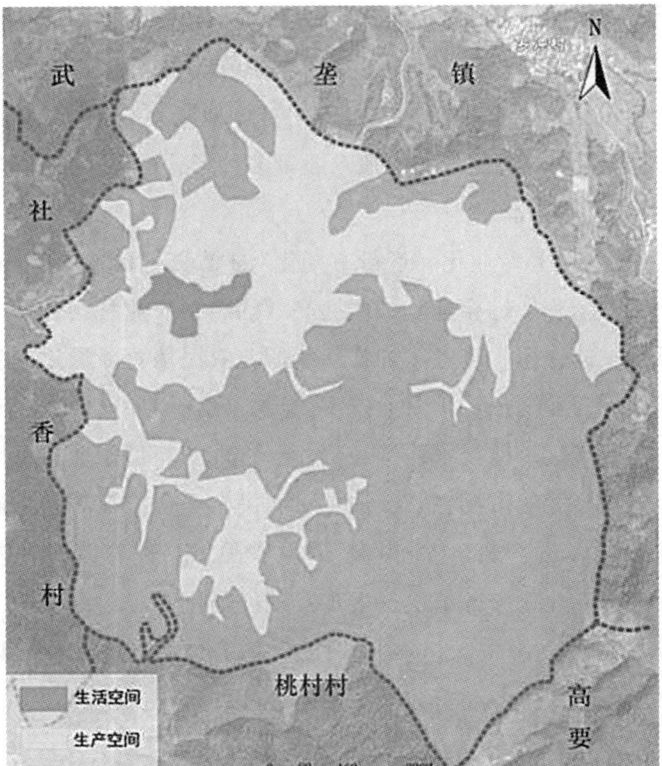

图 12.4　主体功能区划图

图片来源：作者自绘

(二)发展战略规划

规划形成“一核、两轴、两片、三基地”的空间发展结构(图 12.5)。“一核”为村庄综合服务核，位于文定村中心，包括村庄服务中心、医务室等公共服务设施，后期进一步完善商业服务功能和旅游接待服务功能。“两轴”分别为沿路对外交通发展轴和村庄产业发展轴。沿路发展轴为过境乡道，对外联系罗冲村和茂香村，是村庄对外交通轴线。村庄产业发展轴线与对外交通发展轴线呈八字形，串联村庄居住服务区域有机稻谷基地和养鸽基地。“两片”分别为高产农田示范片和高效山林经济片。高产农田示范片位于村庄中北部，主要为高质量耕地，以有机水稻为主。高效山林经济片位于南部山丘地区，种植巴戟、肉桂等南药。“三基地”，即巴戟基地、肉桂基地、稻—鸽循环产业基地。北部巴戟基地主要种植南药巴戟，是提高山林经济效益的主要产业之一。肉桂基地位于南部，主要种植肉桂，是适应村民普遍推广的产业。“稻—鸽”循环产业位于文定村西部，主要依托现有有机稻基地和即将引进的养鸽产业，进行整合，打造有机循环产业链。

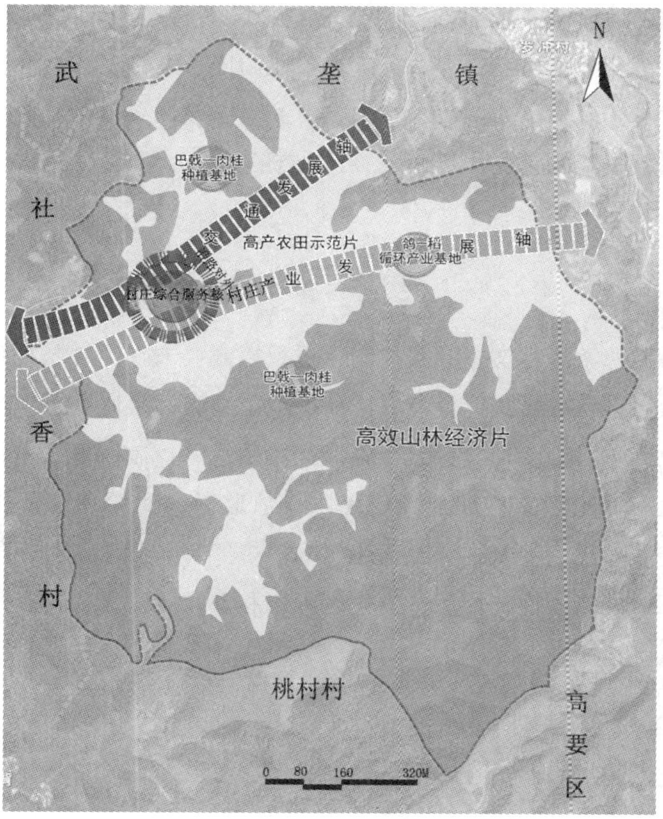

图 12.5　文定村空间发展结构规划图

图片来源：作者自绘

(三)生产区整治规划

1. 推进高标准示范农田建设工程

进一步开展农田排灌工程建设，完善农田小水利设施建设，推进农田灌溉渠硬化和清淤工作，加快推进农田小型泵站建设，推进一路两渠工程建设，构建完善的排灌工程系统，解决一直以来的内涝问题。强化对农田周边滑坡、洪涝的防治工作，强化山体保育功能，完善村级农田排水工程，及时化解农田内涝灾害，促进农业空间有效利用。

2. 推进绿色生态农业生产方式

倡导绿色生态发展理念，积极推进绿色生态生产方式，建立“稻—鸽”生态农业示范基地。推进有机水稻基地建设，全面推广测土配方施肥技术，逐步取消农药、化肥的施用，推进病虫害统防统治和绿色防控，大力实施种养业循环一体化工程，高标准建设养鸽基地粪污处理设施建设，实现畜禽粪便污水集中收集、集中处理利用，形成“稻—鸽”生态循环体系。开展农业废弃物资源化利用试点，推广秸秆高效利用模式，到2022年主要农作物秸秆综合利用率达到94%。

3. 推进农业面源污染防治工程

强化农业面污染源治理，实施源头控制、过程拦截、末端治理与循环利用相结合的综合防治。开展土壤污染状况详查，摸清农产品产地重金属污染底数，实施土壤污染防治行动计划。加强渔业养殖污染治理，探索实施渔业养殖总量控制制度，全面取缔内河、湖库非法养殖。推广生态养殖模式，加强养殖尾水排放监管，池塘和工厂化养殖实行达标排放。划定畜禽禁止养殖区、畜禽控制养殖区和畜禽适合养殖区，推进畜禽养殖废弃物收集、转化、应用三级网络建设，推广畜禽生态养殖和畜禽废渣无害化、资源化利用。

(四)生活区整治规划

1. 深入推进人居环境整治工程

分步开展空间整治行动，提升村内路水电气房厕及垃圾污水处理等基础设施水平，推进乡村“五化”。加快推进村内主次街道硬化，到2020年实现村内道路“户户通”。建立卫生厕所长效管护机制，实施厕所粪污治理，将厕所粪污、畜禽养殖废弃物一并处理并资源化利用，全村建设1～2座公共厕所。巩固文定村环卫成果，构建农户—垃圾桶—转运点的三级垃圾回收系统。推进雨污分流和生活污水治理工程，到 2022 年实现全村生活污水处理率达到 95%，2019 年完成存量危房改造任务(图 12.6)。

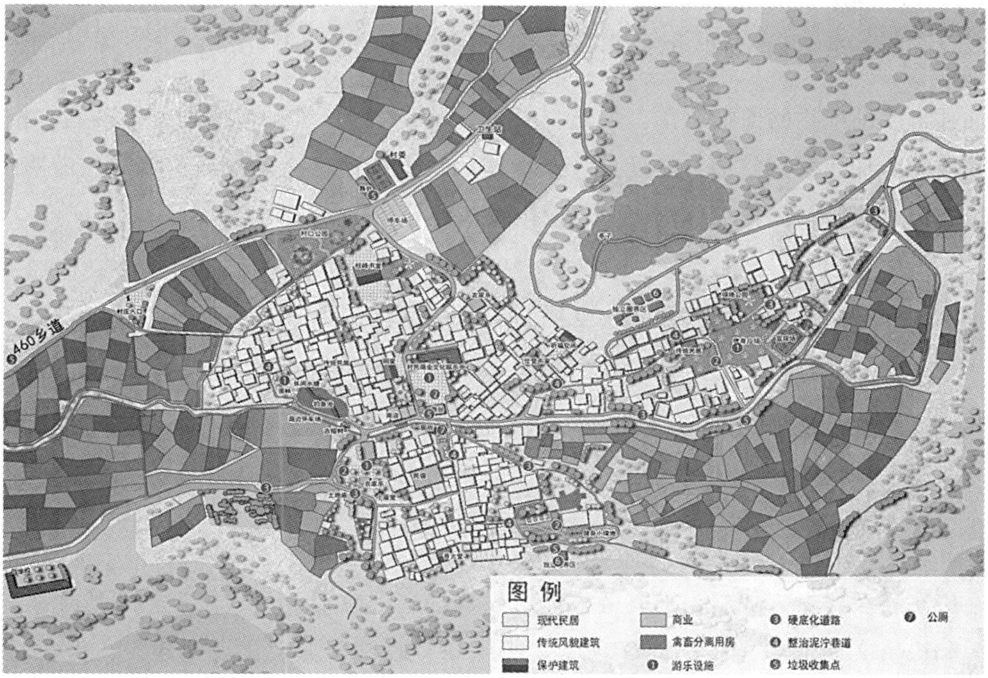

图 12.6　村庄建设总平面图

图片来源：《广东省肇庆市德庆县播植镇文定村新农村示范村建设规划》

2. 开展村庄风貌提升工程

对村庄传统书院等传统建筑开展有效的修缮保护，突出村庄传统文化，到 2020 年完成全村传统民居修缮提升工作。继续推进墙绘工作，提升村庄整体风貌，到 2020 年实现村内主干道墙绘率达到 80%，按照岭南民居建筑示范引导村民新建民居。推进各自然村村庄绿化工作，开展主要道路、广场公共空间绿化、美化、亮化工程，加快对村内河道的生态修复工作，鼓励村民种植绿化树木，提升村庄绿化率。

(五)生态区整治规划

1. 推进山林生态修复和利用工程

推进西部山区村庄绿核建设。进一步加强生态保护力度，强化滑坡、泥石流等自然灾害的防控力度。加强生态林建设和管理，保护野生动物栖息地，培育森林生态系统，打造“山清水秀、林水相融”的蓝绿生态景观；将原有砂糖橘基地还原为生态林基地，种植生态苗木，力争到2022年实现村域山体生态修复全覆盖。

2. 推进生态资源保护和利用工程

加强野生动植物的保护工作，禁止非法捕杀珍稀物种，维护村庄物种多样性。推进观光体验旅游，加快景观整治，建设自行车绿道和观景平台，提升景观价值和旅游吸引力。开展生态休闲旅游，依托森林资源，建设拓展基地等。

六、塑造现代乡村文化体系

(一)规划思路和目标

1. 规划思路

在广东省乡村振兴战略关于支持“三农”发展的有利政策下，结合文定村现有的文物文化资源和民俗文化资源，对其进行乡风文明规划。通过加强文化设施建设，保护文化资源，增加农民优质文化消费，培育文明乡风，从而提升农民精神风貌，培育文明乡风、良好家风、淳朴民风，不断提高乡村社会文明程度。

2. 规划目标

一是繁荣农村新文化，重塑乡村新文明。深入推进乡村社会主义核心价值观建设，促使农民形成文化自觉及文化认同。二是加快思想道德建设，提高农民思想道德水平，发扬乡村传统文化美德。三是丰富农民文化生活，并促进村民德智体美全面发展，注重发展具有当地特色的粤剧、二胡以及舞狮艺术。

(二)规划内容

1. 开展文明创建活动

大力开展“美在我家”“星级文明户”“最美家庭”“五好家庭”以及“好媳妇、好婆婆”等文明创建活动，有效发挥文明家庭示范引领作用。深化“道德模范、身边好人、最美人物”等创建活动，不断扩大榜样模范群体数量，通过身边人讲身边事，教育引导广大农民见贤思齐、崇德向善。

2. 推进移风易俗工程

通过加强文化设施建设，传承村庄文化资源，增加农民优质文化消费，培育文明乡风，从而提升农民精神风貌，摒弃乡村腐朽落后、封建糟粕文化，培育文明乡风、良好家风、淳朴民风，不断提高乡村社会文明程度。

3. 推进文明乡风建设

发挥道德教化作用，培育孝悌和睦家风，塑造文明和谐乡风，构筑“文明、和睦、互助”乡村文化体系。开展乡风民风评议活动，引导村民由“要我文明”向“我要文明”转变。全面推进家风家训建设，广泛开展“好家风好家训”征集展示和家风家训“挂厅堂、进礼堂、记心堂”活动。强化村规民约的作用，使其成为村民共同认可和遵守的行动规范。充分运用村规家训、牌匾楹联、俗语格言等乡风教化资源，弘扬孝道文化。深入实施四德工程，普及善行义举四德榜建设，发挥好善行义举四德榜示范带动作用。

4. 挖掘传承传统文化

深入挖掘传统文化资源，强化以岭南、西江为代表的文化传承创新，塑造良性乡村文化生态，打造优秀文化品牌，推进文旅村居融合，引领乡村振兴发展。以混泉蔡公祠和扬耀蔡公祠为乡村书院和乡村传统文化展示传播区域，加快对村庄族谱等传统文脉资源的整理，形成一批村庄传统文化成果，推进书院文化与基层治理、旅游开发相结合，营造浓郁的村庄传统文化氛围。同时强化对传统民风民俗的传承，积极推进传统技艺的传承与保护，开发文旅特色商品，活化非物质文化遗产。

5. 繁荣公共文化事业

定期邀请粤剧等特色艺术团下乡开展演出，丰富村民的精神生活。重要的节庆日，开展全村性的节日民俗、文化娱乐活动。深入开展文定村篮球赛等比赛活动，增加村民之间友好交流以及文定村的艺术气息。同时加快推进健身场所、农村书屋、网络中心的建设，健全完善长效运营机制，充分发挥综合服务功能。加强文化队伍建设，大力扶持民间文艺社团和业余文化队伍，积极发展广场舞队、庄户剧团等，增强农村基层文化的自我发展能力。

七、构筑现代乡村治理体系

(一)加强组织建设：创建党员积分制

文定村可采用创建党员积分制的形式来加强党组织建设。

党员积分年度考核评价由两大部分构成，一是积分考核占80%，每个季度考核分数占20%；二是党员民主评议，占20%。最终得出党员的年度工作考核排名及总得分。党员加分实行申报制度，实行一月一登记、一季一汇总、一年一总评，比如帮扶贫困户、参加新农村建设、公益活动、见义勇为等，由党员自己按月向党支部申报，党支部核实后统一上报。党员日常行为积分主要由11个指标构成，基础总积分为100分，其中按时参加学习(10分)、服从组织安排(10分)、积极参与活动(10分)、主动缴纳党费(12分)、带头服务群众(14分)、带头做好精准扶贫工作(22分)、带头做好新农村建设工作(22分)、主动支持活动(3分)、发扬先锋作用(5分)、积极建言献策(6分)、新闻宣传写作(6分)。

(二)党支部+合作社模式

发挥党支部的“组织引导、协调服务、典型示范、保证监督”四个方面的作用，推动合作社的发展，支部对合作社要秉承“支持不把持、帮助不包办、经济各独立”的原则，促进合作社快速成长。充分发挥党员干部的示范带头作用，推动合作社的发展，成立蔬菜产业合作社、桑蚕产业合作社，扩大蔬菜产业、桑蚕产业规模，提高产业的经济效益，带动更多的农户开展种植。

(三)党建+贫困户模式

由村支部牵头组织，依托蔬菜基地、富硒稻米基地和桑蚕基地，大力发展特色种植，创新利益联结机制，让贫困户流转土地得租金、生产种植得幼苗、优先务工得薪金；村支部依托乡村旅游的优势资源，资助贫困户发展农家乐、特色民宿、出售土特产品等特色产业，增加贫困户的收入；由村支部牵头，推进“党建+企业+贫困户”的模式，构建企业与贫困户的利益链接机制，帮扶企业通过技术指导、入股分红、企业务工等措施，让贫困群众以到户增收项目资金为股金入股分红、入企业打工挣薪金，拓宽贫困户增收渠道，实现稳定创收；推进党员挂点制度，按照每名党员干部帮扶3至5户的标准，进行“一对一”对接和点对点帮扶，要求帮扶人员每月入户不少于2次，主动化解贫困户生产生活难题、传授实用技术、提供致富信息，确保贫困户得到全方位的支持，最终实现脱贫致富。

(四)村民理事会模式

借鉴先进地区的基层治理经验，激发村民参与村庄治理的热情，提升村庄自治水平，完善村民代表大会制度，各自然村成立村民理事会，全村成立村民联合理事会。理事会会长由村内能人担任，理事会成员由5~9名村民代表构成，确定“两长”和“八员”，“两长”是指理事长和党小组长，而“八员”则包括调解员、监督员、宣传员、管护员、帮扶员、环卫员、张罗员、经济员。理事会成员由本村的村民选举产生，将村落内部有威望、有魄力、有能力的人作为选择对象。对涉及利益协调等方面的问题，召开理事会议定，理事会不能协调完成的报送村委会协调处理。村民理事会要完善议事规则，制定村规民约。理事会日常运行资金可向镇里申请或村集体列支补贴等方式予以解决。

(五)乡贤理事会模式

组织全村乡贤，建立乡贤理事会，主要职责为慈善捐助、认领项目、困难慰问等。明确乡贤认领项目，建立乡贤共建区，实施“和美建发、共建共享”乡贤助力乡村振兴文定村计划，对村庄建设基础设施项目、现代农业产业基地项目、现代乡村旅游产业发展项目进行公开认领，鼓励乡贤返乡创业。充分利用乡贤资源，拓展项目招商渠道，搭建项目招商桥梁。搭建乡贤参与乡村治理的桥梁，鼓励乡贤积极建言献策共谋乡村发展。成立慰问、教育、各类奖励活动基金，每年定期开展对孤寡老人和贫困户的慰问，资助困难家庭子女入学，支持村庄各类文化公益事业发展。

八、构造生活富裕幸福乡村

(一)实施精准扶贫

由于各贫困户的致贫因子各不相同，要做到“一户一策”，提高扶贫效率。对于具有劳动能力的一般贫困户，积极对其进行产业帮扶，利用特色产业帮助农民解决销路问题，或者提供就业指导，解决就近就业问题，切实稳定农民收入来源。对于“老弱病残”的低保户以及五保户，着重解决生活保障问题，如看病难，生活难的问题，使他们过上安稳的生活。要强化思想教育，防止贫困户因帮扶而产生好吃懒做的歪曲价值观念。调动贫困户的主动性和能动性，从“要我脱贫、要我致富”向“我要脱贫、我要致富”转变。通过自力更生，艰苦创业，主动实现脱贫致富奔小康。

（二）促进农民就业

建设就业服务中心，对农民进行职业技能培训，增强农民就业技能，提升劳动力价值，增加就业收入。选择一批知名农业企业、农民合作社、小康村、农产品加工和物流园区等作为基地，为农民就业创业提供必要的见习、实习和实训服务，切实提高农民的劳动技能。结合当地的产业优势，完善当地的基础设施，筑巢引凤，吸引更多的企业在当地投资设厂，从而增加更多的就业岗位，促进农民的转移性就业。

（三）完善社会保障

进一步调动农民参保的积极性，扩大农村养老，医疗保险的覆盖面。着力推进农村养老保险制度，完善养老保险体制，缩小城乡居民养老补贴差距，让农民真正"老有所养"。落实农村医疗保障制度，逐步提高农村基本医疗报销水平，完善大病保险制度，让医疗保险、大病保险、医疗救助有效结合，让村民真正"病有所医"。加大财政投入力度，探索建设养老，医疗康复，教育等方面的服务机构和基础设施，为村民提供服务。缩小城乡公共服务供给差距。定期下乡为村民提供免费体检活动。提高农村最低生活保障标准，利用社会慈善基金等拓展社会救助资源。

九、"稻—鸽"生态循环农业示范点专项规划

（一）规划思路与规划目标

1. 规划思路

为促进种养业发展与资源环境承载力相适应，着力解决农村环境脏乱差等突出问题，按照"以种带养、以养促种"的循环发展理念，采取政府支持、企业运营、社会参与、全村推进的运作方式，构建集约化、标准化、组织化、社会化相结合的种养加协调发展模式，探索种养业废弃物循环利用的整体解决方案，形成村企联动、建管运行结合的长效机制，有效防治农业面源污染，提高农业资源利用效率，推动农业发展方式转变，促进农业可持续发展。

2. 规划目标

建设种养结合循环农业发展示范村，使产业布局更加合理，基本实现作物秸秆、畜禽粪便的综合利用，畜禽粪污综合处理利用率达到 75%以上，秸秆综合利用率达到 90%以上。

(二)规划建设方案

1. 总体框架

通过“优结构、促利用”的工程化手段，全村推进“种养加”一体化以及肉鸽粪便、农作物秸秆等种养业废弃物的资源化利用。工厂生产的有机肥、饲料等产品，鼓励参与市场大循环，实现工厂效益的提升。首先是优结构。构建种养加一体化基地，以肉鸽养殖业为核心，分别从种植、养殖、加工三个环节进行配套提升。科学调整养殖规模、优化养殖环境、促进废弃物集中高效处理。推进适度规模、符合当地生态条件的标准化饲草基地工程建设，弥补养殖饲料不足，并就近消纳养殖废弃物。其次是促利用。针对秸秆、畜禽粪污等种养业废弃物处理利用能力不足，有针对性地建设适用工程，确保生态适用、运行高效、经济可行。

同时，在秸秆综合利用方面，通过采取适宜区域秸秆种类的能源化、饲料化、基料化等技术途径，建设秸秆青(黄)贮、秸秆炭化还田改土、秸秆加工商品化基质等工程，构建秸秆收储运体系，有效解决现有秸秆利用能力不足的问题。在肉鸽粪便综合利用方面，通过采取肥料化、能源化等技术途径，建设沼渣沼液还田利用工程、有机肥深加工工程等，实现畜禽粪污的无害化处理与资源化利用。

2. 建设项目

(1)标准化富硒米种植项目

重点引进专业公司和合作社，打破传统生产方式，实现机械化、规模化、集约化经营，提升富硒米的品质。紧随健康、营养的市场消费趋势，立足自身技术优势和资源优势，大力开发健康、营养的富硒大米，以期推进大米产业快速升级。

(2)标准化肉鸽养殖项目

建设高标准规模肉鸽养殖场，引进专业养殖加工公司，营造良好的饲养环境，加强动物疫病防控，提高动物生产性能，保障食品安全，减少环境污染，降低养殖废弃物处理成本。实施漏缝地板下刮粪板清粪、控制用水、暗道排污、固液分离、雨污分离项目，粪便经过高温堆肥无害化处理后生产有机肥，养殖废水经过氧化塘等处理后作为肥水浇灌农田等。

(3)肉鸽粪便循环利用项目

①通过实施沼渣沼液还田项目，实现种养业废弃物循环利用，解决养殖区域环境污染问题。在农户居住区较近、秸秆资源或肉鸽粪便丰富的地区，以自然村为单元，利用肉鸽粪便、秸秆生产沼气，作为农户的生活用能，沼渣沼液还田利用。在远离居住区、有足够农田消纳沼液且沼气发电自用或上网的地区，依托肉鸽养殖场，发展以畜禽粪便、秸秆为原料的沼气发电，养殖场自用或并入电网，固体粪便生产有机肥，沼渣沼液还田利用。

②有机肥深加工项目。通过实施有机肥深加工项目，将大量集中的肉鸽粪便加工成有机肥，既有利于保护环境，还可以培肥地力，改善作物品质。建设肉鸽粪便收集处理站，收集、贮存和堆肥处理肉鸽养殖场肉鸽粪便和农作物秸秆，堆肥后就地还田利用或作为有机肥产品参与市场大循环。区域粪便收集处理站建设内容主要包括养殖场(户)粪便暂存池、堆肥车间、有机肥仓库等土建工程以及堆肥搅拌机、粉碎机等设备。

(4)农作物秸秆综合利用项目

根据种植业、养殖业的现状和特点，合理引导炭化还田改土等肥料化利用方式，推进秸秆的基料化、燃料化利用以及其他综合利用途径。

①秸秆饲料。扶持开展秸秆养畜联户示范、规模场示范和秸秆饲料专业化生产示范，重点支持建设秸秆青黄贮窖或工业化生产线，购置秸秆处理机械和加工设备，改造配套基础设施，增强秸秆处理饲用能力，加快推进农作物秸秆饲料化利用。

②秸秆炭化还田改土。秸秆炭化还田改土技术，以连续式热解炭化装置对农作物秸秆进行热裂解，产出生物炭和混合气，生物炭还田改土利用，保护和提升耕地质量，热解混合气分离为生物质燃气、焦油和木醋酸后利用。重点支持原料棚、炭化车间、炭成型车间等土建工程建设以及连续式炭化炉、进料系统、炭成型生产线等设备的购置。

③秸秆基质。秸秆含有丰富的纤维素和木质素等有机物，是栽培食用菌的重要原料，也可作为水稻、蔬菜育秧和花卉苗木育苗的基质。以秸秆为主要原料，辅以畜禽粪便、养殖废水进行高温好氧发酵，加工生产商品化墓质产品。重点支持秸秆粉碎车间、堆肥车间、包装车间等土建工程建设以及装载机、翻搅机、皮带输送机等设备购置。

④秸秆燃料。因地制宜推广“炊事采暖炉+秸秆成型燃料”等燃料模式，以秸秆为主要原料，压缩成块状或颗粒状燃料，并配备专用生物质节能炉具，供农户炊事采暖。重点支持秸秆预处理设备、成型设备、配套设备，以及原料场生产车间、成型燃料储存库等。

3. 规划模式

(1)产业循环模式

富硒大米种植、鸽种养殖、循环经济是文定村的基础产业，通过加工配送向相关企业输出产品，实现产品价值，农业科技服务为产业发展提供技术支撑，提升产业效率，示范区各项生产活动均要以保护生态环境为基础，同时集聚示范区各产业休闲观光功能，形成休闲观光农业，构建产业发展循环系统(图 12.7)。

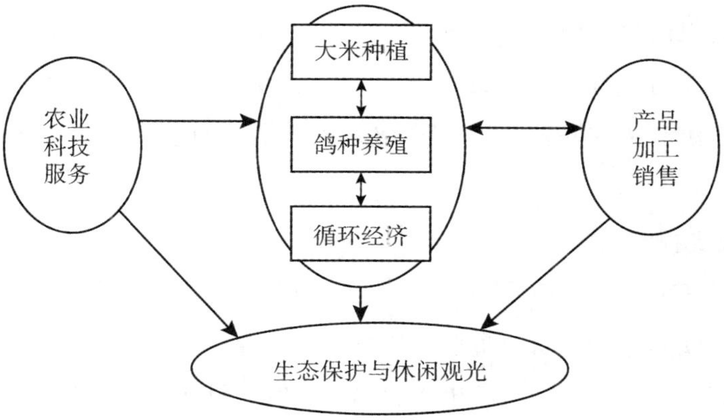

图 12.7　产业循环模式图

图片来源：作者自绘

(2)立体农业循环模式

“稻—鸽”生态循环经济是一种立体生态循环型经济模式(图 12.8)，其以农田和林地资源为依托，充分利用农田资源和林荫空间，选择农田种植产生大量的秸秆，结合林下适生的鸽子畜禽，进行合理种植和养殖，改单一的农业或林业经营模式为林禽复合经营模式，在构建稳定良性循环生态系统的基础上，达到林、农、牧相互促进、共同提高，充分发挥综合效益。

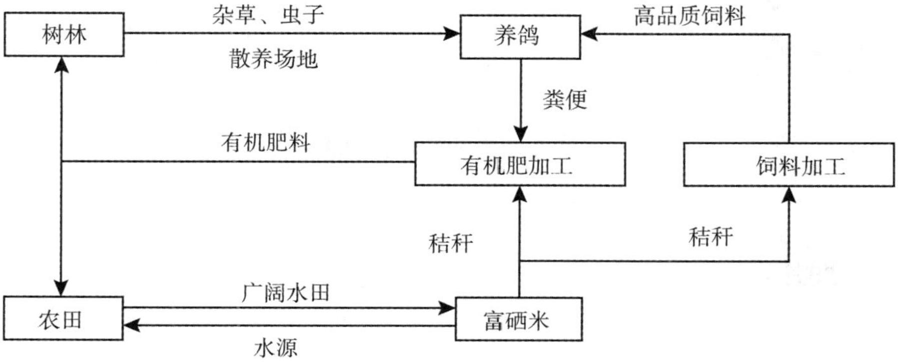

图 12.8　立体农业循环模式图

图片来源：作者自绘

4. 规划保障措施

(1)保障投入力度

针对不同的建设内容，广泛采取多种投资方式。对于肉鸽粪便、农作物秸秆利用的项目，加大投资力度。对于有机肥深加工等能够落实产品出售机制的建设项目，在完善特许经营、政府购买等配套措施基础上，通过 PPP 模式吸引社会主体参与建设与运营，优先考虑采用“先建后补”方式。

(2)推进科技支撑

推动农业科技资源整合与协同创新，加大生物燃料科技研发力度，探索生物液体燃料商业化有效途径；实施生物基材料集群式科技示范工程，提升生物基材料产品在高分子材料市场中的替代料；突破新型饲料、生物肥料和生物基料转化核心技术，探索多种循环利用技术体系和商业化有效途径。推动信息技术与种养结合循环农业生产过程、生产管理、农产品流通的各环节相互融合。

(3)营造良好氛围

强化政策宣讲、技术业务培训等工作，提高农村对工程建设重要性的认识，激发改变生活现状的内生动力。通过“以奖代补”等方式鼓励各地引导农民投资投劳参与相关设施建设，积极营造广大农民主动参与工程建设的良好氛围。

(4)强化监督考核

建立种养结合生态循环农业示范县申报评审与跟踪评估机制。组织专家对申报示范县方案进行评审，加强审核把关，确保示范建设科学可行。建立种养结合生态循环农业示范县评价指标体系，开展种养结合示范县中期评估以及终期评估，实时跟踪项目进展，确保建设取得实效。

十、实施与保障

(一)分期建设

1. 发挥基层组织作用

在村“两委”干部的领导下，充分发挥村民理事会等作用，通过鼓励经济能人回乡发展事业提高村集体收入，并坚持以经济发展为中心带动全村事业全面发展。

2. 发展光伏发电项目

由中山市帮扶工作组牵头，投入1万元到移动发射基站建设，投入自筹资金10万元用于村委楼顶建设光伏发电项目，其收益作为村集体经济收入。

3. 入股扶贫合作社

由中山帮扶工作组牵头，投入自筹资金10万元入股文定畜牧养殖专业合作社，预计年分红1.5万元，作为村集体经济收入。

4. 建设安全饮水工程

由中山市财政资金出资142万元建设集中供水工程，预计年收入1.5万元，用于集体经济收入。

(二)保障措施

1. 制度保障

(1)营造良好的战略实施政策环境

德庆县政府可根据国家的有关方针政策，发挥振兴战略政策的作用，通过各种渠道，积极促进文定村基础设施建设，并针对实际情况实施具体的政策，在文定村营造出一个良好的乡村振兴战略实施的环境。

(2)营造良好的文化振兴政策环境

文定村的粤剧发展有一定优势，可制定相关的文化保护及发展的政策，发展该村的拉唱艺术，并完善当地文化设施设备，搞好文化宣传，从而提高该村的文化素质和文化影响力，进一步促进乡村振兴战略中的文化振兴的实施。

(3)营造良好的招商引资政策环境

针对文定村现代农业发展情况，可进行专项招商，开展蔬菜基地、有机水稻基地、桑蚕基地，开展现代农业招商工作，德庆县政府可加大招商引资的政策支持，给予引进企业在土地出让、立项审批、建设手续办理、税收方面给予一定程度的优惠，营造良好的营商环境。

2. 人才保障

(1)加大人才引进力度

针对文定村缺管理、缺技术、缺师资的现实困难，利用扶贫资金的支持，要加大乡村产业管理、农业技术、基础教育等的人才引进力度，积极对接省政府扶贫办，争取高校人才、政府人才基层挂职历练。

(2)吸引人才返乡创业

据调查，文定村现有 12 名在读大学生，是该村的重要人才资源，村委要充分利用优惠补贴和助学计划等政策鼓励和引导本村大学生返乡就业、创业。以乡情乡愁为纽带，吸引大学生、进城务工人员、退伍军人等群体投身村庄农业产业建设，培养造就心怀农业、情系农村、视野宽阔、理念先进的“新农人”，打造一支强大的乡村振兴人才队伍。

(3)加大教育培训力度

利用扶贫资金或者请求上级政府定期邀请农业技术专家、计算机教师、律师等各类型专家对村民开展农业技能培训，使其掌握一定的农业技术及其他相关技术。尤其是在现代农业技术和互联网影响销售等方面，要强化相关人才的培训，使农民掌握一技之长，满足现代农业产业发展的需要。

3. 资金保障

(1)利用优惠政策筹措发展资金

充分利用各级政府和部门给予各项优惠政策，发挥财政政策引导和财政资金撬动作用，带动社会资本参与村庄建设，实现由“输血”向“造血”转变，逐步摆脱对政府补贴资金的依赖。

(2)拓宽引资融资的渠道和方式

文定村可采用多种融资方式，积极拓宽渠道，并鼓励多方参与，为投资创造优良的环境，从而广泛吸引社会资金。

(3)鼓励招商引资和采用承包制

文定村的种植业和养殖业发展较分散，销售仍以零售为主，收益一般，且增长较低。要加大招商引资力度，或采用承包制，统一收购农产品，从而提高销售量，增加农民收入。

第十三章　肇庆市高要区禄步镇驻镇帮镇扶村规划案例

内容提要：本章以肇庆市高要区禄步镇帮镇扶村规划为案例，系统归纳了禄步镇帮扶发展基础与面临的形势、帮扶目标、空间布局、重点任务、重点项目、保障措施六方面内容，梳理形成了五大任务、七类项目、三大保障等方面内容。以实现农村全面振兴为目标，客观分析了禄步镇发展基础、存在的问题、发展机遇以及面临的挑战，明确了帮扶目标，科学谋划出禄步镇2021—2035年“一轴、一环、一核、两片”的空间发展格局；设计出产业、文化、人才、设施、科技、民生、招商帮扶项目的重点内容，并从组织领导、资金保障、监督考核三个方面制定措施来提高帮扶质量。

一、发展基础与面临形势

（一）发展基础

1. 行政区划与人口

禄步镇总面积254平方千米，其中山地面积8.53万公顷，耕地面积1万公顷，镇城区面积12平方千米，下辖25个行政村和1个社区（镇南村、樟路村、洞头村、绿水村、禄步村、将军村、乐洞村、北根村、双马村、外坑村、大榕村、平水村、新洲村、桐槎村、石塘村、禄镇围村、黄田堡村、圩头村、岩口村、隔岭村、黄洲村、白土二村、白土一村、大连村、螺村岗村、圩镇社区）。2020年，全镇户籍总人口81872人，常住人口68564人。

2. 区位条件

禄步镇隶属于广东省肇庆市高要区，地处高要区西北部。东邻小湘镇，南与云浮杨柳镇相望，西接德庆县播植镇，北靠河台镇、乐城镇、水南镇，是高要区西北翼重镇。禄步镇是全国重点镇，是高要区规划的两大副中心之一，2018 年和 2019 年连续两年入选全国综合实力千强镇。

3. 水陆交通

禄步镇水陆交通便利，沿西江黄金水道下通“省、港、澳”，上达“桂、滇、黔”。陆路有 321 国道和省道石禄道线，且禄壬线横贯其中，与悦城龙母庙相距 26 千米，距肇庆 25 千米、广州 130 千米。境内有广佛肇高速公路和汕湛高速公路交汇，并有广佛肇高速公路互通。

4. 工业基础

产业发展基础扎实，全镇有工业企业 30 家，其中规模以上企业 8 家。2020 年全镇税收收入 2.55 亿元，其中本级税收收入完成 8862.1 万元。规模以上工业总产值完成 32.69 亿元，固定资产投资完成 11.95 亿元。社会消费品零售总额完成 1758 万元，各项经济数据大幅增长。一批优质项目在禄步镇落户，其中皇中皇食品加工项目、通泰裕丰食品加工项目已竣工。此外，投资 10 亿元的中电建绿色建材园项目已完成钻探并已出具钻探报告，正有序推进；动能科技生物颗粒燃料制造、天玉绿色建材生产等项目已报送至区招商专班，正在进行有关招商遴选程序。

5. 农业产业化初现成效

禄步镇盛产肉桂、松香、石槁、广佛手、巴戟天等南药，其中肉桂种植面积达到 13 万亩。农业企业以董福行农林高科技种植管理有限公司和裕丰农副产品加工厂为代表，拥有标准化南药种植和加工生产基地。双马菠萝、禄步优质丝苗米是肇庆市“一村一品”项目，目前正在全力打造农业特色品牌。

6. 文化旅游资源

一是康养生态旅游资源开发初见成效。禄步镇天然锶温泉含丰富的矿物质微量元素，其中含锶量高达 0.65mg/L，比正常值高出了 3 倍多，pH 值为 7.7，是纯天然弱碱性水。利用禄步镇天然锶温泉的资源优势，打造以日式温泉为主题，成为粤港澳大湾区罕有的集锶温泉度假、康养、旅游、安居、投资为一体的旅游康养胜地。二是拥有革命烈士文化资源。依托“李连庆——毛主席身边的警卫员”革命故事，谋划打造红色革命传统教育基地。三是拥有历史文化名街旧圩里的“骑楼街”。“骑楼街”是和平路、东正路、贵华路等几条老街的统称，是明清直至20世纪80年代初期商业交流的中心地带，也是未来禄步文化旅游开发的重要主体。

7. 基层组织

一是党员队伍建设得到壮大。2021年，禄步镇共有41个党支部(政府4个，机关单位5个，退休1个，两新5个，村居26个)，新发展党员30名，转正党员34名，党员共1883人，党员队伍不断充实。二是基层党组织建设有力有序。聚焦“头雁”工程，村级“两委”班子全面配优配强，平稳有序完成村级换届选举工作。26个村(社区)实现党组织书记“三个一肩挑”率100%。“两委”干部平均年龄由上届的55岁降低至42岁，高中以上学历由上一届的40人增加至131人，占“两委”总人数88.5%。三是村级后备干部队伍不断壮大，2016—2020年共新发展吸收中共党员152名。

(二)存在的问题

一是产业结构比较单一，尽管工业基础良好，规模以上企业较多，但工业反哺农业的良性循环还未形成。二是脱贫攻坚和乡村振兴处于衔接阶段，美丽乡村建设仍需久久为功。三是优质公共服务质量与群众期盼还有差距，各项民生事业仍存在不少短板。四是乡村基础设施建设条件虽有所改善，但仍存在短板，水平亟待提升。五是特色农业产业发展处于起步阶段，规模化、专业化水平、农产品附加值还不高，带动能力不强。六是基层自治基础良好，但群众性问题活动和民间社会化服务组织较为缺乏。七是乡贤文化传承发展不足，乡贤在乡村振兴中的引领示范作用、智库助推作用、减压协调作用没有充分发挥出来。八是禄步镇拥有红色、老街等多种文化资源，但未能充分将其转化为旅游产品，缺乏产业化开发，旅游拉动当地经济发展的效应尚未形成。

(三)面临的形势

1. 发展机遇

一是国家省市区乡村振兴政策利好。从中央到地方，各级政府着力推动脱贫攻坚与乡村振兴有效衔接，是脱贫攻坚与乡村振兴交会和过渡时期的一项重大战略任务。此外，广东省着力推进驻镇帮镇扶村，着力提升镇域经济促进乡村振兴。广东省委、肇庆市委、高要区委均出台了驻镇帮镇扶村相关政策文件，组建驻镇帮扶工作队，协调推进巩固拓展脱贫攻坚成果和乡村振兴，为禄步镇的驻镇帮镇扶村工作提供了良好的政策环境。二是雄厚资金为驻镇帮扶提供物质基础。各级财政进一步加大对农业农村的支持力度，促进农业生产发展，为驻镇帮扶提供了强有力的物质保障。三是科技进步为驻镇帮扶提供驱动力。随着农业科技快速发展和农业科技支撑体系初步建立，农业机械化水平逐年提升，为实施驻镇帮扶提供有力支撑。四是后疫情时代，生态康养产业势必迎来井喷式增长，人们对食品健康关注持续提升，为禄步镇康养农业产业发展提供了机遇。此外，以温泉、运动、中医药等为代表的康养旅游的细分将成为未来的发展方向，为禄步镇康养生态旅游带来新的发展机遇。

2. 面临的挑战

一是周边地区产业竞争激烈，如河台、乐成、水南等镇均在着力推动乡村特色产业的发展，特别是在南药种植方面，同质化竞争较为严重，如何在激烈的竞争中寻求差异化发展，打造具有禄步特色的农业，推动乡村振兴是禄步镇驻镇帮镇扶村工作的一大挑战。二是各地加剧了对乡村振兴资源的争夺，随着乡村振兴的全覆盖，各地为了引育现代农业项目，在产业招商过程中对乡村资源的争夺变得尤为激烈。三是如何筹措发展资金。尽管各级财政在乡村振兴资金上给予大力支持，但乡村振兴的资金缺口依然较大，如何协助地方政府筹措项目资金也是一大挑战。

二、帮扶目标

紧密对接禄步镇乡村振兴规划要求，完成过渡期内领导体制、工作体系、发展规划、政策举措、考核机制等工作的有效衔接，从解决建档立卡贫困人口“两不愁三保障”为重点转向实现乡村产业兴旺、生态宜居、乡风文明、治理有效、生活富裕，从集中资源支持脱贫攻坚转向巩固拓展脱贫攻坚成果和全面推进乡村振兴，全镇脱贫攻坚成果进一步巩固拓展，镇村同建同治同美取得显著成效。

到 2025 年，实现防止返贫动态监测和帮扶机制完善并有效运转，坚决守住不发生规模性返贫的底线，切实提升和巩固脱贫攻坚成果水平。农村基础设施进一步提档升级，生态环境持续改善，实现全镇农村人居环境整治工作全覆盖。协助禄步镇推动改善基层教育、医疗服务体系建设，实现公共服务网络行政村全覆盖和公共服务能力全面提档升级。乡村振兴全面推进，经济活力和发展后劲明显增强，乡村产业质量效益和竞争力进一步提高，“一轴、一环、一核、两片”的发展格局初步形成；基层党组织的战斗堡垒作用和村党支部书记的头雁效应持续增强，各类社会组织、社会团体参与乡村振兴的活动更加彰显。

到 2030 年，禄步镇经济实力显著增强，乡村振兴取得决定性进展，农村低收入人口生活水平显著提高，城乡差距进一步缩小。在促进全体人民共同富裕上取得更为明显的实质性进展，农业高质高效、乡村宜居宜业、农民富裕富足和镇村振兴目标基本实现。

到 2035 年，乡村全面振兴，农业强、农村美、农民富全面实现，城乡基本公共服务均等化基本实现。农业综合生产能力实现新跨越；农村高素质人才数量进一步增加，乡风文明达到新高度；农村生态环境自然优美，美丽宜居乡村基本实现；党的执政基础全面强化，农业农村现代化基本实现。

三、空间布局

（一）总体空间布局

根据禄步镇自然条件和经济社会发展差异，规划构建“1112”的空间帮扶发展格局(图 13.1)。

“一轴”为产业发展轴。充分利用交通主干道对沿线地区产业发展的带动作用，沿 264 省道和 321 国道，贯穿全镇，形成区域联动效应。串联肇庆市高要区禄步镇圩头工业园、广东新明珠陶瓷集团(肇庆)禄步生产基地、广东新明珠陶瓷集团绿色建材基地、广东萨米特陶瓷新型建材生产基地等重要节点，打造先进制造业发展轴，辐射带动圩头、绿水、白土二、岩口、禄步、大连等村(社区)产业集聚板块优化提升，协助推动禄步产业发展轴线的构建。

“一环”为生态绿色发展环。串联双马村、大榕村、黄田堡村、隔岭村、罗村岗、平水村、黄洲村、洞头村、石塘村、镇南村、禄镇围村等，深入抓好南药、特色水果、特色花卉、生猪养殖、特色水产、生态休闲等现代乡村产业发展，挖掘乡村历史文化底蕴和自然风光，发展高端生态旅游等乡村新业态，打造一批特色乡村，引领推动乡村全面振兴。乡村特色产业帮扶项目主要分布于一环。

“一核”为城镇发展核。包括圩镇及其周边地区，以禄步村、大连村等为核心建设城镇发展核心区，着力建设现代商贸、康养旅游特色小镇等城市发展平台。推进城镇规划建设，完善圩镇公共设施，打造风情骑楼街等城市“新地标”，重点发展现代商贸和文化旅游等现代服务业，协助推动构建以城镇带乡村，以工促农的良性发展格局。

“两区”分别为北部特色农业与生态旅游片区和南部城乡融合发展片区。北部特色农业与生态旅游片区主要包括双马村、大榕村、黄田堡村、隔岭村、螺村岗村、平水村、黄洲村、洞头村等，是重点帮扶区域，主要发展以丝苗米、香水柠檬、双马菠萝、南药种植等特色产业项目，推动生态绿色产业振兴。主要帮扶任务为特色农业品牌化、规模化建设工程、乡村基础设施补短板工程、基层党组织的帮扶建设工程等。南部城乡融合发展片区主要包括镇南村、禄镇围村、禄步村、大连村、外坑村、樟路村等，聚焦围绕绿色建材产业、南药加工、温泉旅游、特色商贸等二、三产业，打造城乡融合和三产融合发展片区。主要帮扶任务为协助推进城镇风貌的优化提升，旅游产业的招商宣传和推介，特色文化资源的挖掘。

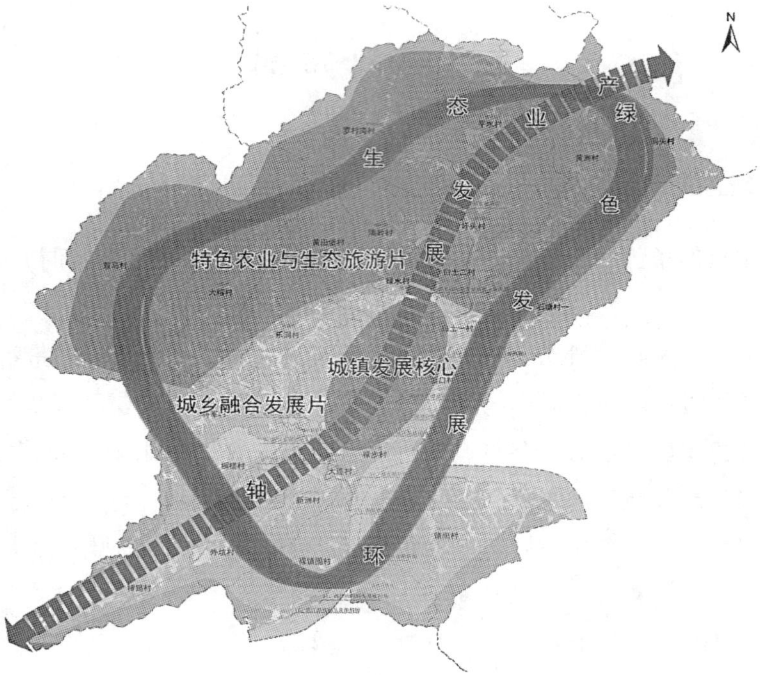

图 13.1　禄步镇空间帮扶发展格局图

图片来源：作者自绘

(二)重点帮扶产业空间布局

产业兴旺是实施乡村振兴战略的重点，也是难点。产业规模、产业融合、产品市场、农民受益是衡量产业兴旺的四个标准。基层政府支持产业发展、实现产业兴旺的主要措施包括帮助流转土地、搞好基础设施、给予补贴奖励、协调相关职能部门等。促进生态资源向生态经济转化，实现生态与产业的有机融合，发展特色南药、有机果蔬、立体种养和乡村旅游等生态康养产业，禄步镇产业帮扶项目布局如图 13.2 所示。

1. 加快南药现代产业园建设

以省级南药产业园为引领，加强与广东省农业科学院中药农业科技创新中心等中医药

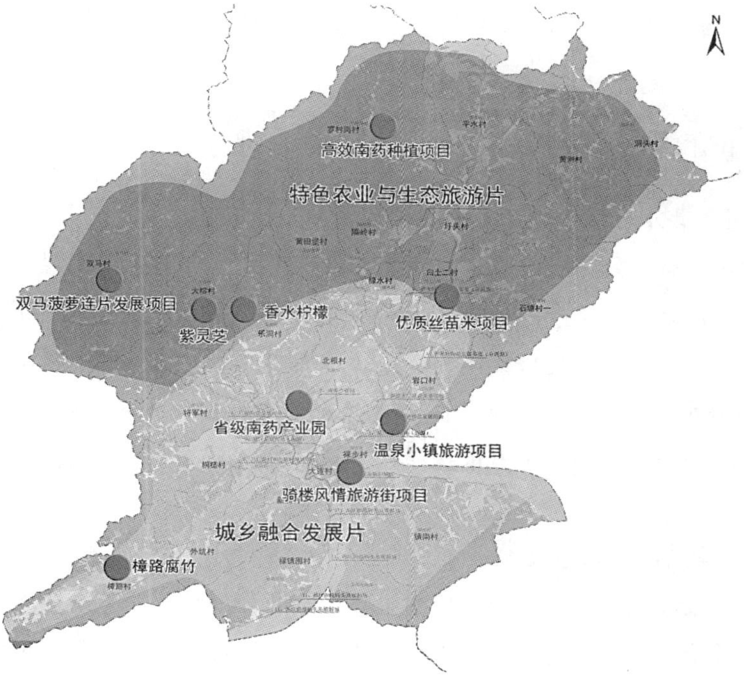

图 13.2　禄步镇产业帮扶项目布局图

图片来源：作者自绘

高校科研院所的产学研合作，推动现代生物医药(中药)产业发展。以重点龙头企业为依托，构建“公司+合作社+科研机构+种植户+种植风险基金”的合作模式，推动巴戟天、广佛手、肉桂等南药集约高效种植，推动规模化、标准化生产，形成北部种植基地、南部加工基地的产业发展格局。强化南药产业园的辐射效应，带动高要江北板块南药种植业的发展。

2. 推动重点项目建设

深化农业供给侧结构性改革，积极构建“一镇一业、一村一品”产业体系，以发展“一镇一业”为抓手，做大做强农业产业。一是白土一村、二村推进优质丝苗米种植基地。建立“龙头企业+科研单位+基地+农户”的丝苗米生产模式，打造万亩丝苗米基地和油菜花基地，积极推动产业链延伸，推动丝苗米加工基地建设，努力形成种植—加工—销售全产业链发展，以此项目为龙头，带动全镇粮食种植业高质量发展。此外，积极融入休闲农业元素，开发春赏花秋品稻的乡村旅游产品。二是大力推进双马菠萝特色种植项目。加强与省、市农科院的衔接，持续开展种植技术改革，实现标准化、规范化种植，扩大双马菠萝种植面积，力争2025年种植面积超过1000亩。同时积极探索推动双马菠萝地区公用品牌建设，提高双马菠萝品牌辐射带动效应，推动双马菠萝产业的规模化、集约化发展，扩大其品牌影响力。

3. 积极培育特色产业项目

(1)积极推动香水柠檬特色产业项目建设

成立农业科技有限公司和农民种植专业技术合作社，合理流转闲置土地，制定统一的生产技术标准，提高农业生产的标准化水平和农产品的质量。将分散生产变为统一销售，从而打造标志性农作物，促进村集体经济发展。加快推动大榕、桐槎村示范基地建设，到2025年，力争香水柠檬种植在北部片区实现全覆盖，种植面积超1000亩。建设香水柠檬深加工工厂和冷链仓储中心，重点依托该产业进一步发展乡村体验旅游，实现一产"接二连三"。

(2)推动文化旅游项目发展

依托天凯温泉度假山庄，积极发展温泉养生、康养理疗、养老地产等产业。打造特色温泉小镇，填补肇庆温泉旅游产品的市场空缺，促进禄步镇旅游业的发展。积极修复保护骑楼风情街，挖掘渡口文化、商贸文化、地方民俗文化、美食文化，打造反映历史变迁、城镇记忆的风情休闲街区。推动康养休闲农业发展，打造有机农业、南药种植园、氢气农业等现代康养休闲农业，推动田园综合体项目建设，打造禄步乡村旅游核心吸引物。此外，依托"一村一品"项目建设，积极扶持开展农家乐、观光旅游、创意农业的发展，提高农产品附加值。结合中小学研学旅游大市场和大趋势，以及该镇的旅游资源禀赋和产品开发条件，积极开发研学旅游产品。

四、重点任务

(一)提升巩固脱贫攻坚成果水平

1. 帮扶目标

将"十四五"时期作为禄步镇巩固拓展脱贫攻坚成果同乡村振兴有效衔接的过渡期，严格落实"摘帽不摘责任、不摘政策、不摘帮扶、不摘监管"要求。协助镇政府对全镇脱贫不稳定户、边缘易致贫户，以及因病因灾因意外事故等导致基本生活出现严重困难户等"三类对象"排查，合理确定监测对象，开展常态化监测，确保返贫致贫风险早发现、早干预、早帮扶。支持强化分类施策，对有劳户开展产业、就业、消费、金融帮扶等；对无劳户实施民生兜底保障。加强指导扶贫项目资产管理，确保扶贫资产得到规范运营管护。适时组织开展巩固脱贫成果后评估工作，将巩固拓展脱贫攻坚成果纳入驻镇帮镇扶村工作队帮扶业绩的考核范围。到2025年，实现防止返贫动态监测和帮扶机制完善并有效运转，坚决守住不发生规模性返贫的底线，切实提升和巩固脱贫攻坚成果水平。

2. 帮扶举措

(1)参与防止返贫动态监测和帮扶

首先，根据《禄步镇关于健全防止返贫动态监测和帮扶机制工作方案》，协助镇政府对全镇原建档立卡脱贫户583户1181人进行全面排查，确保不漏一户，不落一人。以2020年我省相对扶贫脱贫标准(人均可支配收入9060元)为底线，兼顾物价指数变化、农村居民人均可支配收入增幅和农村低保等因素，合理确定防返贫监测对象，开展常态化监测和常态化帮扶。重点监测其收入支出状况、“两不愁三保障”及饮水安全状况，发现返贫致贫风险及时预警并继续实施精准帮扶，确保不返贫。其次，依托“广东省防止返贫监测系统”平台，对监测对象进行定期线上监测，利用数据比对，分析研判监测帮扶对象，并及时与镇相关部门对接，督促做好数据更新，做到早发现、早干预、早帮扶，继续精准施策。最后，结合民政、教育、医保、水利、残联、住房等相关部门行业资源，每月进行数据比对、研判，发现需要求助、帮扶的困难群众，并将信息分类分级反馈给镇相关部门，科学制定预防措施，落实帮扶措施，建立“风险消除”帮扶台账，定期销号。

(2)支持强化分类施策和社会帮扶

首先，按有劳动能力和无劳动能力、缺什么补什么的原则开展分类帮扶。对164户有劳动能力的监测对象，采取产业带动、就业扶持、技能培训、小额信贷等发展类政策措施予以支持，促进稳定增收；对419户无劳动力的监测对象，统筹落实好教育、民政、医疗、住房、饮水等民生保障普惠性政策。做好教育保障工作落实，对弃学的适龄儿童进行劝学，做好政策宣传，持续跟进教育落实情况。为重点监测对象购买医疗保险和防返贫保险，并落实好住房、饮用水安全。其次，建立分层社会帮扶体系。参与深入推进“百企帮百村”行动。动员广东萨米特陶瓷有限公司、肇庆市高要区禄步镇三兴纸品厂等8个企业结合自身优势，精准对接结对25个行政村资源禀赋，形成帮扶建设发展与扶志扶智相结合，增强全镇行政村自我造血能力，促进村集体和农民稳定脱贫、持续增收、逐步致富。发挥驻镇帮镇扶村工作队结对帮扶单位优势，广泛发动社会力量捐赠支持禄步镇，通过“广东扶贫济困日活动”定向捐赠禄步镇，开展乡村振兴建设。

(3)深入实施产业扶贫防返贫

推动禄步镇建立“党支部+基地+合作社+农户”的新型经营模式，拓宽农民增收渠道，积极进行镇情村情调研。根据各村实际情况，因地制宜，挖掘特色产业助农增收，发展富民兴村产业。深化农业供给侧结构性改革，推动禄步镇加强南药产业园的建设和农业龙头企业的培育。引导双马菠萝、禄步优质丝苗米等农业特色品牌进一步扩大规模、优化管理、打响名气，打造樟路腐竹等新一批农业特色品牌。推动鼓励村民成立农业种植养殖专业合作社，加大对合作社的技术资金支持力度，引导推动更多创业项目在禄步落户，进一步提升农民致富和禄步自身发展能力，持续抓好扶持壮大村集体经济，消除集体经济薄弱环节，推动村集体经济年收入 2025 年在 15 万元以上。

(4)加强扶贫项目资产管理

全镇共有 60 项扶贫资产，其中权益类经营性扶贫资产 43 个、股权类扶贫资产 3 个、到户类扶贫资产 14 个。建立健全扶贫资产管理台账和制度体系，成立资产管理工作小组进行扶贫资产登记、日常管理、后期维护，监督指导行政村(社区)履行管护责任等工作。做到扶贫项目资产所有权和管护主体责任主体明确，明确资产管理范围、类型、职责、收益分配，规范收益分配、资产盘活、资产处置、管护工作。推动项目风险隐患集中排查整治工作，规范扶贫资产后续管理使用，确保扶贫资产在巩固拓展脱贫攻坚成果和乡村振兴中持续发挥效益，对正在实施的项目，扶持其加快融入乡村振兴产业兴旺大格局。

(二)提升镇村公共基础设施水平

1. 帮扶目标

以补短板工作为着力点，协助镇政府利用 3 年时间实现全镇农村人居环境整治补短板工作全覆盖。重点围绕生活污水治理、垃圾治理、村道硬化、厕所革命、环境综合整治、人畜分离、绿化美化、建立长效管护机制等 8 方面，对标对表，认真梳理辖区内村(社区)当前存在的突出短板和弱项，结合实际情况，有针对性地逐村(社区)推动，逐步解决问题。2021—2023 年，分别按 30%、30%、40%的比例有序推进农村补短板工作，实现路、水、电、网等基础设施进一步提档升级。

2. 帮扶举措

(1)积极参与改善民生生产生活设施水平

第一，以自然村为单位，参与推进通村组道路、入户道路建设，基本解决村内道路泥泞、村民出行不便等问题。加快完成镇域内 30 千米自然村巷道建设，确保 20 户以上自然村通硬化路率达到100%。第二，支持禄步推进剩余自然村雨污分流管网建设，力争到2025年，自然村污水处理设施实现全覆盖。重点完善农村污水治理制度，到2025年各行政村建有污水处理设施且生活污水治理率得到显著提高。第三，督促加快完成农村集中供水工程，到2021年底，实现群众饮上“安全、放心”水全覆盖。第四，完善公共照明设施。重点完善村庄主要道路两侧、文化广场、学校、村民活动中心等重要场所的照明设施，实现村庄主要街道和公共活动场所夜晚有照明，并建立亮化长期管护机制。

(2)参与农村人居环境整治，协助实施美丽乡村建设行动

第一，协助禄步镇人居环境督导组到各村开展人居环境整治督导工作，检查指导各村开展人居环境整治。到各村广泛宣传人居环境整治的重要意义，宣传乡村振兴政策，调动各村积极参与乡村建设。第二，支持禄步镇以自然村为单位开展“三线整治”工作，消除线路安全隐患，到2022年底，完成所有自然村“三线整治”工作。第三，指导禄步镇积极推进农村生活垃圾治理，健全“户收集、自分类、村集中、镇转运、区处理”的垃圾清运体系，对有条件的地区推行垃圾就地分类和资源化利用。开展非正规垃圾堆放点排查整治，到2025年，禄步镇村庄保洁覆盖面和行政村垃圾处理率持续提升。第四，协助实施美丽乡村建设行动，推进圩镇社区街道建筑外立面整治提升工程，辐射带动各村美化绿化建设，集中连片打造一批具有岭南风韵的美丽乡村。力争到2025年，全镇全域农村人居环境整治完成率达100%，全镇所有村庄达到干净整洁村标准，80%以上村庄达到美丽宜居村标准，并推动白土一村创建特色精品村。

(三)提升镇域公共服务能力

1. 帮扶目标

积极参与镇域内公共服务质量提升工作，协助禄步镇推动改善基层教育、医疗服务体系建设，推动公共文化资源向脱贫地区倾斜，不断提高乡村社会文明程度。力争在2025年底，实现公共服务网络行政村全覆盖，公共服务能力提档升级。

2. 帮扶举措

(1)大力支持政务服务平台建设

按照“党员群众同心、共治共建家园”的理念，奋力推进禄步党群服务中心升级改造，全力打造政治功能和服务功能双提升的2.0版本。围绕实体化、功能化、标准化、规范化、信息化要求规范设置“一厅五室”，其中包括办事大厅、党群共建室、便民活动室、“两委”干部办公室、班子会议室及党群会议室。始终坚持“办公场所最小化、服务群众最

大化”原则，重点改造群众办事不方便、办公硬件落后的村党群服务中心，分步实施，进一步强化基层党建阵地建设，提升党建促乡村振兴水平，助力组织振兴。在2022年底前，完成1个村党群服务中心改造升级。

(2)持续参与提升乡村公共服务网络

积极支持改善乡村公共服务设施，强化服务农民功能。构建以就业、教育、卫生、托育、养老、文化、体育、宜居环境、邮政快递、法律服务等为重点的乡村公共服务网络体系。首先是参与实施学前教育质量提升工程，建设具备全托、日托、临时照料、上门服务等综合功能的农村区域性服务中心，妥善解决好农村妇女、老人、儿童“三留守”问题。其次是协助禄步镇做好劳动就业服务，推动农村实用人才队伍建设，加强职业技能培训和就业指导以及创业扶持等。三是督促做好社会保险服务，包括基本养老保险和基本医疗保险以及工伤、失业和生育保险等。四是积极推进城乡基本公共卫生服务均等化，加快推进村级卫生站改造升级。五是指导完善社会救助体系，以法律援助为重点完善公共法律服务体系，保障镇域困难群体和特定人群的基本权益，实现弱有所扶。六是督促做好公共文化体育服务和环境卫生、环境保护、生态建设、食品安全、社会治安等其他服务。

(3)加强乡村公共服务人才队伍建设

首先是加强乡村教师队伍建设。加大乡村骨干教师培养力度，深入推进“互联网+义务教育”，健全乡村教师发展体系。其次是加强乡村卫生健康人才队伍建设。推进乡村基层医疗卫生机构公开招聘工作，可根据当地情况适当放宽学历、年龄等招聘条件，对急需紧缺的卫生健康专业人才可以采取面试、直接考察等方式公开招聘。三是加强乡村文化旅游体育人才队伍建设。推动文化旅游体育人才下乡服务，培养一批乡村文艺社团、创作团队、文化志愿者、非遗传承人和乡村旅游示范者。鼓励运动员、教练员、体育专业师生、体育科研人员参与乡村体育指导志愿服务。四是加强乡村规划建设人才队伍建设。实施乡村本土建设人才培育工程，加强乡村建设工匠培训和管理，培育修路工、水利员、改厕专家、农村住房建设辅导员等专业人员，提升农村环境治理、基础设施及农村住房建设管护水平。

(4)建立公共服务多元化供给体系

协助禄步镇着力完善科学有效的群众权益保障机制，畅通公共服务需求表达渠道。充分发挥互联网站、微博、微信、移动客户端等新媒体作用，利用大数据、云计算等先进技术和资源，及时了解群众需求，动态掌握实施效果。督促建立镇干部接访下访制度和联系服务群众常态化、全覆盖的有效机制，对群众关心和涉及群众切身利益的重要事项进行收集，并建立台账。将多元化的供给主体和农民自我供给模式作为重要补充形式，鼓励民间提供公共服务，把政府不该管、无法管、管不好的事尽量交给市场、社会、企业和其他主体去做。建立以政府供给为主、其他主体共同参与的多元化公共服务供给体系和供给机制，在政府与社会的互动合作中实现基层政府公共服务能力的提升。

(四)提升乡村产业发展水平

1. 帮扶目标

到2025年，禄步镇“一轴、一环、一核、两片”的发展格局初步形成。城镇发展服务核功能持续提升，重点提升功能包括基本公共服务以及农机、化肥、农副产品交易，重点旅游项目引爆带动作用明显，城镇风貌得到明显改善，工业反哺农业力度明显加大。生态绿色发展环建设取得明显成效，以特色水果、南药种植、粮食种植等特色产业节点明显增加，基地范围和规模明显扩大，支撑作用明显增强。北部特色农业与生态旅游片区建设成效显著，双马菠萝、紫灵芝、丝苗米、香水柠檬、南药种植等特色产业规模持续扩大，辐射带动作用明显增强，生态旅游初见成效，形成以特色农业和生态旅游两大支撑产业，促进双马村、白土一二村、乐洞村、大榕村特色产业集聚区形成。城乡融合发展片形成了绿色建材产业、南药加工、温泉旅游、特色商贸等二、三产业融合发展格局，城乡融合和三产融合发展示范片区建设成效显著。

2. 帮扶举措

(1)推动万亩优质丝苗米建设工程

严格坚持耕地保护制度，严守永久基本农田和耕地保有量底线。坚决遏制耕地“非农化”，全面开展闲置设施、撂荒耕地核查与利用。推进存量问题整治，健全日常监管长效机制。加大永久性基本农田建设力度，有效提升耕地地力和质量，推进农田高标准建设改造提升。

(2)持续推进“一村一品”建设

充分利用各帮扶单位资源和科技特派员制度，大力推进双马菠萝特色种植项目，持续开展种植技术改革，力争到2025年种植面积超过1000亩。协助合作社积极探索推动双马菠萝地区公用品牌建设，扩大其品牌影响力。协助对接市农业农村局和农科所，积极培育大榕村紫灵芝、樟路腐竹“一村一品”建设。

(3)培育香水柠檬特色产业

加强与信成农业科技有限公司对接，及时化解项目推进难题，协助成立农民经济合作社。2022年，推动大榕、桐槎基地建设落地；到2025年，力争香水柠檬种植面积超1000

亩。支持该公司建设香水柠檬深加工工厂和冷链仓储中心，重点提取柠檬酸等产品。

(4)推动文旅项目发展

与地方政府合作，对接天凯温泉度假山庄，完善相关手续，支持其打造特色温泉小镇，弥补肇庆温泉旅游产品的不足，带动禄步镇旅游业发展。积极对接相关部门，将骑楼风情街纳入特色街区并予以修复保护，同时协助地方政府开展招商引资工作，推动骑楼街旅游项目开发。探索康养休闲农业发展，积极发展有机农业、南药种植园、氢气农业等现代康养休闲农业。扶持“一村一品”项目建设，对接旅游部门关于星级农家乐、星级民宿、乡村休闲旅游示范点等政策，推动农家乐、观光旅游、创意农业的发展。支持农民合作社和农业企业积极挖掘研学旅游市场。

(5)持续提升农副产品加工

重点推动丝苗米农产品深加工基地建设，支持合作社做大做强。协助推动南药产业园建设工程，改进道地南药加工方法，确保质量、道地、安全有保障，提高产业发展水平。支持香水柠檬产业链向下延伸，建设香水柠檬深加工工厂和冷链仓储中心。推动樟路腐竹做大做强，整合现有家庭作坊，支持成立经济合作社，优化制作工艺，加大品牌宣传力度，让樟路腐竹做大做强。

(6)大力发展林下经济

充分发挥资源优势，推动菌类、南药等林下经济发展，落实相关补助扶持政策，鼓励有意愿有条件的村民群众发展林下经济。林下生态经济产业发展可概括为林下种植、林下养殖和林下游憩三大产业，其中林下种植包括林下药材种植、林下食用菌培育、林下野菜栽培、林下牧草和绿肥种植、林下育苗和经济林培育；林下养殖包括林下畜禽养殖和特种经济动物养殖；林下游憩包括森林旅游观光、林下休闲娱乐等。

(7)扩大农产品消费渠道

协助各村开展特色农产品电商销售，挖掘直播带货等新销售渠道。同时积极帮助农户或合作社拓展销售渠道，联系推荐消费客户。此外，加大消费帮扶的力度，将特色农产品纳入帮扶单位消费扶贫范畴，作为工会福利采购对象。

(五)提升抓党建促乡村振兴水平

1. 帮扶目标

基层干部是实现乡村振兴的中坚力量，只有增强基层党组织战斗堡垒，加强党组织对乡村治理的领导，落实乡村振兴各项工作，才能完成乡村振兴的宏伟蓝图。到 2025 年，禄步镇基层党组织的战斗堡垒作用和村党支部书记的头雁效应持续增强，各类社会组织、社会团体参与乡村振兴的活动更加彰显。

2. 帮扶举措

(1)强化农村基层"领头雁工程"项目

强化乡镇党委对人选把关的主导作用，积极落实帮扶单位帮扶党员干部挂点村(社区)党组织"第一书记"工作要求。从思想上正确引领党员党建与乡村振兴深度融合，增强党员责任感、紧迫感和使命感，调动党员的工作积极性、主动性和创造性。加强村干部履职能力培训，建立实训基地，选聘治村导师，确保所有村党组织书记每年培训不少于规定的学时，帮助禄步镇基层干部精准掌握动态监测帮扶措施、产业发展等业务知识，提升综合能力素质，增强推动乡村振兴的本领。大力推进农村"乡贤回归"，深入实施后备干部"雏雁计划"，大力培育新时代知识型、技能型村干部队伍，吸引大学生担任基层干部。

(2)积极培育优秀共产党员

围绕"村集体经济发展""乡村振兴"等主题对党员、致富带头人等进行培训，提升党员带富能力。推行村干部导师带帮制，对事业心强、有发展潜力的年轻村干部，采取"一对一"定向帮带、"一对多"多点培养、"多对一"重点培养或"多对多、小团队"差异化培养等方式开展结对，充分发挥导师"传、帮、带、培、促"作用。通过教理论、传经验、授技能、解疑惑、带作风，让带帮对象在一线抓工作中增强建设乡村的能力。成立乡村振兴工作专项班，统筹协调好各项工作，落实工作任务。

(3)着力加强组织建设

规范党组织阵地建设，实施村(社区)办公场所修缮提升工程，建设一批基层党建示范点。开展新一轮软弱涣散基层党组织排查整顿工作，三年内实现整顿软弱涣散基层党组织转化率100%。抓好巡视巡察，发现问题专项整改。做好农村党建"整镇推进"示范镇创建活动，推动"强镇带村、强村带组"。强化村级基层组织，尤其是落实好镇村级基层组织运转经费保障，健全财政支持和村级集体经济收益自我补充的保障机制，不断提高村级组织建设和运转保障能力。

(4)进一步促进作风建设

坚持不懈把党的群众路线贯彻到基层。开展干部队伍作风整治行动，健全镇村二级党员干部联系服务群众工作体系，把党群服务中心建设成为党领导基层治理和服务群众的坚强阵地。推进扫黑除恶常态化，建立防范和整治"村霸"问题长效机制。坚持正党风促政风带民风，持续开展基层正风肃纪反腐行动。建立完善防止形式主义的负面清单，简化优化评比考核、督促检查。建好用好"初心堂"等各级党员教育基地。

(5)加强村民自治工作建设

坚持自治为基，加强农村群众性自治组织建设，健全和创新村党组织领导的充满活力的村民自治机制。在实践中，坚持“五议五公开”和“五民主三公开”，进一步提高制度执行力和效率，真正实现民事民议、民事民办、民事民管。全面推行民情恳谈会、事务协调会、工作听证会、成效评议等村民自治形式，由基层政府和基层党组织搭建平台，引导村民关心、支持本村发展，有序参与到本村的建设和管理中来，增强村民主人翁意识，增强群众性自治组织的凝聚力和战斗力。

五、重点项目

(一)产业帮扶项目

1. 一村一品提升工程

推动优质丝苗米基地建设，目标规模达到10000亩，建立“种植—加工—物流—销售”于一体的现代农业产业化项目。双马菠萝种植规模翻一番，达到1000亩，探索双马菠萝地区公用品牌建设。

2. 一村一品创建工程

建立香水柠檬种植示范基地，种植范围扩大至全镇各村，种植面积超1000亩。建立“种植—加工—销售”于一体的产业链。积极推动大榕村紫灵芝、樟路腐竹“一村一品”建设。

3. 文化旅游发展工程

推动油菜花基地(丝苗米基地)建设，打造“肇庆赏春来禄步”乡村旅游品牌，优化旅游产品，协助有条件的地方开展农家乐，推动乡村旅游示范点的申报工作。

(二)文化帮扶项目

1. 帮助培育一批乡村文化品牌

挖掘禄步传统文化底蕴和红色文化基因，加大对禄步传统民俗活动如舞狮等的传承和发展力度，支持对名人名居古迹(如旧码头)、古村落古驿道(如白土二旧村)等的修缮工作，彰显禄步的历史文脉和人文精神。打造禄步镇樟路村爱国主义教育基地，广泛开展爱国主义、集体主义、社会主义教育，利用帮扶单位优势资源，组织形势政策宣传教育。利用“初心堂”、农民夜校、图书室、公告栏等形式，加强爱国主义、集体主义、社会主义教育。

2. 鼓励弘扬优秀传统文化精神

帮扶队伍以“一对一”方案设计、“点对点”直接指导、“面对面”下沉的方式，依托“村史馆”、党群活动中心、村级活动场所等，加强对农村精神文化建设、公共政策宣传、良好家风传承、乡村文化保护、诚信道德规范、传统工艺振兴、文化产业发展的支持帮扶。协助培育基层文体骨干，传承和发展武术、醒狮、龙舟等民间传统体育，激发基层文化活动内生动力，积极引导人民群众参与公共文化活动。保护传承文化遗产，帮助修缮名人名居古迹(如旧街码头)，修复古村落古驿道(如白土二旧村)，彰显古镇历史文脉和人文精神。

3. 助推禄步乡村旅游发展

促进文化产业与乡村建设、旅游等相关产业融合发展。采取赠送红色书籍、挖掘禄步革命历史、讲好红色故事等方式传播红色文化，协助推动红色文化遗存和革命遗址挂牌立碑工作，打造一批红色文化旅游产品，促进禄步红色旅游发展。支持挖掘禄步本土资源，将自然风光、人文风情以及客家民俗等元素与旅游相结合，打造一批具有岭南文化特色、种类丰富多样的文化旅游产品，组织形式多样的民俗活动，增强游客参与性和体验感。

(三)人才帮扶项目

1. 积极帮助盘活本土人才资源

充分发挥帮扶团队和村干部带头作用，开展禄步本地和外出务工人员、经商人员、大中专毕业生等群体的摸排工作，积极鼓励在外人才回乡创业，通过定向服务、人才引领项目、借力合作支持项目，结合政府方案，用购房补贴、贷款贴息、财政补贴等优惠政策吸引人才到禄步创业就业。积极帮助整合乡贤资源，发挥乡土情怀作用，吸引一批能人贤达参与农村治理，驻镇帮扶，反哺家乡，以乡贤文化促进乡村文明，推动乡村发展。

2. 主动开展农村实用人才培养

协助建立针对基层干部及新农人的培训机构，利用帮扶单位的资源优势，联合培养人才。建立乡镇师资库，摸清帮扶乡镇的种养殖大户、农村致富带头人、土专家田秀才、能工巧匠等乡村发展带头人的底数，以及聘请农业、管理等方面专家为村民讲授农业知识，举办烹饪、家政服务、种养殖、汽车维修、砌筑、电焊、钢筋等农村群众实用技术培训，主动开展各类帮教服务，培养农村专业人才。建立镇企、校企人才培养输送机制，实现学校、镇村、企业三方人才资源共享。

3. 鼓励优化人才帮扶配套环境

采用事业留人、乡情留人、荣誉留人等方式，提高禄步本土人才工作积极性。明确考核制度和保障制度，确保人才帮扶出得来、下得去、有干劲、扶得好。建立企业、农村合作社、“两委”干部激励和奖励考核机制，激励干部勇担当善作为。实施村干部成长工程和“雏雁计划”，每村确定培养两名左右村主职后备干部，并定期从优秀村(社区)党组织书记、村民委员会主干中选聘乡镇副科级领导、公务员和事业单位工作人员，激发基层干部干事创业活力。

(四)设施帮扶项目

1. 自然村内巷道硬底化项目

以自然村为单位，大力支持推进通村组道路、入户道路建设，配置照明路灯、必要的交通标志、路面缓冲带等设施，基本解决村内道路泥泞、村民出行不便等问题。计划在2023年底完成镇域内30千米自然村巷道的建设，确保20户以上自然村通硬化路率达到100%。

2. 污水处理及集中供水项目

支持禄步镇推进剩余自然村雨污分流管网建设，邀请专业污水处理人才实地调查，根据禄步特点和实际选用成熟可靠污水处理技术。力争到2025年，自然村污水处理设施实现全覆盖。统筹推进镇村集中供水设施及配套管网建设，邀请农村供水专家进行供水设施设计，促进城镇供水管网向农村延伸，实行集中连片供水和小型集中供水相结合。

3. 村容村貌整治项目

积极支持禄步镇加大村庄公共空间整治力度，协助禄步完成基础设施建设。以自然村为单位开展“三线整治”工作、农村生活垃圾治理、存量农房外立面美化、“四小园建设”。以乡村建设为抓手，引导村民“有钱出钱、有力出力”，调动村民积极性参与新农村建设，全力打造美丽宜居村。

（五）科技帮扶项目

1. 科技服务项目

按照精准施策的要求，指导禄步镇结合稻米、南药、生态旅游等产业布局，组织一支技协小分队，选派农业、旅游业、养殖业、种植业等方面科技人员，赴有关村开展技术交流和协作。根据专业合作社和贫困户实际需求，选派相应的示范户引领发展、专业技术干部到户指导，实现对等服务、专项服务。技协小分队全程无缝跟踪服务贫困户和合作社发展产业，每月到包村组开展集中服务不少于2次，对结对帮扶的贫困户进行定期走访。

2. 职业农民科技培训项目

帮扶工作队充分利用自身优势及科技特派员制度，协助地方政府整合资源，结合禄步实际需求，强化农村实用人才培养。积极推动农民科技培训项目，培训采取邀请专家讲座、开办培训班、面对面传授理论技术与现场指导，手把手传授实践经验相结合的办法，着力打造一批“有文化、懂技术、善经营、会管理、能带动”的新型专业人才队伍。

（六）民生帮扶项目

通过“扶、带、帮、引、提”五种方式，开展不同程度、不同方式的科学帮扶。加强对防返贫检测户慰问工作，积极开展产业扶贫工作，支持其开展特色种植和养殖工作。开展助学扶贫工作，对防返贫检测户子女上学问题给予积极支持和帮助，防范因学返贫风险。协助地方政府完善乡村基础设施建设。推动部门乡村的环村公路建设，开展道路硬化、美化、亮化工程，推动乡村停车场建设。积极参与“三清三拆三整治”工作，支持重点村设施建设。积极对接萨米特陶瓷、广福陶瓷以及南药企业等，每年定期发布招工信息，解决农村剩余劳动力就业问题，增加农民收入水平，并协助开展农民就业技能培训工作。

（七）招商帮扶项目

一是构建“大农业”的招商格局。制定《2021—2025年度禄步镇招商引资工作方案》和《禄步镇农业产业招商引资工作专项方案》，将农业产业招商工作列为单项考核项目。二是开展“全方位”的密集招商。重点围绕特色种植业如粮食、蔬菜、中药材、果业等四大产业加工集群上下游产业。三是充分发挥肇庆市高要区南药现代农业科技产业园项目、肇庆市高要区现代农业产业园、肇庆市高要区禄步镇裕丰农副产品加工厂等产业集聚功能，积极申报农业产业融合发展项目，提升镇域产业吸引力。四是拓展招商引资队伍，开展小分队招商，通过参加招商会、网络宣传招徕、实地考察、以商引商等形式，吸引社会资本、运营企业入驻。五是跟踪服务，做好“保姆式”的管理服务。坚持“引进来、帮扶好、助发展”的工作理念，积极深入了解镇域内引进的企业工作进展情况和存在的问题。

六、保障措施

（一）加强组织领导

一是帮扶镇和帮扶单位要将驻镇帮扶工作纳入禄步镇帮扶部门重点任务研究部署落实。二是帮扶镇和组团帮扶单位定期召开联席会，由驻镇帮扶工作队向各帮扶单位汇报工作进展情况，及时研究问题并提出解决方案。三是各帮扶单位负责人至少一年两次到驻镇单位检查驻镇帮扶的工作进展情况。四是选派优秀干部参与到驻镇帮扶工作中，强化干部引领，为驻镇帮扶夯实基础。五是健全基层组织体系，提升驻镇帮扶的组织力，大力开展驻镇帮扶主题培训，不断提升党员干部群众的思想认识。

（二）强化资金保障

一是加大财政资金支持力度。在落实现有驻镇帮扶配套资金外，结合禄步特色产业资源，申请特色产业项目资金扶持，以获取从国家到地方的财政资金。二是探索金融支持驻镇帮扶路径。结合禄步乡村发展特色，探索与银行合作的新路径，拓宽涉农融资渠道，探索金融服务驻镇帮扶的有效模式，提高银行融资资金效益，推动乡村全面发展和进步。三是鼓励财政资金撬动社会资金支持驻镇帮扶。通过6·30广东扶贫济困日活动等平台，广泛发动汇聚社会力量，推动帮扶地区驻镇帮扶工作。四是开展企业帮镇，企业兴村行动，积极推动社会资本参与驻镇帮扶工作，引导社会资本上山下乡，拓展驻镇帮扶资金来源。同时，要严格管理好驻镇帮扶资产落实，确保帮扶资金保值升值，在驻镇帮扶中持续发挥重要作用。

（三）落实监督考核

一是按照《广东省推进乡村振兴战略实绩考核工作办法》的工作要求，加强驻镇扶村规划实施考核监督和激励约束，将规划实施成效纳入地方各级党委政府和有关部门的年度绩效考评内容，将考核结果作为各级党政干部年度考核、选拔任用、评先奖优、问责追责的重要参考。二是建立驻镇帮扶评价体系和统计体系，对实施驻镇帮扶进展情况实施动态检测，并及时公布规划实施进展状况。三是建立规划实施第三方评价机制，委托第三方评估机构开展实施中期评估和规划实施后评估，确保省市区驻镇帮扶各项决策部署落实到位、工作推进到位。四是组建综合督查小组，定期开展专项检查，按照季度通报、半年督查、年度考核定期评估督查各地各部门建设进度和资金落实等情况。

第十四章　肇庆市高要区水南镇驻镇帮镇扶村规划案例

内容提要：本章以肇庆市高要区水南镇驻镇帮镇扶村规划为案例，系统归纳总结了水南镇帮扶基础与面临的形势、帮扶目标、空间布局、重点任务、重点项目、保障措施6个方面内容，梳理形成了五大任务、七类项目、六大保障。以实现农村全面振兴为目标，深入分析水南镇发展基础与面临的形势。明确帮扶目标，科学谋划水南镇2021—2035年“一轴、一环、一核、两区”的空间发展格局；设计产业、文化、人才、设施、科技、民生、招商帮扶项目的重点内容，并在组织领导、资金保障、人员保障、监督考核、宣传引导六个方面制定措施来提高帮扶质量。

一、发展基础与面临形势

(一)发展基础

1. 地理区位

水南镇域总面积126平方千米，城区面积1.1平方千米。辖14个行政村和1个社区，分别是分界村、洲村、坑口村、下坪村、西牛村、社坑村、江背坑村、水南村、山寮村、对口村、大播村、坳兰村、坑告村、双波村和水南圩镇社区，其中含92个自然村，130个村民小组，2个居民小组，4636户，总人口约1.6万人，其中90%为客家人。水南镇隶属于广东省肇庆市高要区，地处高要区西北部，东接鼎湖区凤凰镇，北连广宁县宾亨镇，西南分别与高要区的乐城、禄步等镇接壤。水南镇交通十分便利，县道X435、X413线贯通全镇，辖区内汕湛高速、肇明高速纵横交错并设有出口。距肇庆市区40千米，距高要城区45千米，距鼎湖山20千米，距德庆龙母庙50千米，距广宁竹海大观旅游区40千米，距乐城金钟山龙公庙10千米，距国道321线20千米，距广贺高速公路广宁宾亨出入口20

千米，西江和绥江分别位于水南两侧约20千米，交通便捷优势明显。

2. 农业产业化

水南镇始终把农业产业化发展放在首要位置，狠抓结构调整，优化区域布局，着力培植和重点发展精品蔬菜、水果、中药材以及生态养殖业等优势特色产业，农业增效、农民增收初现成效。一是现代数字农业蔬菜种植项目。在水南村和分界村建设占地250亩的现代智慧数字农业示范基地，由“一丰”公司提供技术，本地村民参与种植以及后期管理，带动了村民就业，增加了村民的收入。二是水南镇中蜂合作社养殖基地。目前，合作社已有社员105人，专业养殖场102个，中蜂9000余群，蜂蜜正常年产量300吨以上，成为肇庆市最大的中蜂养殖合作组织。三是肉桂种植基地。水南镇是高要区肉桂的重要产地，目前全镇肉桂种植面积达9万余亩，桂皮收成约200万斤。四是油茶种植基地。目前水南镇油茶种植面积已经达1万余亩，茶籽油年产量约1000吨，获得肇庆市油茶专业镇的称号。五是沃柑种植基地。目前水南初具规模的水果种植基地有洲村沃柑水果园，占地20亩，年产量达10万斤。六是灵芝产业。大播村生态灵芝紫色产业基地占地30余亩，年产灵芝达3.5吨。

3. 文化旅游资源

一是康养生态旅游资源。水南现有双波村飞天马瀑布、山寮村万亩油茶基地、下坪鲩鱼状七星顶、石盘坑森林公园等生态旅游资源。二是红色文化资源。如分界村东江纵队绥贺支队驻地旧址、水南花果山革命烈士纪念碑。三是客家文化资源。水南是高要区最大的客家人口聚居区，占水南总人口90%以上，客家文化底蕴深厚，目前仍保留成群的客家屋（如罗独客家屋群）以及客家传统特色文化（如客家娶亲、岁时节令、庆寿等）。

4. 组织发展情况

一是党员队伍得到强化。2020年，发展党员13名，转正党员12名，培养入党积极分子29名，党员队伍不断充实。二是基层党组织建设有力有序。完成了15个村（社区）党组织及村（社区）委员会换届选举工作，15个村（社区）均实现了“三个一肩挑”。三是完善党组织的软硬件建设。已投入30万元完成了水南村党群服务中心建设。

（二）存在的问题

一是经济发展质量有待提高。水南是肇庆市资源生态型功能发展区，受土地利用类型的限制，目前镇域内现有产业发展存在农林产业开发程度低、产业结构单一、产业链条短、产业规模小等问题。二是优质公共服务供给与群众期盼还有差距，各项民生事业仍存在不少短板。三是乡村基础设施建设条件有所改善，但仍存在短板，水平亟待提升等问题。四是基层自治基础良好，但群众性文体活动和民间社会化服务组织较为缺乏。五是乡贤传承作用发挥不明显，乡贤在乡村振兴中引领示范作用、智库助推作用、减压协调作用没有充分发挥。六是水南红色文化资源、客家文化资源、自然生态资源等优势尚未转化为旅游产业和旅游经济优势，未能对当地经济发展产生效应。

(三)面临的形势挑战

1. 发展机遇

一是国家层面和省市区层面乡村振兴政策机遇，各级党委政府密集出台驻镇帮镇扶村相关文件，为水南镇开展帮扶工作提供了良好的政策环境。二是科技进步为乡村振兴提供更强驱动力，目前农业农村科技快速发展，自主创新能力显著增强，为农村农业的发展提供了强有力的科技保障。三是后疫情时代，生态康养旅游、房车露营、乡村旅游、精致小团游、近郊旅游势必迎来井喷式增长，为水南镇康养生态旅游带来新的发展机遇。

2. 面临的挑战

一是“三农”带头人数量及能力不足，农业推广人才以及农业生产型、经营型和技能服务型人才严重匮乏。二是土地要素活力尚未充分释放，使得土地资源未能得到有效整合，土地生产效率难以提高。三是现有产业未能形成完整的产业融合体系，难以使水南实现农业现代化。四是周边地区的市场遮蔽效应，如广宁、四会、鼎湖旅游资源开发相对成熟，给水南镇乡村旅游、康养旅游的开发带来一定的市场遮蔽效应。邻近的禄步、乐城镇等积极发展现代农业、休闲旅游业、康养旅游业，给水南现代农业、乡村旅游业等产业发展带来较大竞争。

二、帮扶目标

紧密对接水南镇乡村振兴规划要求，打造肇庆生态发展区乡村振兴样板镇、省级乡村旅游示范点。从解决建档立卡贫困人口“两不愁三保障”为重点转向实现乡村产业兴旺、生态宜居、乡风文明、治理有效、生活富裕，从集中资源支持脱贫攻坚，转向巩固拓展脱贫攻坚成果和全面推进乡村振兴，全镇脱贫攻坚成果进一步巩固拓展，镇村同建同治同美取得显著成效。

到 2025 年，争取实现脱贫攻坚政策体系和工作机制同乡村振兴有效衔接。防止返贫动态监测和帮扶机制健全完善并有效运转，确保不发生规模性返贫。大力推进数字乡村建设，整治提升农村人居环境质量，实现路、水、电、网等基础设施完善与提档升级；推进乡镇基本公共服务延伸到村，镇村两级干部服务能力进一步提升，帮助水南打造镇村“一门式办理”“一站式服务”公共服务平台；促进优势传统产业实现规模化、标准化和品牌化发展，农文旅资源得到有效整合，打造 5 ~6 个国家森林乡村，建成市、区、镇、村级采集配送中心，农民和村集体经济收入进一步提高；建设农村智慧党建信息服务平台，进一步发挥“领头雁”领学帮带、先锋模范作用，推进乡村党群服务中心升级改造。

到 2030 年，乡村振兴取得决定性进展，农业农村现代化基本实现。水南镇经济实力显著增强，乡村振兴取得重大进展，农村低收入人口生活水平显著提高，城乡差距进一步缩小，在促进全体人民共同富裕上取得更为明显的实质性进展，农业高质高效、乡村宜居宜业、农民富裕富足和镇村振兴目标基本实现。成功打响森林小镇品牌，现代农业产业体系基本建成，引领高要创建国家乡村公园。

到 2035 年，乡村全面振兴，农业强、农村美、农民富全面实现。农村低收入人口生活水平显著提高，实现农业高质高效、乡村宜居宜业、农民富裕富足的总体目标，乡村基本实现现代化。城乡基本公共服务均等化基本实现；农业综合生产能力实现新跨越；农村高素质人才数量进一步增加；乡风文明达到新高度；农村生态环境优美，美丽宜居乡村基本实现；党的执政基础全面强化；农业农村现代化基本实现。

三、空间布局

(一)总体空间布局

根据水南镇自然条件和经济社会发展差异，着力打造以集镇综合服务为核心，以东西产业、南北产业两大产业区为发展轴，以西部现代生态农业、东部现代林旅融合为两大发展区的“一核・两轴・两区”镇域空间帮扶发展格局，规划构建“122”的空间发展结构图(图 14.1)

“一核”是位于水南圩镇社区的综合服务区。聚焦风貌改造和旅游服务中心项目，提升圩镇公共服务设施，构建以客家主题民宿、特色美食街、河岸景观、客家文化、特产销售等项目为支撑的集镇综合服务核。

“两轴”其一是以 435 县道为依托，贯穿分界村、大播村、坑口村、洲村、坑告村、水南村、坳南村的南北产业发展轴，重点以乡村野道、缤纷田园、红色基地等为发展主线，全面提升产业发展集聚力、辐射力、带动力，打造水南西部现代农业产业走廊。其二是以413县道为主轴，连接对口村、西牛村、社坑村、江背坑村、下坪村等东西产业发展轴，打造特色沟域经济，推进集生态治理、新农村建设、种植养殖业、民俗旅游业、观光农业发展为一体的山区乡村振兴发展新模式。

“两区”分别为东部现代林旅融合发展区和西部现代生态农业发展区。现代林旅融合发展区包括山寮村、对口村、社坑村、江背坑村、下坪村、双波村和分界村，以高效“林下经济+康养旅游”为主线，核心项目为发展千亩南药基地和康养生态谷，推动生态绿色产业振兴。现代农业发展区包括坳兰村、水南村、西牛村、洲村、坑口村和大播村，以“现代农业+休闲旅游”为主线，重点发展现代蔬菜种植基地、农业科普教育基地和南药加工创意产业园，加快推动现代农业发展。

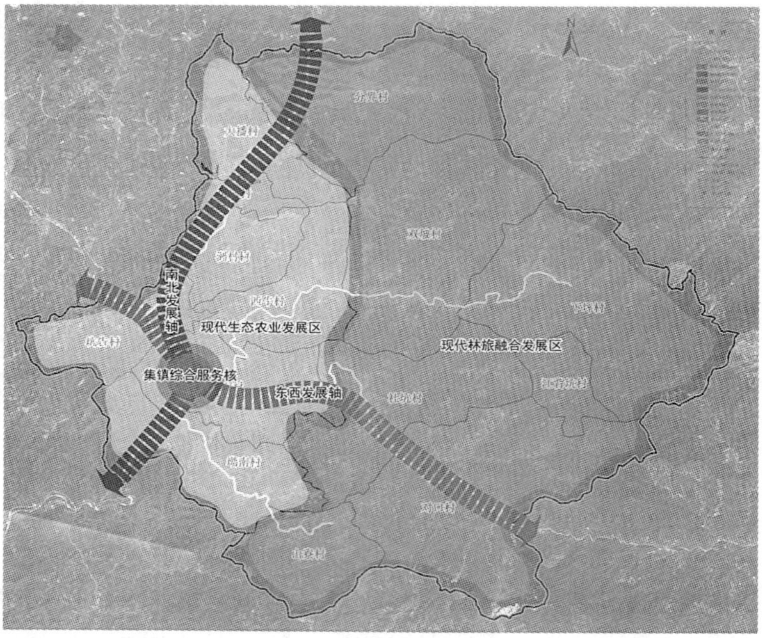

图 14.1　高要区水南镇空间发展结构图

图片来源：作者自绘

(二) 重点产业空间布局

产业兴旺是实施乡村振兴战略的重点，也是难点。产业规模、产业融合、产品市场、农民受益是衡量产业兴旺的四个标准。根据水南镇自然环境、经济基础和未来发展方向，努力把生态资源向生态经济转化，实现生态与产业的有机融合，围绕四个产业空间布局区，重点发展农产品加工、乡村休闲旅游、农村电商等产业，创建乡村振兴示范点，规划构建高要区水南产业空间布局图(图 14.2)。

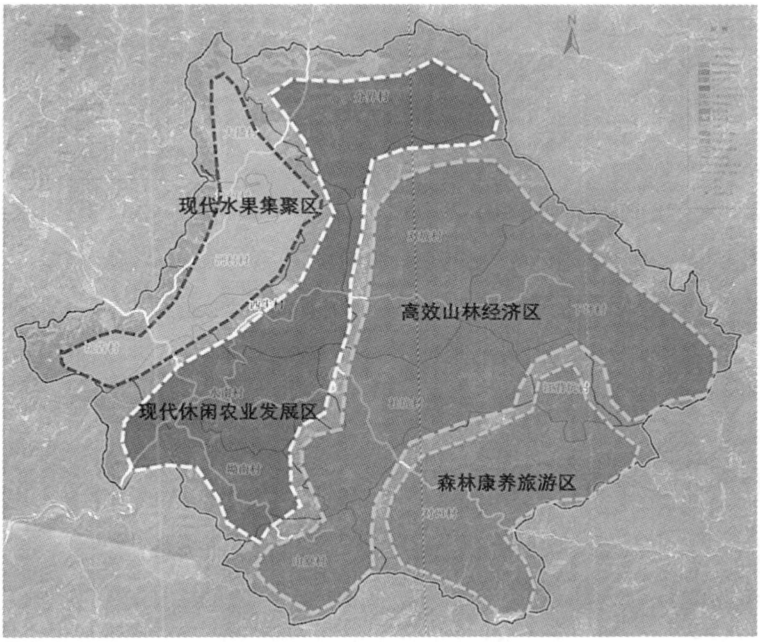

图 14.2　高要区水南镇产业空间布局图

图片来源：作者自绘

1. 加强重点项目帮扶

水南镇深化农业供给侧结构性改革，积极构建“一镇一业、一村一品”产业体系，并以发展“一镇一业”为抓手，推动农业产业做大做强。(1)围绕集镇综合服务核，对大迳河圩镇段“一河两岸”景观进行改造提升，打造成为赏水憩园、生态乐园、宜居花园，建设一河两岸房车营地；利用圩镇自然和人文特色，设计多风格、多视角观景点，发展红色旅游和农产品深加工的产学研基地。(2)西牛村重点发展以古树古村文化为特色的山水田园主题旅游景区，利用得天独厚的优质水源，结合周边中蜂基地、绿植观赏及奇异瓜果园等功能板块，在罗独发展康体养生特色民宿。(3)发挥对口村资源优势，发展抽水蓄能项目，预计建成运营后每年发电税收达 1.2 亿元；建设新桐林产业，并同步释放林下空间发展走地鸡养殖项目；利用山区地形落差和山溪流水发展流水生态皖鱼和黄骨鱼养殖项目。

2. 打造绿色农产品供应基地

以“优化品种、提高品质、打造品牌”为目标的“三品”战略为引领，整合包装本土特色农产品，加入肇庆手信系列，全力打造“水南+”手信品牌，引导本土农业往规模化、产业化、品牌化方向发展。(1)依托一丰蔬菜基地，全力打造“公司+基地”订单式现代农业发展模式，以蔬菜基地建设为核心，打造深层次休闲、体验、观光田园综合体。(2)帮扶中蜂蜂业专业合作社养殖基地，加快蜂蜜品牌建设，加强标准化建设，提升产品附加值，推动农家乐等产业的发展，打造乡村旅游点。(3)积极推动有机、山地、无公害果品生产示范基地建设，逐步建立和提高水南富贵李、意大利凤梨、沃柑等优质水果的品牌知名度，形成专业化的生产基地，按照产业联动发展的思路，发展果园观光、采摘等旅游业，拓展水果新的发展空间。(4)依托本区域桂皮种植基础，加强与大南药等公司的合作，全力打造大南药公司在肇庆的主要生产基地、种苗繁育基地，推进增加红花油茶的种植面积，推动优质油茶加工基地建设，打造具有水南特色的健康养生茶油品牌。

3. 打造森林康养旅游区

以水南自然资源和人文资源为特色，以绿色农产品基地为依托，整合红色革命资源和古树群落资源，打造以“生态、运动、康养、红色”为主题的农旅产业发展区。以双波村的自然资源飞天马瀑布为特色，深入挖掘客家文化、美食文化、红色文化，打造反映历史变迁、乡村记忆的风情旅游区。依托绿色农产品基地，推动康养休闲农业发展，打造田园综合体项目建设，构建水南乡村旅游核心吸引物。此外，依托“一村一品”项目建设，积极扶持开展农家乐、观光旅游、创意农业的发展，推动农产品附加值的提升。结合中小学研学旅游大市场和大趋势，深挖水南镇旅游资源禀赋和产品开发条件，特别是红色革命和古树群落资源，积极开发研学旅游产品。

四、重点任务

(一)提升巩固脱贫攻坚成果水平

1. 帮扶目标

认真落实“摘帽不摘责任、不摘政策、不摘帮扶、不摘监管”要求。支持水南镇对原193户建档立卡贫困户走访入户排查，合理确定监测对象。通过走访入户、系统监测、定期排查等途径落实常态化预警监测，建立健全快速发现和响应机制。支持水南镇对脱贫户实行分类管理、分类施策，对有劳户开展产业、就业、消费、金融帮扶等；对无劳户保持兜底救助类政策保障，落实教育、医疗、住房等民生保障普惠性政策。协助水南镇适时组织开展巩固脱贫成果后评估工作，将巩固拓展脱贫攻坚成果纳入镇村党政领导班子和领导干部推进乡村振兴战略实绩考核范围，坚决守住不发生规模性返贫的底线。

到2025年，争取实现脱贫攻坚政策体系和工作机制同乡村振兴有效衔接，脱贫人口“两不愁三保障”成果有效巩固，防止返贫动态监测和帮扶机制健全完善并有效运转，确保不发生规模性返贫。

2. 帮扶举措

(1)健全防返贫动态监测和精准帮扶机制

按照肇庆市高要区《关于健全防止返贫动态监测和帮扶机制工作方案》要求，支持水南镇对脱贫不稳定户、边缘易致贫户，以及因病因灾因意外事故等导致基本生活出现严重困难的家庭开展常态化监测。重点监测其收入支出状况、“两不愁三保障”及饮水安全状况，发现返贫致贫风险及时预警并继续实施精准帮扶，确保不返贫。依托“广东防止返贫监测系统”，对监测对象进行定期线上监测、利用数据比对，分析研判监测帮扶对象，并及时与镇相关部门对接，督促其做好数据录入，更新到最新状态，做到早发现、早干预、早帮扶，继续精准施策。认真落实工作队联系帮扶、分级跟进工作机制。按照工作对人员进行分工安排，落实落细队员联系村、脱贫户、防返贫监测对象工作，按照不易返贫、易返贫、极易返贫三类情况，对脱贫户实行分类管理、分类施策，提高脱贫户自我发展能力。

(2)强化分类施策和社会帮扶

首先，按无劳动能力和有劳动能力、缺什么补什么原则开展分类帮扶。对因重大疾病致贫的无劳动力的监测对象，实行政策兜底，落实大病保险、医疗救助等政策。配合水南镇完善养老保障和儿童关爱服务，结合中秋、春节等传统节日，开展慰问走访，赠送米、油等生活物资，将党和政府关怀温暖送到困难群众身边。对有劳动能力的监测对象，主要实施产业带动、就业扶持、技能培训、金融帮扶，确保稳定增收。其次，发挥驻镇帮镇扶村工作队结对帮扶和广东扶贫济困日活动等制度优势，积极参与推进“千企兴千村”活动，动员社会力量积极参与，切实提高脱贫的稳定性和可持续性，对家庭经济困难群众，发动社会热心人士、团体捐资帮扶，继续资助家庭经济困难学生上学，帮助支持学生顺利完成学业，促进其健康成长。

(3)深入实施产业扶贫防返贫

首先，依托水南镇产业发展布局，扶持培育镇村特色产业新型经营主体，充分发挥农业龙头企业、农民专业合作社、家庭农场的辐射带动作用。大力发展农产品加工、乡村休闲旅游、农村电商等产业，巩固油茶种植、蜂蜜养殖等产业防返贫项目。其次，支持建立“龙头企业+合作社+基地+农民”的利益联结方式，多措并举扶持有劳动力的低收入户参与农产品加工、服务业，促进有劳动力和就业意愿的低收入人群实行转移就业。三是依托重点项目辐射带动，重点依托广东一丰农业发展有限公司扩大水南镇租地种植项目，发挥农业科技特派员优势，引进优质水稻、木薯等种植，增加农民和村集体经济收入，带领农民脱贫致富。

(4)加强扶贫项目资产管理

工作队加强与镇原扶贫办对接，摸清扶贫资产底数，理清扶贫资产归属，了解扶贫资产管理及运营情况。协助水南镇进一步规范扶贫资产管理，建立健全扶贫资产管理台账和制度体系。做到扶贫项目资产所有权和管护主体责任明确，防止扶贫资产闲置和浪费，确保扶贫资产得到规范运营和保护。做好扶贫产业项目后续帮扶，完善帮扶项目低收入群众参与机制，对就业困难的有劳人员通过公益岗位(生态护林员)进行托底安置，增加家庭收入。

(二)提升镇村公共基础设施水平

1. 帮扶目标

依托上级业务部门，健全城乡基础设施一体规划、分步建设、统一管护机制。立足水南现有基础设施条件，区分轻重缓急，协助镇政府完善农村交通运输体系及其配套设施，大力推进数字乡村建设，整治提升农村人居环境。力争到2025年，实现路、水、电、网等基础设施完善提档升级。

2. 帮扶举措

(1)大力支持农村人居环境整治提升

按照高要区《关于开展“万干万企帮万村 携手共建宜居(卫生)村”行动工作方案》等文件要求，坚持“补短板、强弱项、促提升”，以水南镇驻地和先行示范村为重点，集中财力、物力、人力支持水南镇继续推进农村人居环境整治提升行动。

一是支持梯次推进农村生活污水治理。以圩镇社区和中心村为重点梯次推进农村生活污水治理，基本消除大面积的农村黑臭水体。采用符合农村实际的污水处理模式和工艺，优先推广运行费用低、管护简便的治理技术，积极探索资源化利用方式。支持水南镇梯次推进剩余57个自然村污水处理设施建设，根据村庄规划和用地条件，建设一体化或人工湿地污水处理设施，雨污分流管道。力争2025年，自然村污水处理设施实现全覆盖。

二是支持推进农村生活垃圾治理。推进农村生活垃圾源头分类减量，完善“户收集、自分类、村集中、镇转运、区处理”的垃圾清运体系，健全农村再生资源回收利用网络。鼓励在有条件的地区推行垃圾就地分类和资源化利用，稳步解决“垃圾围村”问题。督促镇村开展非正规垃圾堆放点排查整治。到2025年，水南镇村庄保洁覆盖面和行政村垃圾处理率持续提升。

三是协助持续推进农村厕所革命。从农民实际需求出发推进农村改厕，引导新改户厕所入院入室。结合实际普及不同类型的卫生厕所，推进农村厕所革命与生活污水治理有机结合，鼓励联户、联村、村镇一体处理。加快建设乡村景区旅游厕所。鼓励探索推行政府定标准、农户自愿按标准改厕、政府验收合格后按规定补助到户的奖补模式。到2025年，实现全镇城乡公厕形象全面改观，共设置无害化公厕66个，旅游厕所10个。

四是支持“三清三拆三整治”行动。支持水南镇以自然村为单位开展“三线整治”工作、“四小园”建设，加快完善生活垃圾、污水收集处置和现代化交通网络，并严格落实家禽圈养，不断改善禄步各村庄(社区)的人居环境。到2022年底，完成所有自然村“三清三拆三整治”工作。

五是协助推动乡村风貌整体提升。协助推进圩镇社区街道建筑外立面整治提升工程，镇域主干道美化、亮化，辐射带动各村美化、绿化建设，集中连片打造一批具有岭南风韵的美丽乡村。建立健全农村人居环境建设和管护长效机制，全面建立村庄保洁制度，有条件的地区推广城乡环卫一体化第三方治理。力争到2025年，全镇全域农村人居环境整治完成率达100%，全镇所有村庄达到干净整洁村标准，80%以上村庄达到美丽宜居村标准，并推动西牛村创建特色精品村。

(2)协助完善农村交通运输体系

协助镇政府完成肇明高速公路征地、青苗补偿工作，争取提前施工建设。支持镇政府破解坳兰大桥建设施工面临的困境，同市、区交通部门加快推进“村内道路建设攻坚行动”，有力推动镇村公路拓宽改造升级和危桥改造，实现乡镇通三级及以上等级公路。大力支持自然村内巷道硬底化建设及配套路灯照明，实现村内道路100%硬底化。同时完善路灯、交通标志牌、交通广角镜等配套设施建设，保障农村公路行车安全顺畅，促进旅游与物流运输的发展。指导完善农村公路“乡村道乡镇管”的管理体制机制，全力提升农村公路养护能力。

(3)协助大力推进数字乡村建设

协助推进乡镇智慧化改造，以数字化手段推动乡镇政务服务效能提升，推动“互联网+政务服务”向乡村延伸覆盖。依托农商行，大力推动农村政务服务终端建设，镇村全覆盖

“粤智助”政务服务自助机，实现群众“办事不出村”。着眼解决实际问题，加强农民数字素养与技能培训。加强农村信息基础设施建设，会商有线电视、移动、联通、电信部门积极推进“三线”覆盖，加强基建站、转播塔建设，到 2025 年，实现通信信号无盲区。

(4) 支持推进乡村能源革命

加速补齐农村电网发展短板，制定政策措施确保农村电网改造升级投资资金落实，健全农村电网改造升级长效机制。会商南方电网与市、区供电局深入实施农村电网巩固提升工程。健全农村配电网及农业生产、加工配套供电设施，稳步提升农村供电能力可靠性、安全性，加快对配变容量不足、线径偏小问题的电网升级改造工程。推进农村光伏、生物质能等清洁能源建设，到 2025 年，实现乡村电网进一步提档升级，能源结构进一步优化。

(三) 提升镇域公共服务能力

1. 帮扶目标

践行城乡一体化和城乡融合发展理念。支持水南镇农村社区性服务机构建设，支持综治信访维稳等机构建设，有效提升乡镇政府服务“三农”的能力和水平。支持乡村便民服务中心规范化建设，完善综合便民服务功能。支持乡镇农业站、农业服务中心建设，利用市直机关和地方院校资源，扶持农业科技人才队伍建设，加大农业科技经费投入，提升科技服务乡村能力。完善乡镇机构职能，增强在发展现代农业、乡村旅游业、生态保护和环境治理等方面的服务能力。

到 2025 年，镇级公共服务职能进一步提升，推进乡镇基本公共服务延伸到村。帮助完善 9 个行政村的党群服务中心改造升级，重点帮助江背坑村完成党群服务中心搬迁改造。镇村两级干部的服务能力得到进一步提升，两级政府的公共服务职能充分行使，帮助完善乡镇基本公共服务清单，推进公共服务规范化、标准化、信息化，帮助水南打造镇村“一门式办理”“一站式服务”公共服务平台。

2. 帮扶举措

按照高要区全面推动镇(街道)机构优化“四大中心”(党群服务中心、建设发展中心、社会事务中心、依法治理中心)的会议部署，推动部分行政村党群服务中心改造；支持水南建设好政务服务平台和公共资源产权交易平台，延伸市、区简政放权和一网通办公功能。逐步把水南建设成为服务农民的行政中心，帮助提升水南公共服务硬件能力。同时统筹优化配置教育、医疗、文化等公共资源，改善办学条件、医疗条件等，提升镇村两级干部服务能力和镇村两级政府的服务效能，建立多元化的公共服务供给体系来提升水南公共服务软能力。

(1)帮助完善镇村两级政务服务平台建设

遵循“党员群众同心、共治共建家园”的理念，奋力推进水南党群服务中心升级改造，全力打造政治功能和服务功能双提升的升级版本。围绕实体化、功能化、标准化、规范化、信息化要求规范设置“一厅五室”，其中包括办事大厅、党群共建室、便民活动室、“两委”干部办公室、班子会议室及党群会议室。始终坚持“办公场所最小化、服务群众最大化”的原则，重点改造群众办事不方便，办公硬件落后的村党群服务中心，分步实施，进一步强化基层党建阵地建设，提升党建促乡村振兴水平，助力组织振兴。

(2)帮助提升镇村干部的服务能力

帮助提升水南干部素质，解决乡镇干部服务能力不足问题，增强乡镇政府服务能力建设。首先在创新机制上，帮助基层政府健全干部互派挂职和任职锻炼制度，形成人才引得进、留得住、用得好的良性机制，提升干部工作活力与积极性。其次在能力提升上，努力创造机会，大力培养镇村两级干部的职业道德、责任意识、敬业精神、业务能力和服务本领，坚持纪律底线，强化规矩意识，搭建群众服务平台，提高党员干部服务质量，努力塑造良好的政府形象。

(3)帮助转变乡镇政府公共服务职能

加快乡镇政府职能转变步伐，着力强化公共服务职能，尽力提供基本公共服务。具体来说，帮助政府做好基本公共教育服务，巩固提高义务教育质量和水平，改善水南的乡村教学环境，落实困难学生教育帮扶等。帮助落实乡村无业人员的劳动就业服务工作，切实增加无业农民收入，协助政府推动农村实用人才队伍建设，加强职业技能培训和就业指导以及创业扶持等。协助镇村政府做好基本社会服务，落实社会救助和福利制度及优抚安置政策，维护特殊人群和困难群体权益等。协助做好基本医疗卫生服务，努力改善乡村基本医疗条件，解决村民看病难等问题。帮助做好公共文化体育服务和其他服务，特别是在环境卫生、环境保护、生态建设、食品安全、社会治安等方面为镇村两级政府提供指导和建议。

(4)帮助镇村完善公共服务多元化供给体系

首先是着力帮助完善科学有效的群众权益保障机制，健全公共服务需求表达渠道。充分发挥互联网网站、微博、微信、移动客户端等新媒体作用，利用大数据、云计算等先进理念、技术和资源，及时了解群众需求，动态掌握实施效果。帮扶工作队联系服务群众常态化，对群众关心和涉及群众切身利益的重要事项进行收集，并建立台账。其次是将多元化的供给主体和农民自我供给模式作为重要的补充形式，鼓励民间参与提供公共服务，建立以政府供给为主、其他主体共同参与的多元化公共服务供给体系和供给机制，在政府与社会的互动合作中实现基层政府公共服务能力的提升。

(四)提升乡村产业发展水平

1. 帮扶目标

大力推进水南乡村产业融合发展。支持水南镇拓展农业多种功能、挖掘乡村多元价值，着眼农业强镇、服务业兴镇，高位谋划乡村振兴连片发展。坚持以增加农民收入作为水南产业振兴的核心，把壮大村集体经济水平作为产业振兴的抓手；深度挖掘山、水、林、田独特资源优势，重点发展农产品加工、乡村休闲旅游、农村电商等产业项目。把创建乡村振兴示范点和促进水南经济高质量发展作为目标，帮助水南实现产业振兴。

到2025年，优势传统产业实现规模化、标准化和品牌化发展。农文旅资源得到有效整合，有力有序推进西牛村旅游示范带建设。推进镇村绿色发展，打造5~6个国家森林乡村。水南农村消费实现扩容提质升级，激发和释放农村居民消费潜力，物流渠道进一步畅通，建成市、区、镇、村级采集配送中心。农民和村集体经济收入得到进一步提升，70%以上行政村集体经济年经营性收入达到10万元以上。

2. 帮扶举措

围绕上述产业帮扶目标，通过支持特色产业、农旅产业、绿色循环产业和农村电商“四大抓手”的发展，促进水南产业优势升级、融合发展和绿色发展。确保群众增收，村集体经济得到进一步壮大，帮助提升水南乡村产业发展水平，实现水南乡村产业经济高质量发展。

(1)实施传统特色产业提升计划

支持水南传统特色产业实施“增总量、提质量、塑品牌”计划，力争在帮扶期间帮助水南实现农业特色优势产业总量提高、质量更好、区域品牌知名度更高。

一是支持水南优势传统产业规模化发展。支持镇村提升蜂蜜、油茶、肉桂等传统优势产品。通过优化特色产业空间布局，强化产业基地建设，推进现代农业产业园和农业产业强镇建设，培育优势特色产业集群等一系列举措，深入推进“一镇一业、一村一品”建设，促进特色优势产业的规模化和多元化发展。对照镇的重点发展产业项目，强化对数字农业蔬菜种植项目、中蜂合作社养殖基地、水南肉桂基地、水南油茶和特色水果等几个重要基地的培优，帮扶工作队主动与地方科研院校、行业领军企业合作，积极引进培育农业龙头企业、农民专业合作社、家庭农场等新型经营主体，推动重点村发展乡村作坊或家庭农场，建立完善吸纳农户、村委会积极参与乡村产业发展的利益联结机制，有效落实农村改革政策，通过土地流转、折旧复垦、土地租赁等方式，大力支持广东一丰农业发展有限公司扩大水南镇租地种植项目发展。

二是支持水南优势传统产业标准化发展。帮助水南传统优势产业推广绿色生产模式，推进食用农产品承诺达标合格证制度，完善全产业链质量安全追溯体系。帮助水南传统优势产业推广产学研合作，推动良种育繁一体化进程，开展农业品种培优和提质工程，提升传统产业效率。帮助水南传统优势产业开展标准化生产体系构建，开展延链工程，通过对初级产品进行深加工，提升产品附加值。帮助水南传统产业创新标准化模式，构建“公司+农户+标准化”“合作社+农户+标准化”等新型标准化模式，以标准化手段规范农业生产、加工和流通全过程，全面提升优势产业的质量安全水平和市场竞争力。

三是支持水南优势传统产业品牌化发展。按照“打生态牌、走精品路、实施产业化经营”的发展思路，帮助水南把传统优势产业做成强势产业和生态品牌产业，培育成为区域特色品牌和公用品牌，争创 1 个国家级“一镇一业、一村一品”品牌和“全国名特优新农产品”品牌。通过旅游展示平台、电视、互联网+，新媒体等传播媒介，加强与肇庆市青年网商协会的合作，加大水南传统优势产业品牌的宣传力度，积极帮助水南农产品参加各种展销会，提升水南特色优势农产品的美誉度和公信力。

(2)实施乡村休闲旅游提升计划

充分挖掘和开发水南丰富的人文和自然旅游资源，重点整合红色革命资源和古树群落资源，推动水南实施农旅融合发展。通过发挥乡村旅游的辐射带动作用，增强水南产业经济活力，带动水南优势传统产业的进一步发展。

一是协助提升旅游基础设施建设水平。指导镇村两级政府谋划项目，做好乡村旅游基础设施项目的前期工作，争取得到省、市和区级资金支持。统筹规划，整合资金，解决重点景区、乡村旅游景点的道路建设，优先推进重点村道升级改造，提高旅游景区道路等级标准，推进城乡客运服务一体化，实现城乡交通有机融合。巩固提升农村饮水安全，解决部分乡村、旅游景点缺水、断水和水质差的问题。结合农村人居环境综合整治和美丽乡村建设，重点解决好旅游区的农村垃圾处理、污水治理，打造村庄绿化、美化、亮化。加强乡村旅游特色村的道路、电力、饮水、标识标志、信息网络等基础设施和公共服务设施建设。

二是协助推动乡村旅游示范带建设。强化建制镇中心区和西牛村旅游示范带建设。重点支持镇区发展一河两岸房车营地项目、花果山革命烈士纪念碑项目、西牛村亲水漂流项目和罗独民宿项目。推动顺德乐从供销集团与水南镇战略合作，有力有序推进高标准、高质量的西牛村旅游示范带建设，帮助解决项目推进过程中的土地流转、政策扶持等问题，确保项目的落地实施，带动旅游及周边产业发展，助理乡村振兴。

三是支持农旅融合发展。依托特色产业资源，整合包装本土特色农产品，打造“水南+”手信品牌。开发休闲旅游、特色民宿、户外运动、生态养生等休闲农业和乡村旅游产品，引导特色优势产业与全域旅游深度融合发展，打造一批乡村旅游休闲基地和养生基地。支持农民直接经营或参与经营乡村民宿、农家乐特色村(点)发展。重点支持现有中蜂养殖基地，打造中蜂科普基地和奇异瓜果园，推动飞天马瀑布和双波客家屋等项目建设。将符合要求的乡村休闲旅游项目纳入科普基地和中小学学农劳动实践基地范围，发展特色小城镇。

(3)实施镇村绿色发展行动

为贯彻落实新发展理念，增强水南可持续发展能力，提高发展质量效益和竞争力。围绕水南资源优势，大力支持水南发展绿色经济和循环经济，把水南的绿水青山变成金山银山。

一是支持全镇全域建设美丽宜居乡村。落实市、区生态保护补助奖励政策，加强农业面污染源综合治理，深入推进农业投入品减量化。大力推动实施农村生活污水治理工程，加强畜禽粪污资源化利用，支持秸秆综合利用。强化水生生物养护，规范增殖放流，利用丰富的优质水资源，发展流水生态养殖项目，打造水南优质鱼品牌。充分发挥生态和能源优势，利用辖区水资源丰富、海拔落差大的天然条件，配合中广核抽水蓄能项目的现场勘察和选址论证，结合科普基地、研学文化等配套项目进行整体谋划。以优化能源结构，探索高质量发展，打造生态经济产业示范镇。

二是支持水南打造国家森林乡村。在省级森林小镇的基础上，继续推进镇村绿色发展，开展水系连通及水美乡村建设，创建市、区农业绿色发展先行区，着力将条件成熟的行政村打造成为国家森林乡村。践行绿水青山就是金山银山的理念，会同科技、农业等部门研发应用减碳增汇型农业技术，探索建立碳汇产品价值实现机制。协助水南镇建成100亩新桐用材林示范基地，大力推进1500亩示范林种植项目。积极发展林下经济，拓展林下空间，规模化养殖走地鸡，逐步实现水南走地鸡品牌化销售，增强村集体发展经济和农民增收致富的信心。

(4)促进农村消费扩容提质升级。农村居民消费水平相对较低，与城镇居民相比还有较大提升空间。从消费增长态势看，农村居民消费增长更快，结构升级趋势也更为明显，与城镇居民消费结构有逐步趋同特征；从消费条件和影响因素看，农村消费还面临一些短板制约，消费潜力有待进一步释放。要进一步激发农村市场活力，推动农村消费梯次升级。

一是支持水南农村物流快递网点布局。加强线上线下融合发展，建立健全区、镇、村三级服务网络，增设更多农村消费服务网点。实施“快递进村”工程，鼓励发展“多站合一”的乡镇客货邮综合服务站、“一点多能”的村级寄递物流综合服务点，推进县乡村物流共同配送，促进农村客货邮融合发展。

二是实施“数商兴农”工程。推进电子商务进乡村。促进农副产品直播带货规范健康发展。依托全国农产品销售平台、电商、网络直播、抖音等渠道，加大消费扶贫力度，促进原生态、原产地绿色环保农产品销售，促进农民增收致富。加快实施“互联网+”农产品出村进城工程，推动建立长期稳定的产销对接关系。支持供销合作社开展县域流通服务网络提升行动，建设市、区、镇、村级采集配送中心。

三是补齐农村消费短板弱项。激发和释放农村居民消费潜力，让农村居民便于消费、乐于消费。鼓励大型商贸企业在乡镇布局，加快发展生命力强的连锁经营，促进传统农村零售业态转型升级，为农村居民提供更丰富、更优质、更有保障的消费服务。优化消费环境，规范市场秩序，依法打击假冒伪劣、虚假宣传、价格欺诈等违法行为，完善多元化消费维权机制和纠纷解决机制，维护农村居民消费权益，最大限度释放农村消费潜力。

(五)提升抓党建促乡村振兴水平

1. 帮扶目标

乡村治理是国家治理体系的重要组成部分，治理有效是乡村振兴的重要保障，强化基层党组织在乡村治理中的领导作用，方能夯实乡村振兴之基。到 2025 年底，建设完成农村智慧党建信息服务平台，实现党建教育和学习活动全程纪实管理，保证监督考核的刚性约束。开展“优秀党员大讲堂”，充分发挥“领头雁”领学帮带、先锋模范作用，聘请专家学者开展“直播互动授课”，形成“线下参观体验、线上实时互动”的学用培训新格局。加强党群服务中心建设，推进每村党群服务中心升级改造，推进西牛村、对口村等党建示范基地建设。根据建设目标构建出水南镇党建项目一览表(表 14. 1)。

2. 帮扶举措

一是聚焦“党建引领提升基层治理效能”主题，加强结对帮扶单位与镇(村)党组织共建联建，发挥驻村第一书记和工作队抓党建促乡村振兴作用，协调组织党员志愿服务活动、主题党日活动、党的创新理论宣讲活动等，指导农村党员干部成立乡村振兴先锋队、示范岗，带头参与支持美丽宜居村建设，增强党员示范表率作用。二是督导加强农村基层干部队伍建设，推动“人才下乡、干部返乡、能人回乡”，协助党组织书记队伍“选、育、用、管”等工作。强化党的创新理论武装，统筹拖进党史学习教育和四史宣传教育走深走实，通过开展农村基层干部乡村振兴主题培训、参观学习、领导传帮带等方式，进一步提升干部能力素质，按照发展实际需要，选优配强农村党组织书记。三是推进村委会规范化建设，进一步加强基层党建阵地，提升抓党建促乡村振兴水平，充分运用现代科学信息技术，进一步规范基层党组织运行，提升基层党组织运行实效。更好联系服务群众，增强村党组织凝聚力、号召力。四是推广村级组织依法自治事项、依法协助政府工作事项等清单制，注重整顿软弱涣散基层党组织，扎实开展“三分类三升级”整顿提升工作，推动后进党支部提升转化。规范村级组织机构牌子和证明事项，推行村级基础信息统计“一张表”制度，减轻村级组织负担。

表 14.1　水南镇党建项目一览表

序号	项目名称	项目内容	完成时间（年）	责任单位
1	农村智慧党建信息服务平台	运用“大数据”思维打造水南“智慧党建”平台，围绕基本制度、队伍、阵地、活动、保障五个方面设置功能模块，通过量化党建日常工作、引入可视化设备，实现党建教育和学习活动全过程纪实管理，保证监督考核的刚性约束。开展“优秀党员大讲堂”充分发挥“领头雁”领学帮带、先锋模范作用；聘请专家学者开展“直播互动授课”，形成“线下参观体验、线上实时互动”的学用培训新格局。	2025	西牛村
2	党群服务中心升级	推进各村党群服务中心升级改造。	2025	各村
3	党建示范点建设	推进西牛村、对口村等党建师范基地建设。	2025	西牛村 对口村

五、重点项目

（一）产业帮扶项目

产业兴旺是实施乡村振兴的重要基础，是带动农民致富的重要引擎，而产业项目则是产业发展落地生根的重要抓手。为激活水南产业经济，帮助农民实现增收，结合水南原有产业和人文、自然资源现状，支持水南做大做强现有传统优势产业，壮大村集体经济；支持水南开发农旅融合项目，利用旅游业的辐射力，带动周边产业发展；支持水南发展绿色循环经济，帮助水南把绿水青山变成金山银山，把美丽乡村转变为美丽经济。

1. 提质增效，壮大传统优势产业

紧密围绕蔬菜、油茶、肉桂、富贵李、意大利凤梨等水南特色优势传统资源，通过科技特派员制度，帮助这些产业改良品种，提升产业效能。通过专业化和集约化升级，推动产业深加工，提升农业产业附加值。通过建立标准化生产体系和提升品牌效应，实现“增量、提质、增效”。

2. 延链融合，开发农旅融合产业

大力扶持水南发展新产业、新业态，实现农业产业“接二连三”全产业链融合发展同步升级、同步增值、同步收益。通过整合红色资源和自然资源，引入企业开发乡村旅游项目，带动周边产业发展，重点支持中蜂田园综合体项目、一河两岸房车营地项目、西牛村旅游带等重点项目的落地实施。

3. 低碳持续，发展绿色循环产业

坚持新发展理念。会同科技、农业等部门研发应用减碳增汇型农业技术，探索建立碳汇产品价值实现机制。协助水南镇建成100亩新桐用材林示范基地，大力推进1500亩示范林种植项目。积极发展林下经济，拓展林下空间，规模化养殖走地鸡，逐步实现水南走地鸡品牌销售，增强村集体发展经济和农民增收致富的信心。强化水生生物养护，规范增殖放流，利用丰富的优质水资源，支持发展流水生态养殖项目，打造水南优质鱼品牌。充分发挥生态和能源优势，利用辖区水资源丰富、海拔落差大的天然条件，配合建设中广核抽水蓄能项目。

(二)文化帮扶项目

文化是一个国家、一个民族的灵魂。乡村振兴离不开文化振兴，只有不断丰富乡村文化内涵，让乡土文化温润乡村民众，才能让乡村更美丽、村民生活更美好，实现乡村振兴永续发展。水南镇要以传承发展红色文化和客家文化为核心，以乡村公共文化服务体系建设为载体，不断提高乡村社会文明程度，塑造乡风文明新气象，打造现代乡村文化体系。

1. 实施文化惠民，加强设施建设

充分发挥水南镇公共文化机构辐射作用，加快推进村级综合性文化服务中心建设，促进优质公共文化资源向乡村延伸，打通公共文化服务“最后一公里”。完善农村广播电视、农家书屋、新媒体等公共服务覆盖体系，加强农民文化基础设施建设，兴建(改建)农村文化广场，组建农村舞龙队，增加农村健身服务设施覆盖率，为丰富村民休闲娱乐方式提供更多的选择空间。

2. 弘扬红色文化，赋能乡村振兴

大力挖掘水南镇特色红色文化，尤其是革命老区、革命烈士纪念碑以及东江纵队绥贺支队驻地旧址等红色文化资源。加强红色文化资源整理保护，搜集整理红色文件、报刊、书籍，征集散落在民间的各类家书、图片、档案等红色原始素材，保护利用革命旧址，深挖独具特色的红色资源，讲好水南红色故事。开展红色教育主题实践活动，丰富拓展红色文化产品，积极打造“红色+休闲康养”“红色+生态”“红色+美丽乡村”“红色+非物质文化遗产传承”等特色化建设和发展模式，让青山绿水、红色印记、多彩文化相得益彰、相映生辉，满足多样化的乡村旅游市场需求，形成新时代具有示范意义的乡村红色文化产业链。

3. 挖掘客家文化，传播乡村民俗

水南镇客家人口占全镇人口的90%以上，蕴含丰富多样的客家民俗文化，如客家语言、客家屋、客家山歌等。在实施帮扶计划过程中，要对传统客家风格民居进行保护性开发，最大限度地保留乡村本土建筑风貌，发展具有客家特色的文化产品和服务，创建一条独具客家风情的农旅融合发展之路。积极开发麒麟舞、客家凉帽、龙岗舞龙、龙岗皆歌、永湖皆歌、盐田山歌等民间艺术、民俗表演项目，促进文化资源与现代消费需求有效对接。帮扶建设水南客家文化博物馆，从客家的故事、山歌、民谣中提取旅游要素。通过现代新媒体技术，活化并传播乡村文化正能量，培养新一代农民积极向上的精神风貌。

(三)人才帮扶项目

乡村要振兴，人才是关键。没有人才支撑，乡村振兴只能是一句空话。工作队帮扶工作要始终坚持“外引+内培”相结合的原则，打造水南人才后备军。

1. 实施人才返乡计划

吸引外来人才来水南发展和创业，建立完善的激励机制，利用结对帮扶单位与水南镇(村)建立互派干部挂职、任职锻炼机制。帮扶单位分批组织干部到基层历练，挂任镇委副书记、驻村第一书记，优先选调水南镇干部进市、区直属单位工作，落实村“两委”负责人报考基层公务员优先政策，激励干部投身一线干事创业。依托科技特派员制度，积极对接

水南产业相关的科技专家提供产业相关技术指导和建设指导。以“新乡贤·新家园”计划为主线，搭建水南乡贤返乡投资创业平台，参与水南乡村振兴。

2. 着力打造水南乡镇人才服务中枢

依托水南镇人才驿站平台，在中心村、特色产业村和偏远山区村设立村级人才驿站。对接各村产业和实际生产管理需要，积极创造条件，为水南乡土人才解决工作、学习和生活上的困难，为水南乡村振兴提供有力的人才支撑。建立常驻乡镇人才驿站专家库、外出乡贤数据库、志愿者工作队数据库等，引导高端人才进村服务，实现本土人才技能提升，凝聚外出乡贤反哺家乡，解决水南乡村振兴过程中人才匮乏的难题。

(四)设施帮扶项目

1. 农村人居环境整治提升工程

重点推进农村生活污水治理攻坚行动、“三清三拆三线”整治工程。突出抓好农房管控、乡村风貌提升、“四小园”建设、家禽圈养、垃圾收集运转、镇域主干道美化亮化，巩固提升农村人居环境整治效果。督导建立健全村庄长效管护(保洁)机制，着力推动美丽乡村建设，因地制宜打造特色街区。

2. 自然村内巷道硬底化项目

成立街巷硬化工程领导小组，定期对建设程序、工程质量、施工安全等工作进行督导检查大力支持推进村内巷道、部分林道实施硬底化建设。配置照明路灯、必要的交通标志、路面缓冲带等设施，消除村民出行安全隐患，基本解决村内道路泥泞、村民出行不便等问题，改善村民出行环境。

3. 数字乡村建设项目

推动“互联网+政务服务”向乡村延伸覆盖，依托农商行，大力推动农村政务服务终端建设。加强农村信息基础设施建设，会商有线电视、移动、联通、电信部门积极推进“三线”整治，加强基建站、转播塔建设，确保通信信号无盲区，实现农业教育、科研和推广“三位一体”，以数字化助推农业农村现代化。

4. 污水处理设施建设项目

支持水南镇邀请专业污水处理人才根据水南特点和实际选用成熟可靠污水处理技术，

推动57个自然村污水处理设施建设，建设一体化或人工湿地污水处理设施；推动污水再生后用以农田灌溉、池塘养鱼、景观用水等。力争2025年，自然村污水处理设施实现全覆盖。

（五）科技帮扶项目

1. 科技服务项目

按照精准施策的要求，帮扶工作队指导水南镇结合稻米、南药、生态旅游等产业布局，组织一支技协小分队，选派农业、旅游业、养殖业、种植业等方面科技人员，赴有关村开展技术交流和技术协作。根据专业合作社和贫困户实际需求，选派相应的示范户引领发展、专业技术干部到户指导，实现对等服务、专项服务。技协小分队全程无缝跟踪服务贫困户和合作社发展产业，每月到包村组开展集中服务不少于2次，对结对帮扶的贫困户实行定期走访。

2. 职业农民科技培训项目

帮扶工作队充分利用自身优势及科技特派员制度，协助地方政府，积极推动农民科技培训项目。培训从事农业生产经营的专业农民，农机手、沼气工等农村社会化服务人员，农业产业化龙头企业用工人员，基层农技推广人员等。主要培训农业生产经营关键技术及相关知识，包括农作物合理密植、科学播种、轻简栽培、测土配方施肥、农业机械化生产、病虫害综合防治，畜禽标准化规模养殖、水产生态健康养殖等技术。采取专家讲座、开办培训班、面对面传授理论技术与现场指导，手把手传授实践与经验相结合的办法对农民进行培训。

（六）民生帮扶项目

1. 重点巩固脱贫攻坚成果

通过“扶、带、帮、引、提”五种方式，开展不同程度、不同方式的科学帮扶。加强对贫困户慰问工作，积极开展产业扶贫工作，支持其开展特色种植和养殖工作。开展助学扶贫工作，对防返贫监测户上学问题给予积极支持和帮助，减轻因学致贫压力。协助地方政府进行乡村基础设施建设。推动部门乡村的环村公路建设，开展道路硬化、美化、亮化工程，推动乡村停车场建设。积极参与“三清三拆三整治”工作，支持重点村设施建设。

2. 协助促进农民就业创业

促进农民工就业创业，事关农民增收致富和就业大局稳定。通过落实各类农民工稳岗就业政策，拓宽就业渠道，开展技能培训，促进就近就业择业等措施，解决农民工就业问题。

一是帮助落实各类农民工稳岗就业政策。支持发展特色种植养殖业、农林产品加工、物流、乡村休闲旅游等产业，通过产业带动就业。通过设置防返贫公益岗位，增加就业机会。促进农民就地就近就业创业，提高家庭经济收入。二是协助提升农民就业创业服务能力。支持水南镇成立劳务公司，鼓励发展共享用工、多渠道灵活就业，规范发展新就业形态，培育发展家政服务、物流配送、养老托育等生活性服务业。依托地方院校和市、区人社部门，以科技特派员为骨干，开展适合农民工就业的技能培训和新职业新业态培训，培育一批农村创业致富带头人。三是强化平等就业服务和权益保障。畅通就业求助渠道，建立健全动态更新的岗位储备机制，失业农民工可在户籍地、常住地、就业地、参保地进行失业登记。合理引导灵活就业农民工按规定参加职工基本医疗保险和城镇职工基本养老保险。

(七)招商帮扶项目

产业兴则乡村兴，招商引资无疑是推动乡村振兴产业发展的战略重点和重要引擎。帮扶队紧紧围绕水南全镇主导产业布局，结合乡村资源和地理优势，积极谋划乡村产业招商，以产业发展助推乡村振兴。

一是梳理资源信息，盘活沉睡资源，着力打造水南乡村旅游项目。计划引入广东百强民营企业——乐从供销集团投资有限公司，来开发水南乡村旅游项目。乐从供销集团在肇庆市高要区已投资超过十五年，该公司有着丰富的乡村旅游开发经验和强大的投资实力，着力在水南发展“农业+旅游”产业模式，整合水南生态、人文等旅游资源，打造水南特色景区。二是扩大“朋友圈”，引来“金凤凰”，着力发展乡村农业产业项目。充分利用帮扶单位资源，积极引入台商、港商等资源来水南投资农业产业项目。

六、保障措施

(一)组织保障

一是压实帮镇扶村责任。成立由牵头单位主要领导任组长，成员单位领导和水南镇主要领导任成员的领导小组，牵头单位发挥牵头抓总、统筹协调作用，成员单位积极参与，密切协同，整体推进驻镇帮镇扶村工作，做到牵头单位不大包大揽，成员单位不当甩手掌柜。二是建立健全联席会议、工作推进会、调研座谈会等工作制度，各单位主要负责同志每半年到水南镇调研乡村振兴工作，协调推动各项重点工作任务落实。牵头单位分管负责同志每季度组织成员单位召开一次工作联席会议，共同研究推进帮扶工作。

(二)资金保障

一是优先保障财政补助资金的投入，倾斜支持重点帮扶县，压实各县区投入责任。二是拓宽财政支持乡村振兴资源筹措渠道，加强各领域专项资金的统筹力度，用于支持农业农村的发展。三是引导撬动金融资本，落实各级政策银行农业保险保费补贴和担保费补贴，为小微企业、合作社等涉农主体解决融资难、融资贵问题。四是严抓资金使用监管，加强项目资金监管，多次派出工作组到各县(区)实地调研衔接资金等涉农资金使用管理和项目储备情况，抓好支农资金执行监控，督促各县(区)切实加强库款调度和保障力度。

(三)人员保障

一是吸引本土人才回流。鼓励和引导复转军人、大学生村官、务工返乡人员和回乡知识青年到家乡创业兴业，激活本土人才主战场、主阵地的内生动力。二是加大本土人才培养。依据本土特色产业搭建农业、文化旅游业和大学生创新创业平台，建设专业技术和乡土人才队伍，并根据人才特点建立“水南镇”人才储备智库(如土专家、田秀才等)。三是留住引进人才。为引进来的人才提供精准服务，确保优惠政策落地，要建立用才、育才、惜才的长效机制，不仅仅要靠感情留人，还要制度留人。

(四)监督考核

一是属地乡镇党委和政府承担巩固拓展脱贫攻坚成果，全面推进乡村振兴主体责任，各帮扶单位及驻镇帮扶工作队承担帮扶责任。二是根据工作进度的安排，驻镇帮扶工作队要分步骤、分阶段地开展检查和督查，跟踪驻镇帮扶五年工作规划的落实推进情况。三是建立规划实施上报制度，各镇以及牵头帮扶单位要定期向区委、区管委和市对口支援工作领导小组汇报驻镇帮扶，推动乡村振兴工作情况。四是开展规划实施评估，对各帮扶单位驻镇帮扶成效纳入实施乡村振兴战略实绩考核的范围，考核结果作为干部选拔任用、评先奖优、问责追责的重要参考。五是健全日常监督与年度评估相结合的综合评价机制。对在推动乡村振兴工作中作出显著成绩的单位和个人，按照有关规定给予表扬、表彰，充分发挥考核评价“指挥棒”作用。

(五)宣传引导

一是充分利用板报、标语、发放宣传材料等多种宣传形式，组织镇、村干部进村入户进行宣传发动。二是按照“示范带动，典型引路”的思路，邀请种养殖示范户，通过算账对比、现身说教等方法，为广大农户讲解种养殖前景和经济效益。三是组织群众到周边农业产业化发展成熟的地区参观学习，引导群众生产观念转变。四是开展乡村特色产品和能工巧匠遴选推介工作，通过编发名录，展会宣传，视频宣传等方式，打造一批“独一份”“特别特”“好中优”的乡村产业“金字招牌”，推动乡镇特色产业高质量发展。

第十五章　肇庆市高要区农民合作社建设规划案例

内容提要：作为新型农业经营主体之一，农民合作社在乡村振兴中具有整合社会资源、优化要素配置、推动规模经营、促进农业现代化发展的作用。本章以肇庆市高要区农民专业合作社“十四五”建设规划为案例，系统归纳全区农民专业合作社发展的基础条件及发展环境，科学谋划2021—2025年期间全区农民专业合作社发展的思路、目标、任务，针对性地提出七大发展举措，即优化空间布局、强化产业协同、强化规范管理、聚焦结构优化、鼓励融合发展、支持区域联动以及推动制度创新；确定四大发展保障，即强化组织领导、统筹政策支持、夯实人才基础以及严格考核评估；以期构建体系健全、运营规范、结构合理、特色突出的农民专业合作社体系，提升全区农民专业合作社发展水平，也为全国其他地区农民专业合作社的高质量发展提供参考借鉴。

一、基础条件

（一）农民专业合作社发展势头良好

“十三五”期间，肇庆市高要区积极发展各类农民专业合作社598家，国家级示范社13家，省级示范社29家，市级示范社42家，分类包括种植业228家、林业9家、畜牧业139家、水产业122家、服务业100家，成员共26238人，带动农户8396户，带动产业年总产值5.87亿元。

（二）农业主导产业得到多样化发展

高要区农民专业合作社通过开展技术服务，组织对外销售等，充分调动社员发展的积极性，促进了各类种养基地规模的发展壮大，如河台镇董福行巴戟天种植及技术推广专业合作社制定了详细的生产规程，拉动了整个高要区巴戟天向规模化、标准化方向生产；活道镇益发禽畜养殖专业合作社以“公司+农户”的养殖模式，从种苗、防疫、技术、饲料和收购等，为社员提供一条龙服务并统收社员产品，大力推动了活道镇养殖产业发展。

(三)合作社经济效益实现稳步提升

“十三五”期间，高要区农民专业合作社得到快速发展，生产技术逐步提升，加快了人力、财力、物力优势向产品优势转化，资源优势向经济优势转化，并将各产业推向规模化、标准化、专业化、市场化发展，农产品价值得以提升，农民增产增收明显。如汇绿种植专业合作社年亩产火龙果 6000 斤以上，亩产值超 2 万元；中蜂蜂业专业合作社蜂蜜每公斤售价 160 元，将产品价值提升 30%，实施标准化生产和品牌化经营。

(四)农业社会化服务能力不断加强

高要区共有 18 个农民专业合作社开展农业社会化服务，服务对象数量达 6328 个，该区通过加强对农民专业合作社指导，促使合作社按标准化、无公害发展方向生产，加强专业技术、技能培训，有助于提高合作社发展意识和社员技术水平，增强合作社社员的安全生产认识，举办了农民专业合作社培训班，拓宽了合作社成员的合作社发展思路和视野。

(五)农产品品牌建设步伐加快发展

高要区农民专业合作社已有自主注册商标 11 个，取得无公害农产品产地认证 38 个，有机认证 1 个，无公害农产品认证 57 个，绿色食品 1 个，省级名牌产品认证 2 个。通过对特色农产品的大力扶持与培育，该区域新一批带动力强、产业链长的特色农产品涌现，如高要区新桥镇初记水产养殖专业合作社与省级农业龙头企业振业水产有限公司合作，罗非鱼片产品远销欧美，年产值超 2 亿元；河台镇董福行巴戟天种植及技术推广专业合作社与省级农业龙头企业董福行农业高新科技种植管理有限公司合作，产品销往北京同仁堂、无限极、大榕树等国内知名企业，年产值超亿。

(六)创建服务中心提供专业化管理

“十三五”期间，高要区成立了 1 个合作社服务中心，其以超联种植农民专业合作社联合社为承接机构，服务范围已覆盖全区，为区内农民专业合作社提供业务咨询、指导、业务办理等服务；建立了 22 名合作社辅导员队伍，通过项目委托方式，以服务中心为承接主体，组织高要区合作社辅导员开展上村入户宣传和辅导工作，两年时间内对全区 324 条村(居)、1516 个自然村(村民小组)开展政策宣传活动，上门辅导合作社、规模种养户共 100 家以上规范化建设，促进了农民专业合作社的规范发展。此外，全区内 17 个镇(街道)共有 95 名工作人员负责协调指导合作社建设发展工作，引导合作社向规范化、规模化方向发展。

(七)加强制度建设提升规范化水平

为支持全区80%以上的示范合作社进行规范化建设，高要区针对合作社制度、牌匾等参差不齐的情况，对全区36家市级以上示范社进行了美化升级。为36家示范社印制了统一样式的社务、财务等上墙制度、合作社名称牌匾、合作社简介和产品宣传栏。通过记账奖补方式，引导合作社加强财务管理，促进农民专业合作社健康发展，委托合作社服务中心对县级以上示范社进行统一财务软件和代理记账服务，服务时间为2年。参与代理记账服务的合作社可以减免5000元/年费用，超出部分由各收益主体承担，截至2021年底已有50多家合作社申请加入代理记账服务，大大提高了合作社管理者的财务意识。

(八)谋划新发展思路助力乡村振兴

为助力完成乡村振兴合作社培育硬任务，结合全区农业农村工作发展实际，对接上位规划，高要区深入分析区内农民专业合作社发展基础与面临的形势，科学谋划"十四五"期间全区农民专业合作社发展思路、发展目标、发展任务以及具体举措，委托肇庆学院专家团队为高要区合作社高质量发展进行科学规划，并对合作社高质量发展整区推进工作开展绩效评估。结合全区合作社高质量发展整区推进工作，高要区农村农业局通过统筹资金，鼓励农民专业合作社的发展，对2020年新成立的合作社一次性奖励5000元，用于支持新办合作社制度规范化建设，截至2021年底有100家新成立的合作社获得该项奖励。

二、发展环境

(一)存在的问题

1. 合作社人员素质整体水平偏低

高要区农民专业合作社人员的整体素质较低，大多数农民专业合作社缺乏技术带头人，适应市场经济的能力不强，对农民专业合作社进行科学管理的知识体系较弱，制约了合作社有效发展。此外，农民专业合作社的扶持资金申请手续繁琐，且存在拨付滞后的困境。

2. 农产品的推广与品牌建设滞后

一是肇庆市合作社数量多但档次偏低，对场所建设投入少，产品知名度低；二是农民专业合作社自身建设不够规范，个别合作社民主决策、内部控制、利益分配等机制不够规范，未能有效发挥合作社作用；三是带动力有待增强，一些合作社未能形成经济实体，缺乏凝聚力；四是农民专业合作社人才、技术、信息缺乏，农产品销售渠道单一，且发展多依靠传统经验，工作理念、方法、技术创新少；五是农产品加工企业少，产业链短，对提升农产品附加值作用有限。

3. 合作社数量多但整体实力较弱

一是大部分专业合作社经营效益较差，税务部门报税登记465家，仅约100家有销售记录。465家农民专业合作社中，经营服务实力较强，经营效益较好的只有50多家；实力差、功能弱的200多家；名存实亡，无正常运作的40多家。二是大部分合作社发展资金短缺、融资困难，难以做大做强。

4. 合作社发展方向不清且动力不足

部分合作社领办人由于知识面窄、信息闭塞原因，对合作社后续发展缺乏规划和预期，单纯依靠政府资金和项目“从天而降”，成为名存实亡的“空壳社”“僵尸社”。部分合作社几乎成了村里的“富人精英俱乐部”，群众参与度不高，这使得合作社后续发展缺乏“动力源”，群众逐步丧失信心、消极对待。正因为缺乏动力支持，目前全市近一半的注册合作社长期无任何实质性生产经营活动。

(二)发展环境

1. 面临的机遇

(1)农民专业合作社发展得到各级政府高度重视

总体上，从中央到地方各级领导均高度重视农民专业合作社的发展，习近平总书记在不同历史时期多次提及“农村合作社就是新时期推动现代农业发展、适应市场经济和规模经济的一种组织形式”，鼓励各地探索不同的农民专业合作社模式；农业部高度重视农民专业合作社发展，农业农村部部长在全国农业工作会议上强调，创新现代农业经营组织制度，加快发展农民专业合作社，提高农业经营的集约化水平和组织化程度；广东省政府多次发文力推农民专业合作社建设，如《关于加强农民专业合作社规范化建设的意见》《广东省农民专业合作社规范提升行动实施方案》，以推动农民专业合作社规范健康发展；肇庆市政府高度重视农民专业合作社建设工作，根据各项政策规定，开展大量工作并取得一定成绩。

(2)农民专业合作社发展已有坚实的法制保障

当前，农民专业合作社发展的法律制度框架体系基本确立，已有了“一法、一条例、一章程、一制度”，《农民专业合作社法》几经修订出台，对农民专业合作社的健康发展产生了巨大的推动作用。2020年中央农办、农业农村部等11个部门和单位联合印发的《关于开展农民专业合作社规范提升行动的若干意见》，明确提出把农民专业合作社规范运行作为指导服务的核心任务，把农民专业合作社带动服务农户能力作为政策支持的主要依据，把农民专业合作社发展质量作为绩效评价的首要标准。此外，《农业法》《农村土地承包法》《畜牧法》《农产品质量安全法》《食品安全法》《农村土地承包经营权流转管理办法》等一批相关法律法规也为农民专业合作社发展提供了有力的法制保障。

(3)农民专业合作社发展拥有良好的政策环境

从2004年开始，中央连续下发的七个中央1号文件均对农民专业合作社的发展作了全面部署，对农民专业合作社的扶持力度逐年加大，特别是在财政、税收、金融、人才等方面出台了一系列优惠政策，包括中央财政安排专项资金扶持农民专业合作社建设，涉农项目支持政策等；税收扶持政策逐步明显，包含七类税收的减征或免征；合作社全部纳入信用评定范围，加大信贷支持力度，支持和鼓励农村合作金融机构创新金融产品，改进服务方式，鼓励有条件的农民专业合作社发展信用合作；组织实施现代农业人才支撑计划，培养合作社带头人，鼓励引导大学生村官参与、领办合作社，支持农村青年引领创办合作社。

(4)农民专业合作社因大数据发展迎来新机遇

一是数字农业的发展，通过数据的精准采集、可靠传输、科学分析和快速利用，能够实现农业生产各个环节的精准管理；二是“智慧农业”的实现，农民专业合作社可利用农业大数据获取不同地区不同生产资料品种的各类信息，通过“货比三家”增强在农资市场中谈判地位，获取“物美价廉”的农资；三是农业大数据有助于农民专业合作社决策的科学性。通过大数据分析，科学预见农产品产量、质量、供求状况，帮助农民专业合作社做出科学决策；四是农业大数据对农业生态数据的整合与利用涉及土地资源、水资源、气候、自然灾害等，对其进行全面监测、精准管理，为农民专业合作社的风险预防与处理提供有力保障。

(5)新型城镇化为农民专业合作社创造新条件

一是土地资源。近年来，我国农村人口向城镇人口转移的步伐大大加快，截至2018年末，全国已有9000万名农业转移人口成为城镇居民，居民身份转变前承包经营的土地必然会通过各种方式向其他农村居民，特别是作为农民专业合作社成员的土地承包经营大户转移和集中。二是人力资源。随着越来越多“候鸟式”迁移的农村劳动力进城落户，土地资源更多地向作为农民专业合作社成员的精英农户、种养大户集中，较大规模承包经营、职业承包经营成员(职业农民)群体逐步形成，承包经营规模效益的逐渐显现，稳定经营的利益驱动使得成员农户的劳动力资源配置日趋合理。较大规模承包经营、职业承包经营成员群体的形成，在对农民专业合作社的经营管理提出更高要求的同时，也为农民专业合作社优化人力资源，选择并聘用稳定的高水平经营管理人员创造了较为有利的经济条件。

2. 存在的挑战

(1)主体的多元性对农民专业合作社治理机制提出新挑战

主体的多元性是农民专业合作社有别于传统合作社的一个重要特征，一般而言，合作社成员身份越单一，合作社内部达成一致行动目标的可能性越大，农户之间的矛盾越少，治理结构相对简单，反之亦然。在城镇化进程中，随着大量农民离开其承包经营的土地转化为城镇居民，土地资源向种养大户集中，集约化经营规模的扩大，农业生产经营专门化、专业化分工的形成，跨产品种类、跨行业、跨区域的农民专业合作社纷纷出现，农民专业合作社的成员多元化倾向愈加明显。不同的经济利益诉求不仅使得农民专业合作社在协调普通成员与骨干成员(经营大户、股份大户)之间、产供销不同环节经营者之间的关系变得更加困难，合作社参与权、控制权、剩余索取权等纷争愈加复杂，农民专业合作社成员大会、理事会、监事会组织机构形成的治理机制面临着严峻考验。

(2)劳动力城镇化转化对农民专业合作社用工制度提出新难题

随着合作社经营规模的扩大，无论是合作社还是作为成员的种养大户、农产品经营大户均需定期或不定期地雇用一部分外部劳动力，那些刚刚进城转化为城市劳动者的原农村劳动力因具有农业生产经验和特长，成了主要的受雇群体。与合作社成员单位及成员家庭的内部劳动不同的是，农民专业合作社及成员雇用外部劳动者既需要按照劳动力市场价格向劳动者支付较高的工资，亦需要依法与劳动者签订书面劳动合同并为劳动者缴纳社会保险费用。高企的劳动用工成本本就加重了农民专业合作社及其成员的生产经营负担，而农产品生产经营的季节性、时效性特征更是使得农民专业合作社难以对劳动用工进行规范化管理，市场化、规范化的劳动用工制度是农民专业合作社在新型城镇化进程中遇到的挑战之一。

(3)高品质生活需求对农民专业合作社农产品质量提出新要求

农村人口向城镇人口转移的过程，也是农产品消费群体结构性变化和消费观念转变的过程。大量农村居民转化为城市市民，由农产品基本自给自足的生产者转变为纯粹的农产品消费者，农产品消费群体的结构性变化固然为农民专业合作社的农产品拓展了市场空间，从城市居民的角度出发，这一群体拥有较强的消费观念、环保意识、品牌意识、维权能力等，这无形中对农产品品质也提出了更高的要求。

三、目标原则

(一) 发展原则

1. 政治引领原则。坚持党的全面领导，牢牢把握正确的政治方向，立足新发展阶段，贯彻新发展理念，构建新发展格局，为推动农民专业合作社建设高质量发展提供根本保证。

2. 市场导向原则。运用市场的办法推进生产要素向农民专业合作社优化配置，发挥政策引导作用，优化存量、倾斜增量，撬动更多社会资本投向农业，为新型农业经营主体发展创造公平的市场环境。

3. 依法建设原则。切实遵守《中华人民共和国农民专业合作社法》，规范农民专业合作社的组织和行为，保护农民专业合作社及其成员的合法权益，加大法律宣传力度，切实推进依法建设理念落到实处。

4. 因地制宜原则。大力实施合作社差异化发展战略，有序引导各镇、各村产业特色化、差异化发展，积极推进一村一品、一镇一业，打造一村一品牌，一镇一特色的农业产业体系，走产出高效、产品安全、环境友好的发展道路。

5. 惠民利民原则。坚持以农民为中心，加强农民专业合作社的规划建设，共建共享发展成果。进一步加大对合作社建设资金扶持力度，探索合作社结对帮扶、产业互补、区域联动，构建各有分工、各具特色、整体协同的合作社体系。

(二) 发展目标

“十四五”期间，农民专业合作社成为推动高要区乡村振兴的重要力量，全区构建起体系健全、运营规范、结构合理、特色突出的农民专业合作社体系，基本建成完善的农民专业合作社服务体系。示范社创建取得重要进展，农民专业合作社规范运行水平大幅提高，服务能力和带动效果显著增强。实现农民专业合作社建设走在全省前列，农民专业合作社总数达到 400 个，总社员达 30000 人，其中国家级示范社数量达 20 个，省级示范社数量达到 60 个，带动农户 15000 户，带动年总产值 10 亿元。

四、发展措施

(一) 优化空间布局，建立区域协调发展的合作社体系

推动江北板块和江南板块农民专业合作社差异化建设，提升江北片区农民专业合作社

数量和质量，积极参与现代农业产业园和现代农业示范基地建设，同时促进江南片区新建农民专业合作社对接预制菜产业园和健康食品产业园的发展。

1. 加大江北片区农民专业合作社建设力度

持续提高江北片区农民专业合作社的建设水平，推动产业规模化、集约化高效发展。到2025年，江北片区农民专业合作社数量占全区比重达到40%，其中国家级示范社达8个以上，省级示范社达25个以上。

(1)提升壮大现有示范社

重点推动高要区中蜂蜂业专业合作社、高要区水南镇加华农副土特产种植专业合作社、高要区潮兴佛手种植专业合作社等建设，加快农民专业合作社参与一村一品示范基地、现代农业科技基地、南药现代农业产业园建设。鼓励江北片区国家级农民专业合作社扩大经营范围，发挥其产前、产中、产后环节中优势，推动南药种植、蜜蜂养殖等成立农民专业联合社。

(2)对接乡村振兴战略

实施“一个项目一个农民专业合作社”的发展战略。积极引进南药种植、蔬菜种植、粮食加工等龙头企业，建立现代化农业产业基地，围绕“公司+合作社+农户”现代农业产业经营模式，力争实现新增农业项目与新增农民专业合作社协调发展。

(3)参与区域发展战略

江北片区以“河乐水”乡村旅游示范区为发展核心，积极发展现代农业、生态旅游、康养休闲、节能环保等与生态功能相适应的生态型产业，全面助推肇庆生态产业示范区绿色发展，建设粤港澳大湾区乡村振兴示范区。积极鼓励支持江北片区农民专业合作社拓展服务领域并延长产业链，积极推动现代农业与乡村旅游、康养休闲的融合发展。

2. 提升江南片区农民专业合作社建设水平

持续提升江南片区农民专业合作社的建设水平，推动产业规模化、集约化高效发展。至2025年，江南片区农民专业合作社数量达240个，其中国家级示范社达12个，省级示范社达到35个。

(1)对接预制菜产业园建设需求

抢抓肇庆预制菜产业园、健康食品产业园建设的机遇，积极对接食品加工产业对上游农产品的需求，推广“龙头企业+农民专业合作社+农户”的发展模式，以龙头企业原材料需求为带动，以农民专业合作为上游经营主体，集中流转土地，开展集约高效经营模式。力争到2025年，这类新建农民专业合作社数量达200个以上，成为“十四五”时期高要区农民专业合作社的新生力量。

(2)持续扶优扶强现有合作社

培育壮大高要区汇绿种植专业合作社、肇庆市高要区美利蔬菜专业合作社，持续扩大蔬菜种植产业基地。推动高要区肇丰农业机械化专业合作社建设，鼓励其跨区域联动，适应当前农业托管新模式，推动业务覆盖肇庆、云浮、佛山等地区。持续推动水产、家禽养殖类农业合作社做强做大，发挥高要水产养殖规模大、产值高的优势，推动农民专业合作社规范化发展，进一步推动特种养殖业的发展。

(二)强化产业协同，增强农民专业合作社的根植性

聚焦乡村振兴，围绕做大做强高要区特色农业，推动农民专业合作社与高要区特色农业布局和现代农业布局的匹配协调发展，助力高要区一村一品建设和一镇一业建设。

1. 推动一村一品建设

按照高要区做强做优“高字号”品牌农业的要求，坚持产品兴农、品牌兴农，加快构建现代农业产业体系，打造具有高要特色的“鱼米枝香”。推动南部板块农民专业合作社大力发展以渔业、禽畜为主的养殖业，积极参与创建省级水产、生猪特色产业园，做大做强罗氏沼虾、罗非鱼等水产品牌，推动生猪、禽鸟产业标准化、规模化发展，同时积极发展以活道、新桥、大湾等镇为重点区域，参与丝苗米产业园建设，打造丝苗米优势产业带，擦亮活道大米品牌。推动江北片区农民专业合作社围绕绿色农业发展，积极发展以桂枝(玉桂)为主的南药产业，积极参与省级南药产业园，以中药饮片深加工为重点，延伸产业链、提升价值链、打造供应链，不断提升南药产业品牌效应，做大做强南药农民专业合作社。深入实施“花盆子”“果盘子”“菜篮子”工程，以农民专业合作社为力量，高标准建设蔬菜、花卉产业基地，引进种植葡萄、菠萝、火龙果、樱桃等精品水果，打造一批精品时令水果生产基地和观光采摘园，建设成为产销服务于一体的粤港澳大湾区蔬果生产供应基地。

2. 支持开展规模化经营

支持高要区蔬菜种植、水产加工、咸蛋加工等龙头企业和农民专业合作社开展农产品加工流通和社会化服务，带动农户发展规模经营。鼓励各镇农民专业合作社按照依法自愿有偿原则，通过积极流转土地经营权，提升土地规模经营水平。重点支持高要区汇绿种植专业合作社、高要区活道镇仙洞益群粉葛专业合作社、高要区美利蔬菜专业合作社、高要区中蜂蜂业专业合作社等国家级示范社，扩大其经营范围和经营规模，带动普通农户连片种植、规模化饲养，并提供专业服务和生产托管等全程化服务，提升农业服务规模水平。

引导农民专业合作社集聚发展，积极参与高要区南药现代农业产业园、水产现代农业产业园、丝苗米现代农业产业园等建设，优化全区农业专业化空间布局。

3. 鼓励多种形式的合作

鼓励农民以土地、林权、资金、劳动、技术、产品为纽带，开展多种形式的合作与联合，发展专业合作、土地股份、土地托管、休闲旅游等多元化、多类型合作社，积极发展生产、供销、信用“三位一体”综合合作，依法组建农民专业合作社联合社。鼓励农村集体经济组织，在办理社会信用代码和银行开户后，创办、领办或作为团体成员加入农民专业合作社，积极出资并按出资比例参与其盈余分配。支持集体经济组织通过将农户承包土地流转集中，成立土地股份合作社，开展“保底收益+按股分红”的土地股份合作，根据农业生产需要，支持组建农机合作社、农业物流合作社等专业合作组织。

（三）强化规范管理，推动农民专业合作社规范化运营

促进农民专业合作社规范发展是实施乡村振兴战略、加快构建新型农业经营体系、推进农业现代化的重要举措，是维护农民专业合作社成员合法权益、增强发展内生动力的客观要求。

1. 优化登记管理和组织机构

农民专业合作社主营业务、成员人数、出资额等法定登记事项变更的，应当按照《农民专业合作社登记管理条例》要求，及时向登记机关申请变更登记。鼓励所有成员均衡出资，逐步改变仅理事长个人或理事会小部分人出资，而其他成员不出资或象征性出资的局面。开展“空壳社”“僵尸社”“休眠社”清理行动，对连续两年未从事经营活动的合作社，吊销其营业执照。对成员主要来源于同一家庭或宗族的“家族社”，引导其依法注销，改为登记注册家庭农场。完善组织机构，农民专业合作社要健全成员大会、理事会、监事会等组织机构，明确岗位职责，发挥各自作用。加强成员管理，允许从事生产经营活动的企业、事业单位或者社会组织等，作为团体成员加入农民专业合作社。

2. 推进民主规范管理

指导农民专业合作社按照《农民专业合作社法》要求，参照农业农村部《农民专业合作社示范章程》，制定符合本社发展的章程，全面实施规章制度上墙全覆盖。对农民专业合作社民主决策实施监督，农民专业合作社成员（代表）大会应当每年至少召开1次，决策部署本社经营方向、大额投资、盈余分配等重大事项。规范财务管理，建立本社财务会计制

度，配备会计人员或将合作社财务进行委托代理，设置会计账簿，规范会计核算，及时向登记机关和区市农村经营管理部门报送会计报表，并抄报有关行业主管部门。鼓励有条件的农民专业合作社委托有资质的第三方开展会计账务代管服务。

3. 明细产权和科学分配收益

明确各类资产权属关系，农村集体经济组织、企事业单位、种养大户、家庭农场等经营主体领办参办农民专业合作社的，严格区分其与合作社之间的产权。按照《农民专业合作社法》和章程制定盈余分配方案，经成员(代表)大会批准实施。农民专业合作社从当年盈余中提取公积金、公益金和风险金后的可分配盈余，应当统筹考虑成员出资情况和成员与本社的交易情况，由成员(代表)大会确定合适的返还比例。

4. 增强创新服务能力

有序开展统一服务，农民专业合作社要结合实际，实行统一采购和供应农业生产资料，统一技术指导和培训与农机作业服务，统一加工、运输、贮藏，统一品牌、销售价格出售农产品，以降低生产经营成本，提高市场竞争力。围绕制约现代农业建设的关键和农业绿色增长的短板，推进农业标准化、清洁化生产，积极推广使用节地、节水、节肥、节药，以及控肥、控药、控添加剂等技术措施，发展农牧结合、生态循环种养殖，开展种养殖废弃物利用和无害化处理，防止环境污染。引导农民专业合作社严格遵守《农产品质量安全法》《食品安全法》等法规，指导成员建立生产记录，主动纳入农产品质量安全追溯监管信息平台管理。

5. 树立良好信誉和品牌形象

建立农产品质量标识制度，积极开展绿色食品、有机农产品、地理标志农产品和森林产品等认证，着力推动“三品一标”农产品数量提升。结合自身发展需要，积极发展农产品加工流通，鼓励国家级示范社开展直供直销和农社、农超、农校、农企对接。鼓励农民专业合作社积极参加各种展示展销活动，扩大产品知名度和社会影响力。重视信用信息建设，从工商登记、信贷、纳税、农产品购销合同履约、农产品质量安全、成员权益保护等方面积累良好信用记录，提高信誉度。抓好示范社评选认定，优化设置农民专业合作社示范社创建条件，根据全市发展情况，定期开展市级示范合作社创建评选活动，认真组织推荐申报省级、国家级示范合作社。

(四)聚焦结构优化，构建合理的农民专业合作社结构

以乡村振兴为导向，围绕农业现代化建设的主导方向，推动构建以国家级示范社为引领，以省级和市级示范社为支撑，以区级示范社为培育的农民专业合作社。国家级示范社重在带动产业发展，重视规模和品牌建设，省、市级示范社，要重视数量和质量的双提升，区级示范社需重视政策的引导。

1. 做大做强一批国家级示范社

聚焦高要区现代农业产业发展方向，配合高要建设南药、水产等现代农业产业园，高要区建设健康食品产业园和全省预制菜产业园，围绕粮食、蔬菜、水果、养殖等培育打造一批国家级示范社，重点支持高要区健发中药材种植专业合作社、高要区白诸镇永联甲鱼养殖专业合作社、高要区白土镇长龙养鸽业技术服务专业合作社、肇庆市旺东剑花专业合作社、高要区回龙镇创业水产专业合作社等省级示范社升级为国家级示范社，推动省级合作社规范化运营，对标国家级示范社要求补短板，打造一批高质量、特色化的现代农业产业基地。对现有国家级示范社，要重点扶优扶强，支持高要区汇绿种植专业合作社、高要区活道镇仙洞益群粉葛专业合作社、高要区美利蔬菜专业合作社、高要区中蜂蜂业专业合作社开展农产品加工流通和社会化服务，鼓励其组建农民专业合作社联合社，扩大其辐射带动范围。

2. 做优做特一批省、市级示范社

省级示范社作为高要区现代农业产业的重要支撑，是高要区未来现代农业产业发展的动力所在。要积极做大省级示范社数量和规模，聚焦各镇、各村产业发展特色和农业项目建设现状，推动高要区白土镇大昌养鹅技术服务专业合作社、高要区雄润畜牧专业合作社、高要区杰丰水果种植专业合作社等市级示范社做大做强，扩大其经营规模和范围，加强专业化服务，推动农民专业合作社规范化运营，支持其对标省级示范社建设要求补短板。同时积极推动新组建农民专业合作社申请市级示范社，引导其聚焦主业，规范化运营。

3. 培育发展一批区级示范社

高要区作为农民专业合作社质量提升整县推进示范县，探索进一步强化对底层新组建农民专业合作社的资金政策扶持力度，聚焦当前乡村振兴战略和帮镇扶镇扶村战略，满足各地积极开展招商引资、农业项目落地建设的需要，积极支持各地开展“公司+合作社+农

户”“合作社+农户”“公司+合作社+基地+农户”等现代农业发展模式，支持农民专业合作社建设，在审批服务、备案管理、法律宣传、政策解读等方面给予支持，同时加强资金扶持，培育发展一批区级示范社。

4. 鼓励发展一批联合示范社

鼓励产业相近、地域相邻、资源互补的农民专业合作社联合发展，根据发展需要，在自愿平等互利基础上成立联合社。重点支持江南板块成立水产养殖类、家禽养殖类、蔬菜种植类农民专业合作社联合社，鼓励江北板块成立水果种植类、南药种植类农民专业合作社联合社。鼓励联合社通过创新组织形式、运行机制、产业业态，采取共同出资、共创品牌、共享利益等合作方式，增强发展活力和实力，如推动高要南药、水产、蔬菜、丝苗米品牌建设，推动建立地区公用品牌。支持成立农民专业合作社联合会等协会组织，打造农民专业合作社联合体，引导和帮助本区域农民专业合作社强化行业自律，加强经验交流，提升发展水平。

(五)鼓励融合发展，拓宽农民专业合作社服务领域

新时期我国合作社的发展方向是以农业为依托，将劳动力、资本、技术和资源等生产要素进行产业之间跨界经营配置，使农业与第二、三产业有机结合，实现协同发展，最终实现延伸农业产业链、扩展产业范围和增加农民收入的目标，高要区农民专业合作社需顺应当前农业发展新趋势，拓展服务领域。

1. 引导农民专业合作社发展休闲旅游业

发挥农民专业合作社专业化、组织化的优势，坚持农业功能拓展，引导农民专业合作社积极发展休闲农业、创意农业、乡村旅游等新产业新业态，鼓励肇庆市高要区潮兴佛手种植专业合作社与南药保健休闲以及旅游文创产品的融合发展，打造康养农业、休闲农业和创意农业。鼓励肇庆市金蛋蛋养殖技术专业合作社加快专业化养殖基地建设，推动农业科普中心和科技中心建设，加快工业、旅游、文化、科普、健康等产业的深度融合，推进“产销研”一体化发展，一、二、三产业融合发展。加强农民专业合作社关于乡村旅游开发方面的培训，引导合作社在发展乡村旅游中保持乡土风貌，规避同质化竞争，挖掘当地特色文化，增强文化教育尤其是农耕文化教育，将文化融入乡村旅游，保护农村文化遗产。

2. 引导农民专业合作社产业持续链延长

鼓励家庭农场实施粮经结合、种养结合、产销结合，适度规模经营。鼓励农民专业合

作社带动成员开展连片种植、规模饲养，加强农产品初加工、仓储物流、市场营销等环节能力建设，拓展服务领域。鼓励支持合作社联合社与综合合作社的发展。引导蔬菜、水果种植类农民专业合作社积极发展深加工、冷链物流等服务，引导粮食种植类农民专业合作社发展粮食加工业，引导水产养殖类农民专业合作社发展水产加工业和水产物流业。

3. 引导农民专业合作社打造产业融合基地

发挥农民专业合作社在现代农业建设中的作用，采用“1+1+N”合作组织模式，实现一个合作社，一个生产基地，招引多个跨界龙头企业，如在江北板块引导农民专业合作社建立以南药种植、特色农产品种植为基础，发展乡村旅游业，打造多个文农旅融合发展示范社。积极推动江南板块水产养殖类农民专业合作社向水产养殖、水产加工、美丽休闲鱼塘建设方向融合发展，打造美丽鱼塘基地。

4. 引导农民专业合作社参与智慧农业建设

着力推动智慧农业大数据、智慧农业园区建设、智慧农机、智慧畜牧、智慧林业、智慧灌溉、智慧营销、智慧农业综合服务和信息进村入户等工程的建设。加强信息设备条件建设，利用物联网等现代信息技术开展生产经营、技术培训、财务社务管理，积极发展电子商务，努力实现财务会计电算化、社务管理数字化、产品营销网络化。引导农民专业合作社积极开展信息化建设，打造智慧农业 App，为农民提供定制化服务，如在农田整治方面，推广利用互联网实现“网上约农机”，引导传统农业向现代化、智慧化农业转变。鼓励农民专业合作社建立网络平台，运用信息化手段发布产销信息，公布重大事项和日常运行情况，推进民主决策。

(六) 支持区域联动，促进农民专业合作社跨区域发展

农民专业合作社跨地区跨行业的发展规划应坚持分类发展、增量提质、规范建设、示范带动、政策引导的原则，围绕优势特色产业发展，通过联合、重组、新建、提升等多种途径，按照“一区一业、一品一社”的思路，打破行政区划，发展辐射一区甚至跨区的农民专业合作社。积极探索“种植类专业合作社+农机合作社+植保合作社”“养殖类专业合作社+流通合作社+加工合作社”等跨行业发展的新模式，积极引导扶持农民专业合作社跨地区跨行业发展。

1. 鼓励分类发展

一是重组壮大一批合作社，按照自愿原则，鼓励生产、经营同类产品的农民专业合作

社，产供销联系紧密的农民专业合作社，采取联合、兼并、重组等市场化的办法，组建一批农民专业合作联社，实行跨区域、跨行业发展。二是提档升级一批合作社，加强扶持引导有较强带领农户致富精神领办人、农户入社积极性高、运作规范、带动效益好的农民专业合作社，培植壮大一批跨地区跨行业的农民专业合作社。三是努力新建一批合作社，鼓励和支持农业龙头企业、能人大户、农技骨干、村干部等领办新建农民专业合作社，吸纳区内从事同一优势特色产业的农户加入合作社，辐射周边的乡镇街道，实现跨地区发展。

2. 坚持示范带动

坚持标准，重点扶持，抓好农民专业合作社跨地区跨行业发展的示范建设，着力建设一批"产业基础牢、经营规模大、带动能力强、产品质量优、品牌效益高、成员增收多"的样板社，以点带面，推动农民专业合作社跨地区跨行业发展。

3. 加强政策引导

一是加强领导，各级政府需将农民专业合作社跨地区跨行业的发展作为重点工作推动，及时解决其在发展中所遇问题。二是加强宣传培训，大力宣传合作思想，培养合作意识，增强合作理念，做好《农民专业合作社法》宣传工作，加大示范典型的宣传力度，加强对合作社管理人员业务培训，培养一批懂技术、善经营、会管理的合作社领军人才。三是加强登记服务，农业部门要切实加强指导、协调和服务，主动帮助农民专业合作社做好工商登记的前期准备工作。工商部门要加强对农民专业合作社工商登记工作的指导服务，主动提供政策法规咨询和申请、受理、审批一站式服务。四是加大扶持。落实现有扶持政策，重点解决合作社用电、用地、融资、税收、绿色通道等问题，加大对跨地区跨行业发展的农民专业合作社财政扶持力度。

(七)推动制度创新，优化农民专业合作社发展政策环境

目前，高要区农民专业合作社仍然存在配套政策滞后、支持政策原则性规定较多，政策执行中存在一定困难且急需细化和完善的问题，应及时优化扶持政策，以制度创新解决农民专业合作社发展中存在的问题。

1. 完善配套支持政策，综合施策促发展

加强支持资金的扶持力度、落实专项扶持资金和资金的监管力度，建立政策性保险制度和再保险体系，化解政策性农业保险风险，促进政策性农业保险的深化完善和可持续发展。建立和完善农地经营权流转的制度，拓宽合作社的融资渠道。实施积极的人才引进政

策，最大限度地发挥科技人才作用。进一步完善税收减免的政策机制，支持合作社发展。

2. 建立公共服务平台，强化服务支撑

建立健全农业科技创新和成果推广服务、市场信息服务、融资服务、会计与审计服务、政策法律咨询等公共服务体系，培育各级合作社服务中心，降低合作社运营成本，提高合作社运营效率。同时加强政策执行机构之间的融合程度，提高相关执法人员的综合素质，规范政府介入，加大对合作社的审查力度。

3. 开展农民教育和培训，加强政策宣传力度

加大农村基础教育投入，增进农村教育人力资本积累，逐步提高农民的合作知识，提高其参与市场竞争的能力，使农民成为有一定经营和管理能力的现代农业经营者，提高合作社的整体发展水平。加强合作社相关政策的宣传力度，提高政策的落实程度和农民对政策的认知程度，提高农民对合作社性质和作用的认识。

4. 发挥示范引领作用，培育典型合作社

加强宣传现有国家级、省级和市级示范合作社，全区的合作社通过学习先进，创新内部管理，完善健全内部组织机构，引导内部管理的有效转变，建立现代财务管理体制，理顺社内利益分配机制，同时保证整体合作社的高效运行，使合作社向规模化、规范化、高效化、实体化、现代化的方向发展。

五、保障措施

（一）强化组织领导

农民专业合作社能够有效解决农民进入市场难、农民分散经营效率低、农民经济利益保护不力等问题，更有利于农业和农村经济的发展和农村基本经营制度的完善。因此，各级政府管理部门和农业银行主管部门要把发展农民专业合作社作为保护和支持农业、促进农民增收的一项重要举措并给予高度重视。

（二）统筹政策支持

农业行政主管部门要尽快研究制定农民专业合作社实施细则，进一步明确农民专业合作社农民的主体地位，支持、引导农民专业合作社的发展，规范农民专业合作社的组织和

行为，设法保护合作社及其成员的合法权益，促进农业和农村经济的发展，同时要建立农民专业合作社的法律援助体系，帮助农民专业合作社完善相关法律文书，为合作社成员提供有效的法律支持和服务。

（三）夯实人才基础

建立健全人才帮扶机制，组织开展党政机关年轻干部互派锻炼，促进区、镇干部思路互动、观念互通、素质互进。鼓励社会各类人才到农村共同创办农民专业合作社，支持农村科技人员成立农民专业合作社，鼓励大中专毕业生参与农民专业合作社的建设和管理工作。支持涉农院校在本地开展乡村振兴业务技能培训，支持农业科技、农旅文创等年轻专业技术人员驻镇，支持科研院校、医疗机构等把区内农民专业合作社作为实践活动基地，在成果转化、评先评优上予以倾斜。

（四）严格考核评估

以镇为单位，各农民专业合作社每年向区农业农村局报告合作社发展状况以及推动乡村振兴工作情况。将各镇农民专业合作社的发展成效纳入实施乡村振兴战略实绩考核的内容，考核结果作为干部选拔任用、评先奖优、问责追责的重要参考。健全日常监督与年度评估相结合的综合评价机制，对在推动乡村振兴工作中取得显著成绩的单位和个人，按照有关规定给予表扬和表彰。

参考文献

中文图书

[1] 阿马蒂亚·森. 贫困与饥荒[M]. 北京：商务印书馆，2004.

[2] 韩俊. 实施乡村振兴战略五十题[M]. 北京：人民出版社，2019：54-56.

[3] 习近平. 决胜全面建成小康社会夺取新时代中国特色社会主义伟大胜利[M]. 北京：人民出版社，2017.

[4] 康晓光. 中国贫困与反贫困理论[M]. 南宁：广西人民出版社，1995.

[5] 李洪成，张茂军，马广斌. SPSS 数据分析实用教程[M]. 北京：人民邮电出版社，2017：338.

[6] 刘汉成. 乡村振兴战略的理论与实践[M]. 北京：中国经济出版社，2019：8-10.

[7] 宋承先，许强. 现代西方经济学(微观经济学)：第 3 版[M]. 上海：复旦大学出版社，2014：63.

[8] 孙景淼. 乡村振兴战略[M]. 杭州：浙江人民出版社，2018：31-34.

[9] 习近平谈治国理政：第 3 卷[M]. 北京：外文出版社，2020：35.

[10] 中共中央国务院关于实施乡村振兴战略的意见[M]. 北京：人民出版社，2018：3.

[11] 中国国家统计局. 2017 年中国旅游统计年鉴[M]. 北京：中国统计出版社，2017：310.

中文刊物

[1] 白黎琼. 基于美丽乡村建设的农村科技信息需求与服务对策——以杨凌农业高新产业示范区为例[J]. 图书情报工作，2017，61(S1)：63-66.

[2] 卞素萍. 美丽乡村建设背景下农村人居环境整治现状及创新研究——基于江浙地区的美丽乡村建设实践[J]. 南京工业大学学报(社会科学版)，2020，19(6)：62-72.

[3] 曹新向，丁圣彦. 河南省旅游扶贫开发研究[J]. 河南科学，2012，20(1)：109.

[4] 程华东，刘堃. 高校教育精准扶贫模式探究——以华中农业大学精准扶贫建始县为

例[J]. 华中农业大学学报(社会科学版), 2017, 37(3): 17-22.
[5] 程莉, 康汉起. 中国可持续旅游产业发展问题探讨[J]. 山东林业科技, 2007, 37(1): 92-94.
[6] 陈刚, 魏泽雯, 吴清, 等. 贫困山区乡村旅游扶贫优化模式——基于广东两个村的分析[J]. 广东农业科学, 2020, 47(1): 166-172.
[7] 陈健, 龚晓莺. "精准供给"视阈下精准扶贫的内涵、困境与突破[J]. 科学社会主义, 2017, 34(4): 81-85.
[8] 陈啸, 吴佳. 我国金融精准扶贫协同治理模式研究[J]. 中国行政管理, 2018(10): 68-72.
[9] 陈友华, 庞飞. 乡村振兴何以可能——后脱贫时代的"三农"之思[J]. 四川大学学报(哲学社会科学版), 2021, 67(3): 124-132.
[10] 陈志军, 徐飞雄. 乡村旅游地旅游发展对乡村振兴的影响效应与机理——以关中地区为例[J]. 经济地理, 2022, 42(2): 231-240.
[11] 崔峰. 江苏省国民经济中旅游业地位评价的研究[J]. 南京农业大学学报(社会科学版), 2017, 7(4): 108-114.
[12] 崔树强, 周国华, 戴柳燕, 等. 基于地理学视角的城乡融合发展研究进展与展望[J]. 经济地理, 2022, 42(2): 104-113.
[13] 程婷, 赵荣, 梁勇, 等. 国土"三生空间"分类及其功能评价[J]. 遥感信息, 2018, 33(2): 114-121.
[14] 邓志平, 汤志华. 新时代中国扶贫战略的转变: 从解决绝对贫困到解决相对贫困[N]. 中国社会科学报, 2020-03-27.
[15] 邓大才. 走向善治之路: 自治、法治与德治的选择与组合——以乡村治理体系为研究对象[J]. 社会科学研究, 2018, 40(4): 32-38.
[16] 丁华, 陈添珍. 乡村振兴背景下乡村旅游与就地城镇化耦合协调探析——以浙江省安吉县为例[J]. 西北师范大学学报(自然科学版), 2019, 55(5): 84-92.
[17] 丁焕峰. 国内旅游扶贫研究述评[J]. 旅游学刊, 2004, 19(3): 32-36.
[18] 丁丽英. 全域旅游视角下乡村生态旅游开发探索[J]. 农业经济, 2021, 41(3): 56-57.
[19] 丁文, 戴凯. 合作共治: 三治融合视阈下的村民自治转型——基于 W 村的实证调查[J]. 华中师范大学学报(人文社会科学版), 2021, 60(5): 1-11.
[20] 董文静, 王昌森, 张震. 山东省乡村振兴与乡村旅游时空耦合研究[J]. 地理科学, 2020, 40(4): 628-636.

[21] 杜国明，薛濡壕，王介勇．村域尺度乡村振兴评价及推进路径——以黑龙江省拜泉县为例[J]．经济地理，2021，41(8)：19-27.
[22] 杜永红．大数据背景下精准扶贫绩效评估研究[J]．求实，2018，60(2)：87-96.
[23] 冯学钢．皖西地区旅游开发扶贫探讨[J]．经济地理，1999，20(2)：112-116.
[24] 付洪良，周建华．乡村振兴战略下乡村生态产业化发展特征与形成机制研究——以浙江湖州为例[J]．生态经济，2020，36(3)：118-123.
[25] 付洪良，曹永峰，于敏捷．浙江美丽乡村生态文明建设动力机制的实证研究[J]．生态经济，2018，34(5)：218-223.
[26] 甘甜．扶贫路上，造血比输血更重要[N]．陕西日报，2019-02-22(6).
[27] 高慧．农村基层党组织领导乡村治理研究综述[J]．农村经济与科技，2021，32(18)：262-264.
[28] 高舜礼．对旅游扶贫的初步探讨[J]．中国行政管理，1997，13(7)：22-24.
[29] 戈大专，陆玉麒，孙攀．论乡村空间治理与乡村振兴战略[J]．地理学报，2022，77(4)：777-794.
[30] 戈大专，孙攀，周贵鹏，等．传统农区粮食生产转型机制及其安全效应——基于乡村空间治理视角[J]．自然资源学报，2021，36(6)：1588-1601.
[31] 戈大专，龙花楼．论乡村空间治理与城乡融合发展[J]．地理学报，2020，75(6)：1272-1286.
[32] 戈大专，陆玉麒．面向国土空间规划的乡村空间治理机制与路径[J]．地理学报，2021，76(6)：1422-1437.
[33] 顾晓昕．经济薄弱村帮扶要“输血”更要“造血”[N]．连云港日报，2012-06-05(A2).
[34] 关振国．紧紧抓住乡村振兴的“牛鼻子”[J]．人民论坛，2018，27(29)：56-57.
[35] 郭杰，陈鑫，赵雲泰，等．乡村空间统筹治理的村庄规划关键科学问题研究[J]．中国土地科学，2020，34(5)：76-85.
[36] 郭晓鸣，张克俊，虞洪，等．实施乡村振兴战略的系统认识与道路选择[J]．农村经济，2018，38(1)：11-20.
[37] 郭远智，刘彦随．中国乡村发展进程与乡村振兴路径[J]．地理学报，2021，76(6)：1408-1421.
[38] 郭清霞．旅游扶贫开发中存在的问题及对策[J]．经济地理，2003，23(4)：558-560.
[39] 宫留记．政府主导下市场化扶贫机制的构建与创新模式研究——基于精准扶贫视角[J]．中国软科学，2016，31(5)：154-162.
[40] 国务院发展研究中心“中国社会治理创新发展研究”课题组．当前中国社会治理的难

点、热点问题与应对思路[J]. 发展研究，2018，41(4)：4-8.
[41] 韩俊. 关于实施乡村振兴战略的八个关键性问题[J]. 中国党政干部论坛，2018，31(4)：19-26.
[42] 韩非，蔡建明. 我国半城市化地区乡村聚落的形态演变与重建[J]. 地理研究，2011，30(7)：1271-1284.
[43] 赫莉. 多元参与与城乡基层社会治理[J]. 甘肃社会科学，2013，35(6)：14-16.
[44] 何平. 我国精准扶贫战略实施的法治保障研究[J]. 法学杂志，2017，38(1)：50-58.
[45] 黄克己，张朝枝，吴茂英. 遗产地居民幸福吗？基于不同旅游扶贫模式的案例分析[J]. 旅游学刊，2021，36(11)：122-132.
[46] 胡惠林. 乡村文化治理：乡村振兴中的治理文明变革[J]. 福建论坛(人文社会科学版)，2021，41(10)：62-75.
[47] 侯宏伟，马培衢. "自治、法治、德治"三治融合体系下治理主体嵌入型共治机制的构建[J]. 华南师范大学学报(社会科学版)，2018，63(6)：141-146.
[48] 黄斌琼，程国伙. 精准扶贫建小康[J]. 老区建设，2013，28(21)：55.
[49] 胡守庚，吴思，刘彦随. 乡村振兴规划体系与关键技术初探[J]. 地理研究，2019，38(3)：550-562.
[50] 霍子文，许宏福. 广东新型城镇化背景下城市边缘区小城镇发展研究[C]. //2014 中国城市规划年会论文集，2014：1-10.
[51] 扈万泰，王力国，舒沐晖. 城乡规划编制中的"三生空间"划定思考[J]. 城市规划，2016，40(5)：21-26.
[52] 姬丹. 乡村旅游·扶贫致富·政府行为[D]. 贵阳：贵州大学，2007.
[53] 姜德波，彭程. 城市化进程中的乡村衰落现象：成因及治理——"乡村振兴战略"实施视角的分析[J]. 南京审计大学学报，2018，15(1)：16-24.
[54] 姜长云. 乡村振兴战略：理论、政策和规划研究[J]. 宏观经济研究，2018，30(7)：2.
[55] 蒋永穆. 基于社会主要矛盾变化的乡村振兴战略：内涵及路径[J]. 社会科学辑刊，2018，40(2)：15-21.
[56] 蒋林. 精准扶贫"输血"更要"造血"[N]. 中国城乡金融报，2015-12-02(A2).
[57] 蒋艳. 欠发达地区社区参与旅游发展研究[D]. 泉州：华侨大学，2013.
[58] 李金祥. 创新农业科技？驱动精准扶贫[J]. 农业经济问题，2016，37(6)：4-8.
[59] 李叔君，李明华. 社区协同治理：生态文明建设的路径与机制探析——以浙江安吉县为例[J]. 前沿，2011，33(8)：188-190.

[60] 李鹍. 农村精准扶贫：理论意蕴、实践路径与经验探寻——以湖北恩施龙凤镇扶贫实践为例[J]. 理论导刊, 2015, 26(6)：59-62.
[61] 李繁荣. 中国乡村振兴与乡村功能优化转型[J]. 地理科学, 2021, 41(12)：2158-2167.
[62] 李刚，徐虹. 影响我国可持旅游扶贫效益的因子分析[J]. 旅游学刊, 2006, 21(20) 64-69.
[63] 李国武. 申农与信息科学的创立[J]. 西北大学学报(自然科学版), 2011, 41(5)：930-934.
[64] 李婉婷. 基于绩效评估的精准扶贫路径优化研究[J]. 中州学刊, 2018, 40(4)：75-79.
[65] 李晓红. 城市贫困人口的致贫原因分析——基于人力资本产权的视角[J]. 城市问题, 2010, 21(4)：96-100.
[66] 李博."一体两翼式"治理下的"三治"融合——以秦巴山区汉阴县T村为例[J]. 西北农林科技大学学报(社会科学版), 2020, 20(1)：111-120.
[67] 李冬青，侯玲玲，闵师，等. 农村人居环境整治效果评估——基于全国7省农户面板数据的实证研究[J]. 管理世界, 2021, 37(10)：182-195.
[68] 李国辉，王心. 美丽乡村建设视域下森林康养产业发展对策研究[J]. 农业经济, 2022, 42(1)：68-69.
[69] 李瑾，文琦，杨骁. 基于资源环境承载力的干旱区乡村振兴路径研究——以宁夏为例[J]. 干旱区地理, 2022, 45(1)：287-297.
[70] 李进涛，杨园园，蒋宁. 京津冀都市区乡村振兴模式及其途径研究——以天津市静海区为例[J]. 地理研究, 2019, 38(3)：496-508.
[71] 李寻欢，周扬，陈玉福. 区域多维贫困测量的理论与方法[J]. 地理学报, 2020, 75(4)：753-768.
[72] 李三辉."三治融合"与乡村振兴治理体系构建[J]. 广西社会科学, 2020, 36(7)：86-90.
[73] 李长学. 论乡村振兴战略的本质内涵、逻辑成因与推行路径[J]. 内蒙古社会科学(汉文版), 2018, 39(5)：13-18.
[74] 李志龙. 乡村振兴-乡村旅游系统耦合机制与协调发展研究——以湖南凤凰县为例[J]. 地理研究, 2019, 38(3)：643-654.
[75] 李周. 乡村振兴战略的主要含义、实施策略和预期变化[J]. 求索, 2018, 37(2)：44-50.

[76] 廖彩荣，陈美球．乡村振兴战略的理论逻辑、科学内涵与实现路径[J]．农林经济管理学报，2017，16(6)：795-802.
[77] 林梅．广东省旅游业的发展及其经济影响分析[D]．扬州：扬州大学，2017.
[78] 林永兴，苏晖阳，余森杰．乡村振兴：四大短板与改革路径[J]．产经评论，2020，11(4)：5-15.
[79] 刘润秋，黄志兵．实施乡村振兴战略的现实困境、政策误区及改革路径[J]．农村经济，2018，36(6)：6-10.
[80] 刘守英，王一鸽．从乡土中国到城乡中国——中国转型的乡村变迁视角[J]．管理世界，2018，34(10)：128-146.
[81] 刘天琦，宋俊杰．财政支农政策助推乡村振兴的路径、问题与对策[J]．经济纵横，2020，36(6)：55-60.
[82] 刘向明．榆林市小额贷款公司实现可持续发展面临的困惑与出路[J]．西部金融，2010，31(6)：50-51.
[83] 刘燕．论"三生空间"的逻辑结构、制衡机制和发展原则[J]．湖北社会科学，2016，30(3)：5-9.
[84] 刘彦随．中国新时代城乡融合与乡村振兴[J]．地理学报，2018，73(4)：637-650.
[85] 刘彦随．中国乡村振兴规划的基础理论与方法论[J]．地理学报，2020，75(6)：1120-1133.
[86] 刘彦随，周扬，李玉恒．中国乡村地域系统与乡村振兴战略[J]．地理学报，2019，74(12)：2511-2528.
[87] 刘彦随，周扬，刘继来．中国农村贫困化地域分异特征及其精准扶贫策略[J]．中国科学院院刊，2016，31(3)：269-278.
[88] 刘彦随．新时代乡村振兴地理学研究[J]．地理研究，2019，38(3)：461-466.
[89] 刘彦随．中国乡村振兴规划的基础理论与方法论[J]．地理学报，2020，75(6)：1120-1133.
[90] 刘彦随，严镔，王艳飞．新时期中国城乡发展的主要问题与转型对策[J]．经济地理，2016，36(7)：1-8.
[91] 刘彦随，周扬，刘继来．中国农村贫困化地域分异特征及其精准扶贫策略[J]．中国科学院院刊，2016，31(3)：269-278.
[92] 刘祖云，张诚．重构乡村共同体：乡村振兴的现实路径[J]．甘肃社会科学，2018，30(4)：42-48.
[93] 刘军林．我国精准扶贫政策分析-基于公平与效率角度[J]．合作经济与科技，2017，

33(4)：163-166.
[94] 刘健，郭璨，刘亚秋，等. 平原农区适宜性——集约性耦合协调的乡村空间重构[J]. 农业资源与环境学报，2022，39(2)：394-405.
[95] 柳兰芳. 从"美丽乡村"到"美丽中国"——解析"美丽乡村"的生态意蕴[J]. 理论月刊，2013，35(9)：165-168.
[96] 娄志强，张丹丹. 乡村振兴背景下平顶山市乡村旅游发展策略研究[J]. 甘肃农业，2021，35(11)：29-33.
[97] 鲁杰，王帅. 乡村振兴战略背景下农村基层党组织的定位、困境与发展[J]. 西北农林科技大学学报(社会科学版)，2021，21(6)：20-25.
[98] 罗敏. 乡村振兴战略的五重逻辑：一个城乡共生的视角[J]. 学习论坛，2020，35(2)：34-41.
[99] 马勇，张梦. 乡村旅游助推乡村振兴的价值提升[J]. 旅游导刊，2019，3(1)：82-86.
[100] 马振邦，陈兴鹏，贾卓，等. 人穷还是地穷？空间贫困陷阱的地统计学检验[J]. 地理研究，2018，37(10)：1997—2010.
[101] 毛飞. 长三角地区中小城市城郊型村庄乡村振兴规划策略研究[D]. 荆州：长江大学，2020.
[102] 茅锐，林显一. 在乡村振兴中促进城乡融合发展——来自主要发达国家的经验启示[J]. 国际经济评论，2022，29(1)：155-173.
[103] 孟乐. 全域旅游视角下乡村旅游资源的发展路径探讨——以山西省为例[J]. 农业经济，2020，40(4)：52-54.
[104] 梅雪梅，颜文华. 旅游驱动式乡村振兴路径探讨——以信阳浉河区为例[J]. 度假旅游，2018，37(7)：115-117.
[105] 潘琳，张帆，李海龙，等. 国有农场乡村振兴规划策略初探——以陕西省华阴农场为例[J]. 城市发展研究，2020，27(8)：14-18.
[106] 水木，邵猷芬. 开辟新思路　探索新路径　实践新模式　江西启动六大扶贫工程实施精准扶贫[J]. 老区建设，2013，28(17)：17.
[107] 宋明轩，谢春山. 国内外乡村旅游发展理念、历程和模式比较分析[J]. 沈阳农业大学学报(社会科学版)，2019，21(4)：385-391.
[108] 苏慧. 农村基层党组织在乡村振兴中的功能定位及实现路径[J]. 福州党校学报，2019，37(4)：33-37.
[109] 孙慧波，赵霞. 中国农村人居环境质量评价及差异化治理策略[J]. 西安交通大学

学报(社会科学版)，2019，39(5)：105-113.

[110] 孙婧雯，马远军，王振波，等. 基于锁定效应的乡村旅游产业振兴路径[J]. 地理科学进展，2020，39(6)：1037-1046.

[111] 孙三三. 可持续发展视角下乡村旅游节庆感知与态度研究[D]. 呼和浩特：内蒙古大学，2018.

[112] 唐任伍. 习近平精准扶贫思想阐释[J]. 人民论坛，2015，24(30)：28-30.

[113] 唐坚. 乡村振兴需内外协同发力[J]. 人民论坛，2019，28(6)：62-63.

[114] 唐建兵. 旅游扶贫效应研究[J]. 成都大学学报(社科版)，2014，34(2)：71.

[115] 田先红. 政党如何引领社会？——后单位时代的基层党组织与社会之间关系分析[J]. 开放时代，2020，39(2)：118-144.

[116] 田孝蓉，杨亚楠. 基于 CiteSpace 的乡村振兴研究进展及发展动态分析[J]. 国土与自然资源研究，2022，42(2)：49-54.

[117] 万幼清. 旅游业可持续发展的理论与实践[D]. 武汉：华中科技大学，2004.

[118] 王安平，杨可. 新时代乡村旅游业与乡村振兴融合发展途径研究[J]. 重庆社会科学，2020，17(12)：99-107.

[119] 王介勇，周墨竹，王祥峰. 乡村振兴规划的性质及其体系构建探讨[J]. 地理科学进展，2019，38(9)：1361-1369.

[120] 王宾，于法稳. "十四五"时期推进农村人居环境整治提升的战略任务[J]. 改革，2021，34(3)：111-120.

[121] 王富忠，胡燕. 乡村振兴战略背景下南疆地区农村人居环境整治研究[J]. 农业经济，2021，41(11)：43-45.

[122] 王冠群，杜永康. 技术赋能下"三治融合"乡村治理体系构建——基于苏北 F 县的个案研究[J]. 社会科学研究，2021，44(5)：124-133.

[123] 王华. 从六个方面提升基层党组织组织力[J]. 中国党政干部论坛，2018，31(3)：79-81.

[124] 王天祥. 乌鲁木齐市高新区乡村振兴规划策略研究[D]. 哈尔滨：哈尔滨工业大学，2020.

[125] 王馨颜. 全域旅游视角下内蒙古乡村旅游发展路径研究[J]. 农业经济，2018，38(10)：33-34.

[126] 王国勇，邢溦. 我国精准扶贫工作机制问题探析[J]. 农村经济，2015，33(9)：46-50.

[127] 王景新. 中国共产党百年乡村建设的历史脉络和阶段特征[J]. 中国经济史研究，

2021，36(4)：13-25.

[128] 王庆生，张行发，郭静．基于共生理论的乡村旅游精准扶贫模式和路径优化研究——以山东省沂南县竹泉村为例[J]．地域研究与开发，2019，38(3)：108-112.

[129] 王晓芬，饶篁．乡土重建视阈下的精准扶贫路径研究[J]．云南社会科学，2018，38(3)：115-119.

[130] 汪三贵，郭子豪．论中国的精准扶贫[J]．贵州社会科学，2015，36(5)：147-150.

[131] 王鑫，李俊杰．精准扶贫：内涵、挑战及其实现路径——基于湖北武陵山片区的调查[J]．中南民族大学学报(人文社会科学版)，2016，36(5)：74-77.

[132] 王金伟，张丽艳，王国权．民族地区居民旅游扶贫参与意愿的影响机制——一个中介与调节效应的混合模型[J]．旅游学刊，2022，37(8)：40-57.

[133] 王亚华，舒全峰．中国精准扶贫的政策过程与实践经验[J]．清华大学学报(哲学社会科学版)，2021，36(1)：141-155.

[134] 王焕刚，张程，聂常虹．我国扶贫政策演进历程与农村社会的多维度变迁：分析与启示[J]．中国科学院院刊，2021，36(7)：787-796.

[135] 王泽荣．民族地区生态旅游扶贫开发研究[D]．武汉：中南民族大学，2015.

[136] 翁伯琦，黄颖，王义祥，等．以科技兴农推动精准扶贫战略实施的对策思考——以福建省建宁县为例[J]．中国人口·资源与环境，2015，25(S2)：166-169.

[137] 吴清，冯嘉晓，陈刚，等．山岳型乡村旅游地“三生”空间演变及优化——德庆金林水乡的案例实证[J]．生态学报，2020，40(16)：5560-5570.

[138] 习近平．乡村振兴要实现五个振兴[OL]．http：//politics. people. com. cn/n1/ 2018/0716/c1001-30149097 . html，2018-07-16.

[139] 邢慧斌，席建超．燕山—太行山片区旅游精准扶贫模式创新研究[J]．河北大学学报(哲学社会科学版)，2017，42(2)：118-125.

[140] 燕连福，赵建斌，毛丽霞．习近平生态文明思想的核心内涵、建设指向和实现路径[J]．西北农林科技大学学报(社会科学版)，2021，21(1)：1-9.

[141] 闫敏．旅游业与经济发展水平之间的关系[J]．旅游学刊，1999，14(5)：9-15.

[142] 闫璐，鲍振东．农村基层党组织的功能定位及实现路径[J]．人民论坛，2011，20(32)：82-83.

[143] 严海涛．农业现代化背景下乡村旅游发展路径探索——评《乡村振兴战略与乡村旅游发展》[J]．中国农业气象，2022，43(1)：81.

[144] 阳信生，王习贤．农村基层党的建设中村支两委关系协调问题研究[J]．湖湘论坛，2013，26(6)：29-33.

[145] 杨传鸣．基于旅游感知的黑龙江省森林旅游可持续发展研究[D]．哈尔滨：东北农业大学，2017.

[146] 杨瑜婷，何建佳，刘举胜．“乡村振兴战略”背景下乡村旅游资源开发路径演化研究——基于演化博弈的视角[J]．企业经济，2018，38(1)：24-30.

[147] 杨志恒．城乡融合发展的理论溯源、内涵与机制分析[J]．地理与地理信息科学，2019，35(4)：111-116.

[148] 杨忍，陆进锋，李薇．珠三角都市边缘区典型传统村落多维空间演变过程及其影响机理[J]．经济地理，2022，42(3)：190-199.

[149] 杨忍，广州市城郊典型乡村空间分化过程及机制[J]．地理学报，2019，74(8)：1622-1636.

[150] 杨小敏．精准扶贫：职业教育改革新思考[J]．教育研究，2019，40(3)：126-135.

[151] 杨钊，蒋山花．转型期城市贫困人口的现状与成因分析[J]．法制与社会，2008，17(14)：216-217.

[152] 叶菲菲．乡村振兴背景下城乡融合发展的困境与出路[J]．农业经济，2020，40(10)：94-95.

[153] 叶兴庆．新时代中国乡村振兴战略论纲[J]．改革，2018，31(1)：65-73.

[154] 尹仕美，廖丽萍，李奎．乡村振兴规划共生策略构建及广西实践[J]．规划师，2018，34(8)：68-73.

[155] 易田赛轩，许建，王勤，等．张家界乡村旅游可持续发展研究[J]．合作经济与科技，2019，35(4)：46-47.

[156] 袁立新．以县域为特征的乡村振兴规划编制研究——以辽宁省凤城市为例[J]．农业经济，2022，42(1)：63-64.

[157] 曾志红，曾福生．我国农村致贫的社会制度因素分析[J]．农业经济，2013，33(11)：33-35.

[158] 张季云．乡村振兴中乡村旅游的重要性：基于法国乡村可持续发展理念[J]．世界农业，2018，40(12)：189-192.

[159] 张笑芸，唐燕．创新扶贫方式，实现精准扶贫[J]．资源开发与市场，2014，30(9)：1118-1119.

[160] 张莹，潘百涛．强化科技支撑有效推进精准扶贫——辽宁省农科院科技扶贫探索与实践[J]．农业经济，2018，38(4)：110-111.

[161] 张广花．乡村振兴战略背景下关于村级有效治理的思考——以绍兴市漓渚镇为例[J]．安徽农学通报，2018，24(18)：1-2.

[162] 张可心，刘科伟，程永辉，等. 乡村振兴的理论逻辑及发展重点研究——以陕西关中地区为例[J]. 中国农业资源与区划，2019，40(3)：205-210.

[163] 张明皓，豆书龙. 党建引领"三治结合"：机制构建、内在张力与优化向度[J]. 南京农业大学学报(社会科学版)，2021，21(1)：32-41.

[164] 张如林，余建忠，蔡健，等. 都市近郊区乡村振兴规划探索——全域土地综合整治背景下桐庐乡村振兴规划实践[J]. 城市规划，2020，44(S1)：57-66.

[165] 张伟，闾海，胡剑双，等. 新时代省域尺度城乡融合发展路径思考——基于江苏实践案例分析[J]. 城市规划，2021，45(12)：17-26.

[166] 张阳丽，王国敏，刘碧. 我国实施乡村振兴战略的理论阐释、矛盾剖析及突破路径[J]. 天津师范大学学报(社会科学版)，2020，57(3)：52-61.

[167] 赵敏. 生态文明视角下我国乡村旅游的集约可持续发展路径[J]. 农业经济，2015，35(11)：58-59.

[168] 赵毅，陈超，许珊珊. 特色田园乡村引领下的县域乡村振兴路径探析——以江苏省溧阳市为例[J]. 城市规划，2020，44(11)：106-116.

[169] 赵毅，徐宁，刘蕾. 县域单元乡村振兴规划的编制探索与实践——以日照市东港区乡村振兴规划为例[J]. 上海城市规划，2021，31(2)：49-56.

[170] 郑钧蔚. 村级治理创新发展背景下农村基层党的建设及其功能实现路径研究[D]. 成都：四川省社会科学院，2015.

[171] 周双，刘鹏. 我国贫困地区金融精准扶贫创新研究[J]. 上海金融，2017，38(1)：17-22.

[172] 周扬，李寻欢. 贫困地理学的基础理论与学科前沿[J]. 地理学报，2021，76(10)：2407-2424.

[173] 周庆智. 基层党建如何引领基层治理[J]. 人民论坛，2019，28(10)：103-105.

[174] 周天勇."五大协同"走好乡村振兴战略大棋局[J]. 中国党政干部论坛，2018，31(4)：27-31.

[175] 中共中央国务院印发《乡村振兴战略规划(2018—2022年)》[J]. 农村工作通讯，2018，63(18)：8-35.

[176] 钟海. 乡村治理结构转型中农村基层党组织功能之审视[J]. 西安财经学院学报，2011，24(4)：107-110.

[177] 仲明. 扶贫：如何从"输血"走向"造血"[J]. 江苏农村经济，2005，22(3)：37-38.

[178] 朱灵栎. 广东省旅游业发展分析及营销策略初探[J]. 商场现代化，2016，45(4)：352-353.

[179] 朱明，高峰. 乡村振兴背景下乡村旅游供需匹配治理策略研究——以江苏省昆山市为例[J/OL]. 世界地理研究，(2021-05-06)[2022-10-18]. http://kns.cnki.net/kcms/detail/31.1626.P.20210506.0931.004.html.

[180] 庄天慧，陈光燕，蓝红星. 精准扶贫主体行为逻辑与作用机制研究[J]. 广西民族研究，2015，31(6)：138-146.

英文图书

[1] Galbraith J K. The Affluent Society[M]. Boston：Houghton Miflin，1998.

[2] Rowntree B S. Poverty：A study of town life[M]. Macmillan，1902：86.

英文刊物

[1] Abubakar，B. M. Poverty Alleviation Through Strategic Public Library Services in Nigeria in the 21st Century：a Amodel[J]. IFLA Journal，2013，39(1)：4-14.

[2] Bird K，Shepherd A. Livelihoods and Chronic Poverty in Semi-arid Zimbabwe[J]. World development，2003，31(3)：591-610.

[3] Cali M，Menon C. Does Urbanization Affect Rural Poverty? Evidence from Indian Districts[J]. The World Bank Economic Review，2013，27(14)：171-201.

[4] DeClerck F，Ingram J C，Del Rio，C M. R. The Role of Ecological Theory and Practice in Poverty Alleviation and Environmental Conservation[J]. Frontiers in ecology and the environment，2006，4(10)：533-540.

[5] Freshwater D. Rural America at the Turn of the Century One Analyst's Perspective[J]. Rural America/Rural development perspectives，2000，15(2221-2019-2445)：2-7.

[6] He H，Wang S，Tuo SH，et al. Analysis of the Effect of Rural Tourism in Promoting Farmers' Income and Its Influencing Factors：Based on Survey Data from Hanzhong in Southern Shaanxi[J]. Sustainability，2022，14(3)：1289.

[7] Hotelling，H. Analysis of a Complex of Statistical Variables into Principal Components[J]. Journal of educational psychology，1933，24(6)：417.

[8] Jalan J，Ravallion M. Spatial Poverty Traps? [R]. Washington，DC：The World Bank，1997.

[9] Karl Pearson. LIII. On Lines and Planes of Closest Fit to Systems of Points in Space[J]. Philosophical magazine series 6，1901，2(11)：559-572.

[10] Lade S J，Haider L J，Engstrom G. Resilience Offers Escape from Trapped Thinking on

Poverty Alleviation[J]. Science advances, 2017(3): 160-165.

[11] Zhao L, Zhang D. Research on the Path of Revitalizing Rural Tourism from Theperspective of Smart Tourism[J]. E3S web of conferences, 2021(251): 03037.

[12] Oostendorp R H. Regional Labor Market Integration, Shadow Wages and Poverty in Vietnam [J]. World development, 2017, 89(9): 34-56.

[13] Gau R, Ramirez E, Barua M E, et al. Community-Based Initiatives and Poverty Alleviation in Subsistence Marketplaces[J]. Journal of macromarketing, 2014(2): 160-170.

[14] Rowley T D, Freshwater D . Ready or Not? The Rural South and Its Workforce [J]. Economic change, 1999(32): 1-28.

[15] Sen A. Poverty: An Ordinal Approach to Measurement[J]. Econometrica, 1976, 44(2): 219-231.

[16] Shamim A S, Sanjai P, Md A N S, et al. Rural Tourism as a Transformative Service of Community Well-Being: A Systematic Literature Review [J]. IJSDP, 2021, 16(6): 1081-1090.

[17] Shrestha R B, Huang W C, Gautam S. Efficiency of Small Scale Vegetable Farms: Policy Implications for the Rural Poverty Reduction in Nepal[J]. Agricultural economics, 2016, 62(4): 181-195.

[18] Suich H, Howe C, Mace G. Ecosystem Services and Poverty Alleviation: A Review of the Empirical Links[J]. Ecosystem services, 2015(12): 137-147.

[19] Warr, P. How Road Improvement Reduces Poverty: the case of Laos [J]. Agricultural economics, 2008, 39(3): 269-279.

[20] Yang J, Yang R, Chen Ming-Hsiang, et al. Effects of Rural Revitalization on Rural Tourism[J]. Journal of hospitality and tourism management, 2021(47): 35-45.

[21] Zhou Y, Liu Y. The Geography of Poverty: Review and Research Prospects[J]. Journal of rural studies, 2022(93): 408-416.

后　　记

党的二十大会议为中国现代化发展指明了方向，站在新的历史节点，奋斗正当其时。《从精准扶贫到乡村振兴的理论与实践——乡村振兴规划的肇庆探索》终于成书了，这本专著凝聚了笔者和团队成员近十年来的心血，更凝聚着无数人的支持与指导，它的厚重不是只言片语所能表达的。

改革开放四十年来，我国经济发展取得了伟大的成就，城市建设日新月异，而许多乡村却陷入了农业边缘化、农村空心化和农民老龄化等困境，城乡差距不断扩大，这与社会主义现代化强国和共同富裕宗旨是明显相违背的。无论高速发展的国民经济，还是巨大的改革开放成就，农民都作出了巨大的贡献和牺牲。现在到反哺农业的时候了，让农民切实享受到经济发展和改革开放的成果。作为一名从乡村走出来的科研人员，对乡村的发展怀有天生的热爱和关切。记忆中的乡村，有很多值得怀念的东西：青山绿水、各种野生动物、充满地方特色的传统文化等。然而，这些场景正在逐步消失。中国的乡村一直要这样贫穷下去吗？空心村、留守儿童、黑臭水体、各类劣质农资、乡村超市各种劣质食物，与现代化的中国是多么的不和谐……乡村需要改变，必须要留得住人，必须要有好的产业，必须要让农民走上富裕的道路。

为此，中央先后提出了脱贫攻坚和乡村振兴计划。脱贫攻坚，是我们党带领全国人民摆脱贫困的庄严承诺和担当，也是共产党人为人民谋幸福的初心和使命。脱贫摘帽不是终点，而是新生活、新奋斗的起点。脱贫攻坚目标任务结束后，“三农”工作的重心转向了全面推进乡村振兴。要在巩固拓展脱贫攻坚成果的基础上，打赢脱贫攻坚战、全面建成小康社会后，做好乡村振兴这篇大文章。中国特色社会主义乡村振兴道路怎么走？必须要从打好精准脱贫攻坚战、重塑城乡关系、巩固和完善农村基本经营制度、深化农业供给侧结构性改革、坚持人与自然和谐共生等方面入手。未来，如何实现城乡融合发展，推动乡村全面振兴，最终实现共同富裕，将是一个重大命题。

首先，要实现脱贫攻坚与乡村振兴的有效衔接。一是要抓好重心衔接，解决“衔接方向”问题。在完成消除绝对贫困的历史性任务后，解决相对贫困问题不仅是未来乡村振兴的重要内容，更是乡村振兴的一项长期性的战略任务。二是抓好机制衔接，解决“如何衔接”问题。必须把有效衔接与平稳转型有机结合起来，推动形成制度化、常态化的长效机制。三是抓好内容衔接，解决“衔接什么”问题。突出产业兴旺，壮大特色优势产业；突出生态宜居，加强生态环境建设；突出乡风文明，加强乡村文化建设；突出治理有效，抓实乡村治理。四是抓好主体衔接，解决“谁来衔接”问题。坚持政府主导地位，发挥农民主体地位，培育多元振兴力量。

其次，要加快培育乡村特色产业。产业振兴是乡村振兴的重中之重。因地制宜发展具有本地特色的产业，才能推动乡村持续振兴。必须统筹布局县域经济，让“三位一体”的综合性合作社实施“三产融合”运作模式。必须要对外部资本进行综合改革，针对资源要素及收益流失等问题进行县、乡、村三级联合的乡村整治行动，构建全域的、多业态的、质量效益型的市场体系，让产业留在县域。

最后，要践行绿色发展理念。“绿水青山就是金山银山”，只有保护好生态环境，走可持续发展道路，乡村才能振兴。当前，乡村振兴工作要把生态化转型、生态化建设作为首要任务，农业和农村的现代化都要体现生态化转型的基本国家战略。与过去农业现代化注重大规模集约化发展相比，新型农业现代化要求促进农业有效实现减排降碳，并构筑立体循环农业体系吸碳固碳，让农业、农村实现生态化转型。

基于前期学术研究的积累以及相关课题研究的任务驱动，编者一直致力于乡村振兴规划理论与实践工作，取得了一定的研究成果。一方面，通过总结梳理肇庆市脱贫过程中的成功经验和存在的问题，为探索从精准脱贫到乡村振兴工作提供咨询建议；另一方面，通过系统研究乡村振兴规划理论，探讨脱贫地区从精准扶贫迈向乡村振兴的有效对策，更好地服务于国家乡村振兴伟大战略。

由于精准扶贫与乡村振兴涉及面广，内容丰富，特别是不同地区乡村发展水平差异很大，这给精准扶贫和乡村振兴工作带来了巨大的挑战。因此，本书基于广东省肇庆市的乡村实地调查与乡村振兴规划案例，探讨促进脱贫地区从精准扶贫迈向乡村振兴的策略，仅以拙作抛砖引玉，期待相关政府部门、社会组织、专家学者等社会各界共同投身探索精准扶贫与乡村振兴有效衔接的理论研究与实践，从而实现乡村产业兴旺、生态宜居、乡风文明、治理有效、生活富裕的美好目标，建设宜居宜业的美丽乡村。

参编本书编撰的成员均来自高校教科研人员、研究生以及扎根基层的乡村策划及规划设计团队等，将这么多团队和专家多年的理论研究成果和实践经验智慧凝结成书，实属不易。需要说明的是，虽然我们一直秉持精益求精的态度，反复审阅，几易其稿，但由于水平、时间和精力所限，疏漏和不足之处在所难免，敬请各位读者批评指正。最后，特别要感谢武汉大学出版社陈帆、鲍玲等编辑及其团队对本书所做的工作，以及本书所涉及案例地的肇庆市有关部门和领导的大力支持。

吴　清

2022年11月29日于肇庆学院西苑